民法典婚姻家庭编
条文理解与司法适用

MINFADIAN HUNYIN JIATINGBIAN
TIAOWEN LIJIE YU SIFA SHIYONG

中国审判理论研究会民事审判理论专业委员会 编著

法律出版社
LAW PRESS · CHINA

“民法典条文理解与司法适用”系列
编写人员

曹守晔　申惠文　何　建　孙　莹　丁　慧
杨　帆　周　杲

（以下按姓氏笔画为序）
王　凡　王　康　王　琪　王晓利　王黎明
邓建中　龙云丽　冯建生　朱攀峰　任容庆
刘玉妹　刘史丹　刘安宁　刘茜倩　刘福春
刘耀东　汤　敏　孙东雅　杜爱霞　李　蓓
李　璐　李林启　李春斌　李遵礼　杨　波
杨俊芳　肖明明　吴晓倩　宋建宝　张　钱
张　焱　张祎慧　张建银　张玲玲　陈　丹
陈延忠　金　励　赵莎莎　荣振华　胡　恒
侯国跃　顾利军　徐海勇　高晓丹　唐晶晶
黄文旭　曹文召　曹夏梦　常亚楠　崔　丹
梁静姮　覃　丹　廖　钰　潘　俊　潘　静
魏　岚

体现中国时代特色的民事百科全书

编纂民法典是我国社会主义法治建设的一座里程碑，是我国国家治理体系和治理能力现代化进程中的一件大事。这部具有中国特色、中国风格、中国气派的民法典，将为人类法治文明进步贡献中国智慧、提供中国方案。

科学立法、民主立法、依法立法的生动实践

以习近平同志为核心的党中央高度重视民法典编纂工作，作出了一系列重要指示、提出了一系列重要要求，为民法典编纂指明了方向。2014年10月，党的十八届四中全会决定提出了编纂民法典的任务。在民法典编纂过程中，习近平总书记多次主持召开会议、听取汇报，就做好民法典编纂、审议和修改工作作出重要指示。民法典编纂工作在以习近平同志为核心的党中央坚强领导下和习近平新时代中国特色社会主义思想的科学指引下扎实推进。比如，习近平总书记在党的十九大报告中强调"保护人民人身权、财产权、人格权"，把人格权与人身权、财产权并列，强调了人格权的重要地位，这为民法典草案确立人格权单独成编的体例结构等提供了基本遵循。

遵循立法规律，充分体现科学立法。民法典编纂采取"提取公因式"的立法技术，从同类规范和制度中提出一般规则，形成民法典总则编；将相关民事法律按其内容的同一性编纂成六个分编，然后整合为民法典草案。编纂工作注重规则的逻辑性、体系性和法律本身的规律，既协调好总则与分则的关系，又协调好民法典与其他法律的关系，从而形成逻辑缜密的有机整体。尊重立法的历史延续性，以民法通则和现行民事单行法为基础，设计民法典草案的结构和具体法律制度。既立足本国国情，又吸收世界各国民法

典编纂的成功经验，同时将社会主义核心价值观融入其中。

人民广泛参与，充分体现民主立法。在民法典编纂过程中，广大专家学者、人民群众广泛参与、建言献策。参与面之广，举办的各类座谈会、研讨会、论坛之多，收到的修改建议内容之丰富，为我国立法史上所罕见。在审议过程中，立法机关通过召开不同形式的座谈会、论证会，在互联网上公开征询意见等多种方式，多次听取收集方方面面的意见和建议，反复斟酌和修改草案，充分反映广大人民群众的要求，努力使民法典成为中国智慧的集中体现。

依法推进编纂，充分体现依法立法。宪法和立法法都规定，全国人民代表大会制定和修改刑事、民事、国家机构的和其他的基本法律。在编纂过程中，先行制定的民法总则提交十二届全国人大五次会议审议表决通过。2018 年 8 月，十三届全国人大常委会第五次会议对民法典各分编草案进行初次审议。之后，全国人大常委会对各分编草案进行拆分审议，各编历次草案都依法进行论证、向社会公开征求意见。民法典编纂体现了党的领导、人民当家作主、依法治国的有机统一，是科学立法、民主立法、依法立法的生动实践。

立足中国实际、回应时代需求

民法典对经济社会生活影响广泛，彰显一个民族的精神特质。民法典是时代精神的体现，具有鲜明时代特征。我国民法典的编纂，体现了我国对实际问题和时代需求的有效回应。

体现以人民为中心的发展思想。注重保障民生是民法典编纂的一个鲜明特点。比如，民法典编纂注重有效调整平等民事主体之间的法律关系，促进社会公平正义。又如，民法典草案中人格权独立成编，落实“公民的人格尊严不受侵犯”的宪法要求，体现了我国对公民人格权的庄严确认与严格保护。人格权编不仅规定并保护公民的生命权、健康权、名誉权、肖像权、姓名权、名称权等人格权，还重点规定了隐私权和个人信息保护等，要求机关、企业、学校等单位采取合理措施，防止和制止利用职权、从属关系等侵犯人格权。

反映网络时代特点。人类社会已经进入互联网时代，互联网的普及应用催生出多项前所未有的权利类型，如网络虚拟财产权、信息财产权等。在网络环境下，信息传播、权利保护具有特殊性。对此，民法典总则编作出积极回应，明确自然人的个人信息受法律保护，规定任何组织和个人应当依法取得他人信息并确保信息安全，不得非法收集、使用、加工、传输个人信息，不得非法买卖、提供或者公开个人信息。

回应技术发展需求。生物技术、人工器官制造技术、干细胞研究、克隆技术和组织工程学等的发展，在给人类造福的同时，也对生命权、健康权等人格权提出新的挑战。基于此，民法典人格权编规定，为研制新药、医疗器械或者发展新的预防和治疗方法，需要进行临床试验的，应当依法经相关主管部门批准并经伦理委员会审查同意，向受试者或者受试者的监护人告知试验目的、用途和可能产生的风险等详细情况，并经其书面同意；从事与人体基因、人体胚胎等有关的医学和科研活动，应当遵守法律、行政法规和国家有关规定，不得危害人体健康，不得违背伦理道德，不得损害公共利益。

融入生态文明理念。民法典围绕统筹推进“五位一体”总体布局，顺应人民在生态方面日益增长的需要，确立了绿色原则。比如，物权编对物权的客体、权能、属性、用益物权、相邻关系以及征收征用等制度进行完善，在保护民事主体财产权利的同时，对不动产的权利人设置必要的维护环境、保护生态的义务。合同编规定，当事人在合同履行中根据交易习惯负有节约资源、减少污染的义务，在合同终止后负有旧物回收义务。在侵权责任编规定违法损害生态环境的惩罚性赔偿。

健全风险治理机制。现代社会是风险社会。民法典针对如何应对各种可能的自然风险和人为风险，在原有制度基础上作出新安排。比如，为防控风险，规定“物业服务企业或者其他管理人应当执行政府依法实施的应急处置措施和其他管理措施，积极配合开展相关工作”，并要求业主依法予以配合。对于自然风险，民法典延续不可抗力规则，规定因不可抗力不能履行民事义务的，不承担民事责任，法律另有规定的，依照其规定。对于人为风险，民法典强调安全保障义务，强化合同附随义务，通过停止侵害、排除妨害等制度发挥事前预防功能，通过侵权责任与社会保险、社会救济相衔接形成对受害人的综合补偿机制。

编纂民法典意义重大而深远

编纂一部我们自己的民法典,是几代中国人的夙愿。如今,体现中国特色、时代特色的民法典终于迎来问世时刻。我国民法典的编纂,具有重大而深远的历史意义。

充分体现我们党全心全意为人民服务的根本宗旨。保障人民根本权益,是社会主义法治建设的出发点和落脚点,也是我们党坚守初心使命、坚持执政为民的内在要求。民法典保证人民依法享有广泛的权利和自由、承担应尽的义务。比如,总则编以专章形式,尽可能对民事主体享有的各种权利进行详细列举,并留有发展空间;物权编加强对建筑物业主权利的保护,增加规定居住权;合同编强化对债权实现的保护力度;人格权独立成编;等等,这些制度安排充分体现了以人民为中心的发展思想,有助于满足人民日益增长的美好生活需要。

为坚持和完善中国特色社会主义制度提供法治保障。民法典被称为"社会生活的百科全书",是市场经济的基本法、人民生活的基本行为准则,是民事司法的基本依据,因此被视为法治现代化的重要标志,是国家治理现代化的重要保障。一方面,民法典全面规范民事关系,涉及经济和社会生活的方方面面,是民事领域的基础性、综合性法律,在国家治理体系中居于重要位置。另一方面,民法典实现了民事法律关系领域国家治理的制度化、规范化、程序化。民法典的颁行是国家治理现代化的重要步骤,为坚持和完善中国特色社会主义制度奠定更加坚实的法治基础。

促进社会主义市场经济健康发展。完善市场经济法律制度,是保障社会主义市场经济持续健康发展的现实需要。民法典的颁布,将进一步完善我国民商事活动的基本规则,为民商事活动提供基本遵循,有效健全经济秩序、维护交易安全。民法典的编纂坚持立足我国国情,适应中国特色社会主义进入新时代和我国社会主要矛盾发生转化的实际,必将发挥促进社会主义市场经济健康发展的积极作用。

推进法治国家、法治政府、法治社会一体建设。民法典调整作为民事主体的自然人、法人和非法人组织之间的人身关系和财产关系,有利于增强全民法治观念,加快建设法治社会。民法典规定:“民事主体按照自己的意愿依法行使民事权利,不受干涉。”民法典各分编通过具体规范来确认和保障民事主体的各项具体民事权利,要求公权力依法行使,尊重和保护民事主体的合法权益。这就能够间接发挥规范权力行使的重要功能,有效推进法治国家、法治政府、法治社会一体建设。

促进德治与法治相得益彰。民法典把社会主义核心价值观融入法律条文中,弘扬中华民族传统美德,强化法律规则的道德约束和道德规范的法律支撑。比如,总则编确立的平等、自愿、公平、诚实信用、公序良俗和绿色原则,就是社会主义核心价值观在民法基本原则层面的转化和表达。又如,婚姻家庭编和继承编适当扩大扶养人范围,将“树立优良家风”作为处理夫妻关系和家庭关系的基本原则等,都为我国民事法律制度注入强大的道德力量。

中国法学会党组成员、专职副会长兼秘书长
中国法学会民法典编纂项目领导小组组长 **张鸣起**

2020 年 5 月 20 日

学好民法典　用好民法典

2020年5月28日，在庄严的人民大会堂，十三届全国人大三次会议审议通过了《中华人民共和国民法典》，习近平主席当日签发第四十五号令，公布自2021年1月1日起施行。这是继19世纪《法国民法典》和20世纪《德国民法典》之后能够引领21世纪新潮流的中国人民自己的民法典！

编纂民法典，是以习近平同志为核心的党中央顺应实践发展要求和人民群众期待，在十八届四中全会作出的重大决策部署，是坚持和完善中国特色社会主义法治体系、实现国家治理体系和治理能力现代化的重大举措，是为统筹推进"五位一体"总体布局和协调推进"四个全面"战略布局，实现中华民族伟大复兴提供坚强法治保障的重要法治基础工程。民法的发达程度是一个国家文明进步的重要标志。民法典在广泛借鉴境外民法典立法例的基础上，凝聚全党全国各族人民的智慧和心血，体现人民意志，尊重人民意愿，坚持人民立场，融会人民感情；把握时代脉搏，顺应时代大势，紧扣时代主题，引领时代潮流。民法典凝聚了几代法学家和法律实务界的集体智慧，进一步完善了中国特色社会主义法律体系，在中国法治建设进程中具有里程碑的意义。

中国审判理论研究会民事审判理论专业委员会以全国法院10多万民事审判法官为依托，深入挖掘占全国法院一审审结案件总数90%的一审民事案件所蕴含的立法需求，充分发挥最先感知民事审判反映出来的民生民情民意的独特优势，全面总结2015年以来全国民事法律实施情况并提出民法典编纂的书面报告。中国审判理论研究会民事审判理论专业委员会自2015年以来每年年会主题确定为民法典编纂与民事审判，深入研究民事法律制度理论，积极参与民法典编纂工作，牵头论证人格权独立成编的可行性、必要性并拟出人格权编条文建议，为科学编纂民法典作出了一定贡献。

民法典在中国特色社会主义法律体系中具有重要地位，是一部固根本、稳预期、利长远的基础性法律。习近平总书记在主持中共中央政治局5月29日就“切实实施民法典”举行第二十次集体学习时强调，民法典系统整合了中华人民共和国成立70多年来长期实践形成的民事法律规范，汲取了中华民族5000多年来的优秀法律文化，借鉴了人类法治文明建设有益成果，是一部体现我国社会主义性质、符合人民利益和愿望、顺应时代发展要求的民法典，是一部体现对生命健康、财产安全、交易便利、生活幸福、人格尊严等各方面权利平等保护的民法典，是一部具有鲜明中国特色、实践特色、时代特色的民法典。各级党和国家机关要带头宣传、推进、保障民法典实施，加强检查和监督，确保民法典得到全面有效执行。各级领导干部要做学习、遵守、维护民法典的表率，提高运用民法典维护人民权益、化解矛盾纠纷、促进社会和谐稳定能力和水平。

编纂出民法典是中华人民共和国成立70余年来几代人的梦想。然而，立法本身并不是我们的目的，立法的目的在于应用，在于实施。切实实施好民法典是坚持以人民为中心、保障人民权益实现和发展的必然要求，是发展社会主义市场经济、巩固社会主义基本经济制度的必然要求，是提高我们党治国理政水平的必然要求。民法典要实施好，就必须让民法典走到群众身边、走进群众心里，走到法官、检察官、公务员、律师、仲裁员、公证员手里。民法典要实施好，就要广泛开展民法典普法工作，把民法典纳入国民教育体系，加强对青少年的民法典教育。民法典要实施好，必须认真学习民法典，准确理解民法典，准确理解民法典的精神实质和微言大义，准确理解民法典的每一个条文，融会贯通，学以致用，正确适用具体制度和每一个条款。民法典要实施好，各级司法机关要秉持公正司法，提高民事审判水平和效率。

最高人民法院院长周强指出：“贯彻实施好民法典，必须吃透民法典精神，正确理解民法典的核心要义和重要制度，正确适用民法典的规定，保障人民权益。民法典立足中国国情，在实现好、维护好、发展好人民权益方面有许多创新。其中，人格权独立成编，全面加强对包括自然人隐私权和个人信息在内的人格权保护，彰显了民法典的人民立场和人文关怀；物权编创设了居住权制度；合同编新增了保理合同、物业服务合同、合伙合同等典型合同；婚姻家庭编确立了夫妻共债共签原则，限缩了无效婚姻范围，对协议离婚规定了一个月的冷静期;继承编增加了打印遗嘱、录像遗嘱等新形式遗嘱类型,并取消了公证遗嘱的优先效力,等等。这些新的内容反映着新时代人民权益的特点,体现着新时代社会生活的实践和发展。要引导广大法官深入学习领会民法典的创新之处,将民法典新理念、新原则、新概念、新条款贯彻到审判执行工作的各个环节,提高运用民法典维护人民权益、化解矛盾纠纷、促进社会和谐稳定的能力和水平。"

天下之事不难于立法,而难于法之必行。民法典颁布施行,开启了法治中国建设的新里程。民法典共7编1260条、10万多字,是我国法律体系中条文最多、体量最大、编章结构最复杂、法律适用难度最大的一部法律。中国法学会及其所属各个研究会肩负着民法典宣传普及职责,全国各级人民法院肩负着民法典贯彻实施的历史使命和法定职责,应当成为民法实施体系的中流砥柱。为此,必须吃透立法精神、领会规则实质、把握条文主旨,正确理解民法典立法宗旨、条文含义,释疑解惑,明确司法适用,认真做好贯彻实施民法典、解释民法典、适用民法典的知识储备和理论准备。

工欲善其事,必先利其器。遵照习近平总书记"要加强解读""要发挥法律解释的作用,及时明确法律规定含义和适用法律依据,保持民法典稳定性和适应性相统一"的要求,中国法学会审判理论研究会民事审判理论专业委员会精心编写的"民法典条文理解与司法适用"丛书(总则编、物权编、合同编、人格权编、婚姻家庭编、继承编、侵权责任编七个分册),就是贯彻落实最高人民法院和中国法学会关于认真学习宣传贯彻实施民法典要求的理论利器和应用工具。这个利器和工具,是由我牵头,有申惠文、何建、孙莹、丁慧、杨帆、周杲等一批民法理论基础扎实、民事实践经验丰富的专家参加,认真把脉民法典的关节点、创新点,精心打造的。毋庸置疑,其中凝聚着民法研究的理论成果和全国法院法官的经验智慧。

"民法典条文理解与司法适用"丛书认真贯彻习近平总书记关于切实实施民法典的重要讲话精神,始终坚持以习近平新时代中国特色社会主义思想为指导,全面贯彻党的十九大和十九届二中、三中、四中全会精神,增强"四个意识"、坚定"四个自信"、做到"两个维护",坚持以人民为中心的政治立场,大力弘扬社会主义核心价值观,坚持新发展理念。该书聚焦民法典的核心要义和重点问题,重点阐释民法典关于民事活动平等、自愿、公平、诚信等基本原则，重点阐释民法典关于坚持主体平等、保护财产权利、便利交易流转、维护人格尊严、促进家庭和谐、追究侵权责任等基本要求，从条文主旨、条文理解、司法适用、司法案例等方面进行逐条解读，全方位阐释民法典新规定、新概念、新精神，重点关注民事审判实践中的问题，具有较强的现实指导意义。

民法典的基本精神在于平等自愿、自由自治、公平诚信、绿色文明，核心要义在于维护基本制度、保护民事权益、限制国家公权、弘扬核心价值。当前，各级立法机关、行政机关和司法机关，都在按照中央安排部署认真学习民法典、宣传民法典，提高适用民法典的能力和水平。唯有学好民法典、用好民法典，才能够充分发挥民法典在完善中国特色社会主义法律体系、推进国家治理体系和治理能力现代化中的重要作用。让我们同心协力，将民法典学习好、理解好、适用好、落实好，确保民法典落地有声，全面施行，让民法的阳光普照神州大地。

期望本丛书的出版发行，为民法典的正确理解和准确适用提供指引。

中国法学会审判理论研究会常务理事
民事审判理论专业委员会常务副主任　曹守晔

2020 年 6 月 19 日

法律、司法解释缩略语表

全　　称	简　　称
《中华人民共和国宪法》	《宪法》
《中华人民共和国刑法》	《刑法》
《中华人民共和国民法典》	《民法典》
《中华人民共和国民法典》第一编“总则”	《民法典》“总则编”
《中华人民共和国民法典》第五编“婚姻家庭”	《民法典》“婚姻家庭编”
《中华人民共和国民法典》第六编“继承”	《民法典》“继承编”
《中华人民共和国民法典》第七编“侵权责任”	《民法典》“侵权责任编”
《中华人民共和国民法通则》	《民法通则》
《中华人民共和国民法总则》	《民法总则》
《中华人民共和国物权法》	《物权法》
《中华人民共和国民事诉讼法》	《民事诉讼法》
《中华人民共和国侵权责任法》	《侵权责任法》
《中华人民共和国婚姻法》	《婚姻法》
《中华人民共和国收养法》	《收养法》
《中华人民共和国妇女权益保障法》	《妇女权益保障法》
《中华人民共和国未成年人保护法》	《未成年人保护法》
《中华人民共和国老年人权益保障法》	《老年人权益保障法》
《中华人民共和国残疾人保障法》	《残疾人保障法》
《中华人民共和国反家庭暴力法》	《反家庭暴力法》
《中华人民共和国民族区域自治法》	《民族区域自治法》
《中华人民共和国治安管理处罚法》	《治安管理处罚法》
《中华人民共和国人口与计划生育法》	《人口与计划生育法》

续表

全　　称	简　　称
《中华人民共和国母婴保健法》	《母婴保健法》
《最高人民法院关于贯彻执行〈中华人民共和国民法通则〉若干问题的意见(试行)》	《民通意见》
《最高人民法院关于适用〈中华人民共和国民事诉讼法〉的解释》	《民事诉讼法解释》
《最高人民法院关于人民法院审理离婚案件如何认定夫妻感情确已破裂的若干具体意见》	《离婚案件认定夫妻感情确已破裂意见》
《最高人民法院关于人民法院审理离婚案件处理财产分割问题的若干具体意见》	《离婚财产分割意见》
《最高人民法院关于审理涉及夫妻债务纠纷案件适用法律有关问题的解释》	《夫妻债务问题司法解释》
《最高人民法院关于人民法院审理离婚案件处理子女抚养问题的若干具体意见》	《离婚案件处理子女抚养问题意见》
《最高人民法院关于贯彻执行〈中华人民共和国继承法〉若干问题的意见》	《继承法意见》
《最高人民法院关于适用〈中华人民共和国婚姻法〉若干问题的解释(一)》	《婚姻法司法解释一》
《最高人民法院关于适用〈中华人民共和国婚姻法〉若干问题的解释(二)》	《婚姻法司法解释二》
《最高人民法院关于适用〈中华人民共和国婚姻法〉若干问题的解释(三)》	《婚姻法司法解释三》
《最高人民法院关于贯彻执行民事政策法律若干问题的意见》	《民事政策法律若干问题的意见》
《最高人民法院关于适用〈中华人民共和国合同法〉若干问题的解释(二)》	《合同法司法解释二》
《最高人民法院关于民事诉讼证据的若干规定》	《民事诉讼证据规定》

目录

第五编　婚姻家庭

第五编　婚姻家庭

绪　　论

《民法典》“婚姻家庭编”遵循和贯彻民法典编纂工作指导思想、基本原则，总结实践经验，适应时代要求，对我国现行制定于不同历史时期的《婚姻法》《收养法》《继承法》《民法通则》《物权法》《侵权责任法》等民事法律规范、司法解释进行全面系统的编订纂修，进一步加强人权保护制度，增进人民福祉、促进人的全面发展，保证人民依法享有广泛的权利和人身自由，维护人格尊严，确保幼有所育、老有所养、弱有所扶、残有所助、病有所医和人民安居乐业、家庭安定和谐，进一步完善增进家庭和睦、文明的婚姻家庭和收养制度，进一步完善自然人人身权、财产权、人格权的保护救济制度，形成比较完整的具有中国特色、体现时代特点、反映人民意愿、具有人文精神、体现社会主义核心价值观的婚姻家庭制度，为新时代坚持和发展中国特色社会主义、实现“两个一百年”奋斗目标和中华民族伟大复兴的中国梦提供婚姻家庭领域的法治保障。

编纂包括“婚姻家庭编”在内的《民法典》，是党的十八届四中全会决定所确定的重大立法活动，是新时代治国理政的重大举措，是国家治理体系现代化的重要方面。在《民法典》各分编编纂工作中，立法机关坚持以下五点：一是坚持以人民为中心，以保护民事权利为出发点和落脚点，切实回应人民的法治需求，更好地满足人民日益增长的美好生活需要，努力让《民法典》成为新时代保护人民民事权利的权利法典。二是坚持立足国情和实际，坚持问题导向，适应中国特色社会主义步入新时代和我国社会主要矛盾变化的需要，总结改革开放 40 多年来民事立法和司法实践经验，以法典化方式巩固、确认和发展民事法治建设成果，提高民事法律制度的针对性、有效性、适应性，努力发挥民法引领、推动、保障改革促进开放的积极作用。三是坚持依法治国和以德治国相结合，将社会主义核心价值观融入民事法律规范，国家规治与民事自治相结合，大力弘扬社会公德、家庭美德和良风美俗,贯彻和体现和谐、创新、发展、绿色和开放等新发展理念。① 四是坚持立法的科学性,增强民事法律规范的系统性,既保持民事法律制度的继承性、连续性、稳定性,又保持适度的前瞻性、开放性和国际性,同时处理好、衔接好法典化民事法律制度体系下《民法典》与老年人、未成年、妇女、残疾人、消费者、劳动者权益保障法等特别法以及各类法律规范之间的关系。五是坚持立法的民主性。在全国人大常委会法工委牵头下,最高人民法院、最高人民检察院、司法部、中国社科院、中国法学会分别成立民法典编纂工作起草小组参与,婚姻家庭编草案除书面征求原国务院法制办、最高人民法院办公厅、最高人民检察院办公厅、民政部等机关意见外,先后3次公开网络征求意见,广纳民意。

《民法典》"婚姻家庭编"在整个《民法典》中的价值定位体现了注重体系协调、尊重主体需要、维护性别平等、矫正社会排挤、维护公平正义。在法律制定和法律规范的定位上,明确婚姻自由边界、充实夫妻关系内涵、规制亲子关系、鼓励敬老爱幼、实现收养制度回归。

一、"婚姻家庭编"的修改和创新

"婚姻家庭编"继承了《婚姻法》的逻辑结构。本编包含以下五章:第一,一般规定;第二,关于结婚制度的规定;第三,关于家庭关系的规定;第四,关于离婚制度的规定;第五,关于收养制度的规定。监护制度已经在总则编作了比较详细的规定,本编没有再规定。

同时,在原《婚姻法》基础上,在体例和一些内容方面又有所完善和创新。

(一)体例上:一是将《婚姻法》的六章减为现在的五章,删除了原有的"附则"一章。二是用"一般规定"取代了"总则",其原因在于过去的《婚姻法》均是以单行立法的方式来加以规定,在制定《民法典》的背景之下,婚姻家庭法的回归已成定局,故本编作为"一般规定"颇为妥当,本章主要规定了亲属的概念、收养原则等基本制度。三是增加了收养关系一章,将原来的《婚姻法》和《收养法》统合为《民法典》"婚姻家庭编",收养关系作为拟制血亲产生的重要原因列入该编,使《民法典》体例更完整,是《民法典》体系化的要求,也是《民法典》"婚姻家庭编"立法体系化的重要标志。四是增加了亲属、近亲属和家庭成员的概括性规定,以及日常家事代理、亲子关系、婚内析产等,划出了具有法律上权利义务关系的亲属范围与边界,划出了家事代理夫妻债务与配偶一方个人债务的边界,从而为婚姻家庭纠纷案件审判活动提供了明确的裁判依据。五是将原来《婚姻法》第五章"救助措施与法律责任"规定的内容进行了统合。

---

① 参见全国人大微信公众号,全国人大常委会法工委民法室的立法报告。

（二）内容上：一是统一和合理解决立法的价值导向问题，体现保护婚姻家庭关系、维护婚姻家庭稳定的理念，解决法律体系内部和外部之间的逻辑关系问题，处理好学者的学理知识，司法部门的实践经验和人民群众认知之间的关系问题。例如，《民法典》“婚姻家庭编”第 1043 条增加了“家庭树立优良家风，弘扬家庭美德，重视家庭文明建设”的规定作为第 1 款。

二是正确规范，因势利导，广泛参与，对目前呼声较高，广大群众反映强烈的问题予以规定，尽可能地解决以往立法过于原则和抽象的问题。例如，《民法典》“婚姻家庭编”第 1077 条增加了离婚冷静期的规定：“自婚姻登记机关收到离婚登记申请之日起三十日内，任何一方不愿意离婚的，可以向婚姻登记机关撤回离婚登记申请。前款规定期间届满后三十日内，双方应当亲自到婚姻登记机关申请发给离婚证；未申请的，视为撤回离婚登记申请。”立法的目的主要是针对我国的离婚率逐年呈现上升趋势，设置离婚冷静期有利于减少夫妻之间草率离婚的现象，设置离婚冷静期制度并非我国所独有，美国、法国等国家都有类似的离婚冷静期制度。

三是坚持守成的立法模式，对于可改可不改，现实生活不是十分急迫的内容不修改，保持婚姻家庭领域立法的连续性和稳定性。例如，2001 年《婚姻法》规定：“结婚年龄，男不得早于二十二周岁，女不得早于二十周岁。”《民法典》“婚姻家庭编”维持了原有法定婚龄的规定。在立法审议过程中，有的建议适当降低法定婚龄，但也有的意见认为应当维持现行规定。立法机关会同有关部门研究后认为，现行法定婚龄的规定已为广大社会公众所熟知和认可，如果进行修改，属于婚姻制度的重大调整，宜在进行充分的调查研究和科学的分析评估后再予决定。因此，本次立法对法定婚龄暂未作修改。

四是把经过多年司法实践经验证实为行之有效的规则纳入进来，整合了《婚姻法》相关司法解释的内容，将其上升为立法规定。例如，《民法典》“婚姻家庭编”新增的第 1064 条有关夫妻债务的规定，主要参考借鉴了最高人民法院《夫妻债务问题司法解释》第 1 条至第 3 条的内容。新增第 1066 条夫妻婚内析产的有关规定，也是参考借鉴了《婚姻法司法解释三》第 4 条的内容。

二、中华人民共和国婚姻法 70 年的简要回顾

中华人民共和国第一部法律是婚姻法。

1949 年中华人民共和国的成立，意味着多年战争时代的结束，国民党政府统治时期的伪法统被砸烂，人民政府对包括民法在内的“六法”彻底废除，人们渴望娶妻生子的愿望便油然而生。城乡内外各类娶妻、休妻、退婚、再嫁等婚姻案件急剧增加。新中国迫切需要制定一部新的婚姻法来规范新社会的婚姻家庭生活。

时任政务院法制委员会主任委员王明，负责起草《婚姻法》。① 1950年4月1日，王明在中央人民政府第七次会议上代表法制委员会向会议提交了《中华人民共和国婚姻法草案》，并作了“草案”起草经过和起草理由的报告。会议通过了这部8章27条的《婚姻法》和《土地改革法》。毛泽东随即发布中央政府主席令，《婚姻法》自1950年5月1日起在全国实行。历经41稿，新中国第一部《婚姻法》诞生了。毛泽东同志指出：“婚姻法是关系到千家万户、男女老少的切身利益，其普遍性仅次于宪法的国家根本大法之一。”从此，这部《婚姻法》在中国施行了30年，到1980年才开始修正。无论是1980年9月10日的修改、还是2001年4月28日的修改，婚姻法的基本内容、婚姻自由、一夫一妻、男女平等、保护妇女和子女合法权益的基本原则并无变化。尽管1950年《婚姻法》只有51条，但对于解决婚姻关系难题发挥了重要作用。现实生活中，案件之多、民众之关心与法学研究之不足、法律条文规定比较原则，以“感情确已破裂”作为离婚标准，离婚案件很少发生错判。

时过境迁，随着经济社会发展变化，1950年《婚姻法》已适用30年，有些条文已经不能适应改革开放以后已经发生变化的社会关系，在婚姻家庭领域内，面临着许多亟须解决的问题。例如，结婚年龄规定得偏低（男20岁，女18岁），允许五代以内旁系血亲结婚的条件过宽等。1980年9月10日，第五届全国人大第三次会议审议通过并于当天公布，自1981年1月1日起开始实行新的《婚姻法》。这是我国第二部《婚姻法》。1980年《婚姻法》将“实行计划生育”纳入了法条，并将结婚年龄改为“男不得早于22周岁，女不得早于20周岁”，规定“三代以内旁系血亲禁止结婚”，从而彻底废除了表兄弟姐妹之间的“中表婚”。

时光飞逝，沧海桑田。整个社会经济活动日益频繁，40年的改革开放，个人家庭财产迅速增加，而1980年《婚姻法》中对夫妻财产制的规定过于简单，缺乏对个人权利、私有财产和经济利益的基本规定。2001年4月28日，第九届全国人大常委会第二十一次会议通过《关于修改〈中华人民共和国婚姻法〉的决定》并随后颁布了修正后的《婚姻法》，即2001年《婚姻法》，共六章51条。这部《婚姻法》实际是“婚姻家庭法”，它不只是调整婚姻关系，而且涉及家庭关系，涉及家庭生活的方方面面。2001年1月11日，全国人大常委会办公厅全文公布了《婚姻法（修正草案）》征求意见。截至同年2月28日，共收到来信、来函、来电等3829件。这是我

① 法制委员会的主要工作是为中央人民政府起草各种法律和法规。王明要求法制委员会的工作人员必须很快熟悉这一方面的马列论著；同时，一条一条地审理中国共产党在战争年代制定过的有关婚姻的法规和条例。这些都成为王明起草新中国婚姻法的基础。同时，也充分借鉴了苏联、东欧等社会主义国家的婚姻法资料。他还亲自翻译了《苏联婚姻、家庭和监护法典》。

国影响重大的一次法律草案全民讨论。当时就有人建议将法的名称修改为《婚姻家庭法》，认为叫《婚姻法》容易误认为这部法律只调整夫妻关系，实际上该法“除调整夫妻关系以外，还调整家庭关系”。有人则建议，法的名称不作修改。因为婚姻法调整的范围有广、狭两义。广义的婚姻法既调整婚姻关系，也调整家庭关系。特别是新中国成立后颁布的第一部法律就是《婚姻法》，在可改可不改的情况下，保留原有法的名称为好。立法采纳了后者观点，仍然称为《婚姻法》。2001 年《婚姻法》的立法过程，被称为“是 20 世纪末 21 世纪初中国人国家观念、法律观念、道德观念、婚姻家庭观念和性观念的一次大普查”。其修改特点：一是来信多，二是范围广，三是热情高。有的逐条对婚姻法修正草案提出意见；有的另行草拟了婚姻法全文；有的连续多次来信提出修改意见；有的来信后又专程到北京向立法工作机构的同志当面陈述意见。四是意见广泛。可以说对婚姻法修改的大多数问题都提出了意见，对有的问题提出了多种意见和建议。

由上可见，现行《婚姻法》源于 1950 年，1980 年、2001 年修改完善，《收养法》制定于 1991 年。两部法律实施以来，对于建立和维护和谐稳定的婚姻家庭关系发挥了重要作用。但随着婚姻观念、家庭关系的变化，我国婚姻家庭领域出现了一些新情况。为进一步弘扬夫妻互敬、孝老爱亲、家庭和睦的中华民族传统家庭美德，体现社会主义核心价值观，促进家庭关系和谐稳定，《民法典》“婚姻家庭编”以现行《婚姻法》和《收养法》为基础，在坚持婚姻自由、平等自愿等基本原则的前提下，结合经济社会文化发展需要，修改部分规定，并增加了一些新内容。

婚姻法是婚姻家庭关系的基本准则，与每个公民的基本人权和千家万户的生存质量和幸福指数有关，还是一个时代变迁和社会经济文化转型的“晴雨表”。

2020 年 5 月 1 日，是我国首部《婚姻法》颁行 70 周年。近 70 年来的中国婚姻家庭随着社会的进步和发展产生了巨大变化。婚姻关系的伦理性、社会性决定了婚姻纠纷的复杂性，特定时代的婚姻很容易受到社会经济、政治、文化、习俗等多种因素的影响。婚姻案件也不单是简单的法律诉讼，其更深地镌刻着时代的历史文化背景和政治法律观念。因此，我国《婚姻法》也需要与时俱进，及时修改完善纳入《民法典》。

三、《民法典》“婚姻家庭编”的编纂

编纂出一部体例科学、结构严谨、规范合理、具有中国特色、体现时代精神的民法典，不仅是全面推进依法治国，实现国家治理体系和治理能力现代化的重大举措，也是健全社会主义市场经济制度，完善中国特色社会主义法律体系的必然要求。《民法典》“婚姻家庭编”是民法典的重要组成内容，其编纂也必须具有时代性特征。与 2001 年《婚姻法》《收养法》相比，无论是在总体框架还是在制度设计上都作出了重大修改。其核心要义和主要修改内容有：一是将树立优良家风入法，弘扬社会主义核心价值观。婚姻家庭制度是规范夫妻关系和家庭关系的基本准则，关系到家家户户的利益。家庭是社会的基本细胞，是人生的第一所学校。我国自古至今都对家风家教极为重视，“家和万事兴”的观念早已深入国民的骨髓。习近平总书记强调，无论时代发生多大变化，无论生活格局发生多大变化，我们都要重视家庭建设，注重家庭、注重家教、注重家风，紧密结合培育和弘扬社会主义核心价值观，发扬光大中华民族传统家庭美德，促进家庭和睦。为贯彻落实习近平总书记关于加强家庭文明建设的讲话精神，更好地弘扬家庭美德，体现社会主义核心价值观，2019 年 10 月提交十三届全国人大常委会第十四次会议审议的婚姻家庭编草案三审稿明确规定，“家庭应当树立优良家风，弘扬家庭美德，重视家庭文明建设。夫妻应当互相忠实，互相尊重，互相关爱；家庭成员应当敬老爱幼，互相帮助，维护平等、和睦、文明的婚姻家庭关系”。这是继 2017 年将“社会主义核心价值观”写入《民法总则》后，社会主义核心价值观融入《民法典》的又一体现。婚姻家庭领域法治和德治密不可分，决定了建设平等、和睦、文明的家庭关系需要法律和道德协同发力。《民法典》“婚姻家庭编”新增这些规定，宣示了国家对树立优良家风、弘扬家庭美德和家庭文明建设的高度重视与强力倡导，有利于强化家庭及其成员的责任感和义务感，维护平等、文明、和谐的婚姻家庭关系，进一步弘扬夫妻互敬、孝老爱亲、家庭和睦的中华民族传统家庭美德，使我国新时代的家庭文明建设在法律的保障和促进下取得新成就。

二是修改禁止结婚的条件，增加婚姻无效的情形。《婚姻法》规定，患有医学上认为不应当结婚的疾病者禁止结婚。强制婚检废除以后，这一规定在实践中难以操作，且在对方知情的情况下，是否患有疾病并不必然影响当事人的结婚意愿。为尊重当事人的婚姻自主权。为此，本编规定，一方患有严重疾病的应当在结婚登记前如实告知对方，不如实告知的，对方可以请求撤销该婚姻。

三是完善了可撤销婚姻制度。《婚姻法》在可撤销婚姻法定事由上只是规定了胁迫婚姻的一种情形。本编第 1053 条增加了一项可撤销婚姻的法定事由，即“一方患有重大疾病的，应当在结婚登记前如实告知另一方；不如实告知的，另一方可以向人民法院请求撤销婚姻”。“婚姻家庭编”删除了《婚姻法》禁止“患有医学上认为不应当结婚的疾病”这一禁止性规定，本编第 1053 条的立法目的，就是对删除这一禁止性规定所作的兜底性补充，以防堵相关利益调整中出现重大的漏洞。同时，也是婚姻当事人诚信婚姻价值观的基本要求。特别需要说明的是，本编第 1052 条，因胁迫而撤销婚姻的请求机关单独确定为“人民法院”，采取了一轨制删除了“婚姻登记机关”作为可撤销婚姻的请求机关，婚姻登记机关就其权能而言并无处理民事纠纷的职权。

四是增加离婚冷静期的规定，避免轻率离婚。本编制定和修改的过程，是我国民法不断积极回应社会发展所面临的婚姻家庭新问题、完善婚姻家庭法律制度的过程。近年来，我国离婚率不断攀升，由此引发一系列社会问题。据民政部统计数据显示，从 2003 年起，我国离婚率已连续 15 年上涨。2019 年前三季度全国登记离婚达 310.4 万对，比上一年同期多出 20.5 万对。其中，不乏轻率离婚的情形。

离婚冷静期制度有利于减少轻率离婚、冲动离婚现象，维护家庭稳定。《民法典》"婚姻家庭编"设置了"离婚冷静期"，明确自婚姻登记机关收到离婚登记申请之日起 30 日内，任何一方不愿意离婚的，可以向婚姻登记机关撤回离婚登记申请。设置离婚冷静期是为自愿离婚的当事人在登记离婚中设置适当的时间"门槛"，促进当事人冷静思考、妥善抉择，既能保障当事人的离婚自由，又能保障双方当事人作出正确抉择、保护好未成年子女的利益。

离婚自由不是绝对自由，而是相对自由，是法定范围内的自由。法律规定离婚冷静期，不是限制婚姻当事人的离婚自由，而是充分尊重当事人的意思，在离婚两愿的前提下，给出适当的时间让其冷静思考，改变现行登记离婚基本上是"即申即离"，无法防止一时冲动、草率离婚的现状。只要期间适当，就不存在干涉当事人离婚自由的问题，有利于保持婚姻的稳定，减少社会不安定因素。

离婚冷静期制度已经有实践基础。当前有些地方的婚姻登记部门在地方立法的指导下，已进行了登记离婚冷静期制度的相关试行工作；部分地方法院也在离婚案件中探索设立离婚冷静期制度，产生了较好的社会效果。有婚姻登记部门的工作人员表示，婚姻来之不易，他们在实际工作中也会劝导离婚意愿不强烈的夫妻先冷静一段时间再作决定，有些夫妻在冷静思考后最终选择不离婚。实践表明，设置离婚冷静期也是一次善意提醒，提醒大家谨慎行使权利，激发对婚姻家庭的责任心，使社会形成良好的婚姻家庭观，其在挽救破裂家庭、维护婚姻秩序、维系社会稳定等方面发挥的积极作用是值得赞许的。

五是完善离婚赔偿制度。对于婚姻无效或者被撤销的法律后果，立法审议时有的常委会委员、专家学者和社会公众提出，婚姻无效或者被撤销的，还应当赋予无过错方请求损害赔偿的权利，以有利于保护无过错方的权益。这一建议被采纳，婚姻家庭编草案三审稿中新增一款规定：婚姻无效或者被撤销的，无过错方有权请求损害赔偿。那么，若对方婚前不如实告知患有重大疾病，撤销婚姻的请求应向哪个部门提出？针对受理机关，2019 年 12 月提请审议的民法典草案将之前婚姻家庭编草案规定的"婚姻登记机关或者人民法院"修改为"人民法院"。原因是由婚姻登记机关对一方在结婚登记前是否如实告知对方患病情况进行认定较为困难，因此改为由人民法院统一行使撤销权。

《婚姻法》规定了四种适用离婚损害赔偿的情形。为更好地发挥离婚损害赔偿制度的预防、制裁作用，促进婚姻关系的稳定，本编增加了离婚损害赔偿的兜底条款，将其他一些确实给对方造成严重损害的情形纳入损害赔偿范围。通过增设兜底条款，既能涵盖了可能出现的其他严重损害配偶一方权益的情形，又为司法裁判提供依据。相比《婚姻法》的规定，本编在第1054条第2款针对婚姻无效或者被撤销，规定了“无过错方有权请求损害赔偿。”将损害赔偿制度适用范围扩展至婚姻无效和婚姻效力瑕疵类型之中。

六是完善收养法律制度，保护被收养人合法权益。作为孤残儿童回归家庭的一种方式，收养具有养老扶幼、稳定家庭、稳定社会的功能。随着不少家庭或个人领养孩子的愿望逐年升高，被收养人的身心健康和权益如何得到有效保护，亟须法律给出答案。因此，保障被收养人合法权益，也是婚姻家庭编草案关注的重点之一。草案对现行收养制度作出了一系列调整，例如，放宽了对收养条件的限制，规定已有一名子女的收养人也可收养子女。就收养人应当具备的条件，草案一审稿中规定了四项，分别是：无子女或者只有一名子女；有抚养、教育和保护被收养人的能力；未患有在医学上认为不应当收养子女的疾病；年满30周岁。在征求意见时，有关方面提出，为保障被收养人的健康成长，建议增加规定收养人无不利于被收养人健康成长的违法犯罪记录这一条件。该意见经研究后被采纳，立竿见影地体现在婚姻家庭编草案二审稿中。

实际上，此前一些基层民政机关在现行收养法和民政部《中国公民收养子女登记办法》基础上，已出台有关规定，要求办理收养登记时，需提交由公安机关出具的无违法犯罪记录证明等材料，社会反响较好。婚姻家庭编草案新增这一收养人条件，正是对各地实践做法有益经验的吸收和借鉴。本编草案三审稿，收养相关规定的修改完善再次向前迈出一步。为更好地维护被收养的未成年人的合法权益，草案吸纳相关部门和专家学者的建议，将我国已加入的联合国《儿童权利公约》中关于儿童利益最大化的原则落实到收养工作中，明确提出收养应当遵循最有利于被收养人的原则。我们相信，有了《民法典》的明文规定，如能被严格遵守和司法正确适用，被收养人的合法权益将得到更好的保障。

七是删除计划生育和晚婚晚育的内容。《婚姻法》《收养法》中都有关于计划生育的条款。为适应我国人口形势新变化，本编不再规定有关计划生育的内容。还有一些变化，包括体系的修改，增加了一些亲属、近亲属、家庭成员的界定，增加了日常家事代理权，吸收了最高人民法院司法解释关于婚姻析产、夫妻债务清偿的规定等。

婚姻是家庭的基础,家庭是社会的细胞。维护平等、和睦、文明的婚姻家庭关系,需要法律的强力支撑。融入社会主义核心价值观,解决婚姻家庭领域出现的新情况、新问题,进一步保障每一位家庭成员的合法权益。

婚姻家庭制度是规范夫妻关系和家庭关系的基本准则,关系到千家万户的利益。因此,《民法典》"婚姻家庭编"在全国人大常委会几经审议的过程中,始终备受社会大众关注。自2018年8月民法典各分编草案整体提交全国人大常委会初审后,2019年,十三届全国人大常委会第十一次会议、第十四次会议分别对民法典婚姻家庭编草案进行了二审和三审。在2019年最后一次常委会会议上,民法总则和修改完善后的民法典各分编草案首次"合体"提请常委会会议审议,其中婚姻家庭编进一步作了修改完善。历经审议和修改完善的婚姻家庭编草案,深刻体现了立法的与时俱进、问题导向和广纳民意。

四、《民法典》"婚姻家庭编"的施行

(一)法律施行

《婚姻法》自1981年1月1日起施行、2001年修正,自2021年1月1日起《民法典》施行的同时予以废止。

《婚姻法》第49条规定:"其他法律对有关婚姻家庭的违法行为和法律责任另有规定的,依照其规定。"所谓"其他法律",譬如刑法、反家庭暴力法、妇女权益保障法、侵权责任法等。

其第六章附则实际上是婚姻法施行法。第50条规定:"民族自治地方的人民代表大会有权结合当地民族婚姻家庭的具体情况,制定变通规定。自治州、自治县制定的变通规定,报省、自治区、直辖市人民代表大会常务委员会批准后生效。自治区制定的变通规定,报全国人民代表大会常务委员会批准后生效。"这些变通规定,在自治区当地可以优先于《婚姻法》适用。例如,变通后的法定婚龄仅适用于少数民族,不适用于生活在该自治地方的汉族。譬如,《西藏自治区施行〈中华人民共和国婚姻法〉的变通条例》第1条就明确规定:"结婚年龄,男不得早于二十周岁,女不得早于十八周岁"。这是西藏自治区根据《民族区域自治法》和《婚姻法》制定的地方法规对法定婚龄的变通实施。考虑到本编未对婚龄调整,未来在民族自治地方预计依然会对法定婚龄进行变通,即使男女一方是汉族一方是藏族,在西藏自治区结婚仍然适用变通规定。

第六章第51条规定:"本法自1981年1月1日起施行。1950年5月1日颁行的《中华人民共和国婚姻法》,自本法施行之日起废止。"本条正式宣布第一部《婚姻法》废止,第二部《婚姻法》施行。

（二）司法解释

为了正确审理婚姻家庭纠纷案件，根据《婚姻法》《民事诉讼法》等法律的规定，除了单项解释外，最高人民法院近20年来先后对人民法院适用婚姻法的有关问题作出三个比较重要的司法解释，分别是：《婚姻法司法解释一》于2001年12月24日由最高人民法院审判委员会第1202次会议通过，自2001年12月27日起施行；《婚姻法司法解释二》于2003年12月4日由最高人民法院审判委员会第1299次通过，自2004年4月1日起施行；《婚姻法司法解释三》于2011年7月4日由最高人民法院审判委员会第1525次会议通过，自2011年8月13日起施行。针对《婚姻法司法解释二》第24条施行中的问题，最高人民法院颁布《关于审理涉及夫妻债务纠纷案件适用法律有关问题的解释》，该解释2018年1月8日最高人民法院审判委员会第1731次会议通过，自2018年1月18日起施行。

2001年《婚姻法》修正增设了无效婚姻制度（第10条），规定重婚者、有禁止结婚的亲属关系者、患有不应结婚的疾病者、未达法定婚龄者的婚姻无效，但没有规定对诚信卷入此等婚姻者的保护，从而使无效婚姻中诚信当事人的保护在我国立法和司法中阙如，造成了个别司法判决的不良效果。

司法实践应否承认诚信缔结的无效婚姻的效力并确立宣告婚姻无效请求权的时效？在西方国家和我国的香港、澳门地区，适用拟制的婚姻制度进行此等保护。按照该制度，违反婚姻法定要件的男女结合可归于无效，但对于诚信的当事人及其子女保留部分效力。我国台湾地区“民法典”在此基础上更进一步，对于诚信缔结的重婚，并不置于无效，而是赋予有效婚姻的地位。此举把对诚信婚姻当事人的保护推上了新台阶，但留下了只考虑诚信违反一夫一妻制的婚姻，遗漏考虑诚信违反其他婚姻有效要件的婚姻的缺憾。第三者有诚信与恶信之分。①

我国台湾地区“民法典”于2007年修订后始承认善意重婚的效力。在此之前，我国台湾地区“民法典”第985条规定：有配偶者，不得重婚。该条严格执行一夫一妻制。但陈周丰诚信重婚案例刺激“司法院”于1994年8月29日发布释字第362号解释，依信赖保护原则创立善意重婚概念。它仅要求重婚之相对人即第三人为善意，重婚人不需为善意。② 而上述解释基于的案例的当事人双方皆为诚信。我国《民法典》“婚姻家庭编”对此未做规定，司法实践似应以上述婚姻诚信

---

① 徐国栋：《无效与可撤销婚姻中诚信当事人的保护》，载《中国法学》2013年第5期。

② 参见杨书琴：《论善意重婚及其效力——以民法第988条第3款及第988条之1为中心》，第10页，Onhttp://ja. lawbank. com. tw/pdf/论善意重婚及其效力——以民法第988条第3款及第988条之1为中心杨书琴，2019年10月14日访问。

保护成果为基础，承认诚信缔结的各种类型的无效婚姻的效力，保护诚信重婚，但以当事人已长期彼此占有配偶身份为必要条件。有下列情形之一的，婚姻无效：(1)重婚的；(2)有禁止结婚的亲属关系的；(3)未达法定婚龄的。但重婚之当事人之一方或双方诚信相信前婚姻已因两愿离婚登记或离婚确定判决消灭者，不在此限。上列第(2)、(3)情形中的当事人诚信且长期占有配偶身份的，其婚姻也免于无效。为了避免具有无效原因的婚姻的当事人的法律地位长期不确定，影响他们之间的婚姻的安定性以及他们的可能产生的子女的生活的安定性，为宣告婚姻无效请求权适用诉讼时效。

为确保《民法典》生效以后在全国法院民商事审判工作中的贯彻实施，2019年最高人民法院已经成立民法典编纂和贯彻实施工作领导小组，[①]《民法典》颁布之后迅速投入清理有关司法解释、分期分批（专题）起草《关于适用〈中华人民共和国民法典〉若干问题的解释（一）》以及民间借贷合同、担保物权等专题司法解释，目前已经列入最高人民法院2020年度司法解释立项计划。[②] 起草民法典司法解释工作坚持四个原则：一是坚决贯彻党中央部署，同党中央制定的方针政策保持一致。二是必须符合宪法、民法等法律规定，遵循《民法典》立法原意，正确解释法律条文，全面贯彻社会主义核心价值观，妥善处理与已有相关民商事司法解释的关系。三是充分发扬民主，广泛听取人大代表、政协委员、人民群众和有关部门意见，视情公开征求意见。四是切实提高司法解释工作水平，坚持问题导向，确保民法解释科学规范，按时保质完成司法解释立项计划。

---

① 最高人民法院院长周强同志任组长，副院长江必新同志任常务副组长，专委刘贵祥等同志任副组长，办公室设在最高人民法院研究室。

② 《最高人民法院2020年度司法解释立项计划》（法办〔2020〕71号）已于2020年3月9日由最高人民法院审判委员会第1795次会议讨论通过。

第一章　一般规定

本章是对婚姻家庭编调整对象、基本原则、家庭关系、收养原则、亲属与家庭成员范围的规定。这是规范民事主体婚姻家庭关系最为基本的准则。本章共有 6 个条文。其中，第 1040 条规定的是调整对象和范围，第 1041 条至第 1043 条三个条文规定的是婚姻家庭制度的立法价值和基本原则，第 1044 条规定的是收养制度的基本原则，第 1045 条是关于亲属、近亲属和家庭成员范围的规定。

本章是在《婚姻法》第一章"总则"的内容上修改而来。《婚姻法》作为单行法，将第一章设立为"总则"并无不当。"婚姻家庭编"作为《民法典》独立的一编，将"总则"修改为"一般规定"。对于"婚姻家庭编"而言，"一般规定"是我国当代婚姻家庭制度的灵魂和主线，精神与纲领，其作用和功能就在于提纲挈领的统领整个婚姻家庭制度，"一般规定"和分章之间具有严密的运输关系。此次《民法典》编纂在立法价值和立法理念上特别注重社会主义核心价值观的引领和中国婚姻家庭文化的传统特色，重视婚姻家庭关系的伦理属性和团体价值，坚持将尊老爱幼、维护婚姻家庭关系的平等、互爱、和睦、诚信作为婚姻家庭立法的宗旨，强化对妇女、未成年人、老年人和残疾人权益的保护。本章中所确立的立法理念恰恰是"婚姻家庭编"各章的立法依据和制度基石。

本章增设了"树立优良家风、弘扬家庭美德、重视家庭文明建设"的规定，凸显了社会主义核心价值观在婚姻家庭中的引领和评价作用。

第一千零四十条　本编调整因婚姻家庭产生的民事关系。

【条文主旨】

本条是关于婚姻家庭编调整范围和调整对象的规定。

【条文理解】

本条置于《民法典》“婚姻家庭编”的首位，对调整对象和调整范围作出规定，这是立法技术和立法惯例的使然和要求。明确本编的调整对象和调整范围作为开篇，不仅体现了法律内在的逻辑规则，便于理解和掌握，更有助于法官正确适用法律，保证公正司法。本条来自2001年修改后《婚姻法》第1条的规定：“本法是婚姻家庭关系的基本准则”，其目的是明晰婚姻家庭关系是一种民事关系，为婚姻家庭法回归民法典提供理论支点和制度支撑。

法律调整对象，是指法律所调整的一定范围能够体现为意志关系的具体社会关系。法律所调整的社会关系具有以下特点：一是一定范围的社会关系，是最为重要的而不是全部的社会关系，它体现和反映国家、组织和个人重要利益的社会关系。二是一定的社会关系之所以成为法律的调整对象，就性质而言，是其能够接受法律所具有的规范性的调整作用，此种社会关系是一定政治条件下统治阶级要求必须通过法律加以规范，以实现一定的意志和利益的。众所周知，法律是社会关系的调整器，客观存在的各种社会关系构成了不同法律部门的调整对象。特定范围的社会关系也成为认定和划分法律部门的基本标准。《民法典》“婚姻家庭编”所具有的独立性和独特性是由其特定的调整对象所决定的。明晰《民法典》“婚姻家庭编”的调整对象是个十分重要的问题，它既与婚姻家庭关系的调整机制有关，又决定婚姻家庭关系的调整方法。

（一）《民法典》“婚姻家庭编”调整对象具有特殊性

首先，《民法典》“婚姻家庭编”调整的是民事关系，这种民事关系是由婚姻家庭所产生的。具体包括婚姻、家庭等特定亲属之间的民事关系。所谓民事关系，是指平等主体之间的人身关系和财产关系。《民法典》“总则编”第1条明确规定：“为了保护民事主体的合法权益，调整民事关系，维护社会和经济秩序，适应中国特色社会主义发展要求，弘扬社会主义核心价值观，根据宪法，制定本法。”婚姻家庭关系是民事关系的重要内容。民法以平等和自治为基础，《民法典》“婚姻家庭编”不能偏离这一基础。调整民事关系中的婚姻家庭关系，其目的在于，从维护社会最为基本的婚姻家庭共同生活的必要性出发，以一般的伦理价值和公认的道德标准来衡量婚姻家庭这种基本的生活关系。通过制定一系列的民事法律规范来明确其调整与保护的范围，为家庭成员和亲属之间的日常交往提供一种稳定的行为预期，为人们的合法婚姻家庭权益提供保护。

其次，《民法典》“婚姻家庭编”调整的民事关系不同于一般意义上的民事关系。民法是以规范平等主体相互间权利义务为内容的法律，就其规范的内容和性质而言，包括人身关系和财产关系。《民法典》“婚姻家庭编”所调整的民事关系同样也包含了两部分的内容，具体而言，包括特定亲属之间的人身关系和特定亲属之间的财产关系。法律意义上的亲属，不仅是被两性结合与血缘纽带连接在一起的个人（自然人），更体现为主体间的一种社会关系，这种社会关系在法律调整之前是客观存在的，是一种自然的共同生活关系。① 具有“事实上的先在性”。② 家庭中的血缘关系，先天地形成了不同的“伦”，为了维护“伦”的秩序，便引出相应的“理”，这个“理”不同于一般意义上的“理”。③ 这里的“理”，首先应当考虑到的是“伦理”，其次才是“法理”。作为婚姻家庭编调整对象的亲属关系，自然要包括亲属间的人身关系和亲属财产关系。

亲属人身关系主要是指身份关系，是指特定亲属主体之间基于一定的身份产生的人身关系。亲属是因婚姻、血缘或收养而产生的社会关系。其特征有三：一是它是社会人与人之间的最为亲近的，靠亲情维系的社会关系；二是有固定的身份和称谓；三是由婚姻关系、血缘关系或收养关系而产生。亲属有生物学意义上的亲属与法律意义上的亲属之分，生物学意义上的亲属，即广义的亲属，是指以两性和血缘关系为纽带的亲属，不包括拟制血亲。法律意义上的亲属，即狭义的亲属，是指法律承认并规定其权利义务的亲属，仅包括一定范围的生物学意义上的亲属以及法律拟制血亲，其范围较之生物学意义上的亲属要窄。《民法典》“婚姻家庭编”必须以维护亲属之间亲情关系为己任，亲情是维系亲属身份关系的纽带与桥梁。

亲属财产关系，是指在特定亲属之间所形成以财产为媒介的社会关系，具有直接的经济内容。民法所调整的财产关系，是指发生在平等主体之间因财产归属和财产流转所产生的经济关系。但是财产的流转关系和财产的归属关系只是民法所调整财产关系的一种分类。依照财产关系的主体，财产关系还可以分为两部分：一是以社会一般意义的经济生活为内容的财产关系，由财产法所调整，包括“合同编”和“物权编”；二是以非经济生活的家庭伦理及身份关系为内容的财产关系，由身份法所调整，包括《民法典》“婚姻家庭编”与“继承编”。亲属财产关系与民事法律调整的财产关系有着显著不同：一是在主体方面，亲属财产关系只能存在于具有特定亲属身份的自然人之间；二是在社会功能和属性方面，亲属财产关系反映了家庭的经济职能的要求和亲属共同生活的需求，具有强烈的伦理性；三是在法律事实方面，引起亲属财产关系产生、变更，终止的原因不同，其产生具

① 薛宁兰、金玉珍主编：《亲属与继承法》，社会科学文献出版社 2009 年版，第 7 页。

② 事实先在性是指先有血缘、婚姻等身份关系，然后才有法律等对其进行规范。

③ 杨立新：《家事法》，法律出版社 2013 年版，第 11 页。

有强烈的人身附随性。财产法和身份法两者性质不同，在法律适用上自然存在较大的差异。

（二）《民法典》"婚姻家庭编"调整方法和调整机制具有特殊性

从实体法层面，《民法典》"婚姻家庭编"和"继承编"等家事领域的立法应当实现的法律功能和社会效果，与《民法典》其他各编有着明显的不同，当为如下内容：一是固定亲属身份，二是维护亲属亲情，三是强调义务中心。在民法典体系当中，《民法典》"婚姻家庭编"具有不同于《民法典》其他财产法各编的若干特性，其中包括习俗性、伦理性、团体性、强行性和抑适性。[①] 这些特点，都是我们在进行制度设计当中所应该着重考虑的重点。例如，亲属法调整的社会关系不仅关系亲属的个人利益，也关系社会的公共秩序与善良风俗。贯彻始终的民法意思自治原则在亲属法当中受到很大限制。又如，亲属身份立法中与国情不相符合的规定很少会发挥其效应。亲属间很多义务具有法定性和强行性，例如，父母对未成年子女的抚育义务和成年子女赡养父母的义务，都不允许当事人双方通过约定的方式而解除。实体法的要求与内容必然决定了《民法典》"婚姻家庭编"调整方法和调整机制的特殊性，这些同样是我们在制度设计或法律适用时必须考量的因素。

婚姻家庭关系是社会关系最为重要的组成部分，类似于婚姻家庭这种以身份关系维系和体现的社会关系，就其法律调整机制和方法而言，确实有不同于其他法律关系的特点。法律调整机制，是指对社会关系实施法律调整的法律手段和法律运行过程的统一。通过法律规范、法律关系、实现主体权利与义务的行为三个阶段体现出来。法律调整的方法，指对社会关系施加法律影响的方法、方式、类型的总和。《民法典》"婚姻家庭编"在法律调整机制中起着规范性根据的作用，它提供了基于亲属身份为基础所发生的社会关系的思维模式和行为模式。

家事案件的审理模式与适用原则必然与普通民事程序不同。又由于家事案件的类型复杂多样，如亲子关系案件、反家庭暴力案件等家事非讼案件与抚养、夫妻财产制等家事争讼案件适用的诉讼原则亦应迥然有别。基于家事案件独特的诉因机理，家事审判程序的独立性是必然的选择。

---

① 从字面意义理解，"抑"指"控制"，"适"意为"适当"或"适宜"等。所谓亲属法的抑适性，是指亲属法不同于市场经济领域的其他法律，基于历史传统的延续性和文化的沉淀性，在进行制度设计时既保持抑制不过于超前且与当前婚姻家庭关系的现状相适应的一种状态。按照这一属性的要求，一是亲属法在立法模式的选择上不能过度强调现代化和国际性，不能彻底抛弃和脱离体系性、逻辑性和稳定性的要求；二是制度的设计更要考虑能否与原有的法律制度和谐配套，同时还要考虑历史传统和文化基础的延续性以及民众的心理承受能力。

【司法适用】

《民法典》"婚姻家庭编"的颁布实施，必然有利于解决司法实践中的一些盲点和难点问题，为各级人民法院正确审理家事案件以及人民群众进行家事诉讼提供了更明确、更充分的法律根据。基于家事案件自身的特点，《民法典》"婚姻家庭编"从属性上来说属于亲属法、身份法。亲属法、身份法在法律适用上，与财产法的关系与区别一直是困扰司法工作的一个难题。其将单纯的婚姻身份关系作为研究对象，重点研究单纯的婚姻身份关系在适用实体法的特点和诉讼程序上特点，厘清婚姻身份关系与财产关系在适用实体法和程序法的不同之处或区别。

在法律适用上，一是因婚姻家庭产生的民事关系由本编调整，适用本编。二是根据"合同编"的一般规定，婚姻、收养、监护等有关身份关系的协议，适用有关该身份关系的法律规定，在《民法典》施行后适用《民法典》"婚姻家庭编"和"总则编"的规定；本编和"总则编"关于婚姻、收养、监护等有关身份关系协议没有规定的，可以根据其性质参照适用"合同编"的规定。三是对自然人因婚姻家庭关系等产生的身份权利的保护，适用《民法典》第一编、本编和其他法律的相关规定；没有规定的，参照适用第四编有关规定。

在审判方式和工作机制上，2016 年 4 月 25 日最高人民法院发布了《关于开展家事审判方式和工作机制改革试点工作的意见》，决定从 2016 年 6 月 1 日起开展为期两年的家事审判方式和工作机制改革试点工作，家事审判改革的基本定位是：转变家事审判理念，推进家事审判方式和工作机制创新，加强家事审判队伍及硬件设施建设，探索家事诉讼程序制度，开展和推动国内外法院之间家事审判经验交流和合作，探索家事审判专业化发展，维护婚姻家庭关系稳定，依法保护未成年人、妇女、老年人和残疾人合法权益，弘扬社会主义核心价值观，促进社会建设健康和谐发展。

对家事审判方式进行改革源自于家事案件本身所具有的诉因机理和所调整的社会关系具有的特殊性。家事事件具有不同之特性，这种特性表现为：家事案件具有很强的情感性和伦理性、人身性和私密性、社会性和团体性、混杂性和牵连（连带）性。因此，家事审判的目标和价值高于一般的民事案件审判。家事案件系处理具有一定亲属关系之人因共同生活、血缘亲情、继承等所产生之纷争，而当事人间之关系、情感、抚养未成年子女之权利义务，通常不会因司法程序结束而终了，故相较于一般民事财产权纷争案件，这不仅要求法官就实体法上对案件事实存否进行判断或为妥当裁量，同时必须从社会上、心理上或感情上为妥适处理。

第一千零四十一条　婚姻家庭受国家保护。

实行婚姻自由、一夫一妻、男女平等的婚姻制度。

保护妇女、未成年人、老年人、残疾人的合法权益。

【条文主旨】

本条是关于婚姻家庭受国家保护的基本立场和本编基本原则的规定。

【条文理解】

本条第1款是依据我国宪法关于“婚姻、家庭、母亲和儿童受国家的保护”的规定新增加的内容，立场鲜明，既有利于体现国家对婚姻家庭的重视和保护，也有利于本编与其他各编体例的统一，进一步说明《民法典》第1条关于“根据宪法，制定本法”不是空谈。

《民法典》“婚姻家庭编”的基本原则承载的是婚姻家庭关系基本属性和婚姻家庭立法的基本价值，是该法所固有的并对立法和司法活动具有最高指导意义的标准，是全部婚姻家庭法律规范的价值主线和灵魂所在。价值具有内容的根本性和效力的贯彻始终性。婚姻家庭立法基本原则的功能在于：它不仅昭示立法宗旨和基本精神，是民事活动的重要指针，对人们行为方式起着重要的引导作用，还是司法裁判的重要依据。对于基本原则的理解，我们要将其置于立法技术的层面认识，它是一种重要的立法技术性设计，具有填补法律漏洞的功用。

《民法典》“婚姻家庭编”所确立的基本原则主要延续了2001年《婚姻法》的规定，与此不同的是，删除了计划生育的规定，而原来的《婚姻法》《收养法》中都有关于计划生育的条款。在当下我国人口政策全面放开二胎，且全面放开计划生育政策呼声越来越高的背景下，现行法律原则保持适度的超前性是合理的，删除计划生育原则具有一定前瞻性。计划生育政策是阶段性的，每个阶段都有不同的规定，特别是原有的立法涉及计划生育的条款具有限制、惩罚、管理的倾向，我国目前已经全面放开“二孩”政策，按现行人口变化情况来看，随着法律的修改未来可能会逐步取消计划生育这一政策。

（一）婚姻自由

在《民法典》“婚姻家庭编”中，婚姻自由是婚姻家庭法的首要原则，是婚姻家庭领域最为重要的法律制度。本条规定：“实行婚姻自由，一夫一妻，男女平等的婚姻制度。保护妇女、未成年人、老年人、残疾人的合法权益。”该条规定了我国婚姻家庭法的四大原则，其中婚姻自由原则、一夫一妻制和男女平等原则是我国婚姻家庭制度的三大基石，决定了我国婚姻家庭制度的基本特征。婚姻自由置于其他原则之首，足以显现了婚姻自由原则的基础性地位。婚姻自由原则是民法意思自治原则的具体展开。婚姻自由原则的含义包括以下几个层面：首先，从权利的角度看，婚姻自由是宪法和法律赋予公民的一项基本权利，属于人权的范畴，任何人不得强制和干涉。我国《宪法》第 49 条规定，“禁止破坏婚姻自由”。彰显了宪法对公民自由的保护，也是对公民独立人格的尊重。《民法典》“总则编”第 112 条规定：“自然人因婚姻家庭关系等产生的人身权利受法律保护。”这其中自然包括自然人的婚姻自主权，婚姻自主权是民事主体依法享有的权利，是民事主体依法按照自己的意志自愿结婚或离婚、不受他人非法干涉的自主权利。婚姻意思表示只能由当事人本人作出，不能由他人代理。不但父母无权干涉自己子女的结婚或离婚自由，而且子女也无权干涉自己父母的离婚自由和再婚自由。婚姻自由权在民事权利谱系中属于身份权。

其次，从自由的维度来看，同其他自由一样，婚姻自由也是相对的，不是绝对的。婚姻自由权的行使必须符合法律规定，婚姻自由权毫不例外地承受着各种限制和制约，是相对的自由权，绝对的婚姻自由是不存在的。婚姻关系绝不仅仅是个人的私事。婚姻本身具有外部性，它关系着一国的种族繁衍，关系社会的伦理价值，关系家庭的和谐和社会的稳定。基于公共利益的需要，立法通常需要对民事主体的婚姻设置一定的限制性条件，包括实质要件和程序要件。例如，结婚的法定最低婚龄、禁止结婚的亲属范围、离婚事由、结婚和离婚的法律程序等。这些都是婚姻自由相对性的一种体现。

最后，从婚姻自由的内容来看，婚姻自由包括结婚自由和离婚自由两个方面，结婚自由是指婚姻当事人有依法缔结婚姻关系的自由。离婚自由是指夫妻有依法解除婚姻关系的自由。结婚自由和离婚自由是一体两面的关系。两者相互结合，互为补充，缺一不可，共同构成婚姻自由原则的完整内容。

（二）一夫一妻

一夫一妻制，亦称单偶婚或个体婚，是指一男一女结为夫妻，互为配偶的情形。与之相对的是一夫多妻或一妻多夫。按照一夫一妻制的要求，一个人只能有一个配偶，任何人，无论男女，无论其地位高低财产多少，都不得同时拥有两个或两个以上的配偶。一夫一妻制已经成为世界各国普遍遵循的原则。各国和地区普遍对违反一夫一妻制的行为进行了规定，都将重婚作为结婚的障碍要件，明确禁止有配偶者再结婚。普遍将夫妻忠实义务规定为夫妻的人身义务，将一方违反夫妻忠实义务，作为认定婚姻关系破裂的标准和离婚的法定情形。我国立法亦是如此。但是，我国现行立法缺乏对违反一夫一妻制原则行为的概括性规定。在 1994 年国家婚姻政策上取消民事重婚概念以后，对重婚和婚外同居以外的婚姻外性行为缺乏有效的民事制裁,尚不能为受害方,即无过错一方提供有效的救济途径。为了保障一夫一妻制原则的全面贯彻落实。建议在未来立法中增加禁止性规定的兜底性条款,或者在司法解释中加以明确。

(三)男女平等

男女平等既是我国的一项基本国策,又是我国的宪法原则,更是婚姻家庭制度的基础性原则。所谓男女平等,是指男女两性在婚姻家庭中地位平等,平等地享有权利和承担义务,禁止对女性的任何歧视、虐待和压迫。其含义主要包括以下几个层面:一是男女两性在婚姻家庭中的法律地位平等,夫妻及家庭成员在家庭中,各自有各自独立的人格,不存在人身依附关系。二是男女两性在婚姻家庭中依法享有权利和依法承担义务,不因性别而有所不同,有所差异。三是男女两性在婚姻家庭中享有合法的权益,平等受到法律保护。四是禁止和消除在婚姻家庭中针对女性任何的歧视、虐待和压迫。

在贯彻这一原则过程中,需要有相关的法律制度作为支撑。婚姻家庭立法在制度设计时必须考虑到这一点,制定一些倾向保护妇女权利的条文来保障女性的权利。如在离婚制度中,既要保障离婚自由权利,又要在财产分割当中考虑到对婚姻家庭付出较多贡献一方的人力投入和亲情付出。

在司法实践中,司法裁判应当注重男女平等原则的贯彻和女性权益的保护,应坚持形式平等向实质平等的过渡和发展。例如,在离婚夫妻共同财产分割时,照顾女方的原则是几十年司法实践中经验的总结在司法解释中加以确定的,但是,实践中对裁判的影响越来越弱,基本上已经让位于市场经济的法则。尽管婚姻家庭立法作出了平等的要求,但是在具体实施过程中大打折扣,对女性产生不利的影响,承担大量家务劳动的女性在离婚时的夫妻财产分割中很难获得补偿。[①]同样,还有妇女的土地承包权和宅基地的使用权等财产权益如何有效得到保护,仍然需要具体规则和措施来加以保障。《民法典》"婚姻家庭编"虽然规定了贯彻男女平等原则的一些具体保障措施。例如,禁止家庭暴力的条款和修改了离婚经济补偿制度,取消了前置条款,但是保障男女两性实质平等的婚姻家庭法治实践依然任重而道远。

(四)特殊保护

保护妇女、未成年人、老年人、残疾人合法权益的原则,又称为特别保护原则,

---

① 2001年《婚姻法》第40条规定:"夫妻书面约定婚姻关系存续期间所得的财产归各自所有,一方因抚育子女、照料老人、协助另一方工作等付出较多义务的,离婚时有权向另一方请求补偿,另一方应当予以补偿。"由于前置条件的设置,使该条文形同虚设,处于具文状态。

是指国家对于妇女、未成年人、老年人、残疾人在婚姻家庭方面法律合法权利和利益,给予特别的重视和保护。这一原则与男女平等原则和公平原则并不矛盾。其价值所在,就是基于妇女、未成年人、老年人、残疾人等主体均属于弱势群体,具有身份差异,这种身份差异是由自然差异所决定的。家庭成员间生理、年龄和性别的自然差别,使家庭成员当中的特殊群体对能力和需要有所不同。依照法理要求,身份的差异决定了不同的主体要适用不同的规则。未成年人具有被影响性与成长性,具有依赖性与相对独立性,具有不成熟性和可塑性。同时也具有易受侵害性和缺乏自我保护能力。老年人因为生理机能的衰退在年老时其得到特别保护的需求同样如此。就女性而言,由于女性的生育没有通过市场交换来获得认同和报酬,反而影响其就业和收入,如果在婚姻家庭这一港湾的庇护之下,问题不会显现。但是,一旦婚姻解体,对于女性及其所抚养的子女必将产生不利的因素,婚姻家庭的期待利益丧失。为此,立法就应当考虑女性因生育和照顾家庭投入的人力资本而丧失了机会发展的成本如何获得补偿和问题,这才能够从根本上实现男女平等的这一价值目标。因此特殊保护原则对于切实贯彻男女平等原则,弘扬我国尊老爱幼的优良传统,建立维护平等和睦文明的婚姻家庭关系具有十分重要的意义。

为了保护妇女、未成年人、老年人、残疾人的合法权益,我国《民法典》“婚姻家庭编”设定了一些特别保护条款。在司法实践中,应当关注特别法的规定。我国还先后颁布了《残疾人保障法》、《未成年人保护法》、《妇女权益保障法》和《老年人权益保障法》,这些立法规定都是婚姻家庭立法的重要补充。特别保护立法目的主要是考虑:一方面,作为弱势的这些群体,由于生理的差异和人的生命周期的自然规律。妇女、未成年人、老年人、残疾人在社会生活中事实上处于相对的弱者地位,他们的权利和利益容易受到侵犯。另一方面,几千年的传统文化积淀所形成的男尊女卑观念和家长制的影响,尽管确立了平等保护原则,但在现实生活当中,妇女、未成年人、老年人、残疾人的合法权益受到侵害的现象十分普遍。特殊保护的单行立法是对婚姻家庭法律制度的重要补充,尤其要重视特别法的裁判依据作用。

【司法适用】

“婚姻家庭编”的基本原则是司法裁判的重要依据,就属性而言,尽管它不属于具体法律规范,但是它具有强行法的特征。首先,基本原则具有强行性,属于民法中的强行性规定。这一强行性特征来自其所负载价值内容的根本性,目的是对社会所形成共识的基本价值的维护。任何司法裁判均不得与基本原则相背离。

其次,就其强行性而言,基本原则条文不属于法律规范,其强行性的功能是如何发挥出来的？“婚姻家庭编”基本原则的一般性要求，通常会通过具体化的制度来体现，并同一定的法律效果相联系。例如，婚姻自由的原则一定会体现在结婚制度和离婚制度之中，当法官在审理具体的案件时，应当首先在具体规则中找寻裁判根据，但是当“婚姻家庭编”基本原则有要求，却无相应的民事法律规范加以具体规定时，基本原则条款可以以抽象的、强制性的补充规定的形式，转化为处理民事法律关系的默示条款，可以直接作为裁判的根据。

再次，基本原则条款可以作为法官行使自由裁量权的依据。通过将立法的一般精神具体化，在具体个案当中作为释明和法律解释的依据。通过对法官的授权，赋予法官通过自由裁量行使个案中的“准立法权”，将基本原则中所蕴含的基本精神和价值转化为规范，直接确认和分配具体案件中当事人的权利和义务。通过上述途径从而使基本原则强制性功能得以发挥和体现，这恰恰是基本原则效力贯彻始终性在司法适用过程的体现。

最后，司法实践中注意关联法律法规的适用。以婚姻自由原则为例，《妇女权益保障法》和《老年人权益保障法》分别从女性权益保障和老年人权益保障的角度出发，对妇女和老年人（主要指父母）结婚自由和离婚自由的保护，作出了相关规定。这些规定无疑是我国婚姻家庭立法所规定的婚姻自由原则的重申与强调。[①]

人民法院审理婚姻家庭纠纷涉及婚姻家庭成员人格权、财产权和婚姻、收养、监护等身份关系的协议的案件，在法律适用上，首先适用本编的相关规定，本编没有规定的，可以根据具体案情适用《民法典》“人格权编”“继承权编”“物权编”“合同编”的相关条款；涉及妇女、老年人权益以及妇女土地承包权的案件，在法律适用上特别法优先，首先适用《农村土地承包法》等法律中关于妇女、老年人权益保障和妇女土地承包权益保护的条款和《妇女权益保障法》《老年人权益保障法》，没有规定的，适用本编的相关规定；涉及家庭暴力的民事案件，在法律适用上，首先适用《反家庭暴力法》，同时可以根据具体案情适用《民法典》“人格权编”“侵权责任编”等。关于残疾人合法权益的保护，首先适用《残疾人保障法》，没有规定的，适用本编规定。

---

① 《老年人权益保障法》第21条明确规定：“老年人的婚姻自由受法律保护。子女或者其他亲属不得干涉老年人离婚、再婚及婚后的生活。赡养人的赡养义务，不因老年人的婚姻关系变化而消除。”第76条规定：“干涉老年人婚姻自由，对老年人负有赡养义务、扶养义务而拒绝赡养、扶养，虐待老年人或者对老年人实施家庭暴力的，由有关单位给予批评教育；构成违反治安管理行为的，依法给予治安管理处罚；构成犯罪的，依法追究刑事责任。”这些规定不仅是婚姻法的重要补充。而且形成了相对完善的制裁措施和保护机制。《妇女权益保障法》第44条规定：“国家保护妇女的婚姻自主权。禁止干涉妇女的结婚、离婚自由。”

【司法案例】

张传某与闫某明一般人格权纠纷案①

诉讼结论:原告请求被告赔偿恋爱期间的误工费、精神损害赔偿金、青春费、欺骗费没有法律依据,不予支持。

基本案情:2013 年 1 月,张传某与闫某明确立了恋爱关系,双方分别在不同的城市打工,双方见面时间在 20 天左右,2016 年 5 月结束了恋爱关系。其后,张传某以各种方式要求闫某明赔偿其损失,对方未予理睬。张传某以侵犯其人格权为由向一审法院起诉,请求被告赔偿误工费、精神损害抚慰金、青春损失费等。

法院认为,根据《婚姻法》的有关规定,恋爱的男、女之间是否登记结婚,是双方完全自愿的民事权利,即使男、女双方建立了恋爱关系,也不能作为恋爱一方强制对方必须进行结婚登记成为法定夫妻的理由。至于原告自己陈述与被告在恋爱期间发生两性行为问题,属道德评价的范畴,不属法律评判的范畴。另外,原告自认为在恋爱期间延误到沿海城市务工与内地务工报酬之间差异的"财产损失"与《侵权责任法》第 2 条中规定的财产权益存在本质的区别,即不属本法规定的范围。

第一千零四十二条　禁止包办、买卖婚姻和其他干涉婚姻自由的行为。禁止借婚姻索取财物。

禁止重婚。禁止有配偶者与他人同居。

禁止家庭暴力。禁止家庭成员间的虐待和遗弃。

【条文主旨】

本条是关于违反婚姻家庭基本原则行为的禁止性规定。

【条文理解】

世界各国普遍把基本原则作为本国婚姻家庭制度建立和运行的基本要求。我国《民法典》"婚姻家庭编"从正面确立了婚姻家庭法律制度的基本原则的同时,又从反向对严重违反基本原则的行为作出了明确禁止性规定,从而有效保障基本原则的贯彻和落实。该条款保留了 1980 年《婚姻法》第 3 条原有的规定,未作出任何修改。在条文的理解和适用时,应当结合本编第 1041 条有关的基本原

---

① 湖北省襄阳市中级人民法院(2017)鄂 06 民终 2382 号民事判决书。

则规定的内容。徒法不足以自行,徒善不足以为政。禁止性条款的功能意义在于,对于婚姻家庭法基本原则的有效贯彻提供必要的法律保障,《民法典》“婚姻家庭编”依然保留了原有立法模式,针对一些常见的严重违反基本原则的行为,直接作出明确的禁止性规定。这也是法律规范指引功能的体现和彰显,即向民众清晰准确地表明法律对这些行为的态度和否定性的评价。能够有效地指引和规范人们的行为,对违法行为起到很好的威慑作用。作为兜底条款,具有不可替代的作用,与基本原则条款相得益彰,互为补充。

【司法适用】

本条第 2 款明确规定:“禁止重婚。禁止有配偶者与他人同居。”重婚、有配偶者与他人同居行为的认定一直是司法实践中的难题。

1. 重婚认定。重婚有民法上的重婚和刑法上的重婚之分。民法上的重婚侧重于客观行为本身,刑法上的重婚罪侧重于对当事人主观恶性的惩罚。从学理上解释,所谓重婚,是指某一自然人同时存在着两个或两个以上的婚姻关系之情形。包括法律上的重婚和事实上的重婚,法律上的重婚是指法律婚(登记婚)与法律婚(登记婚)的重叠。事实上的重婚包括法律婚和事实婚、事实婚和事实婚的重叠。需要说明的是,我国 1994 年《婚姻登记管理条例》颁布以来,在民事法律领域已经否认事实婚的存在,不承认事实婚姻的法律效力。据此,在民事领域探讨重婚的问题,也只能认定法律婚(登记婚)的重叠构成重婚行为。而事实婚与事实婚的重叠、法律婚与事实婚的重叠不在此限。

对于重婚的构成和认定,最高人民法院先后多次作出批复和出台司法解释意见。1979 年 2 月 2 日。《最高人民法院民事政策法律若干问题的意见》中指出,重婚是指双方或一方有配偶,又与他人登记结婚,或者是未登记,但却以夫妻关系同居生活,实际上已经构成重婚。1994 年,《最高人民法院关于婚姻登记管理条例实施后发生的以夫妻名义非法同居的重婚案件是否以重婚罪定罪处罚的批复》中规定,《婚姻登记管理条例》施行后,有配偶者与他人以夫妻名义同居生活,或者明知他人有配偶而与之以夫妻名义同居生活的,仍按重婚罪定罪处罚。显然,民法和刑法的规定有所不同,刑法对重婚罪的认定的范围较之民法的认定的范围要广泛。我国刑法中规定,明知他人有配偶而与之结婚者也构成重婚罪,从这项规定来看,民法对于重婚行为的认定更多基于对婚姻内部关系的维护,刑法对重婚罪的制裁在犯罪主体上已经扩展到外部。尽管构成民法的重婚不一定都达到犯罪的程度构成刑法中的重婚罪。但是,刑法中重婚认定的范围显然已超出我国目前婚姻家庭法所认定重婚行为的边界。因此,在司法实践中,应当认真区分刑法上的重婚罪和民事法律当中重婚行为的认定两者的不同。

根据我国《民法典》“婚姻家庭编”的有关规定，重婚在婚姻家庭法上的法律后果至少有两个：首先，重婚的婚姻为无效婚姻，不为法律所承认，不具有合法婚姻的效力。司法实践的处理原则一般是承认保护前婚，否认和解除后婚。其次，重婚是法院判决离婚的法定情形之一。同时由于重婚而导致离婚的，无过错方可以向重婚配偶请求离婚损害赔偿的权利。重婚在刑法上的法律后果为：当事人构成重婚罪的，依据刑法的相关规定予以制裁。我国现行《刑法》第258条规定：“有配偶而重婚的，或者明知他人有配偶而与之结婚的，处二年以下有期徒刑或者拘役。”重婚罪的主体是实施重婚行为的有配偶者和明知故犯的无配偶者。应当注意的是，重婚罪在我国刑事诉讼法当中，只是作为刑事自诉的轻微刑事案件处理，如果被害人到公安机关控告此类型案件也可以转为公诉案件，由公安机关立案侦查，检察机关提起诉讼。当然，重婚也可以产生行政法方面的法律后果。

2. 有配偶者与他人同居行为的认定。有配偶者与他人婚外同居，是对一夫一妻原则的极大背离，不仅极大地败坏了社会风气，而且动摇了婚姻家庭的制度基础。实践中，不同类型的婚外性行为，即违反一夫一妻制的行为的样态十分复杂，通过党纪、政纪、道德教育等多种手段进行教育惩处，但是收效不大。我国法律对此现象不能软弱无力。有配偶者与他人同居应属于重婚之外的法定情形，2001年最高人民法院颁布的《婚姻法司法解释一》第2条的规定就表明了这样观点。[①] 有法官主张，司法实践中注意要将其同重婚、事实婚姻、通奸等行为区别开来，有配偶者与他人同居在外部特征上表现为一定时期内的姘居，并且共同生活在一起的行为，以两性关系为基础，但不限于共同性生活，男女双方同时还具有共同的经济生活和其他生活。[②] 我们支持这一观点，不宜将“同居”仅仅作狭义上的理解，否则与通奸、姘居行为并无二致。

除此之外，在司法实践中，在处理返还财物纠纷的案件时，要将借婚姻索取财物和赠与行为区别开来。在恋爱过程中，一方接受来自对方或者是对方父母的馈赠，尽管有时馈赠物具有较高的经济价值，但是，赠与行为本身不是作为当事人缔结婚姻的必要条件，赠与方实施赠与行为出自主观上的完全自愿，所以，在实践中，此类赠与行为不宜认定为无效，如果该行为认定为赠与行为也不宜作出返还的裁判。当是自愿赠与还是借结婚因素取财物的行为难以认定的时候，一般可按赠与处理。

---

① 《婚姻法司法解释一》第2条规定：“婚姻法第三条、第三十二条、第四十六条规定的‘有配偶者与他人同居’的情形，是指有配偶者与婚外异性，不以夫妻名义，持续、稳定地共同居住。”

② 王礼仁：《婚姻诉讼前沿理论与审判实务》，人民法院出版社2008年版，第311页。

【司法案例】

陈某1、陈某2婚约财产纠纷案[1]

诉讼结论：陈某1、陈某2返还部分彩礼。

基本案情：被上诉人王某与上诉人陈某1于2014年相识，2015年10月王某与陈某1按农村习俗举行了婚礼，举行婚礼前被上诉人向被告陈某2、陈某1以现金方式支付了66,000元彩礼金。结婚后，双方生育两个子女。王某与陈某1至今未办理结婚登记手续。2017年4月，陈某1离开婆家回到其娘家居住生活，被上诉人就返还彩礼事宜与二上诉人多次协商未果，被上诉人作为原告诉至人民法院，请求依法判决被告返还彩礼30,000元。

法院认为，我国实行婚姻自由、男女平等的婚姻制度。以结婚为目的给付彩礼的行为，法律法规及政策既不提倡，更不允许。上诉人陈某1、陈某2要求被上诉人王某给付彩礼的行为，违反了法律规定。上诉人陈某1与被上诉人王某同居时，由于陈某1未达法定婚龄，不具备结婚的实质条件而不能办理结婚登记，且达到法定婚龄后，双方亦未补办结婚登记，双方对此均有相应过错。依据法律规定并结合未办理结婚登记的原因及同居生活时间较长并生育了子女的事实，酌情确定由上诉人返还部分彩礼。

第一千零四十三条　家庭应当树立优良家风，弘扬家庭美德，重视家庭文明建设。

夫妻应当互相忠实，互相尊重，互相关爱；家庭成员应当敬老爱幼，互相帮助，维护平等、和睦、文明的婚姻家庭关系。

【条文主旨】

本条是关于婚姻家庭的道德性义务的规定。

【条文理解】

社会主义核心价值观融入立法的目的，是从源头上确保民法典具有鲜明价值导向，也是当代我国法治建设中秉承科学立法精神的基本要求。按照我国的立法传统，法律往往在开篇以宣示性条文表明立法目的。社会主义核心价值观写入民法典，已出台的《民法典》“总则编”第1条开宗明义宣布，“为了保护民事主体的

---

① 云南省丽江市中级人民法院(2018)云07民终830号民事判决书。

合法权益，调整民事关系，维护社会和经济秩序，适应中国特色社会主义发展要求，弘扬社会主义核心价值观，根据宪法，制定本法。”《民法典》“婚姻家庭编”也应当通过宣示性条款体现核心价值观，阐明婚姻家庭立法的价值选择。

我国婚姻家庭立法的昭示性条款最早始见于2001年修正后的《婚姻法》，其中第4条规定：“夫妻应当互相忠实，互相尊重；家庭成员间应当敬老爱幼，互相帮助，维护平等、和睦、文明的婚姻家庭关系。”为了更好地弘扬家庭美德，体现社会主义核心价值观，在本编增加有关“树立优良家风，弘扬家庭美德，重视家庭文明建设”的规定，单独作为一款。同时，在该条第2款中增加了“夫妻之间应当互相关爱”的规定。将“树立优良家风”写入本编，体现了立法者对于婚姻家庭关系中道德伦理规则的尊重，有利于鼓励和促进人们对于家风的培养，有利于社会整体风气的提升。

首先，这项规定不应当仅仅被理解为一项单独的原则或要求，它是婚姻自由、一夫一妻、男女平等和保护妇女儿童老人合法权益原则的延续和必要补充，是对社会主义婚姻观和家庭观的充分肯定。将道德准则融入婚姻家庭的法律规范之中，是在法律调整婚姻家庭关系过程中，将中华民族传统中蕴含的民族基因和不断变化的社会现实结合的产物，体现了社会主义道德和法律的高度一致，是道德原则法律化的典范。昭示性条款绝不是可有可无，不仅是整部法律的有机组成部分，而且它同基本原则一同构成《民法典》“婚姻家庭编”的灵魂主线，具有价值引领的作用。其目的希冀达到：一是在立法中，不仅要在立法技术上通盘考虑，还要在立法宗旨上宣示、在基本原则上恪守、在一般规范上体现、在具体规范中融入，使婚姻家庭的价值观成为鲜明的精神轴线贯穿于婚姻家庭立法的始终，进一步体现了婚姻家庭立法的人本主义、弘扬人文关怀的精神，强化对人特别是处于弱势地位的人的保护，以实现法律的公平正义，保护在家庭中处于弱势的妇女、儿童与老人。进一步完善法律制度，强化法律责任，体现了婚姻家庭编的时代性与适用性，解决婚姻家庭关系中出现的新问题、新情况，应对跨入21世纪以后我国社会所面临的机遇与挑战。二是为民事主体参与民事活动提供基本规则和价值遵循。

其次，本条规定包含这两个内容。一是针对家庭这一主体提出的道德性要求，二是对夫妻关系和家庭关系的主体提出的伦理性规范。诚信友善是社会主义核心价值观的重要内容，敬老爱幼是中华民族的传统美德，将家庭建设放在了首位，宣示了婚姻家庭领域鲜明的团体主义特征。强调“优良家风”、“家庭美德”和“家庭文明”的建设，与社会主义核心价值观入典形成呼应。“忠实”、“尊重”和“关爱”是夫妻之间的最为本质的、最有人情味的处事原则和行为方式，是对婚姻自由、一夫一妻、男女平等等原则更为深入的阐释。是夫妻关系的本质要求，是婚姻的专一性和排他性的集中体现，更是调适婚姻关系的法宝。就家庭成员而言，“敬老爱幼”“互相帮助”则是人伦的底线，是家庭功能呈现和社会稳定的基石，从而维护和形成平等、和谐、文明的家庭关系，这正是我国依法调整婚姻家庭关系的出发点和最终的归属。

【司法适用】

道德伦理规范上升为法律的昭示性规定或为法律条文，究竟会不会改变其规范属性，从性质上判断其属于一般道德规范还是法律规范，在这个问题上有着不同的认识。

首先，昭示性条文既不是类似基本原则的，同时也不是法律规范条款。所谓概括性条款，是指法律中那些较为宏观、内涵扩展、外延开放的条文，具有抽象性、统一性、全面性和不确定性的特点。在法律体系、法律制度和法律规范中得到广泛运用，往往起到“框架搭建”功能。显然昭示性条款不具有这种功能。仅仅是以立法形式明确告知我国社会所提倡的一种婚姻家庭关系，体现的是一个德治结果，而非法治标准。

其次，昭示性条款显然不属于法律规范，因其欠缺法律规范的逻辑构成。它只是一种纲领性和宣言性的规定。其特点是，不能事先预设任何确定的、具体的事实状态，没有具体的权利和义务内容，更没有明确的法律后果。只能同其他民事法律规范结合起来才能够发挥法律的调整作用，不具有法理上请求权规范基础上的意义。例如，司法实践中对于“夫妻忠诚协议”案件的审理，最高人民法院颁布《婚姻法司法解释一》第 3 条的规定就是确定了这样一种司法规则。[①] “夫妻忠诚协议”从法律关系来看，仅有“协议”的外衣。实质上应为侵权损害赔偿，但是，显然损害赔偿不能通过协议的方式由当事人事先约定。[②]

---

① 《婚姻法司法解释一》第 3 条规定：“当事人仅以《婚姻法》第四条为依据提起诉讼的，人民法院不予受理；已经受理的，裁定驳回起诉。”上海市高级人民法院审判委员会讨论明确：(1)严格执行《婚姻法司法解释一》，对当事人仅以《婚姻法》第 4 条为依据提起诉讼的，人民法院不予受理，已经受理的裁定驳回起诉。(2)对于夫妻双方签有忠实协议，现一方仅以对方违反忠实协议为由，起诉要求对方履行协议，或支付违约金及赔偿损失的，人民法院不予受理。(3)除《婚姻法》第 48 条规定情形外，夫妻一方在离婚案件中以对方违反忠实协议或违反忠实义务为由，要求对方支付违约金或损害赔偿的，审理该案的人民法院不予受理。

② 余延满：《亲属法原论》，法律出版社 2007 年版，第 14 页。

【司法案例】

罗某与何某、周某确认合同无效纠纷案[①]

诉讼结论:周某赠与罗某 265,500 元的行为无效;罗某返还原告何某、被告周某 265,500 元。

基本案情:何某与周某系夫妻,双方于 2011 年 1 月登记结婚。自 2015 年 6 月 28 日起至 2017 年 9 月 3 日,周某通过其工商银行卡向罗某转账共计 255,500 元,通过农业银行卡于 2014 年 3 月 1 日向罗某转账 10,000 元,上述共计 265,500 元。何某向一审法院提起诉讼,请求:1. 确认周某赠与罗某的 320,500 元行为无效。2. 判决罗某将前述款项返还给何某和周某。庭审中,罗某提交了自己的工行卡从 2012 年 8 月 17 日起至 2013 年 7 月 14 日的历史明细清单,拟证明周某向其借款的事实,而周某于 2015 年至 2017 向其转款系归还该借款,原告何某对此不予认可,该工行历史明细清单中记录的是 ATM 取款、跨行费、信使费、卡年费等记录或其他转账记录,并无向周某转款的记录。

法院认为,案涉款项性质应当认定为赠与关系。因何某与周某对婚内财产未约定分别所有,故该笔财产应当认定为何某与周某的夫妻共同财产,在未经何某同意的情况下,周某的该赠与行为违反了法律规定和社会公德以及公序良俗原则,应认定无效。婚姻关系存续期间,夫妻一方(转出方)违背忠诚义务,在未经对方同意超出日常生活需要的范围向婚外异性(受让方)转账大额款项,系违背公序良俗的行为,属于无效民事法律行为。夫妻另一方可向上述款项受让人主张全额返还。如转出方并未在诉讼中主张返还款项的,法院不得超过当事人诉讼请求范围裁判受让方向转出方返款。据此判决:1. 被告周某在 2014 年 3 月 1 日起至 2017 年 9 月 3 日赠与被告罗某的265,500元的行为无效;2. 被告罗某自本判决发生法律效力之日起十日内返还原告何某、被告周某 265,500 元;3. 驳回原告何某的其他诉讼请求。

第一千零四十四条　收养应当遵循最有利于被收养人的原则,保障被收养人和收养人的合法权益。

禁止借收养名义买卖未成年人。

---

① 重庆市第一中级人民法院(2019)渝 01 民终 10429 号民事判决书。

【条文主旨】

本条是关于收养关系基本原则的规定。

【条文理解】

为保护合法的收养关系，维护当事人的合法权益，原《收养法》第 2 条规定了收养行为应当秉承四项基本原则：即收养应当有利于被收养的未成年人的抚养、成长，保障被收养人和收养人的合法权益，遵循平等自愿的原则，并不得违背社会公德（公序良俗）。收养关系是一种民事法律关系，理应遵循平等自愿的原则。同时，收养关系作为一种社会关系，必须符合公序良俗的基本要求。并无血缘的联系通过法律的拟制收养人和被收养人之间，已经具有同于父母子女的社会地位，理应遵循与亲子关系相同的伦理准则和价值标准。但是，由于收养法随着婚姻家庭法入典，基于体系化的要求，原有的平等自愿原则，公序良俗原则作为民法的基础性原则已在《民法典》"总则编"得到确认。为避免重复，本编仅仅保留了"有利于被收养人的原则"和"保障被收养人和收养人的合法权益"两项内容。

本次《收养法》入典的最大特色就是在原有的规定基础上，确认了"收养应当遵循最有利于被收养人的原则"。建立收养制度，首要目的就是贯彻保护儿童合法权益的原则，保护未成年人的健康成长，这个原则是我国收养制度的基础性原则。同时考虑到，我国已加入的联合国《儿童权利公约》，联合国《儿童权利公约》规定，关于儿童的一切行动以儿童的最大利益为一种首要考虑。学术界一直将此概括为儿童最大利益原则（best interests of the child），但是如何与国内法衔接的问题，长期未能得到解决，本条款的规定无疑破解了一直存在的过于原则抽象、无法具化等问题。本编第 1044 条率先将国际法有关内容转化落实为国内法时，根据其内在精神实质，给有关未成年人保护的国内立法提供了可复制的经验与样本。该条款是"儿童利益最大化"这一国际人权法的基本原则的国内法实践。本条不仅有利于贯彻收养制度的立法宗旨，实现立法目的，还能在国际社会中体现出应有的人权保护的担当。

"保障被收养人和收养人合法权益的原则"是我国收养制度又一基本原则。"最有利于被收养人原则"强调的是成立收养关系的基本宗旨，而本项原则的重点在于在收养关系成立之后，应当注意对双方权益的保护。这是我国收养制度的实质性原则。收养关系是一种相对的法律关系，任何一个具体的收养关系都涉及被收养人和收养人双方的权益。收养关系一旦成立，收养人和被收养人之间就形成了拟制的父母子女关系，具有与父母子女关系相同的权利和义务。在收养关系存续期间，双方都应依照法律规定，正确地行使权利，正确地履行义务。应当注意的是，收养人从事收养行为，除了具有道义上的价值之外，往往也蕴含着一定的感情方面的和生活方面的正当的、合理的需求；他们在履行了对被收养人的抚养教育义务之后，有权得到正常的回报。无论是漠视被收养人的还是收养人的合法权益，都不利于建立和发展正常收养关系。

【司法适用】

最高人民法院《合同法司法解释二》第 14 条规定："合同法第五十二条第（五）项规定的'强制性规定'，是指效力性强制性规定。"《收养法》第 2 条规定："收养应当有利于被收养的未成年人的抚养、成长，保障被收养人和收养人的合法权益，遵循平等自愿的原则，并不得违背社会公德。"第 15 条第 1 款规定："收养应当向县级以上人民政府民政部门登记。收养关系自登记之日起成立。"司法实践中，对于当事人主张收养协议违反法律、行政法规的强制性规定为由主张案涉协议无效，但《收养法》第 2 条、第 15 条均属管理性强制性规定，其立法目的是为实现管理的需要，并非针对民事法律行为内容本身，故当事人据此主张收养协议无效的诉讼请求应当根据立法本意和基本原则的规定，综合案件事实进行认定。

【司法案例】

党某某、魏某某与李某某、王某某收养关系纠纷案①

诉讼结论：被收养人由被告双方抚养更为有利于其成长，驳回原告党某某、魏某某的诉讼请求。

基本案情：原告党某某与魏某某系夫妻关系，1997 年 10 月 6 日二原告生育一子，二人领取了《独生子女光荣证》及一次性奖励金。2009 年原告魏某某再次怀孕。被告李某某与王某某系夫妻关系，婚后一直未生育。在原告魏某某怀孕期间，被告李某某的姐姐李某甲通过他人介绍得知原告魏某某欲将孩子送养，李某甲与魏某某的小姑子党某甲联系双方协商领养事宜。2009 年 11 月 27 日原告魏某某在奇台县人民医院剖腹产生育一男婴，同日由李某甲向党某甲给付 5000 元作为原告魏某某的营养费后，李某甲将男婴抱走。李某甲抱走男婴后将男婴送至其弟弟李某某处，由李某某夫妇领养至今并取名为李某。被上诉人收养李某后以被收养人系弃婴为由办理了收养登记，领取了收养登记证，后奇台县民政局撤销了被上诉人的收养登记。原告以被告收养登记已经被县政府撤销，被告领养行为不具备合法性，诉至法院，请求确认二原告为李某的监护人并要求被告将李某交还给原告。

法院认为，《收养法》第 2 条规定："收养应当有利于被收养的未成年人的抚

① 昌吉回族自治州中级人民法院（2015）昌中民一终字第 845 号民事判决书。

养、成长，保障被收养人和收养人的合法权益，遵循平等自愿的原则，并不得违背社会公德。”从法院审理查明的事实来看，被收养人系计划外生育，收养人符合收养的条件，本案双方送养及领养均系自愿，被收养人自被收养已经长达5年，收养人与被收养人已形成实质上的收养关系。双方当事人对被收养人的送养及收养未违背收养法的基本原则及社会公德。被上诉人在收养李某后对其所患疾病积极治疗，建立了深厚的感情，同时原审法院从有利于被收养人李某的今后的学习、成长等环境因素考虑，确定驳回上诉人的诉讼请求并无不当。

第一千零四十五条　亲属包括配偶、血亲和姻亲。

配偶、父母、子女、兄弟姐妹、祖父母、外祖父母、孙子女、外孙子女为近亲属。

配偶、父母、子女和其他共同生活的近亲属为家庭成员。

【条文主旨】

本条是关于亲属、近亲属和家庭成员范围的规定。

【条文理解】

这是我国民事立法首次增设了亲属制度的通则性规定，以立法的方式并以一个条文明确了亲属、近亲属和家庭成员范围。本编为“婚姻家庭编”，实质上也是亲属编，因此，规定“亲属”“近亲属”的概念，并在此基础上明确家庭成员范围，是完全必要的，有利于本编的施行。

（一）亲属的概念和范围

需要指出的是，《民法典》“婚姻家庭编”没有对亲属的概念进行界定，只是确定了亲属范围，而概念的界定决定着亲属范围的维度。我国学界对于亲属概念的界定基本一致，只是侧重点有所不同。一种观点比较侧重亲属是人与人之间的关系。另一种观点将重心落在社会关系，但是，二者并没有实质不同。我们认为亲属是指因婚姻，血缘和法律拟制而产生的人与人之间的特定身份关系。这种关系首先表现为一种人与人之间的关系，同时它也是一种社会关系。亲属的概念至少包含着以下三层含义：一是具有亲属身份的人之间构成一种社会关系；二是这种社会关系是基于婚姻、血缘和法律拟制所形成的；三是这种社会关系由法律所调整，具有权利义务的内容。亲属标志着一种身份，这种身份是特定的，只要有亲属身份关系的存在，通常这种身份就不会改变。婚姻家庭法的功能就是固定亲属身份和维系亲属关系。

亲属的范围是指法律规定发生权利义务关系的亲属的范围。由于各国历史发展和风俗习惯的差异，对法律调整的亲属范围，各国规定不尽相同。亲属的身份关系的外观是亲属间的相互称谓，不同的称谓表明亲属关系的远近亲疏。例如，我们所熟知的配偶、父子、祖父母孙子女、外祖父母外孙子女、兄弟姐妹、叔姑舅姨等，亲属关系是由这些称谓的人所构成的关系系统。

该规定从文义来解释，也可解释为亲属的种类，包含着配偶、血亲和姻亲。配偶通常是指男女双方结婚而发生的亲属关系，夫妻双方互为配偶，配偶是血亲的来源和姻亲的基础，在亲属关系中起着承上启下的作用，是最重要的亲属种类之一。配偶的亲属身份始于结婚终于配偶一方死亡或离婚。血亲是基于血缘关系和法律拟制而形成的，包括自然血亲和拟制血亲。

按照国外立法例，亲属关系间的亲疏远近是由亲等作为划分标准的。亲等是指亲属的等级，是计算亲属关系亲疏远近的基本单位。在亲属关系中，起着类似度量衡的作用。我国现行立法没有采用亲等作为亲属之间亲疏远近的划分标准，只是在"结婚"一章中延续使用"代"的计算方式，规定在结婚的禁止条件中。对于三代以内的旁系血亲和直系血亲禁婚的范围作出了规定。姻亲是以婚姻关系为媒介产生的亲属关系。但是并不包含配偶本身。

（二）近亲属的范围

《民法典》"婚姻家庭编"不仅明晰了亲属的范围和种类，又进一步界定了近亲属范围。这对未来统摄其他法律部门相关立法具有积极的意义。我国民事立法关于近亲属范围的规定，最早始见于《民通意见》，其中第 12 条规定："近亲属，包括配偶、父母、子女、兄弟姐妹、祖父母、外祖父母、孙子女、外孙子女。"随后关于近亲属范围的规定散见于各个法律部门及司法解释之中，规定的内容较为混乱。① 用词用语各成体系，导致实践中的适用存在较大争议。

应当说明的是，《民法典》"婚姻家庭编"（草案）曾经规定了"共同生活的公婆、岳父母、儿媳、女婿视为近亲属"的规定，但在审议中认为"共同生活"难以界定，这一条款在立法时被删除，立法同样没有将儿媳与公婆、女婿与岳父母等关系作为家庭成员关系予以规定，这在理论上产生了严重分歧，也给司法实践带来一定的问题。

---

① 《刑事诉讼法》第 108 条第 6 项规定："本法下列用语的含意是：（六）'近亲属'是指夫、妻、父、母、子、女、同胞兄弟姊妹。"《最高人民法院关于执行〈中华人民共和国行政诉讼法〉若干问题的解释》第 11 条第 1 款规定："《行政诉讼法》第二十四条规定的'近亲属'，包括配偶、父母、子女、兄弟姐妹、祖父母、外祖父母、孙子女、外孙子女和其他具有扶养、赡养关系的亲属。"

（三）家庭成员的界定

长期以来，我国民法关于家庭成员的规定既不明确，又不统一。原《婚姻法》没有对家庭成员的具体含义作出明文规定，只是在第三章“家庭关系”，规定了夫妻，父母子女，祖父母、外祖父母与孙子女、外孙子女以及兄姐弟妹四类家庭关系，没有以专门条款对家庭成员予以界定。其他部门法及相关司法解释尽管使用“家庭成员”这一概念，但是均未作出具体规定。以刑法为例，1979 年刑法将虐待罪设立在妨碍婚姻家庭罪一章，主要的考虑在于该罪属于与婚姻家庭有关的犯罪，处罚的是严重破坏婚姻家庭关系的行为。1997 年刑法将该罪归类为侵犯公民人身权利和民主权利罪，但该罪的犯罪主体和犯罪对象仍然限定为家庭成员，调整的仍然是发生在家庭内部的、侵害家庭关系的行为。2015 年《反家庭暴力法》颁布，[①]也只是规定了家庭暴力这一核心概念，反观而言，家庭成员是界定家庭暴力的基础概念。该法颁布后所引发的争论均与家庭成员范围与家庭暴力行为的界定有关。

本编将家庭成员的范围界定为“配偶、父母、子女和其他共同生活的近亲属”是十分科学的。这种列示式的立法模式张弛有度，给司法裁判留足了空间。由此可见，对于家庭成员的认定，不能仅限于具有《民法典》“婚姻家庭编”所规定的基于婚姻和血亲基础形成的四类家庭关系的主体。依照文义解释，显然家庭成员的范围小于近亲属的范围，近亲属不一定成为家庭成员，但是家庭成员一定是近亲属，判定近亲属是否构成家庭成员需要满足“共同生活”这一要件。

随之而来的问题是，除了这四类家庭关系之外，是否还有其他主体之间的关系也属于家庭关系。从大众的通常观念来看，《民法典》“婚姻家庭编”没有将儿媳与公婆、女婿与岳父母等关系作为近亲属关系予以规定，就使这类主体即使形成“共同生活”也难以认定为家庭成员，似乎与法理、情理均不相符，似有不足。事实上，联合国文件以及很多国家、地区的立法规定，都已经把具有“类家庭”关系的主体规定为家庭成员。对于具有同居、扶养、寄养等“类家庭”关系的主体，也应纳入家庭成员的范畴。[②] 家庭成员界定应当尽可能地同社会公众的基本认知和通常观念保持一致，从而更好地解决传统意义上的家庭成员以及“类家庭”成员之间出现的法律问题，进而实现婚姻家庭立法所体现的保护弱势群体的权利，促进家庭

---

① 《反家庭暴力法》第 2 条规定：“本法所称家庭暴力，是指家庭成员之间以殴打、捆绑、残害、限制人身自由以及经常性谩骂、恐吓等方式实施的身体、精神等侵害行为。”

② 联合国《反对针对妇女暴力的立法框架》规定：“反对家庭暴力的立法应该至少适用于，目前正处于或曾经有过亲密关系的个人，包括婚姻、非婚、同居关系；与他人有家庭关系的个人；同一住户的成员。”

和谐,维护社会稳定。彰显文明进步,维护和保障人权的价值追求。

【司法适用】

本条款在司法适用时可能会遇到两个问题:一个是家庭成员范围如何认识,另一个就是亲属关系发生重叠时如何处理的问题。

首先,司法裁判中对家庭成员的认定亦采取扩大解释,允许法官在个案中适用司法裁量权。我们认为,在司法实践中,对家庭成员的界定宜作宽泛理解,除了"婚姻家庭编"规定的具有四类家庭关系的主体外,具有恋爱、同居、扶养等关系的主体,也应当视为"家庭成员"。

从司法实践来看,会有一种情形。夫妻离婚后仍然在一起共同生活的,如果一方对另一方实施虐待行为,采取各种手段对被害人进行身体和精神上的摧残,这种虐待行为与法定夫妻之间的虐待行为并无差异。如果不将侵害人和被害人认定为家庭成员,势必违背立法精神,背离公平正义的法律价值。如果二人离婚,则被害人无权就虐待行为提起告诉,无法追究侵害人的刑事责任。同样的侵害行为,同样的侵害主体,仅因婚姻关系解除,导致罪与非罪的迥然不同的结果,这将严重违背法律基本原则。因此,为了保护被害人的合法权益,夫妻离婚后仍然在一起共同生活的,如果一方对另一方实施虐待,只要达到了情节恶劣的程度,就应当以虐待罪对侵害人进行惩处,而不能以离婚为由免受刑事责任追究。同样,具有事实抚养关系的主体之间,也应当视为家庭成员。

其次,当实践中出现了亲属关系重叠的现象,如何认定其效力。亲属关系重叠,又称为亲属关系并存,是指两个自然人之间存在两个或两个以上不同亲属关系的现象。通常,亲属关系重叠之效力的认定,原则上应该保有其固有之效力,不为其他关系所吸收和排斥。但在处理具体案件时,即在同一法律关系当中应当采取择一认定的原则,当事人之间只能认定一种权利义务关系。从我国现行立法和司法实践来看,当亲属关系发生重叠的权利和义务时,应按照从近原则、从新原则来处理。

在以往保险合同纠纷司法实践中,也存在对于"家庭成员""直系血亲""亲属"等保险合同中的法律概念如何理解的问题。

【司法案例】

杨某诉天津某保险公司保险合同纠纷案①

诉讼结论:原告请求判令平安保险宝坻支公司赔付保险金诉讼主张,有事实

① 《最高人民法院公报》2007年第11期。

根据和法律依据,应予支持。故判决:被告平安保险宝坻支公司赔偿原告保险金4万元。天津某保险公司应当予以赔偿。

基本案情:2006年1月20日,杨某向中国平安财产保险股份有限公司天津市宝坻支公司(以下简称平安保险宝坻支公司)投保机动车辆第三者综合责任险,被保险车辆为津AA××××时代轻型货车。同日,平安保险宝坻支公司接受杨某投保,并为其出具保单。保险合同约定,杨某为被保险人,平安保险宝坻支公司为保险人,保险期间自2006年1月21日至2007年1月20日,保险费为1386.60元,保险金额为5万元。保险合同第二部分第二章第三条规定:"保险车辆造成下列人身伤亡,不论在法律上是否应当由被保险人承担赔偿责任,保险人均不负责赔偿:(一)被保险人或其允许的驾驶员及他们的家庭成员……"

2006年3月17日21时左右,杨某驾驶被保险车辆不慎将墙撞倒,致其母张某死亡。杨某已分家另过,与其父母不属于同一户籍。同年3月28日,天津市公安局宝坻分局交通警察大队出具交通事故认定书一份,认定杨某对此次交通事故负全部责任。同年4月11日,经天津市公安局宝坻分局交通警察大队调解,杨某对此次交通事故损害作出相应赔偿,并于事故调解解决后向平安宝坻支公司提出保险理赔,后者拒绝理赔。因此,杨某向天津市宝坻区人民法院提起诉讼,请求法院判令被告平安宝坻支公司赔偿保险金4万元,并承担本案诉讼费用。

被告平安保险宝坻支公司辩称:按照保险合同的约定,杨某所驾车辆造成其家庭成员伤亡的,被告应免赔。保险合同所指"家庭成员"包括被保险人的直系血亲和在一起共同生活的其他亲属。本案事故死者为原告的母亲,是原告的直系血亲,故原告驾驶被保险机动车发生事故致其母死亡,被告应免赔。保险合同中的免责条款已用黑体字明确提示,原告对此完全了解并接受,故被告不同意原告的诉讼请求。

法院认为,原告与被告之间订立的机动车辆第三者责任险保险合同合法有效,应受法律保护。原告如约交纳保险费后发生交通事故,并与事故相对方达成交通事故赔偿调解书,其损失有证据证明。被告拒赔原告损失的依据是涉案机动车辆第三者责任险保险合同中的免责条款。但上述合同条款及解释系平安保险宝坻支公司单方面设定的格式免责条款,该条款缩小第三者的范围,并无法律依据。特别是家庭成员、直系血亲、亲属均为法律概念,对该概念的解释应当符合法律规定。根据我国相关法律、法规的规定,家庭成员是指在同一个户籍之内永久共同生活,每一个成员的经济收入均作为家庭共同财产的人,具有直系血亲关系的人不一定互为家庭成员。而杨某与其母亲并不属于同一户籍,两者并不互为法律上的家庭成员。

第二章 结　婚

本章主要规定了结婚的条件、程序、婚姻的无效和可撤销等内容。婚姻自由是《民法典》“婚姻家庭编”第1041条规定的基本原则。结婚应当男女双方完全自愿，禁止任何一方对另一方加以强迫或者任何组织、个人加以干涉。除此之外，结婚年龄也是各国婚姻法规定的结婚的基本条件之一。《民法典》“婚姻家庭编”沿用《婚姻法》的结婚年龄，即男不得早于22周岁，女不得早于20周岁。将原《婚姻法》第6条中的“晚婚晚育应予鼓励”删除。一方面体现了立法政策的调整，将“鼓励晚婚晚育”这一明显具有政策色彩导向的词语删除。另一方面则是结合现在“老龄化社会”已经来临的现实，以及结婚率、生育率持续走低的现象，而作出的更符合未来时代发展的预判，从而使本条更为精准地体现国家在法定婚龄上的立法意旨。同时，为了优生学的考虑，明确规定直系血亲或者三代以内的旁系血亲禁止结婚。

由于我国是实行登记婚的国家，只有领取结婚登记证，其婚姻关系才受法律保护。因此《民法典》“婚姻家庭编”要求结婚的男女双方应当亲自到婚姻登记机关申请结婚登记。符合本法规定的，予以登记，发给结婚证。完成结婚登记，即确立婚姻关系。未办理结婚登记的，应当补办登记。登记结婚后，按照男女双方约定，女方可以成为男方家庭的成员，男方可以成为女方家庭的成员。

婚姻无效和可撤销一直是家事审判的重要内容。本章明确规定：重婚、有禁止结婚的亲属关系、未到法定婚龄，是婚姻无效三种法定情形。同时规定：“因胁迫结婚的，受胁迫的一方可以向人民法院请求撤销婚姻。请求撤销婚姻的，应当自胁迫行为终止之日起一年内提出。被非法限制人身自由的当事人请求撤销婚姻的，应当自恢复人身自由之日起一年内提出。”该条是宪法和法律委员会及学界、对形成诉权的科学认识，是重要的立法进步。婚姻登记撤销权是形成权中的形成诉权，故只能以诉讼方式进行。当事人请求撤销的机关也只能是人民法院而非婚姻登记机关。

本章第1051条虽然删除《婚姻法》“婚前患有医学上认为不应当结婚的疾病，婚后尚未治愈”这一项。但在实践中也确实存在隐瞒“重大疾病”从而导致婚姻关系不稳定或者破裂的情况。为充分尊重婚姻自主权，在立法上设置了婚姻双方当事人的如实告知义务及未如实告知情形下的救济，这其实是对配偶婚前知情权的确认和救济，是值得肯定的重要立法进步。因此，本编第1053条明确规定：“一方患有重大疾病的，应当在结婚登记前如实告知另一方；不如实告知的，另一方可以向人民法院请求撤销婚姻。请求撤销婚姻的，应当自知道或者应当知道撤销事由之日起一年内提出。”该条亦明确规定婚姻登记撤销权是形成诉权，由法院统一行使。

同时，本章对无效或可撤销婚姻的法律效力作出明确规定。第1054条规定：无效的或者被撤销的婚姻自始没有法律约束力，当事人不具有夫妻的权利和义务。同居期间所得的财产，由当事人协议处理；协议不成的，由人民法院根据照顾无过错方的原则判决。对重婚导致的无效婚姻的财产处理，不得侵害合法婚姻当事人的财产权益。当事人所生的子女，适用本法关于父母子女的规定。婚姻无效或者被撤销的，无过错方有权请求损害赔偿。

第一千零四十六条　结婚应当男女双方完全自愿，禁止任何一方对另一方加以强迫，禁止任何组织或者个人加以干涉。

【条文主旨】

本条是关于结婚自愿的规定。

【条文理解】

本条是婚姻自由原则在结婚制度中的具体体现。本条将《婚姻法》第5条的相关用词进行修正，将相关语言表述进一步调整凝练，使之更为专业、更为准确。将“必须”修正为“应当”，将“不许”修正为“禁止”，将“他方”修正为“另一方”，将“任何第三者”修正为“任何组织或者个人”。尤其是将“第三者”修正为“任何组织或者个人”，非常到位、精准。

关于该条修订后的任何“组织”，可理解为：村委会、居委会、社团、宗族、家族等一切结社的团体。

结婚,又称婚姻缔结,是男女双方按照法律的条件和程序确定夫妻关系的一种法律行为。根据我国法律的规定,结婚应当具备以下三个特征:

1. 结婚的主体必须是异性男女。两性差别是婚姻关系成立的自然条件,我国法律目前明确禁止同性结婚。截至目前,随着两性平权以及性少数人群人权运动的拓展,包括丹麦、挪威、瑞典、冰岛、荷兰、比利时、芬兰、德国、法国、美国等 22 个国家承认同性婚姻合法化,但是我们要看到这些国家特有的国情及文化背景。我国当下并不具备同性婚姻合法化的条件。异性男女结婚,这主要是基于人类"种"的繁衍、我国固有传统家法律文化以及阴阳和合的中华传统文化哲学的考量。任何一国的法律必须深深扎根于本国的文化土壤,才能接地气,最终使法典铭刻在人民的心里。因此,我国《民法典》"婚姻家庭编"将结婚主体限定为异性男女。

2. 男女双方基于结婚达成合意。结婚是身份行为,意思表示是其核心要素,不得强加于人,不得横加干涉。根据本条规定,结婚必须男女双方完全自愿。这是婚姻自由原则在结婚行为上的具体体现。该规定的核心是,男女双方是否结婚,与谁结婚,应当由当事者本人决定。它包括两层含义:第一,应当是双方自愿,而不是一厢情愿。婚姻应以感情为基础,任何一方都不得强迫对方成婚。第二,应当是当事人自愿,而不是任何组织、个人采用包办、买卖、胁迫等方式强迫男女双方结为夫妻。结婚是男女之间以建立家庭、互为配偶为目的的两性结合。这种结合从本质上是以感情为基础的,而感情只能产生于当事人自身,是当事人个人意思自治的表示。当然,法律并不排斥男女双方就个人婚事征求父母、亲友的意见,也不排斥父母、亲友等第三者出于对当事人关心和爱护,对他(她)们的婚姻提出的建议。

3. 结婚必须符合法律规定的实质条件和程序条件。结婚必须按照法律规定的程序进行,对于不符合法律规定的结婚条件结婚的,《民法典》"婚姻家庭编"第 1051 条、第 1052 条、第 1053 条、第 1054 条分别规定了婚姻无效、可撤销婚姻制度。对于没有按照法律规定的程序缔结婚姻的,按照《民法典》"婚姻家庭编"第 1049 条的规定,应当补办登记。

【司法适用】

人民法院对本条进行适用时,应当注意对违反婚姻自由原则而缔结婚姻的处理。对于因现实生活中各种原因,比如,为获得某地户籍或者分配、买卖房屋等事由,主张违背婚姻自由原则的确认婚姻无效或请求撤销婚姻的案件,除非具备《民法典》"婚姻家庭编"第 1051 条、第 1052 条、第 1053 条、第 1054 条规定的法定情形,否则不能予以认定。如采取暴力手段非法干涉婚姻自由的,即使涉嫌刑法中的"暴力干涉婚姻自由罪",也应结合个案情况予以妥善认定,不宜作扩大解释。

本条的核心意旨在于，在符合法定要件的情况下，是否结婚、与谁结婚的决定权属于当事人。是当事人双方自愿，而非一厢情愿，更非一方勉强同意；是当事人本人自愿，而非出于第三者的意愿；结婚不应附加任何条件，应摆脱金钱和其他社会权力的控制与影响，男女双方的结合应以真挚的感情为基础。当事人必须具有结婚的行为能力并无婚姻障碍，其意思表示必须真实并符合法定形式。法律只为这种婚姻的建立提供有力的保障。

【司法案例】

黄某、吕某撤销婚姻纠纷案①

诉讼结论：吕某采取威胁方式胁迫黄某结婚的行为，违背婚姻法规定，属于可撤销婚姻的范畴，依法撤销双方缔结的婚姻关系。

基本案情：2018 年 3 月，原告黄某与被告吕某在外教课程中认识后，吕某开始追求黄某，在黄某拒绝并明确告知已有相亲对象后，吕某仍旧以各种方式纠缠。不久之后，黄某告知吕某，其会和相亲对象结婚，希望不被继续打扰，但吕某不仅未停止纠缠反而通过各种方式威胁黄某。黄某迫于吕某的压力，在未通知父母的情况下，违心与吕某办理了结婚登记。因该婚姻并非自愿，黄某在登记后多次请求其解除婚姻关系，但吕某向黄某发送用刀背拍打脑部的视频再次予以威胁。最终原告向本院提起诉讼，要求判决撤销黄某、吕某缔结的婚姻关系。

法院认为，被告吕某在双方认识时间较短、尚未建立恋爱关系且未充分了解的情况下，为达到追求黄某的目的，以自杀及公布黄某私密照片相威胁要求与黄某办理结婚登记，而黄某出于对吕某人身安全以及自身隐私被泄露的担忧，违背真实意愿办理结婚登记手续。这种情形属于婚姻法所规定的“结婚应当男女双方完全自愿，禁止任何一方对另一方加以强迫或者任何组织、个人加以干涉”的情形，依法判决撤销黄某、吕某缔结的婚姻关系。

第一千零四十七条　结婚年龄，男不得早于二十二周岁，女不得早于二十周岁。

【条文主旨】

本条是关于法定结婚年龄的规定。

---

① 福建省厦门市湖里区人民法院（2018）闽 0206 民初 8983 号民事判决书。

【条文理解】

结婚年龄是指法律上规定的男女双方结婚所需的最低年龄，达到法定婚龄是构成婚姻成立的重要条件。按人类学基本原理，在法律中规定结婚年龄，主要是为了考虑到人类这一哺乳动物的性成熟年龄，也就是说要考虑人类动物性的自然因素。但另一方面，各国在漫长的历史和文明进程中，形成了自己特有的文化，因此结婚年龄的确定还需要考虑社会性因素。在我国传统经典《黄帝内经·上古天真论》中就明确阐释了男女性成熟年龄和婚姻的关系："女子二七，而天癸至，任脉通，太冲脉盛，月事以时下，故有子"。这是说，女子十四岁的时候就有月经，达到了性成熟年龄，因此具备结婚的生物性基础。"二八，肾气盛，天癸至，精气溢泻，阴阳和，故能有子"。这是说，男子十六的时候"精气溢泻"，达到了性成熟年龄，也具备了结婚的生物性基础。

在我国传统婚龄法律文化中，《唐会要》记唐玄宗开元二十二年（734 年）二月敕令："男年十五，女年十三以上，听婚嫁。"[①]这一制度性规定对以后诸朝的婚龄制定影响很大，如《宋刑统》沿承唐开元二十二年二月敕令规定："男年十五，女年十三以上，听婚嫁。"[②]《名公书判清明集》同记："在法：男年十五，女年十三以上，并听婚嫁。"[③]因此，我国传统社会中的结婚年龄多以男子十五岁、女子十三岁作为法定婚龄。这个年龄段与《黄帝内经·上古天真论》记载的男女能否结婚生育的年龄段基本吻合。当然，不同朝代对此基本婚龄会有微调。

在审议"婚姻家庭编"的过程中，有学者也提出应适当降低《婚姻法》规定的法定婚龄，其主要理由也是基于对我国传统家文化及世界上大部分国家法定婚龄的比较分析。但全国人大宪法和法律委员会经与国家卫健委、司法部等有关方面经认真研究后认为，现行法定婚龄的规定已为广大社会公众所熟知和认可，如果进行修改，属于婚姻制度的重大调整，宜在进行充分的调查研究和科学的分析评估后再作决策，因此最终的意见是建议草案对法定婚龄暂不作修改，从而维持了现行法定婚龄的规定。这主要是考虑到 1980 年在修改 1950 年《婚姻法》时，将法定婚龄由原来的"男二十岁，女十八岁"调整为"男不得早于二十二周岁，女不得早于二十周岁"。1980 年的法定婚龄制度在实践中已经实行了 40 多年，已经为广大社会公众所熟知和认可。因此，不宜再行调整。

---

① （宋）王溥撰：《唐会要》卷 83《嫁娶》，中华书局 1955 年版，第 1529 页。

② （宋）窦仪等详定，岳纯之校证：《宋刑统校证》卷 14《户婚律·定婚年限》，北京大学出版社 2015 年版，第 192 页。

③ （宋）佚名，中国社会科学院历史研究所宋辽金元史研究室点校：《名公书判清明集》卷 7《立继有据不为户绝》，中华书局 1987 年版，第 217 页。

另外,此次《民法典》"婚姻家庭编"将《婚姻法》第6条中的"晚婚晚育应予鼓励"删除。一方面体现了立法的精准性,将"鼓励晚婚晚育"这一明显具有政策色彩导向的词语删除。另一方面则是结合现当代"老龄化社会"来临的现实,以及结婚率、生育率持续走低的现象,而作出的更符合未来时代发展的预判,从而使本条更为精准地体现了国家在法定婚龄上的立法意旨。

总之,本条一方面是对法定婚龄的再次国家立法确认,另一方面对《婚姻法》中"晚婚晚育应予鼓励"这一词句的删除,不仅符合并顺应时代发展的要求,而且继续保持法律的连续性和稳定性。这一项重要的立法变化,值得肯定。

【司法适用】

需要特别说明的是,在司法实务中,《民法典》"婚姻家庭编"所确定的结婚年龄是"周岁",而非民间习俗中的"虚岁"。另外,《民法典》"婚姻家庭编"关于结婚年龄的规定,并非法律的强行性规范。法定结婚年龄不是必婚年龄,也不一定是最佳的结婚年龄。根据国家卫健委(原国家卫计委)2019年最新的数据显示:我国女性的最佳生育年龄为24~29岁。35岁以上为高龄女性,其发生妊娠期合并症、并发症以及出生缺陷的风险将显著增加,有可能影响妇女和子女健康。[①] 因此,法律所确定的"男不得早于二十二周岁,女不得早于二十周岁"的规定,仅仅是判定婚姻是否合法有效的法定要件之一。

根据《民法典》"婚姻家庭编"第1051条的规定:当事人未达法定婚龄,其婚姻效力被视为无效。无效的婚姻,自始无效,当事人不具有夫妻权利义务。根据《民法典》"婚姻家庭编"第1054条的规定:无效的或者被撤销的婚姻自始没有法律约束力,直接当事人之间不具有夫妻的权利和义务,但不影响其非婚生子女的权利义务,譬如继承权。同居期间所得的财产,由当事人协议处理;协议不成的,由人民法院根据照顾无过错方的原则判决。在司法实务中,法定婚龄与婚姻效力密切关联,而婚姻效力又与财产继承等内容紧密相关,因此需要结合《民法典》"继承编"的相关内容进行裁判说理。

根据《婚姻法司法解释一》第7条的规定:"有权依据婚姻法第十条规定向人民法院就已办理结婚登记的婚姻申请宣告婚姻无效的主体,包括婚姻当事人及利害关系人。"其中明确以未到法定婚龄为由申请宣告婚姻无效的,利害关系人为未达法定婚龄者的近亲属。人民法院受理离婚案件后,经审查确属无效婚姻的,应当将婚姻无效的情形告知当事人,并依法作出宣告婚姻无效的判决;人民法院审

---

① 参见"中华人民共和国国家卫生健康委员会"网站,载 http://www.nhc.gov.cn/,2020年6月1日访问。

理无效婚姻案件，涉及财产分割和子女抚养的，应当对婚姻效力的认定和其他纠纷的处理分别制作裁判文书。

在司法适用中，法定婚龄还成为拆迁补偿、安置等政策性文件的重要考量因素。比如，某地《安置办法》中明确规定：采取异地新建方式安置的，按下列规定执行："农村居民一户只能拥有一处宅基地，本项所称的户是以家庭户型为单位，以成家子女为主体，两个以上子女达到法定婚龄的，可以分户，但分户不能作为安置宅基地的条件。"在这份政策性文件中，法定婚龄就成为分户口的重要条件。而"户"则与拆迁补偿款、安置款等密切关联。

我国是56个民族组成的多民族国家，法定婚龄具有普遍适用性的同时也具有变通规定，在特殊情况下法律允许对婚龄作出例外规定。《民族区域自治法》第73条规定："国务院及其有关部门应当在职权范围内，为实施本法分别制定行政法规、规章、具体措施和办法。自治区和辖有自治州、自治县的省、直辖市的人民代表大会及其常务委员会结合当地实际情况，制定实施本法的具体办法。"原《婚姻法》第50条规定："民族自治地方的人民代表大会有权结合当地民族婚姻家庭的具体情况，制定变通规定。自治州、自治县制定的变通规定，报省、自治区、直辖市人民代表大会常务委员会批准后生效。自治区制定的变通规定，报全国人民代表大会常务委员会批准后生效。"变通后的法定婚龄仅适用于少数民族，不适用于生活在该自治地方的汉族。譬如，《西藏自治区施行〈中华人民共和国婚姻法〉的变通条例》第1条就明确规定："结婚年龄，男不得早于二十周岁，女不得早于十八周岁。"这是对法定婚龄的变通实施。未来在民族自治地方是否依然对法定婚龄进行变通，这要结合具体情况而定。

【司法案例】

扎某1、次某1继承纠纷案①

诉讼结论：金某与索某是事实婚姻，在金某未履行登记手续与索某解除婚姻关系前，金某又与扎某1登记结婚，该婚姻应当认定为无效婚姻。

基本案情：金某与索某早在1964年即以夫妻名义共同生活，并育有三子，已经形成了事实婚姻关系。在上述事实婚姻未解除时，金某又与扎某1在1995年登记结婚。次某1，系金某和扎某1所生之非婚生子女。金某拥有某建筑安装公司所有股权，金某死亡。扎某1、次某现就遗产继承问题提起诉讼。经过一审、二审，扎某1、次某1不服某高级人民法院(2016)藏民终24号民事判决，提请再审。

---

① 最高人民法院(2018)最高法民申5166号民事裁定书。

法院认为,金某与扎某1的婚姻属于无效婚姻,自始不受法律保护。基于金某与索某的婚姻关系涉及对某建筑公司的股份进行分割,因此对属于金某遗产的份额向扎某1适当分配,基于次某1尚未独立生活因而向其酌情多分配继承份额。这样,既符合婚姻法、继承法的法律规定,也体现了公平合理的基本原则。

第一千零四十八条 直系血亲或者三代以内的旁系血亲禁止结婚。

【条文主旨】

本条是关于禁止结婚情形的规定。

【条文理解】

相较于原《婚姻法》第7条"禁止结婚"情形的规定,本条删除了"患有医学上认为不应当结婚的疾病"的规定。之所以删除,主要原因是"医学上认为不应当结婚疾病"的概念随着医学技术水平的提高已经逐渐模糊,该内容在实际操作中较难认定和适用。更为重要的是,基于婚姻自主权的法理,即便在双方当事人如实告知的情况下,医学上不应结婚疾病也不能作为当然禁止结婚的法定事由。当事人结婚与否,与当事人是否生育,没有必然的因果关系。《婚姻法》"患有医学上认为不应当结婚的疾病"条款主要是为了优生优育,防止新生儿缺陷。但民法的天然属性是私法,私法的基本法理是法不禁止即自由。因此,婚姻自主权的法益必然优先于该法益。基于以上考虑,删除该项规定。

《民法典》"婚姻家庭编"第1045条规定:"亲属包括配偶、血亲和姻亲。配偶、父母、子女、兄弟姐妹、祖父母、外祖父母、孙子女、外孙子女为近亲属。配偶、父母、子女和其他共同生活的近亲属为家庭成员。"该条规定明确了民事语境中"血亲""姻亲""亲属""近亲属""家庭成员"等主体范围的概念,是《民法典》"婚姻家庭编"的重要创新。

本条是关于禁止结婚情形的直接规定:即直系血亲或三代以内的旁系血亲禁止结婚。之所以如此规定,主要是基于医学、人类学等领域优生优育的考虑。人类在漫长的历史演化进程中,逐步认识到,近亲繁殖容易导致物种退化乃至灭亡。人类两性关系的发展证明,血缘关系过近的亲属或近亲属通婚,容易导致后代畸形,从而影响"种"的繁衍与传承,直接危害民族健康。而没有血缘亲属关系的部落或氏族通婚,则能创造出在体质和智力上都更加强健的人种。因此,世界各国基本上均禁止近亲结婚。

在我国传统典籍《左传·禧公·二十三年》中载“男女同姓,其生不蕃”①、《国语·晋语四·第十》载“同姓不婚,恶不殖也”所反映的“同姓不婚”禁婚规则就是这种优生优育思想在我国婚姻伦理规范上的反映。

按照亲属法基本法理,血亲包括自然血亲和拟制血亲。自然血亲是指具有血缘关系的亲属。自然血亲容易理解,例如,父母子女关系就是典型的自然血亲。拟制血亲,是指虽然没有直接的血缘关系,但法律确定其与自然血亲具有相同的法律地位的亲属,是对自然血亲的法律拟制。又如,养父母与养子女因收养关系的成立而享有与生父母子女相同的权利义务关系。

拟制血亲分为两类:一类是养父母与养子女以及养子女与养父母的其他近亲属之间存在的亲属关系;另一类是在事实上形成了扶养关系的继父母与继子女、继兄弟姐妹之间存在的亲属关系。但因继父母婚姻关系而成立的兄妹关系属于姻亲,不属于拟制血亲。

直系血亲,是指父母子女、祖父母、外祖父母与孙子女、外孙子女间的血亲。旁系血亲,是指具有间接血缘关系的亲属,即非直系血亲而在血缘上和自己同出一源的亲属。

三代以内旁系血亲,是指在血缘上和自己同出于三代以内的亲属。这里的“三代”是从自己开始计算为一代的“三代”。我国采取世代亲等计算法,这是我国法律中特有的计算法,区别于罗马法和寺院法。② 这与我国传统“九族五服”的家法律文化密切关联。按我国《婚姻法》规定,血亲关系的亲疏远近用世代表示。世代亲等计算法,直系血亲是从自身算起,即自己算一代,向上数到父母为二代,祖父母、外祖父母为三代,因此,自已与祖父母、外祖父母为三代直系血亲,自己与父母为二代直系血亲。往下数,亦然,自己与子女为二代直系血亲,与孙子女、外孙子女为三代直亲血亲;旁系血亲则是从自身溯至所指亲属血缘同源人的代数,如同一父母的兄弟姐妹为两代旁系血亲,同一祖父母的堂兄弟姐妹及同一外祖父母的表兄弟姐妹均为三代旁系血亲。

详言之,三代以内的旁系血亲分为两种情况:第一,是同一父母的兄弟姐妹之

---

① (晋)杜预注、(唐)孔颖达等正义:《春秋左传正义》,载上海古籍出版社编:《十三经注疏》,上海古籍出版社 1997 年版,第 1815 页。

② 有学者认为,在确定亲等计算方法时,我们的法律应当尊重近代以来中国法律改革的成果,采用罗马法亲等计算法,这不仅是因为罗马法是迄今为止我们所知的最能科学反映亲属关系的计算法,也考虑到了我国香港特别行政区、澳门特别行政区、台湾地区长期适用罗马法亲等计算法的历史,由此可以在涉外、涉港澳台事务中减少不必要的法律技术冲突。参见金眉:《论中国特色婚姻家庭法的制度建构》,载《南京社会科学》2019 年第 11 期。

间,即二代血亲。亲姊妹兄弟和自己同源于母亲、父亲,是二代以内旁系血亲;这种情况禁止结婚,否则视为乱伦。第二,是不同辈分的叔、伯、姑、舅、姨与侄女外甥之间。姨母、舅父、姨姊妹、姨兄弟、舅表兄弟、舅表姊妹和自己同源于外祖父、外祖母,是三代以内旁系血亲。这种情况,也禁止结婚。民间所谓“表亲婚,亲上亲”,是《民法典》“婚姻家庭编”绝对禁止的,是禁止结婚的法定情形。

对于拟制血亲之间能否结婚,我国现行法律没有明确规定。但原《婚姻法》规定,养父母与养子女、继父母与受其抚养教育的继子女之间的权利和义务,适用婚姻法对亲生父母子女关系的规定。

【司法适用】

在司法适用中,由于删除了“患有医学上认为不应当结婚的疾病”的规定,因此《民法典》“婚姻家庭编”通过以后,就不能再以此项规定为由主张婚姻关系无效。依据该条,仅能以“直系血亲或三代以内的旁系血亲”这种“有禁止结婚的亲属关系”为由来主张婚姻无效。对于一些由于历史原因而形成的虽符合该条主张婚姻无效条件的情形,婚姻关系自然依法不应受到保护。但同时要考虑到婚姻家庭的伦理属性,大部分老龄乃至高龄老人已结婚多年,一般情况生育子女多人,两人一直共同生活,似不易草率确认两人感情确已破裂。对此情况,宜充分考量婚姻家庭的伦理属性,审慎裁定。但对于明显违反该条规定的禁婚条件而提出解除婚姻关系的一般案件,则应当依法审理。除裁定无效外,一般按照同居关系处理,涉及子女抚养和财产分割问题,则应根据相关法律规定,对婚姻效力的认定和其他纠纷的处理分别制作裁判文书,分别裁定处理。

【司法案例】

刘某诉于某离婚纠纷案①

诉讼结论:夫妻关系的建立与维持均应以感情为基础。因历史原因形成的旁系血亲婚姻问题,需慎重对待。隐瞒近亲关系办理结婚登记,虽然违反了我国现行婚姻法关于禁止三代以内的旁系血亲结婚的规定,依法不受保护,但不属于应宣告婚姻无效的范畴。

基本案情:原告刘某(男),1944 年生。被告于某(女),1942 年生。刘某与于某在 1968 年 3 月 20 日登记结婚,系近亲结婚,婚后生育三女刘某 1、刘某 2、刘某 3。因刘某父母去世,夫妻感情不合,经常争吵,无共同语言,无法共同生活,故要求宣告婚姻无效,并诉请离婚。

---

① 北京市第二中级人民法院(2015)二中民终字第 12170 号民事判决书。

法院认为，夫妻关系的建立与维持均应以感情为基础。刘某与于某系1968年登记结婚，当时适用的系1950年施行的《婚姻法》，其中第5条规定，男女有下列情形之一者，禁止结婚：（一）为直系血亲，或为同胞的兄弟姊妹和同父异母或同母异父的兄弟姊妹者；其他五代内的旁系血亲间禁止结婚的问题，从习惯。故刘某与于某结婚时并非法律明确禁止结婚的亲属关系，应从习惯，故并不应确认二人的婚姻无效。另外，1981年施行的《婚姻法》其中第6条规定，有下列情形之一的，禁止结婚：（一）直系血亲和三代以内的旁系血亲……《最高人民法院关于在离婚诉讼中发现双方隐瞒近亲关系骗取结婚登记且生活多年生有子女应按婚姻法第二十五条处理的批复》中指出：双方隐瞒近亲关系骗取结婚登记，违反了我国婚姻法第6条关于禁止三代以内的旁系血亲结婚的规定，这种婚姻关系依法是不应保护的。但二人已经结婚多年，并生有子女，根据本案的具体情况，为保护妇女和儿童的利益，按《婚姻法》第25条规定的"男女一方要求离婚的，可由有关部门进行调解或直接向人民法院提出离婚诉讼。人民法院审理离婚案件，应当进行调解；如感情确已破裂，调解无效，应准予离婚"的原则进行处理。处理时，必须指出双方骗取结婚登记的错误，对子女抚养和财产分割，应照顾子女和女方的合法权益，合情合理地予以解决。

第一千零四十九条　要求结婚的男女双方应当亲自到婚姻登记机关申请结婚登记。符合本法规定的，予以登记，发给结婚证。完成结婚登记，即确立婚姻关系。未办理结婚登记的，应当补办登记。

【条文主旨】

本条是关于结婚登记制度的规定。

【条文理解】

相较于《婚姻法》，本条将《婚姻法》第8条中的"必须"修正为"应当"，将"取得结婚证"修正为"完成结婚登记"，将确立"夫妻"关系修正为确立"婚姻"关系。在语言的表述上更为严谨、专业、精准、凝练。同时"完成结婚登记"的表述则与婚姻登记行政手续名称完全相符，使之变得更为规范，呼应《婚姻登记条例》的规定。

相较于《婚姻法》，本条将《婚姻法》第8条中的"必须"修正为"应当"，将"取得结婚证"修正为"完成结婚登记"，将确立"夫妻"关系修行为确立"婚姻"关系。在语言的表述上更为严谨、专业、精准、凝练。同时"完成结婚登记"的表述则与婚姻登记行政手续名称完全相符,使之变得更为规范,呼应《婚姻登记条例》的规定。

结婚登记是指申请结婚的男女双方亲自到婚姻登记机关依法办理结婚登记并获准,以使婚姻关系成立的法律制度。世界上的婚制,大致可分为三类:登记婚、仪式婚、登记仪式结合制婚。有的国家只承认一种婚制,有的国家承认双重乃至三重婚制。我国是实行登记婚的国家。也就是说,在我国结婚除必须符合法律规定的条件外,还必须履行法定的婚姻登记程序。在我国传统社会中,男女结合只有在符合相关嫁娶仪式后才能得到社会的认可。即便是当代,结婚仪式依然是民间婚姻中最重要的组成部分。在我国西部民俗中的"红白喜事",就是人生中最重要的仪式之一。诚如有学者指出的那样:古代中国人正是将婚姻作为人世的起点而加以肯定和规范,占据主流的儒家思想更是将人们追求生命不朽的努力纳入其哲学思想的轨道,通过婚姻来实现传宗接代的目标。当代婚姻虽然不再具有在古代那样当然的意义,但仍被视为男女结合的主流方式;单一的宗法意蕴已经转变为传宗接代与生育乃至不生育并存;婚姻仍然具有联姻的功能,只是其重心与往昔已有根本的不同,那就是两个姻亲家庭都要服务于新建立的小家庭,但中国人内置于婚姻家庭中的人生意义追求并没有改变。[①] 本条包含着四层含义:

首先,根据本条规定,结婚登记是确立婚姻关系的必经程序。结婚登记要求进行登记的男女双方"亲自"到婚姻登记机关申请结婚登记。这就意味着,结婚登记不能由"他人"代理,必须亲力亲为。这实际上是"婚姻神圣"观念在登记婚上的具体体现。在我国传统婚姻家庭法律文化中,婚姻的价值和意义一直被认为是"合二姓之好,上以事宗庙,而下以继后世"。[②] 婚姻绝非两个人的个人私事,而是涉及宗法、传宗接代和家族传承,是非常神圣的。这在实行仪式婚和宗教婚的国家表现得更为明显。"要求结婚的男女双方应当亲自到婚姻登记机关申请结婚登记。"这就意味着,结婚登记不能由"他(她)人"代理,必须亲力亲为。任何由"他(她)人"代理或者冒用、顶用他(她)人结婚登记证件的人,都产生瑕疵结婚登记的法律效果。

其次,"符合本法规定的,予以登记,发给结婚证"。这意味着,结婚登记是我国婚姻有效成立的唯一形式要件。结婚证是证明婚姻关系的合法有效的最重要

---

① 金眉:《婚姻家庭立法的同一性原理——以婚姻家庭理念、形态与财产法律结构为中心》,载《法学研究》2017 年第 4 期。

② 《礼记·昏义》,载胡平生、张萌译注:《礼记》,中华书局 2017 年版,第 1182 页。

书证，别无其他。婚姻登记需要履行严格的法定程序。按照《婚姻登记条例》第5条的规定，办理结婚登记的内地居民应当出具下列证件和证明材料：(1)本人的户口簿、身份证；(2)本人无配偶以及与对方当事人没有直系血亲和三代以内旁系血亲关系的签字声明。

办理结婚登记的香港居民、澳门居民、台湾居民应当出具下列证件和证明材料：(1)本人的有效通行证、身份证；(2)经居住地公证机构公证的本人无配偶以及与对方当事人没有直系血亲和三代以内旁系血亲关系的声明。

办理结婚登记的华侨应当出具下列证件和证明材料：(1)本人的有效护照；(2)居住国公证机构或者有权机关出具的、经中华人民共和国驻该国使(领)馆认证的本人无配偶以及与对方当事人没有直系血亲和三代以内旁系血亲关系的证明，或者中华人民共和国驻该国使(领)馆出具的本人无配偶以及与对方当事人没有直系血亲和三代以内旁系血亲关系的证明。

办理结婚登记的外国人应当出具下列证件和证明材料：(1)本人的有效护照或者其他有效的国际旅行证件；(2)所在国公证机构或者有权机关出具的、经中华人民共和国驻该国使(领)馆认证或者该国驻华使(领)馆认证的本人无配偶的证明，或者所在国驻华使(领)馆出具的本人无配偶的证明。

再次，本条规定“完成结婚登记，即确立婚姻关系”。这意味着男女双方登记结婚并取得结婚证后，无论是否同居生活，无论是否举行结婚仪式，都具有法律上的夫妻身份关系，其婚姻受到国家的承认和法律的保护。如一方或双方在结婚登记后反悔的，必须按离婚程序办理离婚手续，才能解除夫妻关系。经过婚姻登记机关的审查之后，符合本编所规定的结婚实质要件，没有禁止结婚的相关法定情形，予以登记，并发给结婚证。

最后，本条“未办理结婚登记的，应当补办登记”的规定，依然强调结婚登记是我国婚姻有效成立的唯一形式要件。如果出现没有办理结婚登记的情形，应当按照法律规定的要求，进行补办。其立法目的，是给缺乏形式要件的“婚姻”予以程序上的救济。按照《婚姻登记条例》第8条的规定：“男女双方补办结婚登记的，适用本条例结婚登记的规定。”不补办结婚登记的，即使双方当事人完全符合本法结婚实质要件的规定，也被认定为非婚同居，同居男女之间不具有夫妻间的权利和义务关系。

我们认为，结婚登记制度，一方面可以保障婚姻自由、一夫一妻、男女平等的婚姻制度的贯彻实施，另一方面又有利于保护婚姻当事人的合法权益，并有助于避免违法婚姻，预防婚姻家庭纠纷的发生，是一项重要的婚姻制度。

【司法适用】

人民法院在审理相关案件时,需要明确结婚登记证是证明婚姻关系合法有效的最重要书证,在夫妻财产关系纠纷、子女抚养,以及拆迁补偿、安置落户补偿等具有政策性规范性文件中具有重要意义。比如,《×市征地补偿安置办法》(以下简称《安置办法》)规定:在征地建设用地预办通知书下达之日前,住房安置对象具有城镇户口的配偶,已在征地拆迁范围内实际居住满一年以上,且他处确无住房的人员,可以在优惠购房时,申请按建筑造价的50%购买1个自然间的住房,与原户主合并安置。这就意味着,结婚登记必须满足本《安置办法》规定的时间,才符合上述优惠购房的政策规定。

在司法实践中,也存在为了特殊财产目的而"闪结闪离"的社会现象,对此除以结婚证为书证要件外,应结合"以夫妻名义共同生活"的事实婚姻制度对婚姻关系进行认定,从而有理有据、说理裁判,维护婚姻的神圣性。

在相关司法解释尚未废止之前,1989年《最高人民法院关于人民法院审理未办理结婚登记而夫妻名义同居生活案件的若干规定》、2001年《婚姻法司法解释一》第4条、第5条、第6条的规定依然有着重要司法适用价值。如《婚姻法司法解释一》第4条规定,男女双方根据婚姻法第八条规定补办结婚登记的,婚姻关系的效力从双方均符合婚姻法所规定的结婚的实质要件时起算。第5条规定,未按婚姻法第八条规定办理结婚登记而以夫妻名义共同生活的男女,起诉到人民法院要求离婚的,应当区别对待:(1)1994年2月1日民政部《婚姻登记管理条例》公布实施以前,男女双方已经符合结婚实质要件的,按事实婚姻处理。(2)1994年2月1日民政部《婚姻登记管理条例》公布实施以后,男女双方符合结婚实质要件的,人民法院应当告知其在案件受理前补办结婚登记;未补办结婚登记的,按解除同居关系处理。第6条规定,未按婚姻法第八条规定办理结婚登记而以夫妻名义共同生活的男女,一方死亡,另一方以配偶身份主张享有继承权的,按照本解释第五条的原则处理。

【司法案例】

案例一

张某诉郝某同居关系析产纠纷[①]

诉讼结论:同居期间的财产应认定属于为双方的共同利益而投资,依据《物权法》第104条的规定,双方等额享有。

---

① 最高人民法院(2016)最高法民申95号民事裁定书。

基本案情：张某和郝某系交往长达14年之久的亲密朋友关系，本案原由郝某向海南省海口市中级人民法院（以下简称海口中院）提起同居关系析产诉讼，要求判令登记在张某名下的北京市朝阳区日坛北路17号院2号楼-1层100号房，北京市朝阳区望京新城B区东亚京华大厦商业办公综合楼24层B层2802号房，昆明市滇池印象花园第56幢第1单元第10层01号、02号房，海口市美兰区大英山东三路3号海阔天空某国兴城一期（B16地块）14号楼5（层）14-1-503（房号）（以下统称为涉案五套房产）五套房产全部为郝某所有。

法院认为，审判法官有权运用逻辑推理和日常生活经验，对证据有无证明力和证明力大小独立进行判断，可以认定某方的证据更占优势，可以根据现有证据对案件事实作出合理的推断。本案中，张某与郝某长期保持着密切的生活和经济联系，双方之间关系的密切程度远远超过普通朋友关系。郝某与张某交往是以结婚为目的的，且多次向张某求婚。可以认定郝某将银行卡等交由张某管理使用，并由张某转账或提现及购置房产，是出于感情和信任，是为了达到双方共同生活、增加双方共同利益的目的。

张某尽管不认可同居关系，也没有答应与郝某结婚，但非常清楚郝某与其交往的目的，并不否认郝某追求与其结婚的事实，并且在多次拒绝郝某求婚的情况下，仍然与郝某保持密切交往，长期、多次、自由地从郝某银行卡大额取现及转账。对于张某控制和使用郝某的银行卡的行为，应当认定是其为双方的共同利益而进行的管理和使用，其使用郝某的银行卡购买涉案房产的行为，应当属于为双方的共同利益而投资。依据《物权法》第104条关于"按份共有人对共有的不动产或者动产享有的份额，没有约定或者约定不明确的，按照出资额确定；不能确定出资额的，视为等额享有"的规定，认定涉案房产，双方等额享有。

案例二

罗某某诉刘某某涉嫌重婚罪案①

诉讼结论：未离婚、婚姻未被依法宣告无效或婚姻登记未被撤销前，一方又与他人结婚的，构成重婚罪。

基本案情：1992年10月，被告人刘某某与张某在重庆市某县登记结婚，1995年9月二人经原四川省某县人民法院调解离婚。2000年，为给小孩办理户籍，张某和刘某某商议复婚，刘某某表示同意。因刘某某在外地，遂由张某一方独自办理了登记复婚相关手续；在复婚登记时将男方即刘某某的身份信息填报错误（身

① 重庆市第一中级人民法院（2015）渝一中法刑终字第00675号。

份证号码错误,男方姓名使用了一个同音字)。2006 年,刘某某因犯职务侵占罪被北京市海淀区人民法院判处有期徒刑七年。2010 年 4 月 10 日刘某某刑满释放后,与张某及二人之子共同生活。因为结婚证损毁,2013 年刘某某与张某在重庆市某区民政局申请补领结婚证,补领的结婚证上载明男方信息与刘某某现在使用的姓名及公民身份证号码不一致。

在与张某婚姻关系存续期间,刘某某与罗某相识。后刘某某隐瞒婚姻状况,与罗某于 2014 年 4 月 10 日在重庆市某区婚姻登记机关登记并领取了结婚证。罗某发现刘某某涉嫌重婚后报案,公安机关于 2015 年 4 月 8 日将刘某某电话通知到案。刘某某到案后如实供述了本案事实。

法院认为,刘某某与张某的复婚登记存在瑕疵:一是婚姻登记时当事人未亲自到场,二是婚姻登记男方信息错误,但该瑕疵不影响复婚登记的法律效力。复婚是刘某某与张某的真实意思表示,刘某某对自己系已婚身份是明知的;且该复婚登记不属于婚姻无效或被撤销的情形。被告人刘某某有配偶又与他人登记结婚,其行为已构成重婚罪,依法应予处罚。刘某某的供述与证人张某、罗某等的证言、结婚登记申请书、补发婚姻登记证审查处理表、结婚证等证据互相印证,证实 2000 年刘某某与张某复婚登记由张某单方办理并得到刘某某同意、2010 年刘某某刑满释放后与张某以夫妻名义共同生活及 2013 年刘某某与张某补办结婚证的事实。刘某某与张某的复婚登记虽然存有瑕疵,但不属于法定婚姻无效或可撤销情形,且该复婚登记系二人真实意思表示,二人通过补办结婚证的形式对婚姻关系予以认定。故刘某某与张某的婚姻合法、有效。鉴于刘某某在尚未受到讯问、未被采取强制措施时,经公安机关电话联系即主动、直接向公安机关投案,到案后如实供述了基本犯罪事实,系自首,依法予以从轻处罚,其对自己行为性质的辩解不影响自首的成立。

第一千零五十条　登记结婚后,按照男女双方约定,女方可以成为男方家庭的成员,男方可以成为女方家庭的成员。

【条文主旨】

本条是关于男女双方婚后互为家庭成员的规定。

【条文理解】

本条是《婚姻法》第 9 条,无任何变动。本条主旨是贯彻落实男女平等、两性平权。传统社会,我国有着“从夫居”的民间习俗,即结婚后女方需要“嫁”到男方家去,所谓“嫁出去的姑娘,泼出去的水”“女出外嫁”。男方是“娶媳妇”,需要把女方“娶”到自己家里,从而构成“从夫居”的家庭结构。在这种家庭结构下,男女地位必然在社会、文化结构上处于不对等的地位,极易形成“男尊女卑”的家庭结构。男方如果加入女方家庭,在传统社会,一般被称为“入赘”,男方往往被称为“上门女婿”。在传统的观念中,人们通常认为,这是因为男方没有本事、家中贫困才选择“入赘”,男方往往会被人看不起,遭受歧视。当然,这是汉族传统社会的习俗。在一些少数民族地方,既可以男方到女方家居住,也可以女方到男方家居住,当地群众不以为异。随着时代的演变,今天中国社会的家庭结构大多以小家庭结构为核心,男女组成小家庭后自立门户,基本不存在“从夫居”或者“从妻居”的情况了。但隐含在“从夫居”和“从妻居”背后所反映的价值理念,以及当代小家庭结构自立门户后存在的问题,宜值得深思。

该条的历史流变,滥觞自新中国成立前后倡导男女平等的法律规定。1949 年 9 月起临时宪法作用的《中国人民政治协商会议共同纲领》郑重宣布:“中华人民共和国废除束缚妇女的封建制度。妇女在政治的、经济的、文化教育的、社会的各方面,均有与男子平等的权利,实行男女婚姻自由。”1950 年 5 月 1 日公布施行《婚姻法》。1950 年《婚姻法》第 1 条中明确规定:“废除包办强迫、男尊女卑、漠视子女利益的封建主义婚姻制度。实行男女婚姻自由、一夫一妻、男女权利平等、保护妇女和子女合法权益的新民主主义婚姻制度。”1980 年《婚姻法》中规定:“登记结婚后,根据男女双方约定,女方可以成为男方家庭的成员,男方也可以成为女方家庭的成员。”该条文实际上是继续贯彻落实男女平等、两性平权的基本法律精神,从而起到减轻人们的思想顾虑、破除以男子为中心的传统思想,并促进男女平等思想实现的作用。2001 年《婚姻法》在修订该条时规定:“登记结婚后,根据男女双方约定,女方可以成为男方家庭的成员,男方可以成为女方家庭的成员。”相较于 1980 年《婚姻法》,删除了“男方也可以成为女方家庭的成员”中的“也”字。“也”字的删除,更为充分地体现两性平权、男女平等的家庭法基本精神。

男女双方登记结婚后,可以根据双方的共同约定,组成新的家庭:女方可以加入男方的家庭中,成为男方的家庭成员;男方亦可到女方家庭中去生活,成为女方的家庭成员。关于男女双方互为对方家庭成员这一法律规定,通过约定方式行使并协商加以确定。出于双方的自愿,一方不得采取强迫手段迫使另一方违背自己的意愿,其他任何人也不得对其进行限制和干涉。《民法典》“婚姻家庭编”关于男女互为家庭成员的规定与 2001 年《婚姻法》的规定一脉相承、完全相同。更是对《民法典》“婚姻家庭编”第 1041 条规定的“实行婚姻自由、一夫一妻、男女平等的婚姻制度”原则的进一步贯彻落实。这一规定对于继续引导人们继续转变观念，贯彻两性平权、男女平等原则，顺应当下小家庭结构的实际情况，减少婚姻矛盾，维护社会和谐都十分有利，值得肯定。

【司法适用】

法院在适用本条时，需要注意的是男女双方婚后互为家庭成员后，婚后即产生相关的权利义务关系，比如夫妻财产关系、父母子女关系等。互为家庭成员后，房屋等财产为夫妻共同共有，而非按份共有。

在男女双方互为对方家庭成员后，在子女姓氏的选择方面，既可以从父姓，也可以从母姓。这是对男女平等、两性平权原则在两性居住模式方面的贯彻落实。易言之，夫妻双方在人身方面享有独立的人格权，加入对方的家庭后不需要改变自己的姓氏，对于子女的姓氏可以两人商议决定，不存在必须随父姓或者随母姓。2014 年 11 月 1 日第十二届全国人民代表大会常务委员会第十一次会议通过关于姓名权的立法解释中认为：公民依法享有姓名权。公民行使姓名权属于民事活动，应当尊重社会公德，不得损害社会公共利益。在中华传统文化中，“姓名”中的“姓”，即姓氏，体现着血缘传承、伦理秩序和文化传统，公民选取姓氏涉及公序良俗。公民原则上随父姓或者母姓符合中华传统文化和伦理观念，符合绝大多数公民的意愿和实际做法。同时，考虑到社会实际情况，公民有正当理由的也可以选取其他姓氏。公民原则上应当随父姓或者母姓。有下列情形之一的，可以在父姓和母姓之外选取姓氏：(1)选取其他直系长辈血亲的姓氏；(2)因由法定扶养人以外的人扶养而选取扶养人姓氏；(3)有不违反公序良俗的其他正当理由。少数民族公民的姓氏可以从本民族的文化传统和风俗习惯。

另外，在户口迁移方面，因结婚，男方加入女方的家庭成为女方的家庭成员，到女方的住所落户，不应该对男方存在偏见。《妇女权益保障法》第 33 条规定：“任何组织和个人不得以妇女未婚、结婚、离婚、丧偶等为由，侵害妇女在农村集体经济组织中的各项权益。因结婚男方到女方住所落户的，男方和子女享有与所在地农村集体经济组织成员平等的权益。”《妇女权益保障法》第 55 条规定：“违反本法规定，以妇女未婚、结婚、离婚、丧偶等为由，侵害妇女在农村集体经济组织中的各项权益的，或者因结婚男方到女方住所落户，侵害男方和子女享有与所在地农村集体经济组织成员平等权益的，由乡镇人民政府依法调解；受害人也可以依法向农村土地承包仲裁机构申请仲裁，或者向人民法院起诉，人民法院应当依法受理。”根据上述规定，男方加入女方的集体经济组织，男方与女方所在地农村集体经济组织成员享有平等权益的，任何人不得侵犯。

【司法案例】

高某甲与陈某某离婚纠纷案①

诉讼结论：互为家庭成员后，房屋产权登记为夫妻共有，在婚姻破裂对房屋进行分割时，应综合考虑出资情况、家庭生活关系等，认定房屋为夫妻共同共有，而非按份共有。另一方可酌定进行补偿。

基本案情：原告高某甲和被告陈某某系夫妻关系。原告提供的银行取款记录与证人李某某的证言、李某某于2003年出具的凭证能互相印证，证实长宁区房屋购买系原告及其父母出资的事实。

法院认为，案件争议标的某区房屋，虽然在原、被告结婚登记前购买，但产权登记为原告、被告共有，原告、被告结婚后互为家庭成员，并长期共同生活。对该房屋分割时，根据原、被告确认的2,600,000元价值，综合考虑出资情况、家庭生活关系等，酌定某区房屋离婚后归原告高某甲所有，原告给付被告750,000元折价补偿款。

第一千零五十一条　有下列情形之一的，婚姻无效：

（一）重婚；

（二）有禁止结婚的亲属关系；

（三）未到法定婚龄。

【条文主旨】

本条是关于婚姻无效具体情形的规定。

【条文理解】

与《婚姻法》对比，《民法典》“婚姻家庭编”将婚姻无效的四种情形，修正为三种情形。即删除《婚姻法》“婚前患有医学上认为不应当结婚的疾病，婚后尚未治愈”这一项，而明确婚姻无效的法定情形只有三种：即重婚、有禁止结婚的亲属关系、未到法定婚龄。

之所以删除禁止结婚疾病的规定，是因为该条规定的“婚前患有医学上认为不应当结婚的疾病，婚后尚未治愈”是属于可撤销的婚姻法律行为，而非必然无效婚姻。民法作为私法，私法的基本精神是法不禁止即自由。即便当事人“患有医

① 上海市长宁区人民法院（2013）长民四（民）初字第1535号民事判决书。

学上认为不应当结婚的疾病,婚后尚未治愈”,但只要双方是基于感情,以感情为基础,感情关系非常笃定,则国家法不应该对此进行立法上的禁止。婚姻自主权和生育权完全不同。结婚后,当事人未必生育。但可以基于感情形成家庭生命共同体,相互给予情感慰藉、精神支持、物质互助等。因此,该项的删除是立法机关在私法本质认知上的重大进步。

实际上,删除本项后,在《民法典》“婚姻家庭编”第 1053 条可撤销婚姻法定情形中,专门新增一条:“一方患有重大疾病的,应当在结婚登记前如实告知另一方;不如实告知的,另一方可以向人民法院请求撤销婚姻。”这表明,虽然删除了本项,但在实践中也确实存在隐瞒“重大疾病”从而导致婚姻关系破裂或者不稳定的情况。为充分尊重婚姻自主权,在立法上设置了婚姻双方当事人的如实告知义务以及未如实告知情形下的救济,这其实是对配偶婚前知情权的确认和救济,是重要的立法进步,值得肯定。

《民法典》“婚姻家庭编”第 1040 条明确规定:“本编调整因婚姻家庭产生的民事关系。”换言之,民法典是调整民事关系的。因婚姻家庭而产生的民事关系是民法的调整范畴。《民法典》“总则编”第 143 条规定:“具备下列条件的民事法律行为有效:(一)行为人具有相应的民事行为能力;(二)意思表示真实;(三)不违反法律、行政法规的强制性规定,不违背公序良俗。”按照本条,民事法律无效的条件为:(1)行为人不具备相应的民事行为能力;(2)意思表示不真实;(3)违反法律、行政法规的强行性规定、违背公序良俗。

婚姻无效属于无效民事行为的一种类型。根据民法基本原理,无效民事行为指已经成立的民事行为,严重欠缺民事行为的生效要件,因而自始、绝对、确定、当然、永久地不按照行为人设立、变更、终止民事法律关系的意思表示发生预期效力的民事行为。

《民法典》“总则编”第 155 条规定:无效的或者被撤销的民事法律行为自始没有法律约束力。其含义是:(1)自始无效。无效民事行为之无效,自行为开始起发生,该行为之意思,从开始起就不被法律所认可。(2)当然无效。即无效民事行为,无须任何人主张,也不待法院或仲裁机构宣告,即无效。该行为无效不以主张、确认和宣告为要件。(3)意思无效。无效民事行为之无效,是指当事人意思不发生效力,而不是说没有任何法律效力。

婚姻无效,其实是民事法律行为无效在婚姻家庭法中的具体体现。“重婚”是“意思表示不真实并违背法律行政法规的强行性规定,并违背公序良俗”的无效。“有禁止结婚的亲属关系”是“违反法律、行政法规的强行性规定、违背公序良俗”而导致的无效。“未到法定婚龄”是属于“违反法律、行政法规的强制性规定的情形”而导致的无效。

具体而言，重婚是指有配偶者又与他人缔结婚姻的违法行为。即已经有了一个婚姻关系，又与他（她）人缔结第二个婚姻关系。具体而言有两种形式：(1)法律上的重婚，即前一婚姻未解除，又与他人办理结婚登记手续而构成的重婚。只要双方办理结婚登记手续，无论双方同居与否，或是否举行婚礼，重婚即已形成。(2)事实上的重婚：即前一婚姻未解除，又与他人以夫妻名义（或关系）共同生活，虽未办理结婚登记手续，但事实上已构成重婚。重婚是违反婚姻法一夫一妻制原则的违法犯罪行为，我国婚姻家庭立法一贯保护一夫一妻制，禁止重婚。构成重婚罪的，必须依法承担刑事责任。现行《刑法》第258条规定：“有配偶而重婚的，或者明知他人有配偶而与之结婚的，处二年以下有期徒刑或者拘役。”2020年1月19日，民政部等31部门联合出台《关于对婚姻登记严重失信当事人开展联合惩戒的合作备忘录》中明确表示，“假结婚”“骗婚”“重婚”等情况一旦查实，将被列入失信“黑名单”。

“有禁止结婚的亲属关系”的范围是指本法第1048条所讲的“直系血亲或者三代以内的旁系血亲禁止结婚”。前已详述，在此不赘。

“未到法定婚龄”是指违反本法第1047条关于“结婚年龄，男不得早于二十二周岁，女不得早于二十周岁”的规定。

上述三种情形，婚姻无效。

也有学者的研究认为，无效婚姻中对诚信当事人的保护，在我国立法和司法中阙如，造成了一些错判。在西方国家和我国香港特别行政区、澳门特别行政区，适用拟制的婚姻制度进行此等保护。按照该制度，违反婚姻法定要件的男女结合要归于无效，但对于诚信的当事人及其子女保留部分效力。我国台湾地区“民法典”在此基础上更进一步，对于诚信缔结的重婚，并不置于无效，而是赋予有效婚姻的地位。此举把对诚信的保护推上了新台阶，但留下了只考虑诚信违反一夫一妻制的婚姻，遗漏考虑诚信违反其他婚姻有效要件的婚姻的缺憾。我国在民事立法中或司法裁判中，应以上述婚姻诚信保护成果为基础，承认诚信缔结的各种类型的无效婚姻的效力，但须以当事人已长期彼此占有配偶身份为条件。为了避免具有无效原因的婚姻当事人的法律地位长期不确定，影响他们之间的婚姻的安定性，以及可能产生的其子女的生活安定性，应设立宣告婚姻无效请求权的时效或期间的限制。[①] 这种学术意见，值得重视。

---

① 徐国栋：《我国民法典应承认诚信缔结的无效婚姻效力并确认宣告婚姻无效请求权的时效》，载《上海政法学院学报》2020年第1期。

【司法适用】

人民法院适用本条时,因法定情形而导致的婚姻无效历来是该类审判中的重要内容。婚姻无效是指无效婚姻在依法被宣告无效时,才确定该婚姻自始不受法律保护。因婚姻无效,自然不会产生夫妻权利义务关系。实践中,存在伪造婚姻无效情形,通过诉讼的方式达到不承担相关债务的目的,从而逃避夫妻债务的情形,需要结合案件具体情况仔细甄别。

根据《婚姻法司法解释一》第15条的规定,被宣告无效或被撤销的婚姻,当事人同居期间所得的财产,按共同共有处理。但有证据证明为当事人一方所有的除外。婚姻无效而导致的同居期间财产分割问题历来是离婚诉讼中的重点问题,亦需要具体案情审慎判决。详言之,被宣告婚姻无效后,夫妻身份关系自始不具有法律效力,双方在同居期间形成的财产关系并不因婚姻无效而终止,双方在基于同居而形成的财产关系中,既享有共同的财产权益,也负有承担共同债务的义务。不得以婚姻无效为由,逃避夫妻共同债务的偿还。

根据《婚姻法司法解释二》第5条的规定,夫妻一方或者双方死亡后一年内,生存一方或者利害关系人,有权以该婚姻关系属于《婚姻法》第10条规定的婚姻无效情形为由,申请宣告该婚姻关系无效。生存一方或者利害关系人依法申请宣告该婚姻关系无效的法定期间为一年,一年期间届满的,不得再行使此项权利。

《民事诉讼法解释》第297条第2项规定,对婚姻无效、撤销或者解除婚姻关系等判决、裁定、调解书中涉及身份关系的内容提起第三人撤销之诉的,不予受理规定的情形,提起第三人撤销之诉的,人民法院不予受理。《婚姻法司法解释三》第1条第1款也同时规定:“当事人以婚姻法第十条规定以外的情形申请宣告婚姻无效的,人民法院应当判决驳回当事人的申请。”

另外,《婚姻法》关于婚姻无效的司法解释,除了涉及“患有医学上认为不应当结婚的疾病,婚后尚未治愈”该项外,其他内容,在未有相关新的司法解释之前,依然适用。

【司法案例】

廖某、陈某婚姻无效纠纷案[①]

诉讼结论:有配偶又与他人再次结婚的行为,违反了我国一夫一妻制度,构成重婚。重婚是婚姻无效的法定情形。

基本案情:陈某1与陈某为同一人,陈某于1982年前后以陈某1的名字与郭

① 广西壮族自治区高级人民法院(2018)桂民申350号民事裁定书。

某1结婚后以夫妻名义长期共同生活并生育三女一子。后陈某1又以陈某的名字和廖某结婚。

法院认为，上述行为，依据《婚姻法司法解释一》第5条关于事实婚姻的规定，陈某与郭某1的婚姻关系属于事实婚姻。因而陈某1以陈某的名字与廖某结婚的行为就属于重婚，因而无效。

第一千零五十二条　因胁迫结婚的，受胁迫的一方可以向人民法院请求撤销婚姻。

请求撤销婚姻的，应当自胁迫行为终止之日起一年内提出。

被非法限制人身自由的当事人请求撤销婚姻的，应当自恢复人身自由之日起一年内提出。

【条文主旨】

本条是关于胁迫的可撤销婚姻的规定。

【条文理解】

本条变动较大。将《婚姻法》第11条“受胁迫的一方可以向婚姻登记机关或人民法院请求撤销该婚姻”修正为“受胁迫的一方可以向人民法院请求撤销婚姻”。其主要原因是宪法和法律委员会及学界已对形成诉权有科学认知。传统民法学理论认为，形成权是指依照权利人单方意思表示即可使民事法律关系发生变化的权利。这是单纯的形成权。实际上，形成权分为单纯的形成权与形成诉权。有学者认为，形成权是指依当事人的意思表示或须经法院确认当事人的意思表示而使民事法律关系发生变动的权利”。[①] “形成之诉，非于私法上有形成权者概得提起，其形成权之行使，若仅以意思表示为之，即可生形成之效果者，无提起形成之诉之必要，受意思表示之人，对于形成之效果有争执时，当事人得提起给付或确认之诉，以求解决，故私法上之形成权，依法须经法院以判决宣告，始能使法律关系或其他事项发生、变更或消灭者，方可提起形成之诉。”[②]而“形成之诉本质上并非争议解决机制，而仅仅是形成诉权的行使方式”[③]。婚姻登记撤销权是形成权中的形成诉权，故而只能以诉讼方式行使。自然，当事人请求撤销的机关只能是人民法院而非婚姻登记机关。实践中，婚姻登记机关也难以承担起这一审查责任。

① 房绍坤：《导致物权变动之法院判决类型》，载《法学研究》2015年第1期。

② 姚瑞光：《民事诉讼法论》，中国政法大学出版社2011年版，第238页。

③ 申海恩：《私法中的权力：形成权理论之新开展》，北京大学出版社2011年版，第201页。

本条的另一个变化是将《婚姻法》第11条"受胁迫的一方撤销婚姻的请求,应当自结婚登记之日起一年内提出"修正为"请求撤销婚姻的,应当自胁迫行为终止之日起一年内提出"。之所以如此修订,主要是基于胁迫行为多为持续性行为,从胁迫行为终止之日起算提出期间,更有利于胁迫婚姻救济。

详言之,此次《民法典》"婚姻家庭编"将当事人请求撤销婚姻的请求权的起算点由"结婚登记之日起"改为"胁迫行为终止之日起"。对照来看,《民法典》"婚姻家庭编"规定的更为合理,也更有利于保护被胁迫方。

根据民法基本原理,对当事人的权利保护期间应当是自其知道自己的权利被侵害之日起算的一定期限,在当事人知道自己权利被侵害但客观上没有维权可能时,亦不该将此期间计算在法定权利的保护期限之内。因此,若依《婚姻法》"受胁迫的一方撤销婚姻的请求,应当自结婚登记之日起一年内提出规定"的规定,若被胁迫一方在婚姻登记之日起一年内还未解除被胁迫的状态,那么客观上仍旧处于不能提出撤销请求的状态之下,实际上被胁迫方的救济权就被这一规定剥夺了,于理不合。因此,将"自胁迫行为终止之日起"作为救济权的起算时点更有利于保护被胁迫方。此外,此规定还与原条文中"被非法限制人身自由"情形下当事人的救济权形成了统一,即均秉持了权利保护时限应自当事人知道自己权利被侵害且客观上具备维权可能性时起算。

胁迫是指使用威胁手段,迫使当事人作出不真实的意思表示。根据《婚姻法司法解释一》第10条的规定,胁迫是指行为人以给另一方当事人或者其近亲属的生命、身体健康、名誉、财产等方面造成损害为要挟,迫使另一方当事人违背真实意愿结婚的情况。胁迫的主要手段有两种:第一种是采用威胁当事人人身、财产等手段,迫使当事人作出不真实的意思表示;第二种是采用威胁手段,威胁与当事人有密切关系的人的人身或者财产安全,当事人基于保全受威胁人的人身或者财产安全而作出不真实的意思表示。

人身自由是指公民在法律方面有个人独立行为而不受他人的约束,不受国家机关或者警察局非法逮捕、拘禁,不被非法剥夺、限制自由及非法搜查身体的自由权利。非法限制人身自由是指没有法律明确规定而对公民的人身自由产生阻碍。本条中所涉及的非法限制人身自由应是广义上的人身自由,即包括非法拘禁罪构成要件之内的人身自由。若一方当事人实施了非法限制人身自由的手段,但是并未实现非法拘禁罪的构成要件,则可以依照相关《治安管理处罚法》的相关内容进行管制。构成非法拘禁罪的,则依照《刑法》第238条的规定定罪量刑。

提出撤销婚姻请求的主体为受胁迫一方当事人,受理该请求的机关只有人民法院。根据《婚姻法司法解释一》第11条的规定,人民法院审理婚姻当事人因受胁迫而请求撤销婚姻的案件，应当适用简易程序或者普通程序。

本条中规定的当事人提出撤销婚姻请求的时间为一年，分别是自胁迫行为终止之日起一年和恢复人身自由之日起一年。此期间不适用诉讼时效的中止、中断和延长，是不可变期间。①

当事人请求撤销婚姻的，经过人民法院进行实质性审理后，符合撤销条件的需撤销婚姻。法定期间届满后，当事人双方的婚姻关系解除，婚姻关系自始无效。当事人向人民法院提起诉讼，人民法院经过审理后，认为符合可撤销婚姻条件的，应裁判撤销婚姻关系，并且根据《婚姻法司法解释一》第 14 条的规定："人民法院根据当事人的申请，依法宣告婚姻无效或者撤销婚姻的，应当收缴双方的结婚证书并将生效的判决书寄送当地婚姻登记管理机关。"其目的是保证司法行政机关关于婚姻登记的信息畅通。同时，也有利于提醒登记机关防范登记中的错误。

【司法适用】

人民法院在审理关于当事人因受到胁迫而请求撤销婚姻的案件时，如何确认证据是非常关键的一环。实际上，证据的取得和确认也一直是可撤销婚姻诉讼上的难点。在具体的司法实务中，需要对本条中的相关概念进行明晰界定，即明确"胁迫""非法限制人身自由"的内涵和外延，注意请求权的权利保护期间的起算点。

根据《婚姻法司法解释一》的规定，胁迫是指行为人以给另一方当事人或者其近亲属的生命、身体健康、名誉、财产等方面造成损害为要挟，迫使另一方当事人违背真实意愿结婚的情况。但是在司法实践中，对当事人及与近亲属所行使的胁迫手段不仅是人身、财产方面的，也包括精神方面的胁迫。此种情况在法院审理过程中，需要明确对受害方当事人的精神胁迫是否达到了足以使被害人不能或者不敢反抗的程度。只要进行的精神胁迫手段达到了一定的危害程度，致使当事人不能或不敢表达自己的真实意思，也应认定为"胁迫"。

对非法限制人身自由的界定，应该是对广义上人身自由的限制，包括对当事人行动自由的限制，或者采取其他暴力手段限制当事人的活动。前者虽然不构成刑法上的非法拘禁罪，但是仍在一定程度上限制了当事人的人身自由，使其不能正确表达自己的意志，违反了婚姻自由的基本原则。

同时也应注意的是，胁迫手段与成立婚姻关系之间是否存在对应的因果关系

---

① 《民法典》"总则编"第 199 条规定："法律规定或者当事人约定的撤销权、解除权等权利的存续期间，除法律另有规定外，自权利人知道或者应当知道权利产生之日起计算，不适用有关诉讼时效中止、中断和延长的规定。存续期间届满，撤销权、解除权等权利消灭。"

的问题。我们认为,若行为人具有与受害人缔结婚姻关系的意思表示,而因此采取胁迫手段,此种情况下缔结的婚姻关系和胁迫行为之间就具有直接的因果关系。若行为人对受害人进行胁迫是为了其他目的,如强制发生性行为,而受害人是基于之前强制发生的性行为而产生了与行为人缔结婚姻关系的想法,在此种情况下,行为人因不具备和受害人缔结婚姻关系的目的,其在实施胁迫行为时之目的也不是为了与受害人成立婚姻关系。之后婚姻关系的成立则是出于受害人的原因。我们认为,在此情况下,不宜将行为人的胁迫行为与婚姻关系的缔结之间视为存在因果关系。

撤销权行使的权利期间为一年,起算点为胁迫行为终止之日起一年和恢复人身自由之日起一年,在司法实践中需要明确撤销权行使期间的起算点。

另外,离婚登记具有不可逆性,不适用关于可撤销婚姻的法律规定。结婚登记瑕疵,也不属于可撤销婚姻的范畴。

【司法案例】

黄某诉吕某撤销婚姻纠纷案①

诉讼结论:因胁迫而结婚的,是可撤销婚姻的法定事由,受胁迫的一方可以向人民法院请求撤销婚姻。

基本案情:被告吕某在双方认识时间较短、尚未建立恋爱关系且未充分了解的情况下,为达到追求黄某的目的,以各种方式威胁要求与原告黄某办理结婚登记,而原告黄某出于对人身安全以及自身隐私被泄露的担忧,违背真实意愿办理了结婚登记手续。

法院认为,黄某诉吕某撤销婚姻纠纷案,符合婚姻法规定的因胁迫而结婚,受胁迫方可以诉请人民法院撤销双方之间的婚姻关系,符合婚姻法的法律规定和可撤销婚姻的法理,应予支持。

第一千零五十三条 一方患有重大疾病的,应当在结婚登记前如实告知另一方;不如实告知的,另一方可以向人民法院请求撤销婚姻。

请求撤销婚姻的,应当自知道或者应当知道撤销事由之日起一年内提出。

---

① 福建省厦门市湖里区人民法院(2018)闽0206民初8983号民事判决书。

【条文主旨】

本条是关于隐瞒疾病的可撤销婚姻的规定。

【条文理解】

《民法典》"婚姻家庭编"第 1051 条虽然删除《婚姻法》"婚前患有医学上认为不应当结婚的疾病,婚后尚未治愈"这一项。但在实践中也确实存在隐瞒"重大疾病"从而导致婚姻关系不稳定或者破裂的情况。为充分尊重婚姻自主权,在立法上设置了婚姻双方当事人的如实告知义务及未如实告知情形下的救济,这其实是对配偶婚前知情权的确认和救济,是值得肯定的重要立法进步。

隐瞒"重大疾病",实际上是不履行婚前如实告知义务的行为。婚姻的本质是双方基于感情的信任共同体。信任的前提是如实告知。在婚姻的缔结过程中,承诺是重要的组成部分。其中,就包含着如实告知的义务。在婚姻关系缔结前,双方当事人必须基于为对方负责任的态度,如实告知自己的身体健康状况。因为身体健康状况虽非婚姻的主要关注点,但会对婚姻质量、婚后生活生育及婚姻的另一方产生极其重大的影响。因一方在结婚登记前,没有履行如实告知自己患有重大疾病的法定义务,则其可能引起撤销婚姻的法律后果。

需要特别强调的是,关于何为该条规定的"重大疾病",需要配套的法规、司法解释予以明晰,否则在实践中难以操作。另外,一方当事人不如实告知的,另一方是"可以"而非"应当"向人民法院请求撤销婚姻。换言之,是否在该种情形下撤销婚姻,取决于当事人自己的意思表示。民法的私法本质要求最大限度尊重当事人的意思表示。婚姻登记后的一方当事人,即便是在婚后知道一方当事人有隐瞒"重大疾病"的情形,但其如果基于情感,选择治疗重大疾病,与另一方相濡以沫、共渡难关,则法律最大限度尊重当事人的这种个人意志,而非通过强行性的规定,宣布该种婚姻无效。

另外,夫妻生活在一共同物理空间内,其关系具有高度亲密性,而"重大疾病"和优生优育具有一定相关性。考虑到婚姻当事人的权利和利益,应当要求患病的一方将真实情况告知对方,此时隐私权要让位于知情权。换言之,婚前知情权优位于个人隐私权。其背后的法理即是承认婚姻关系缔结后的家庭命运共同体,强调婚姻家庭法之内的利他主义。[1]

关于该条第 2 项，则是关于该种情形下撤销权行使的权利期间时效的规定。请求撤销婚姻的，应当自知道或者应当知道撤销事由之日起一年内提出。此期间不适用诉讼时效的中止、中断和延长，是不可变期间。根据法理，权利的行使应受时效的限制。所谓时效，是指一定的事实状态，持续一定期间，而产生一定法律上效果的法律事实。时效制度的存在具有尊重现存秩序，维护法律期许、促进权利觉醒、简化法律关系、减轻法院负担、降低交易成本、保护相关当事人权利等诸多作用。

根据《民法典》“总则编”第 188 条第 1 款的规定：“向人民法院请求保护民事权利的诉讼时效期间为三年。法律另有规定的，依照其规定。”本条规定的“请求撤销婚姻的，应当自知道或者应当知道撤销事由之日起一年内提出”就是属于“法律另有规定的，依照其规定”的内容。之所以规定为“一年内提出”，主要是促使不知情的婚姻关系一方当事人尽快行使撤销权的权利，从而最大限度尊重并维护婚姻秩序，促使婚姻关系处于稳定平和的状态。

【司法适用】

由于该条为《民法典》“婚姻家庭编”新增条文，适用该条的关键是，需要明确哪些疾病是“重大疾病”，这需要配套的法规、司法解释予以明晰，否则在实践中就极难操作。这需要结合医学、心理学、生命科学等相关基础学科进行进一步地明晰确定，具体应当交由下位法或者行政、卫生部门解决。

结合《母婴保健法》的相关规定，在以往的司法实践中，一般认为有两种情况：一是处于发病期的躁狂、抑郁型精神分裂症者；二是重度智力低下，生活不能自理者，这两类人是由卫生行政部门规定的不宜结婚的两种人。其主要理由是这两种

---

① 婚姻家庭法领域必须强调利他主义价值取向，倡导分享与奉献，从而实现家庭的经济保障与精神愉悦功能，增强家庭的凝聚力和幸福感。夫妻之间是甘苦与共的互惠利他主义关系，父母子女之间是基于血缘无私奉献的纯粹利他主义关系，亲属之间是亲疏远近顺位有序的亲缘利他主义关系。参见赵玉：《婚姻家庭法中的利他主义》，载《社会科学战线》2018 年第 10 期。由这种利他主义，进而在婚姻夫妻财产制上就要体现伦理期许。夫妻财产制的认知，表象是民法共同共有原理，实质蕴含夫妻甘苦与共的婚姻家庭的伦理期许。我国离婚诉讼的实施效果，呈现“重确权、轻分割、忽视矫正补偿”的倾向。从功利主义哲学出发，夫妻财产归属确认的清晰便捷、财产分割的实质正义与弱势一方的矫正补偿，是评价一国夫妻财产制度带给家庭成员稳定安全感的权衡尺度。在个人主义理念强大的当下，财产法中大量的制度直接延伸至婚姻法，模糊了家庭生活与商业生活的差异。我国夫妻财产制度的精神气质应以家庭命运共同体伦理性为依归，立法价值取向应从形式平等向实质正义转向，司法视域下夫妻财产制度应充分彰显婚姻法的伦理关怀，夫妻财产制的构造应致力于财产分配的公正与创造婚姻家庭的幸福。参见赵玉：《司法视域下夫妻财产制的价值转向》，载《中国法学》2016 年第 1 期。

人无行为能力，不可能履行婚姻的权利义务，而且所患疾病极有可能遗传给后代，影响子女的身体健康。那么，诸如先天性心脏病、或处于发病期间的法定传染病，包括未经治愈的梅毒、淋病、艾滋病、开放性肺结核、麻风病等相关疾病，是否属于该条规定的“重大疾病”，其判定标准是什么？“重大疾病”的考量是仅仅考虑婚姻双方当事人还是也要考虑优生优育？是以传染性为标准还是以遗传性为标准？还是双重标准甚至还有其他标准？这些具体的内容，宜通过司法解释或者由下位法规或行政、卫生部门解决。

虽则《民法典》“婚姻家庭编”尊重当事人的婚姻自主权，但同时我们需要注意的是，自然人既是私法上的主体，也是公法上的主体。换言之，自然人既可以是私法上的人，同时还是现代主权国家的基本构成要素之一。人口始终是现代主权国家的基本构成要素。保障新生儿的健康权不仅仅是私法上当事人的权利，更为重要的是这还是一项国家义务。因此，我们认为，该项规定应结合婚检制度来展开以保证中华民族健康、永续发展等更为长远的国家战略。

需要注意的是，如果婚姻一方当事人不如实履行告知义务的，撤销权只能通过诉讼方式行使可撤销的民事法律行为，包括可撤销的婚姻中的撤销权性质，均为形成权中的形成诉权。该权利须以诉讼方式行使。故而只能请求人民法院撤销。事实的认定和证据的评判，婚姻登记机关显然无能为力。此处的“一年”为除斥期间，该期间为不变期间，不适用中止和中断的情形。

第一千零五十四条　无效的或者被撤销的婚姻自始没有法律约束力，当事人不具有夫妻的权利和义务。同居期间所得的财产，由当事人协议处理；协议不成的，由人民法院根据照顾无过错方的原则判决。对重婚导致的无效婚姻的财产处理，不得侵害合法婚姻当事人的财产权益。当事人所生的子女，适用本法关于父母子女的规定。

婚姻无效或者被撤销的，无过错方有权请求损害赔偿。

【条文主旨】

本条是关于无效婚姻或被撤销婚姻法律后果的规定。

【条文理解】

相较于《婚姻法》第12条的规定，本条将“无效或被撤销的婚姻，自始无效”修正为“无效的或者被撤销的婚姻自始没有法律约束力”。在表述上更为严谨、准确、周延。原表述“无效婚姻自始无效”有循环论证的逻辑漏洞，因此将“无效婚姻……自始无效”的表述调整为“无效婚姻……自始没有法律约束力”在逻辑上更为周延。

同时，相较于《婚姻法》第 12 条的规定增加了一项“婚姻无效或者被撤销的，无过错方有权请求损害赔偿”。这项新增内容明确了无过错方的损害赔偿请求权，从而最大限度保障无过错方合法权益，达到矫正和衡平婚姻正义的目的。

无效或者被撤销的婚姻，婚姻关系自始没有法律拘束力，不发生法律效力。即从当事人结婚之时，婚姻就没有法律效力，即使当事人骗取婚姻登记，该婚姻也是自始无效，而不是从婚姻登记机关或人民法院宣告之时起婚姻才没有法律效力。这种婚姻关系不论结婚的事实是否发生，结婚时间是否长久，婚姻关系被法律确认自始不存在，不受法律保护。即便当事人通过违法方式，骗取婚姻登记机关的形式审查，取得婚姻登记证，该婚姻也自始无效，无须经由婚姻登记机关或法院的宣告。

无效或者被撤销的婚姻，当事人之间不具有夫妻的权利和义务。具体而言，当事人在同居期间不具有合法夫妻之间享有继承遗产或离婚时请求生活补助等权利和互相扶养的义务。由于无效或被撤销的婚姻欠缺婚姻成立的法定条件，因此婚姻法中有关夫妻权利义务的规定对无效或被撤销的婚姻当事人均不适用。

无效或者被撤销的婚姻，当事人同居期间所得的财产，由当事人协议处理；协议不成时，由人民法院根据照顾无过错方的原则判决。对重婚导致的婚姻无效的财产处理，不得侵害合法婚姻当事人的财产权益。这意味着，对当事人同居期间所得的财产，以协商为首要原则。

具体而言：第一，当事人在同居期间取得各自的收入或继承或受赠取得的财产应认定为个人财产，当婚姻关系解除时，应归个人所有；第二，同居期间的共同所得的收入或购置的财产，应在婚姻关系解除时，按照按份共有的规定进行分割；第三，对同居期间产生的债权也应按照按份共有的规定处理，对于债务的偿还以协议为主，协议不成的，由人民法院依法判决，但是对善意的债权人，双方当事人应承担无限连带责任。但是，重婚导致的婚姻无效的财产处理不得侵害合法婚姻的财产权，即在分割无效婚姻当事人同居期间的财产给无过错方时，不得侵害重婚一方合法婚姻配偶的财产权。

当事人所生的子女，适用本法关于父母子女的规定。也就是说，无效或被撤销的婚姻，当事人所生的子女不因婚姻无效或被撤销而发生变动。当事人所生的子女与父母产生与婚生父母与子女同等的权利与义务关系。父母子女的亲子关系不因婚姻无效或者被撤销而发生变动。虽然无效或被撤销婚姻的双方当事人不具有合法夫妻之间的权利义务，所生子女为非婚生子女。但是从保护子女利益原则出发,世界各国立法和司法实践,均采取保护原则,承认非婚生子女的合法地位,即父母对未成年的子女具有抚养的义务。成年子女也对父母履行赡养的义务。当未成年子女对国家、集体或他人造成侵害时,父母有承担民事责任的义务等。

根据《民法典》"婚姻家庭编"第1091条的规定:"有下列情形之一,导致离婚的,无过错方有权请求损害赔偿:(一)重婚;(二)与他人同居;(三)实施家庭暴力;(四)虐待、遗弃家庭成员;(五)有其他重大过错。"在上述五种法定情形下,婚姻无效的,无过错方有权请求损害赔偿。

根据本法第1052条和第1053条的规定,因胁迫结婚的和一方患有重大疾病的,没有在结婚登记前如实告知另一方的情形为可撤销婚姻的两种法定情形。这两种情形导致婚姻可撤销的,无过错方有权请求损害赔偿。

【司法适用】

目前,在《婚姻法》相关司法解释未废止或修改之前,《婚姻法》有关司法解释关于无效婚姻或被撤销婚姻法律后果的规定的所有规定依然适用。人民法院在审理无效或被撤销的婚姻案件中,在准确适用《民法典》的同时,还要平衡情理法之间的关系。既要依法惩治违法行为,防止规避法律现象的出现,同时又要参照相关法律规定保护无过错方和非婚生子女的权利,使判决合法合理,从而捍卫司法尊严,保障当事人合法权益。

【司法案例】

案例一

张某诉冯某、顾某婚约财产纠纷案①

诉讼结论:驳回张某以冯某"借婚姻索取财物",主张冯母顾某返还财产并由冯某承担连带责任的诉讼请求。

基本案情:原告张某(男)与被告冯某(女)于2004年9月30日在新加坡相识,顾某系冯某的母亲。后,张某和冯某产生感情,于2006年1月26日在澳大利亚新南威尔士州登记结婚。张某于2005年4月11日给付冯某50,000新币(合294,570.44元人民币),2005年6月22日给付冯某33,000美元(合273,124.50元人民币),2005年12月给付冯某183,000美元、2006年4月19日给付冯某125,000澳元、2006年5月25日给付冯某50,000澳元、2006年6月5日给付冯某75,000澳元(合2,949,050.66元人民币)。张某提出冯某婚后以各种借口不与其

① 最高人民法院(2011)民申字第1086号民事裁定书。

共同生活,自2007年7月10日双方发生矛盾后就未在一起共同生活过。张某提出冯某系借婚姻索取财物,应当将张某给予冯某的钱款全部返还。张某秘密录制了相关录音资料。冯某提出因张某殴打自己,所以回到辽宁抚顺,并因分裂样精神病到某市第某医院住院治疗至今。

法院认为,该案系涉外民事纠纷,各方当事人对适用中华人民共和国法律处理本案争议无异议。本案案由应根据当事人之间的具体民事法律关系性质及依据《民事案件案由规定》的具体规定来确定,不能由当事人自造。张某与冯某自相识至登记结婚是业已存在的法律事实。案涉财产虽为张某婚前和婚后所给付,但无据证明系冯某以结婚为条件而索取。张某向法院提交的录音证据,系张某与冯某婚姻出现矛盾,在离婚诉讼过程中由张某一方秘密录制,张某一方的问话内容存在诱导,冯某关于夫妻的感情矛盾所陈述的内容,并未直接回答张某所要证明的借婚姻索取财物的事实。张某以借婚姻索取财物为由,主张冯某的母亲顾某返还其主张的财产并由冯某承担连带返还责任没有依据。

案例二

郑某、裴某同居关系析产纠纷案[①]

诉讼结论:解除非法同居关系时,同居生活期间双方共同所得的收入和购置的财产,已经混同。在无法区分份额的情况下,作为共同共有财产,按照一般共有财产处理。

基本案情:郑某,女,系韩国公民。被告裴某,朝鲜族,系我国公民。裴某与郑某于××××年之前开始共同生活,育有两子一女,未办理过结婚登记,系同居关系。裴某与郑某在同居期间共同承包经营客运大客车及货运运输,并经营一家孤儿院,郑某于2014年9月4日死亡。郑某名下有2009年10月28日购买的房屋一套,市场评估价值为166,154元;另有70万元整存整取的一年期限定期存款。

法院认为,本案涉房屋系在裴某与郑某同居生活期间所购置,系同居期间所得共同财产。考虑到二人长期同居生活的事实,最终认定原被告同居期间财产已经混同,无法区分份额,故在解除非法同居关系时,同居生活期间双方共同所得的收入和购置的财产,按一般共有财产处理。

---

① 最高人民法院(2019)最高法民申44号民事裁定书。

第三章　家庭关系[①]

家庭作为社会的基本细胞,是国家发展和民族进步的重要基石。家庭关系是指共同生活在一个家庭里面的家庭成员之间的关系,如夫妻关系、父母与子女之间的关系、其他近亲属关系等。其中,夫妻关系是婚姻家庭关系的基础与核心。夫妻关系是指按照法律规定具有婚姻关系的男女双方享有的人格、身份、地位等方面的权利和义务关系。夫妻关系具有合法性、专属性、终身性的本质特征。良好的夫妻关系有助于建立良好的家风家教,也有助于形成良好的家庭美德以及实现家庭的民主和谐建设。《民法典》"婚姻家庭编"在继承《婚姻法》立法传统的基础上,对夫妻关系的内涵进行了界定与充实,以回应夫妻关系立法的现实期待与权益诉求,创建民主、平等、独立、和谐的夫妻关系。同时,夫妻财产关系虽为人身关系引发的后果,但在当下的婚姻家庭关系以及民俗生活中,夫妻财产关系已然成为超越夫妻人身关系价值的重要的社会关系之一,甚至是婚姻家庭纠纷的导火索及婚姻家庭关系稳定和谐与否的试金石。故《民法典》"婚姻家庭编"关注并回应民众的财产需求,进一步界定夫妻财产的范围、界定夫妻对共同财产的行使权利以及界定夫妻婚内析产的权利。为协调夫妻财产关系、维护夫妻财产权益而努力。父母子女关系即亲子关系是家庭关系的重要组成部分。亲子关系是内含权利义务的人身关系,并引发相应的财产关系。亲子关系具有不可选择性、错时性、不对应性、代际差异性和稳定性。以引起亲子关系发生的法律事实为标准,可以将亲子关系分为两大类:自然血亲的亲子关系,其中又包括婚生父母子女关系和非婚生父母子女关系,以及拟制血亲的亲子关系,其中又包括养父母子女关系和有扶养关系的继父母子女关系。完善的亲子关系立法,有助于梳理、协调、规范、稳定亲子关系。针对《婚姻法》对亲子关系仅作基础性或一般性规定的现状,本章在继受原有规定

---

① 辽宁师范大学科研助理崔丹对本章的写作有贡献。

的基础上,又进一步充实亲子关系的基础规定,以保障亲子关系呈现伦理性、人文性、规范性、平等性与协调性。同时,还着重规范亲子关系的认定及亲子关系的特别适用。

本章共二十一条。分为两节,分别是夫妻关系、父母子女关系和其他近亲属关系。本章规定的主要内容为:夫妻双方在家庭关系中的地位;姓名权;人身自由权;夫妻双方平等享有抚养、保护和教育未成年子女的权利和义务;夫妻间扶养义务;日常家事代理权;夫妻共同财产;夫妻特有财产;夫妻共同债务认定;夫妻约定财产;婚姻关系存续期间请求分割夫妻共同财产的权利;亲子间抚养和赡养义务;父母教育和保护未成年子女权利和义务;子女尊重父母婚姻自由权利;亲子间相互享有继承权;非婚生子女享有与婚生子女同等权利;继父母与继子女之间权利义务关系;亲子关系异议之诉;祖父母与孙子女之间抚养和赡养义务;兄弟姐妹间的扶养义务等。

与《婚姻法》相比,"家庭关系"一章主要有两个新设条文:一是新增日常家事代理权,并规定夫妻之间对该代理权范围的限制不得对抗善意相对人。日常家事代理权作为夫妻共同生活的基础,具有显著的功能。二是增加了亲子关系确认之诉与否认之诉。该制度的宗旨在于明确亲子的血缘关系,保障当事人的正当权益,使应尽义务的人不致逃避责任,以实现法律的公正性。

第一节　夫 妻 关 系

第一千零五十五条　夫妻在婚姻家庭关系中地位平等。

【条文主旨】

本条是关于夫妻双方地位平等的概括性规定。

【条文理解】

维护性别平等,既是人权标准,也是国家理念。我国《宪法》第 48 条第 1 款规定:"中华人民共和国妇女在政治的、经济的、文化的、社会的和家庭的生活等各方面享有同男子平等的权利。"从根本法上规定了社会主义夫妻关系的准则。在性别歧视依然存在的当下,只有充分发挥男女平等原则的自律功能,方能阻遏性别歧视,确保男女两性平等地享有生存权、发展权与人格尊严权,进而维护男女两性的配偶权、亲权、监护权与亲属权。夫妻关系在家庭关系中具有极为重要的位置，是家庭关系得以产生、延续和发展的实质基础。为践行性别平等精神，夫妻关系规范应追求内涵平等。夫妻家庭地位平等是男女平等原则在夫妻关系中的具体体现，是指导夫妻关系的总原则。夫妻平等的原则意味着夫妻在共同生活中平等地行使法律规定的权利，平等地履行法律规定的义务，共同承担对家庭和社会的责任。夫妻家庭地位平等主要是指夫妻双方在家庭中相对独立的人格和完全平等的权利和义务。夫妻之间应当互相尊重，互敬互爱，尊重对方的人格，不得剥夺对方享有的权利，特别是要强调保护妇女在家庭中的各项权益。这是夫妻平等的基础。

本条来自《婚姻法》第 13 条的规定，几乎完全承继了原法条的内容，仅将原法条中的"家庭"改为"婚姻家庭关系"，更加全面、准确。夫妻间权利义务的平等，包括夫妻在人身方面和财产方面的权利义务一律平等，这是处理婚姻家庭纠纷的基本依据。夫妻在家庭中地位平等在人身权方面的表现主要为：一是夫妻双方都有各用自己姓名的权利；二是夫妻双方都有参加生产、工作、学习和社会活动的自由，一方不得对另一方加以限制或干涉；三是夫妻双方都有实行计划生育的义务。在财产方面的主要表现为：一是夫妻在婚姻关系存续期间所得的财产，归夫妻共同所有。二是夫妻对共同所有的财产，有平等的处理权。三是夫妻可以约定婚姻关系存续期间所得的财产归各自所有或部分共同所有、部分各自所有，也可以约定婚前财产归共同所有。四是夫妻有互相扶养的义务，一方不履行扶养义务时，需要扶养的一方有要求对方给付扶养费的权利。

【司法适用】

本条所指的夫妻平等包括夫妻双方在经济、政治上的平等，以及双方对于家庭事务的处理上的平等。现实生活是复杂的，涉及家庭关系会出现各种各样的情况，在司法实践中，要解决矛盾、解决纠纷，依法作出裁判。在法律对夫妻关系的处理有具体规定的情况下，可以直接适用相关的规定。在没有具体规定的情况下，就要依据夫妻在家庭中地位平等这一原则作出判断。因此，这一条规定也为司法实践中相关纠纷处理提供了依据。

【司法案例】

赵某诉陈某等房屋租赁合同纠纷案①

诉讼结论：原告要求确认蒋某与陈某续签的协议无效，并要求陈某腾退的诉讼请求于法无据，不予支持。

---

① 北京市延庆区人民法院(2018)京 0119 民初 6357 号民事判决书。

基本案情：赵某与蒋某为夫妻关系，二人共同生活在延庆区×号楼×室。另外二人共同购买有延庆区×区×号楼603室楼房一处，登记在赵某名下。2016年11月，赵某与陈某通过中介签订租房协议，将603室租给陈某，租期一年。2017年11月1日、2018年5月1日蒋某两次与陈某延续租赁期限，租赁期限延长至2018年10月31日。此外，赵某认为收取陈某的租金标准基本符合市场情况，并称与蒋某的夫妻感情濒临破裂，自己想要到603室居住，为此要求陈某搬出房屋，但协商未果，蒋某仍私自与陈某续签协议。为此，赵某起诉至法院，要求确认蒋某与陈某续签的协议无效，并要求陈强腾退。

法院认为，本案的焦点在于如何理解夫妻之间平等和自由的家庭伦理价值。夫妻之间的平等是正常处理家庭事务的原则。在具体生活实践中，夫妻之间在处理烦琐的家庭事务中难免出现分歧，在此情况下，夫妻之间首先应当在伦理道德范围内对各自的自由进行平衡，彼此以对自身自由的克制实现家庭关系的稳定、和谐。但在具体的生活实践中，该容忍义务具有一定的伦理道德上的限度，即在该限度内夫妻之间通过伦理道德进行调整，法律不予干预，突破了一定的限度即达到需要法律调整的程度。本案中，丈夫赵某与陈某签订租赁协议，期满后妻子蒋某与陈某延长了租赁期限，续签的租金标准及租赁期限未体现二人具有恶意串通的意思，可以认定蒋某将房屋出租亦出于家庭共同利益考虑，然赵某因自认为难以与蒋某共居一处，意在让陈某腾房后自己居住，其意义对于夫妻感情来说是消极的，在双方维系夫妻身份关系的前提下法律介入二人对财产的如何使用是不适当的，该理由于法无据。如法院支持其诉讼请求，则可能导致司法陷入烦琐的家庭事务当中，有违立法初衷。

第一千零五十六条 夫妻双方都有各自使用自己姓名的权利。

【条文主旨】

本条是关于夫妻姓名权的规定。

【条文理解】

夫妻姓名权属于夫妻人身权的范畴。夫妻人身关系是男女双方依法缔结婚姻后所形成的配偶身份关系，是夫妻双方在配偶身份状态下所享有的权利和承担的义务的统称。夫妻姓名权是指夫妻缔结婚姻关系后，妻子是否有独立姓氏的权利，配偶各自有无独立的姓名权是配偶有无独立人格的标志。德国、日本的法律规定，夫姓或妻姓均可以作为夫妻姓氏；同时，英国和美国也规定，妻子可以选择自己的姓氏。

本条来自《婚姻法》第 14 条的规定，几乎完全承继了原法条的内容，仅将原法条中的“各用”改为“各自使用”，用词更加严谨。新中国成立以来颁布的三部婚姻法对此均有所规定。1950 年、1980 年两部《婚姻法》基于男女平等的原则，明确规定了夫妻双方有各用自己姓名的权利。2001 年《婚姻法》重申了这一规定。此规定有利于破除传统观念和习惯势力的影响，有利于促进已婚妇女在家庭中真正享有与男子平等的地位。

《民法典》“婚姻家庭编”继续重申了这一规定，夫妻双方都有各自使用自己姓名的权利，男女姓名权不受结婚的影响，是姓名权在我国夫妻关系中的具体体现。结婚后，男女有权保持各自姓名的独立性。在婚姻关系存续期间，夫妻中的任何一方都有使用或依法改变自己的姓名的权利，他方不得干涉。同时，妻享有独立的姓名权也体现在子女姓氏的确定上，即子女出生后可以随父姓，也可以随母姓，具体可以由父母双方协商确定。当然，经父母协商确定的子女姓名，并不妨碍子女在成年后要求更改自己姓名的权利。

【司法适用】

夫妻双方都有各自使用自己姓名的权利，完全贯彻了男女平等的原则。当然，法律作出这一规定，并不排除配偶之间可以就夫妻姓氏进行约定。妇女结婚后有权使用自己的姓名，主要是保护已婚妇女的姓名权。同样，如果结婚后男方到女家落户的，男方也不必改变自己的姓名。此外，子女可以随父姓，也可以随母姓。在子女的姓氏问题上，同样体现了男女平等的精神。

第一千零五十七条　夫妻双方都有参加生产、工作、学习和社会活动的自由，一方不得对另一方加以限制或者干涉。

【条文主旨】

本条是关于夫妻人身自由权的规定。

【条文理解】

人身自由权是每个公民的基本权利，是人们正常生活、劳动、学习和从事各种社会活动的先决条件。本条规定的夫妻人身自由权，是与夫妻关系有关的人身自由权的内容，涉及参加生产、工作、学习和社会活动。夫妻有人身自由权是夫妻家庭地位平等的重要标志。这一规定把社会、家庭和夫妻双方的个人利益有机地结合在一起，既是夫妻法律地位平等的标志，又为夫妻平等地行使权利和承担义务提供了法律保障。其立法精神主要保护已婚妇女的人身权利，反对夫妻关系中残存的夫权思想。男女双方并不因结婚而丧失参加社会劳动的权利。已婚男女参与生产、工作的权利是平等的。已婚妇女应当以独立的身份，按照自己的意愿决定其职业、从事学习和参加社会活动而不受对方约束的自由权利。

本条来自《婚姻法》第15条的规定，几乎完全承继了原法条的内容，仅将原法条中的“他方”改为“另一方”，用词更加严谨。夫妻双方都有参加学习的自由。这里的学习，不仅包括正规的在校学习，也包括扫盲学习、职业培训以及其他各种形式的专业知识与专业技能的学习。夫妻双方都有参加社会活动的自由权。所谓社会活动，指参政、议政活动，科学、技术、文学、艺术和其他文化活动，各种群众组织、社会团体的活动，以及各种形式的公益活动等。

夫妻行使人身自由的权利，必须符合法律与社会主义道德的要求，必须做到与其他权利义务的一致。夫妻有参加社会活动的自由，但是夫妻也有相互扶养的义务，有抚养、教育子女的义务，有赡养老人的义务。夫妻之间应当互相尊重、互谅互让、互相协商，将参加工作、劳动和社会活动与尽到对家庭的责任协调一致。

【司法适用】

夫妻依法享有人身自由权是双方家庭地位平等的具体体现。这一规定虽然是对夫妻双方都同等地适用，但从立法的针对性来看，则主要是为了保护妇女在婚后能享有人身自由权，特别是已婚妇女的职业选择权和社会活动参与权，防止丈夫或其他家庭成员的横加干涉和限制。

第一千零五十八条　夫妻双方平等享有对未成年子女抚养、教育和保护的权利，共同承担对未成年子女抚养、教育和保护的义务。

【条文主旨】

本条是关于夫妻双方平等享有抚养、保护和教育未成年子女的权利和义务的规定。

【条文理解】

本条所称的未成年子女是指未满18周岁的子女。夫妻双方是未成年人的监护人。对未成年子女的保护和教育是父母作为监护人的重要职责。未成年子女抚养权是父母对其子女的一项人身权利，是指父母有责任和义务对其子女进行抚育和监护。本条的“教育”侧重于管教的意思，是指夫妻双方要按照法律和道德要求，采取正确的方法，对其未成年子女进行教导，并对其行为进行必要的约束，其目的是保障未成年子女的身心健康。所谓的保护,是指夫妻双方应当保护其未成年子女的人身安全和合法权益,预防和排除来自外界的危害,使其未成年子女的身心处于安全状态。本条侧重于强调父母之间抚养、教育和保护未成年子女的平等地位。

本条来自《婚姻法》第21条,原文为“父母对子女有抚养教育的义务;子女对父母有赡养扶助的义务。父母不履行抚养义务时,未成年的或不能独立生活的子女,有要求父母付给抚养费的权利。子女不履行赡养义务时,无劳动能力的或生活困难的父母,有要求子女付给赡养费的权利。禁止溺婴、弃婴和其他残害婴儿的行为”。本条仅从夫妻关系角度规定了双方在抚养、保护和教育未成年子女中的权利和义务。而关于“父母不履行抚养义务的,未成年子女或者不能独立生活的成年子女,有要求父母给付抚养费的权利。成年子女不履行赡养义务的,缺乏劳动能力或者生活困难的父母,有要求成年子女给付赡养费的权利”的内容则作为调整父母子女关系的规范规定在第1067条。此外,删除了“禁止溺婴、弃婴和其他残害婴儿的行为”。

夫妻双方对其未成年子女的保护主要包括人身保护和财产保护。对未成年子女的人身保护主要包括:照顾未成年子女的生活,保护其身体健康;保护未成年子女的人身不受侵害;为未成年子女提供住所等。对未成年子女的财产保护主要指为未成年子女的利益管理和保护其财产权益,除为未成年子女的利益外,不得处理属于该未成年子女的财产。根据本条的规定,对未成年人的抚养、教育和保护也是法律规定的家庭义务。对未成年人的抚养、教育和保护权利和义务由夫妻双方行使,这也是男女平等和夫妻家庭法律地位平等的体现。同时,在未成年子女对国家、集体或他人造成损害时,夫妻双方有承担民事责任的义务。

【司法适用】

夫妻双方对未成年子女的抚养权与监护权既有相同点又有不同点,两词是不能相互代替的。相同点在于:一是两者在本质属性上一致,均是一种职责,既是权利(职权)又是义务(责任);二是两者的权利基础均基于血亲关系(包括拟制血亲);三是两者均不因离婚而丧失。不同点在于:一是父母离婚后,未成年子女的抚养关系可以在双方之间变更,而监护权不能变更,只有在父母已经死亡或者没有监护能力时,才能将监护权变更为其他依法具有监护资格的人。二是离婚后,父母对于未成年子女的抚养有直接抚养和间接抚养之分,即未成年子女只能随其中一方共同生活,而监护却是共同监护,父母双方对子女的监护权是平等的,双方都对孩子有监护权和承担监护义务,除因死亡或父母子女关系依法终止或监护权被依法剥夺外,任何人不得加以剥夺和限制。三是未成年子女监护权范畴大于抚养权，有监护权不一定有抚养权，但有抚养权一定有监护权。监护权不仅父母可以有，其祖父母或外祖父母、兄或姐、其他个人或者组织等都有可能获得未成年子女监护权，而抚养权除了父母天然具有，只可以由未成年子女的祖父母或外祖父母等直系亲属代行。

目前，法院在审理离婚案件中，对涉及未成年子女归谁直接抚养的处理，只是在判决书中明确表述未成年子女由一方抚养，即随一方"共同生活"，对其监护权不予评判，主要是因为现行相关法律未规定在审理离婚案件时应对未成年子女的监护权一并处理。于是，导致不少离婚案件当事人误认为一方拥有了未成年子女的直接抚养权就等同于享有了监护权，对不直接抚养未成年子女的一方当事人在探望孩子时，不予协助、配合，甚至有的还发生新的矛盾纠纷。

【司法案例】

刘某诉徐某、尹某抚养费纠纷案①

诉讼结论：原告刘某认为前一判决侵犯了其夫妻共同财产权，要求撤销该判决的诉讼请求，缺乏事实和法律依据，不予支持。

基本案情：原告刘某与被告徐某系夫妻，于2008年4月15日登记结婚。徐某与尹某的女儿（非婚生）于2007年9月25日出生。2008年5月16日，尹某与被告徐某签订书面《子女抚养及财产处理协议书》，约定：非婚生女尹某由尹某抚养，徐某每月支付抚养费2万元，至尹某20周岁时止。由于徐某未严格按协议约定支付抚养费，尹某将其诉至法院。法院根据协议约定判决徐某按约定金额向其支付抚养费。原告刘某认为前述判决侵犯了其夫妻共同财产权，要求撤销该判决。

法院认为，抚养费费用的多少和期限的长短，系先由父母双方协议，协议不成时再由法院判决。虽然夫妻对共同所有的财产，有平等的处理权，但夫或妻也有合理处分个人收入的权利，不能因未与现任配偶达成一致意见即认定支付的抚养费属于侵犯夫妻共同财产权，除非一方支付的抚养费明显超过其负担能力或者有转移夫妻共同财产的行为。本案中，虽然徐某承诺支付的抚养费数额确实高于一般标准，但在父母经济状况均许可的情况下，都应尽责为子女提供较好的生活、学习条件。徐某承诺支付的抚养费数额一直在其个人收人可承担的范围内，且徐某这几年的收入情况稳中有升，支付尹某的抚养费在其收入中的比例反而下降，故亦不存有转移夫妻共同财产的行为。因此法院认为，徐某就支付尹某抚养费费用和期限作出的承诺，并未侵犯刘某的夫妻共同财产权。

---

① 上海市第一中级人民法院（2015）沪一中民一（民）撤终字第1号民事判决书。

第一千零五十九条　夫妻有相互扶养的义务。

需要扶养的一方，在另一方不履行扶养义务时，有要求其给付扶养费的权利。

【条文主旨】

本条是关于夫妻相互扶养义务的规定。

【条文理解】

根据本条的规定，夫妻双方有互相扶养的义务。扶养是指夫妻之间的一方对其配偶负有提供生活供养责任的法律关系。夫妻关系的建立赋予了夫妻双方特殊的身份，基于这一身份衍生出的夫妻扶养义务也是婚姻存续和发展的重要依托。夫妻扶养义务是对人类生存权乃至发展权的重要保障，夫妻扶养关系同时具备财产和身份双重属性，这也决定了其属于典型的共生义务范畴。履行夫妻扶养义务是帮助对方解决生存问题的最直接手段，同时也是实现家庭稳定和睦的重要基础。

本条来自《婚姻法》第20条的规定，几乎完全承继了原法条的内容，仅将原法条中的第2款"一方不履行扶养义务时，需要扶养的一方，有要求对方付给扶养费的权利"改为"需要扶养的一方，在另一方不履行扶养义务时，有要求其给付扶养费的权利"，逻辑更加严谨。

夫妻间扶养义务是相互的。现代社会中的夫妻扶养义务已经充分体现出平权思想，基于男女平等理念强调夫妻之间的相互扶养，而且绝大部分国家和地区也在法律适用过程中确认夫妻彼此间存在扶养另一方的义务，并十分注重这一义务的法律适用。夫妻之间的互相扶养既是权利又是义务，这种权利义务是平等的。丈夫有扶养其妻子的义务，妻子也有扶养其丈夫的义务。夫妻任何一方均有受领对方扶养的权利。世界上大多数国家、地区都明文规定了夫妻扶养义务，如《法国民法典》第212条、《德国民法典》第1360条、《瑞士民法典》第159条、《意大利民法典》第433条、我国台湾地区"民法典"第1116条之1等。

夫妻扶养义务对传承并发扬中华传统美德、构建和谐的家庭社会关系、弥补社会保障制度不足等方面具有至关重要的作用，如何更好地适用则会对其应有的功能发挥带来显著影响。根据本条的规定，有扶养能力的一方，对于有残疾、患有重病、经济困难的配偶，必须主动承担扶助供养责任。有的夫妻约定各自的工资或收入归各自所有，但这并不意味着，夫或妻只负担各自的生活费用而不承担扶养对方的义务，如当一方患有重病时，另一方仍有义务尽力照顾，并提供有关治疗费用。此外,婚内扶养义务的履行方式不应当仅仅限于给付扶养费,还可以是一方要求另一方进行生活上的照顾、陪护等精神慰藉。

【司法适用】

目前,在我国的一些家庭中,夫妻双方的经济收入还有一定差距,往往是丈夫收入多于妻子,在扶养问题上,丈夫应多承担一些义务。在处理夫妻互相扶养问题上,更注重保护女方的合法权益。在很多案件中,负有扶养义务的一方经常以对方处有一定数量的共同财产为由,拒绝给付扶养费。在司法审判实践中,从保护生活困难一方的生存利益出发,人民法院把握的原则一般是只要能够确认生活困难一方对夫妻共同财产去向的解释存在合理性,就会支持其诉讼请求,而将双方有关夫妻共同财产的争议留待离婚诉讼中解决。这样处理既可以加强对弱者的保护,也不会对负有扶养义务的一方造成实质性利益损失,故应予注意。夫妻扶养纠纷举证方面,原告需提供以下证据:证明夫妻关系的证据;负有扶养义务的人不履行扶养义务的证据;请求扶养的,应提交本人劳动能力、生活来源和对方经济状况、家庭人口的证据;涉及财产纠纷的,应提交个人以及家庭财产情况的证据;其他证明案件事实的证据。

【司法案例】

丁某、潘某扶养费纠纷案[①]

诉讼结论:原告要求潘某承担生活费的主张,缺乏事实依据,法院不予支持。

基本案情:丁某、潘某于2013年6月6日登记结婚,双方系再婚。2015年1月丁某被诊断患有乳腺癌,并进行乳腺的切除根治手术,手术后进行了6次化疗。治疗期间,丁某亲友所送礼金为75,800元,其中37,914元支付住院治疗费用,余款由丁某收取。潘某亲友所送礼金约6000余元,由潘某收取。此外,丁某、潘某于2014年10月26日对财产进行约定,约定:从2013年6月6日起,1. 双方无任何婚前及婚后财产。2. 双方各自名下所有财产(公积金、养老金)归个人所有及支配。3. 双方各自名下同第三人的债权债务关系由各自承担,与夫妻的另一方无关。丁某于2016年4月22日起诉,请求判令潘某:1. 承担丁某患病期间医药费29,800.72元;2. 承担丁某生活费52,500元(每月按照3500元计算,自2015年1月暂计算至2016年4月,实际计算至婚姻关系终结之日止)。

法院认为,夫妻有相互扶养的义务,一方不履行扶养义务时,需要扶养的一方,有要求对方付给扶养费的义务。婚内扶养义务不仅是个道德问题,更是夫妻

---

① 浙江省杭州市中级人民法院(2017)浙01民终2492号民事判决书。

间的法定义务。特别是在一方患病,或者是丧失劳动能力的情况下,另一方应尽能力帮助另一方渡过难关。丁某、潘某系夫妻,应相互关心,彼此扶助。丁某身患严重疾病时,虽住院治疗费用都已结清,但该费用是从丁某亲友所送礼金中支付的,根据双方的财产约定,及丁某治疗期间亲友所送的礼金由丁某、潘某各自收取的实际情况,丁某、潘某各自收取的礼金应属夫妻个人财产。现潘某具有一定的支付能力,但未承担医疗费用,而丁某因患病在经济上处于紧张状态,潘某应当向丁某履行给付部分医疗费用的义务。丁某治疗期间,无证据证明潘某未履行扶养义务,丁某出院后康复期间,虽然失业,但并未丧失劳动能力,且尚有积蓄。

第一千零六十条　夫妻一方因家庭日常生活需要而实施的民事法律行为,对夫妻双方发生效力,但是夫妻一方与相对人另有约定的除外。

夫妻之间对一方可以实施的民事法律行为范围的限制,不得对抗善意相对人。

【条文主旨】

本条是关于日常家事代理权的规定。

【条文理解】

日常家事代理权,是指夫妻一方在因家庭日常事务而与第三人为一定的法律行为时,享有代理配偶他方的权利。众所周知,日常家庭生活琐碎,事务比较繁杂,比如超市购物、菜市买菜、雇用工人等,如果从事这些行为都须双方共同出场或者取得对方的授权委托,则会不胜其烦,也不符合生活习惯。《德国民法典》第1357条、《瑞士民法典》第166条、《韩国民法典》第827条、我国台湾地区"民法典"第1003条均规定了家事代理权。家事代理权作为亲属法中的一项制度,在经历了时代变迁后,形成了相关的制度特征,延展了婚姻范畴的财产效力,保护了交易各方的财产权益。

本条属于新增内容。《婚姻法》有关家事代理权的规范缺位,不仅使婚姻家庭制度的体系性、完整性有所欠缺,也使相关纠纷难以解决。2001年最高人民法院颁布的《婚姻法司法解释一》第17条阐释了家事代理的原则,即夫或妻"因日常生活需要而处理夫妻共同财产的,任何一方均有权决定",实际上肯定了夫妻双方在日常生活范围内相互有代理权,但仅限于共同财产,即任何一方对日常生活所需范围内对夫妻共同财产的处分行为,都产生对内对外效力。该解释被法学界、司法界认为是有关家事代理权的规定,但是其处于司法解释之中,在法律体系中位阶较低。值此民法典编纂之际,在《民法典》“婚姻家庭编”之中增加日常家事代理权的内容,不仅符合时代发展的需求,也响应了众多学者的呼声。

日常家事代理权是因夫妻身份而产生的夫妻双方在日常婚姻生活中的一项重要权能。由于我国家庭不仅承担着主要的生产、经营职能,还承担着养老育幼的职责,《民法典》“婚姻家庭编”将夫妻日常家事代理权加以明确规定,使之与一般的民事代理相区别,有利于维护夫妻双方的合法利益,更有利于民事交易秩序的维护和保障第三人利益。夫妻一方代表家庭所为的行为,视为夫妻共同的意思表示,夫妻他方亦必须承担法律后果,夫妻双方对该行为承担共同的连带责任。若夫妻一方所为的法律行为超出了日常家事的范围,则应遵循夫妻双方协商一致的原则,否则,该法律行为不发生相应的法律效力。为避免夫妻一方滥用日常家事代理权,损害另一方的合法利益,夫妻之间可以对日常家事代理权进行限制,但是不可以对抗善意的第三人。也就是说他人有理由相信其为夫妻双方共同意思表示的,另一方不得以不同意或不知道为由对抗善意第三人。

【司法适用】

日常家事代理权的规定属于新增内容。以往人民法院在处理相关问题时常常根据《婚姻法司法解释二》第 24 条第 1 款“债权人就婚姻关系存续期间夫妻一方以个人名义所负债务主张权利的,应当按夫妻共同债务处理,但夫妻一方能够证明债权人与债务人明确约定为个人债务,或者能够证明属于《婚姻法》第十九条第三款规定情形的除外”及《夫妻债务问题司法解释》第 2 条“夫妻一方在婚姻关系存续期间以个人名义为家庭日常生活需要所负的债务,债权人以属于夫妻共同债务为由主张权利的,人民法院应予支持”的规定,夫妻一方在婚姻关系存续期间以个人名义为家庭日常生活需要所负的债务,债权人以属于夫妻共同债务为由主张权利的,人民法院应予支持。夫妻一方在婚姻关系存续期间以个人名义超出家庭日常生活需要所负的债务,债权人以属于夫妻共同债务为由主张权利的,人民法院不予支持,但债权人能够证明该债务用于夫妻共同生活、共同生产经营或者基于夫妻双方共同意思表示的除外。本条的规定,使法院在判断相关问题时有了更加清晰的依据。

【司法案例】

许某诉张某、佟某民间借贷纠纷一案①

诉讼结论:应按照一般处理原则认定案涉借款为夫妻共同债务,离婚的事实

① 吉林省吉林市中级人民法院(2018)吉 02 民终 2463 号二审判决书。

不能产生免除夫妻双方共同还款责任。

基本案情：许某与本案证人盛某系夫妻关系，2002 年至 2004 年张某多次向盛某借款，共计 7.3 万元，双方约定借款利率为月利率 3%。欠款期间张某偿还盛某利息 3 万多元，2014 年许某与盛某办理离婚手续，办理离婚手续时双方约定盛某在张某处享有的债权归许某所有。2014 年 10 月 16 日，张某给许某出具一份数额 68,500 元的欠条。2016 年 5 月 25 日，张某给许某出具一张 6.8 万元的欠条。现许某起诉要求张某、佟某偿还借款 6.5 万元。另查明：张某、佟某原系夫妻关系，于 2017 年 8 月 1 日办理离婚手续，本案所涉及借款发生在二人夫妻关系存续期间。

法院认为，婚姻关系存续期间夫妻一方以个人名义所负债务，按夫妻共同债务处理系一般原则，债权人无须举证证明；按个人债务处理属于例外情形，且夫妻一方对该例外情形负有举证证明责任。如另一方其未能对属于例外情形的情况提供充分的证据加以证明，则应当由其承担举证不能的不利后果。

第一千零六十一条　夫妻有相互继承遗产的权利。

【条文主旨】

本条是关于夫妻之间相互继承权的规定。

【条文理解】

继承，是指财产所有人死亡或者被宣告死亡之时起，按照法律规定将死者遗留下来的财产转移给他人所有的一种法律制度。在我国，继承权的主体是公民（自然人）。继承权的客体是被继承人的遗产。遗产包括死者遗留下来的财产和财产权利。夫妻之间的继承权是指法律规定的基于合法婚姻关系的配偶双方所享有的，在配偶一方死亡时，生存配偶对其遗产所享有的继承权利。该继承权包括丈夫对亡妻的遗产继承权和妻子对亡夫的遗产继承权。夫妻可以相互继承对方的遗产，这是继承权男女平等的要求，有利于促进夫妻间的实质平等。

本条来自《婚姻法》第 24 条的规定，保留了第 1 款的表述。而将原第 2 款的内容“父母和子女有相互继承遗产的权利”作为调整父母子女关系的规范规定在本法的第 1070 条。夫妻间的继承权是基于婚姻的法律效力产生的，是以夫妻的人身关系为前提的。也就是说，只有具备合法婚姻关系的夫妻双方，才能以配偶身份继承对方的遗产。继承权的主体为法律上承认有婚姻关系的当事人。包括登记婚的当事人，即根据我国《婚姻法》的规定依法进行婚姻登记的当事人以及事实婚的当事人,即1994年2月1日《婚姻登记管理条例》(已失效)施行前没有配偶的男女未办理结婚登记,以夫妻名义同居生活并符合结婚实质条件的两性的结合。被继承人个人的遗产应包括两个部分:第一,共有财产中属于被继承人一方所有的财产。如夫妻共有、家庭共有、合伙共有等共有财产中只属于被继承人的财产份额。此时应将其中属于被继承人的份额从共有财产中分出,作为死者遗产的组成部分。第二,被继承人固有的个人财产。夫或妻一方死亡时,继承开始,首先要确定哪些财产属于被继承人的遗产。被继承人的财产一般包括在夫妻共同财产中的份额以及其个人财产。共同财产主要是指除另有约定外夫妻在婚姻存续期间所得的财产。夫妻可约定其个人特有财产全部归共同所有或部分共同所有,这部分财产也属于共同财产。夫妻个人财产主要包括:(1)一方的婚前财产;(2)一方因受到人身损害获得的赔偿和补偿;(3)遗嘱或者赠与合同中确定只归一方的财产;(4)一方专用的生活用品;(5)其他应当归一方的财产。

【司法适用】

在司法实践中,夫妻在婚姻关系存续期间所得的共同所有的财产,除另有约定外,应当将共同所有的财产的一半分出为配偶所有,其余的为被继承人的遗产。也就是说,被继承人的个人财产、共同财产的一半为其所有遗产,如果夫妻一方生前没有立遗嘱,其生存的配偶与其他第一顺序的继承人,包括被继承人的子女、父母按照法定继承均分其遗产。夫妻一方死亡后,生存的另一方依法继承死者遗产后,就取得了该财产的所有权,有权根据自己的意愿和利益在法律允许的范围内占有、使用和处理该财产,如果再婚,有权带走或处分其继承的财产。

【司法案例】

谢某某、郑某1诉陈某1等继承纠纷案①

诉讼结论:郑某2死亡后,其遗产应由第一顺序继承人即本案上诉人谢某某、郑某1继承。

基本案情:原告谢某某、郑某1分别系被继承人郑某2的父母。被告陈某1、陈某2、陈某3、陈某4分别系被继承人陈某5的兄姐。郑某2、陈某5从1987年1月起,即以夫妻名义公开同居生活,并购置生活用具。1989年4月11日夜,郑某2、陈某5在家中被害死亡。郑某2、陈某5死亡后,遗有存款及现金12,810元,债权1万元,彩电2台,冰箱、洗衣机、收录机、电视投影机、电风扇各1台,金项链1条及家具、生活日用品等。郑某2与陈某5共同生活期间,未生育子女。陈某5的

---

① 陕西省西安市中级人民法院(1990)民二上字第28号民事判决书。

父亲陈某6、母亲吴某某已分别于1977年、1982年去世。据公安机关对郑某2、陈某5被杀害时间出具的法医鉴定结论证实,陈某5的死亡时间先于郑某2 20分钟左右。

法院认为,以夫妻名义公开生活,形成事实婚姻的,应视为夫妻关系,其财产应为夫妻共同财产。遗产继承,在继承开始后,由第一顺序继承人继承,第二顺序继承人不继承。没有第一顺序继承人继承时,由第二顺序继承人继承。本案中,郑某2、陈某5生前以夫妻名义公开生活,已形成事实婚姻,应视为夫妻关系,其财产应为夫妻共同财产。陈某5死亡在郑某2之前约20分钟,依照《继承法》的规定,陈某5死亡后,其遗产应由第一顺序继承人郑某2继承。

第一千零六十二条　夫妻在婚姻关系存续期间所得的下列财产,为夫妻的共同财产,归夫妻共同所有:

(一)工资、奖金、劳务报酬;

(二)生产、经营、投资的收益;

(三)知识产权的收益;

(四)继承或者受赠的财产,但是本法第一千零六十三条第三项规定的除外;

(五)其他应当归共同所有的财产。

夫妻对共同财产,有平等的处理权。

【条文主旨】

本条是关于夫妻共同财产的认定。

【条文理解】

夫妻共同财产,是指在夫妻关系存续期间夫妻所共同拥有的财产。所谓夫妻关系存续期间,是指夫妻结婚后到一方死亡或者离婚之前这段时间,这期间夫妻所得的财产,除约定的外,均属于夫妻共同财产。从比较法上看,采取共同制的国家如比利时、法国、意大利、葡萄牙、西班牙、俄罗斯等法律均规定,婚姻存续期间无偿所得属于个人财产,除非赠与人或遗嘱人明确表示由夫妻双方共有。

本条基本沿用了《婚姻法》第17条的规定,并在原有基础上直接明确了所列举的财产为"夫妻的共同财产"。从列举的财产的具体内容看,增加了"其他劳务报酬""投资的收益"等表述。夫妻共同财产的具体项目包括:(1)工资、奖金、劳务报酬。实践中工资、补贴、奖金、福利以及劳务报酬等,甚至还存在一定范围的实物分配,都属于夫妻共同财产的范围。(2)生产、经营、投资的收益。所谓生产、经营、投资，既包括从事个体生产劳动，也包括在工业、信息业、金融证券业等领域中从事组织管理、租赁、投资等经营活动。生产、经营、投资的收益，就是指当事人在上述活动中所得利益。(3)知识产权的收益。是指婚姻关系存续期间，实际取得或者已经明确可以取得的知识产权中的财产性收益。如因发表作品取得的稿费，因转让专利获得的转让费等，归夫妻共同所有。(4)继承或者受赠的财产，但遗嘱或赠与合同中确定只归夫妻一方的财产除外。对于一方婚前继承或受赠所得的房产，如果夫妻双方没有特殊约定，均属于该方个人的婚前财产。对于一方婚后受赠所得的房产，除非赠与声明或协议中明确了只归受赠人一方个人所有，否则，该房产属于受赠人的夫妻共同财产。(5)其他应当归夫妻共同所有的财产。这项规定属于概括性规定。随着社会经济的发展和人们生活水平的提高，夫妻共同财产的范围在不断地扩大，共同财产的种类也在不断地增加。

然而，夫或妻一方婚前财产在婚姻关系存续期间的孳息或者自然增值的归属应当如何判断？《婚姻法司法解释二》与《婚姻法司法解释三》的规定并不一致。《婚姻法司法解释三》第 5 条以《物权法》原物与孳息的规则为基础，将一方婚前个人财产因市场供求关系或通货膨胀的因素而形成的自然增值与孳息排除在夫妻共同财产之外。对此，理论上争议很大。有学者认为，“由于夫妻属于共同体，很难否认配偶一方对另一方的个人财产在婚姻关系存续期间的增值没有间接贡献。若配偶以经营投资为职业或者另一方配偶对增值部分具有实质性贡献，则个人财产在婚姻关系存续期间的增值应当属于夫妻共同财产。准此以言，则夫或妻一方在婚姻关系存续期间继承或者赠与(包括遗赠)所得的财产原则上应认定为个人财产，因为其配偶对此并无实质性贡献”。①

夫妻对共同所有的财产，有平等的处理权。《法国民法典》第 1421 条规定，夫妻一方有权单独管理共同财产并进行处分，夫妻一方无欺诈而完成的行为，对另一方具有对抗效力。《瑞士民法典》第 227 条规定，配偶间任何一方可在普通管理的范围内对夫妻财产负责并处分共同财产。此外，对夫妻共同财产的处置也要受到一定的限制。如法国规定，非经另一方同意，夫妻任何一方均不得无偿处分共同财产，夫妻任何一方均不得让与属于共同财产的不动产、商业营业资产以及经营的事业，或者用这些财产设定物权。瑞士规定，除普通管理外，在其他任何情况下仅可由配偶双方共同或配偶一方在他方的同意下以共同财产的资金个人从事某职业或经营某事业的，可进行该经营或职业活动所引起的所有的法律行为。从

---

① 冉克平：《论〈民法典婚姻家庭编(草案)〉的体系、内容及其完善》，载《武汉大学学报》(哲学社会科学版)2019 年第 6 期，第 156 页。

上述规定看，涉及对重要的或特殊的夫妻共同财产的处分，一般都需要得到双方的同意，因为财产共同的情况下，财产的处分必须符合全部共同所有人的意愿，各国都限制单方处分共同财产行为的效力。因此，虽然夫妻一方有权单独管理共同财产并进行处分，但对其在管理时的过错应承担责任。法国规定如管理方无管理能力或者有欺诈行为，另一方可以向法院起诉由本人取代；对管理方擅自处分共同财产的行为，赋予受损害方享有撤销权。未经他方同意，夫妻任何一方均不能擅自处分据以保障家庭住宅的权利。未同意的一方配偶，得请求撤销处分。请求撤销处分的诉权，在知道该行为之日起一年内行使。

【司法适用】

夫妻共同财产的取得，是指财产所有权的取得，并不只是财物的实际得到。财产所有权的取得和具体财产的取得有时是同步的，有时则是先后发生的。因此，划分共同财产和个人财产的关键是取得该项财产所有权的时间，在婚姻关系存续期间具体取得的财产，不一定就是共同财产，只有在婚姻关系存续期间取得财产权利的，才属于共同财产。此外，如果夫妻双方在婚后采取约定财产制，那么，夫妻间的财产归属就会出现两类情况，若夫妻双方只将其部分财产或某项财产约定为分别所有，这种情况下没有进行约定的财产仍受法定共同财产制的调整，但是，若夫妻双方将其全部财产约定为分别所有，只要当事人的约定明确合法的，它就优先于法定财产制的效力，所以，在该情况下，夫妻间的财产不受法定共同财产制的调整，也就不会产生夫妻共同财产关系。另外，夫妻双方在处理夫妻共同财产上的权利是平等的。因日常生活需要而处理夫妻共同财产的，任何一方均有权决定。夫妻双方非因日常生活需要对夫妻共同财产做重要处理决定，夫妻双方应当平等协商，取得一致意见。他人有理由相信其为夫妻双方共同意思表示的，另一方不得以不同意或不知道为由对抗善意第三人。

夫妻一方未经对方同意处分共有财产的，是否构成侵权行为，判断标准在于该处分行为是否符合夫妻双方的日常生活需要。若基于夫妻日常生活需要而为擅自处分行为，该行为就不是侵权行为；否则有可能构成侵权行为。

【司法案例】

案例一

李某3等分家析产纠纷案①

诉讼结论：夫妻一方个人财产在婚后产生的收益，除孳息和自然增值外，应认

① 北京市第一中级人民法院(2020)京01民终1612号民事判决书。

定为夫妻共同财产。

基本案情:李某2虽然在婚前继承了父母的遗留房屋,但李某1与李某2在婚后对院内的房屋进行了拆除翻建,且获得村镇两级审批。该合法翻建行为就是夫妻双方对原一方财产的主动增值。因此,该新建的房屋中不能排除李某1的份额。一审法院基于此,在析出李某3的份额后,对李某1与李某2的份额予以分配,符合法律规定,分配结果体现了对妇女权益保护的原则,较为公正。

法院认为,对于何为"收益",一般认为应包括孳息、投资收益以及增值三部分。其中,增值是对物或权利价值的提升,又包括自然增值与主动增值。因夫妻双方人为付出、投资等而导致的物的价值提升即属于主动增值。

案例二

中卫市正东阳投资有限责任公司、饶某离婚后财产纠纷案[①]

诉讼结论:陶某对案涉房产享有54%所有权,饶某享有其中27%的份额。驳回再审申请。

基本案情:再审申请人中卫市正东阳投资有限责任公司(以下简称正东阳公司)因与被申请人饶某、陶某离婚后财产分割纠纷一案,不服海南省高级人民法院(以下简称海南高院)(2016)琼民终152号民事判决,向最高人民法院申请再审。正东阳公司申请再审称:(一)海南高院二审判决认定事实错误。在2010年正东阳公司购买涉案房产时,陶某为正东阳公司的法定代表人,其身份即代表公司购买海南大阳房地产投资有限公司(以下简称大阳公司)的房产,陶某为了购买涉案房产而产生的借款应认定为正东阳公司的借款。本案是离婚后财产分割案件,陶某对涉案房产是否具有份额及份额多少的问题是本案的争议焦点。海南高院对涉及借款的证据不认真分析,造成事实认定错误,使陶某和饶某在未支付任何购房款的情况下却取得了正东阳公司购买房产54%的份额,严重侵害了正东阳公司的合法权益,依法应予纠正。(二)海南高院二审判决适用法律错误。海南高院只认定饶某对涉案房产享有27%的份额,对其债务未作认定,严重侵害陶某和正东阳公司的利益。海南高院在对陶某和正东阳公司支付的购房款无法区分时,即判决各占50%,无任何法律依据。当时陶某是正东阳公司的法定代表人,其与公司共同支付房款无法查清,则应认定均为正东阳公司的支付行为。综上所述,正东阳公司依据《中华人民共和国民事诉讼法》第200条第2项、第6项的规定申请再审。

---

① 最高人民法院(2017)最高法民申3817号民事裁定书。

法院认为，本案为饶某和陶某在离婚后就案涉房产的分割问题产生的纠纷。本案再审审查的焦点问题是：陶某对案涉房产是否享有所有权，如果享有所有权，其份额如何认定。

首先，关于陶某对案涉房产是否享有所有权的问题。根据原审已查明的事实看，案涉房产在2010年购买时，陶某和正东阳公司作为买方与卖方大阳公司订立《商品房买卖合同》，这说明陶某和正东阳公司是案涉房产的共同买方。2011年，陶某和正东阳公司又作为共同原告起诉大阳公司，请求大阳公司将案涉房产过户到二者名下，这说明陶某和正东阳公司均自认该房产是二者共有。现已生效的海南高院（2011）琼民一终字第51号民事判决支持了陶某和正东阳公司的诉讼请求，判决大阳公司将案涉房产过户登记至陶某和正东阳公司名下，海南省海口市中级人民法院作出的（2015）海中法执监字第16号执行裁定书亦裁定将案涉房产产权过户至陶某和正东阳公司名下，这进一步说明，生效法律文书已经确认陶某和正东阳公司是案涉房产的共有人。基于此，海南高院认定陶某对案涉房产享有所有权是正确的。正东阳公司主张陶某仅是作为当时的法定代表人代表公司购买大阳公司房产，显然不能成立。

其次，关于所有权份额的问题。根据本案原审和海南高院（2011）琼民一终字第51号一案已查明的事实看，案涉房产的总价款10,907,712元，陶某用个人婚前财产175万元支付房款，另陶某借昆明凯成杰经贸有限责任公司200万元和李鸿雁260万元用于支付房款。此外，北京正东阳建筑咨询有限责任公司（以下简称北京正东阳公司）证明为陶某和正东阳公司垫付购房款150万元，北京正东国际建筑工程设计有限公司（以下简称北京正东国际公司）证明为陶某和正东阳公司垫付购房款100万元。由于没有证据区分北京正东阳公司和北京正东国际公司为陶某和正东阳公司各自垫付的具体金额，海南高院根据等分原则，确定为陶某和正东阳公司各自垫付50%，相对公平合理。正东阳公司主张不能区分的金额则全部属于为正东阳公司垫付的购房款，没有法律依据，不能成立。因此，陶某借款支付房款的总金额为585万元，占案涉房产总价款的54%。由于案涉房产购买发生于陶某和饶某夫妻关系存续期间，海南高院据此认定饶某对案涉房产享有27%的份额是妥当的。在确认饶某对案涉房屋享有的所有权份额后，饶某是否应承担购买该房屋时借款产生的债务，不属于本案原审审理的内容，当事人可以另行解决。

第一千零六十三条　下列财产为夫妻一方的个人财产：
（一）一方的婚前财产；
（二）一方因受到人身损害获得的赔偿或者补偿；
（三）遗嘱或者赠与合同中确定只归一方的财产；
（四）一方专用的生活用品；
（五）其他应当归一方的财产。

【条文主旨】

本条是关于夫妻个人财产的规定。

【条文理解】

所谓夫妻特有财产，也称夫妻保留财产，是指夫妻在实行共同财产制的同时，依照法律规定或夫妻约定，夫妻各自保留的一定范围的个人所有财产。根据产生的原因不同，特有财产可分为法定的特有财产和约定的特有财产。法定的特有财产，是指依照法律规定所确认的夫妻双方各自保留的个人财产，本条即属于法定特有财产的规定。所谓特有财产制，就是夫妻在实行共同财产制时，基于法律规定或双方约定，夫妻各自保留一定范围的个人所有财产，并对该财产进行管理、使用、收益和处分，以及有关的财产责任、特有财产的效力等内容组成的法律制度。特有财产制是对夫妻共同财产制的限制和补充。特有财产是夫妻在婚姻关系存续期间分别保留的个人财产，独立于夫妻共同财产之外，夫妻双方对各自的特有财产，享有独立的管理、使用、收益和处分权利，他人不得干涉。规定夫妻特有财产的意义在于，它弥补了共同财产制对个人权利和意愿关注不够的缺陷，防止共同财产范围的无限延伸，有利于保护个人财产权利。

本条基本沿用了《婚姻法》第 18 条的规定，并在原有基础上直接明确了所列举的财产为夫妻一方的“个人财产”。从列举的财产的具体内容看，将第 2 项“一方因身体受到伤害获得的医疗费、残疾人生活补助费等费用”替换为“一方因受到人身损害获得的赔偿或者补偿”。具体来说，我国夫妻特有财产的范围包括：（1）一方的婚前财产。婚前财产是指夫妻在结婚之前各自所有的财产，包括婚前个人劳动所得财产、继承或受赠的财产以及其他合法财产。婚前财产归各自所有，不属于夫妻共同财产。（2）一方因受到人身损害获得的赔偿或者补偿。由于这些财产与生命健康关系密切，对于保护个人权利具有重要意义，因此应当专属于个人所有，而不能成为共同财产。（3）遗嘱或者赠与合同中确定只归一方的财产。为了尊重遗嘱人或赠与人的个人意愿，保护公民具体对其财产的自由处分权，如果遗嘱人或赠与人在遗嘱或赠与合同中明确指出，该财产只遗赠或赠给夫妻一方，另一方无权享用，那么，该财产就属于夫妻特有财产，归一方个人所有。(4)一方专用的生活用品。一方专用的生活用品具有专属于个人使用的特点，如个人的衣服、鞋帽等，应当属于夫妻特有财产。我国司法实践中，在处理离婚财产分割时，一般也将个人专用的生活物品，作为个人财产处理。(5)其他应当归一方的财产。这项规定属于概括性规定。夫妻特有财产除前4项的规定外，还包括其他一些财产和财产权利。随着社会经济的发展、新的财产类型的出现以及个人独立意识的增强，夫妻个人特有财产的范围也将有所增加。

【司法适用】

在司法实践中，应针对离婚案件中具体情况的不同，对本条加以适用：

1. 在离婚案件中具体处理住房补贴和住房公积金问题时，应严格区分款项取得于婚前或婚后，离婚时分割的只是婚姻关系存续期间的住房补贴和住房公积金。在具体操作上，可以先计算出双方婚姻关系期间的住房公积金、住房补贴总额后再分割。因当事人离婚并不是提取住房公积金的事由，故应经过折抵后，由一方根据其拥有的公积金、住房补贴的差额给对方予以补偿。

2. 夫妻一方的铺位承租权、转租权具有财产权的性质，可带来财产性的收益，根据租赁关系的法律特征，应认定为夫妻一方或双方的其他共同所有财产的其他形式，也属于夫妻共同财产。在审判时，可依有利生产、方便生活、方便管理的原则进行处理。

3. 指定受益人为夫妻一方的人身保险利益具有特定的人身关系，应属于夫妻一方的个人财产，不属于夫妻共同财产。

4. 一方取得的知识产权收益是否属于夫妻共同财产，应以该知识产权的财产性收益取得是否在婚姻关系存续期间发生为判断标准，而不应以该知识产权权利本身的取得时间为判断依据。夫妻离婚时只能对现有财产进行分割，对没有实现其价值的财产性收益不能估价予以分割，智力成果只有转化为具体的有形财产后才属于夫妻共同财产，而对其配偶在共同生活中付出的劳动，可从其他财产中给予适当补偿、照顾。

5. 一方婚后用个人财产购买房屋，离婚时该房屋应认定为个人财产，其自然增值也属于个人财产；一方个人所有的房屋婚后用于出租，其租金收入属于经营性收入，应认定为夫妻共同财产。

6. 在处理离婚纠纷中父母为子女出资所购房屋归属问题时，应区分父母出资购房的时间、房屋登记的所有权人、父母出资购房的出资比例及出资方式等因素来确定该房屋所有权的最终归属。

7. 离婚案件中如何处理“夫妻公司”及夫妻对公司享有的股权问题，工商登记中载明的夫妻投资比例并不能绝对等同于夫妻之间的财产约定，如果有证据证明工商登记所载明的事项只是设立公司时形式上的需要，则应按夫妻双方真实的意思表示去处理。在婚姻关系存续期间，无论是用一方婚前的个人财产还是用夫妻共同财产投资设立“夫妻公司”，公司经营所产生的收益均应属于夫妻共同财产。

【司法案例】

案例一

刘某诉王某离婚纠纷案[①]

诉讼结论：对于原告的离婚请求，法院予以支持。被告婚前个人房屋出售款及其相应财产增值、买断工龄款中属于个人财产部分及其相对应财产增值认定为被告个人财产。

基本案情：原、被告于2006年登记结婚，均系再婚，婚后未生育子女。2012年5月因被告要将房屋所有权过户给自己儿子导致双方矛盾深化，二人分居。原告刘某某曾向法院起诉要求离婚，2013年1月30日经法院调解和好。之后二人再无往来，双方关系也未有任何缓和的迹象。现原告再次起诉要求离婚，被告则辩称表示不同意离婚。被告主张本市中山北路××花园××××#－×－×××室房屋所有权及土地使用权均登记在其个人名下，且购房首付款由其个人支付，贷款用其个人住房公积金偿还，故认为该房系被告个人财产。原告虽认可买房时未曾出资，但主张该房系婚后取得，应属夫妻共同财产，要求进行分割。

法院认为，原告起诉要求离婚，被告同意离婚，证明双方感情确已破裂，故对原告的离婚请求，法院予以支持。诉争房屋属于原、被告夫妻共同财产。基于夫妻共同财产的法律特性，婚后取得的房产是否属于夫妻共同财产，不能单纯以房屋所有权证上登记人是一方还是双方确定，而应当结合财产来源及双方有无约定等情形全面考虑。

案例二

伍开明与重庆市辰龙旅游开发有限公司、重庆市颜达实业有限公司与徐向榛离婚后财产纠纷案[②]

诉讼结论：徐向榛主张分割伍开明对辰龙公司的股权收益的诉讼请求，不予

---

① 江苏省徐州市鼓楼区人民法院(2014)鼓民初字第1820号民事判决书。

② 最高人民法院(2015)民申字第79号民事裁定书。

支持。驳回徐向榛的再审申请。

基本案情：再审申请人徐向榛因与被申请人伍开明离婚后财产纠纷一案，不服重庆市高级人民法院（2013）渝高法民终字第00171号民事判决，向最高人民法院申请再审。徐向榛申请再审称：（一）重庆市沙坪坝区公证处（2013）渝沙证字12432号公证书系伪造，伍开明已经死亡。（二）在其与伍开明婚姻关系存续期间，重庆市辰龙旅游开发有限公司（以下简称辰龙公司）开发的“水磨滩工程”已竣工并销售完毕，取得巨大收益，原审判决对此未予认定错误。（三）对于重庆市颜达实业有限公司（以下简称颜达实业公司）的股权收益，其在二审时因无力缴纳诉讼费用暂未主张，请求再审对其一审全部诉讼请求予以审理。综上所述，请求撤销二审判决，依法改判。

再审查明，重庆市第三中级人民法院（2009）渝三中法民终字第1387号民事判决（以下简称1387号判决）认定以下事实：徐向榛在答辩中请求分割的“共同财产”即位于涪陵区顺江大道“博雅东方”商住楼3600平方米、重庆市新桥正街“三陵雅园A区经济适用房”和重庆市沙坪坝区教院路“三陵大厦C栋”楼房，均为颜达实业公司投资修建。伍开明与徐向榛婚后没有在这三处楼房投入过资金或实物。伍开明在与徐向榛婚后至本案一审审理时止，伍开明所持股份未从颜达实业公司分得红利。

法院认为，申请人的再审理由不成立。具体分析如下：

第一，关于原审是否存在程序错误。徐向榛提出，二审委托代理人何翔律师提供的经过公证的授权委托书上伍开明手印系伪造并申请鉴定。法院认为，《公证法》第2条规定，公证是公证机构根据自然人、法人或者其他组织的申请，依照法定程序对民事法律行为、有法律意义的事实和文书的真实性、合法性予以证明的活动。第36条规定，经公证的民事法律行为、有法律意义的事实和文书，应当作为认定事实的根据，但有相反证据足以推翻该项公证的除外。《最高人民法院关于民事诉讼证据的若干规定》第9条①规定，已为有效公证书所证明的事实当事人无须举证证明。当事人有相反证据足以推翻的除外。案涉授权委托书经过重庆市沙坪坝区公证处依法公证，具有法定证明效力，何翔对该授权委托书的真实性无须再举证证明。徐向榛单纯否认该授权委托书上手印系伪造，不属于有相反证据足以推翻的情形，法院亦不应就此启动鉴定程序。在徐向榛未提供其他证据的情况下，二审法院认可该授权委托书的证明效力，并允许何翔作为伍开明委托

① 《最高人民法院关于民事诉讼证据的若干规定》已于2019年12月25日修正，本条现为第10条，内容不变。

代理人参加本案诉讼活动，不存在程序错误。此外，经二审法院调查取证，根据重庆市公安局磁器口派出所出具的《常住人口登记表》，伍开明尚未注销户口，徐向榛主张伍开明已经死亡，但未能提供证据予以证明，其该项主张无事实依据，二审法院认定伍开明具有适格的民事主体资格，并无不当。

第二，关于伍开明对颜达实业公司的股权收益。徐向榛二审时因未缴纳上诉费用，二审法院对该部分费用主张以撤回上诉处理，仅对辰龙公司的股权收益问题进行了审理，现徐向榛提出对全案进行审理。法院认为，再审审查是针对二审判决是否有错误进行，由于徐向榛撤回该部分上诉，相应诉讼请求未纳入二审审理范围，亦无法进行再审审查。而且根据已经生效的1387号判决认定的事实，伍开明与徐向榛婚后没有对颜达实业公司投入过资金或实物。伍开明在与徐向榛婚后至本案一审审理时止，伍开明所持股份未从颜达实业公司分得红利。徐向榛主张伍开明在颜达实业公司的股权利益为夫妻共同财产予以分割亦无事实依据。

第三，关于伍开明对辰龙公司的股权收益。首先，徐向榛主张的“水磨滩水库工程”，属于辰龙公司财产，不属于伍开明个人财产，根据《公司法》第3条的规定，公司有独立的法人财产，享有法人财产权。公司财产与股东财产相互独立，股东只能以出资额分取红利。徐向榛并未提供证据证明在双方婚姻关系存续期间辰龙公司存在盈利的事实，亦未能提供证据证明在婚姻关系存续期间伍开明从辰龙公司分得红利。其次，根据《结婚协议》，夫妻共同财产只能是双方婚后共同创造的财产部分，案涉工程在婚前已经立项、投资，伍开明亦在婚前取得公司股权，徐向榛未能提供证据证明婚姻关系存续期间，双方就夫妻共同财产有过相应的投资和经营行为。因此，其主张分割伍开明对辰龙公司的股权收益，无事实依据。原审判决根据双方婚姻存续期间和徐向榛对家庭的贡献，酌定伍开明给付其5万元，体现了对妇女权益的保护。徐向榛的再审申请不符合《民事诉讼法》第200条规定的情形。驳回徐向榛的再审申请。

第一千零六十四条　夫妻双方共同签名或者夫妻一方事后追认等共同意思表示所负的债务，以及夫妻一方在婚姻关系存续期间以个人名义为家庭日常生活需要所负的债务，属于夫妻共同债务。

夫妻一方在婚姻关系存续期间以个人名义超出家庭日常生活需要所负的债务，不属于夫妻共同债务；但是，债权人能够证明该债务用于夫妻共同生活、共同生产经营或者基于夫妻双方共同意思表示的除外。

【条文主旨】

本条是关于夫妻共同债务认定的规定。

【条文理解】

本条是新增条款，内容承袭了最高人民法院《夫妻债务问题司法解释》的规定，提高了夫妻共同债务认定的立法层级和法律位阶。该条事实上与《婚姻法》第41条的意旨一脉相承，只是明确了夫妻共同债务证明责任的分配。本条内容在本法制定过程中备受关注，一直是本编立法中讨论的热点和重点问题。《民法典》"婚姻家庭编"一审稿没有规定该内容，原因是2018年1月最高人民法院发布了《夫妻债务问题司法解释》，考虑到新司法解释在当时刚刚出台不久，还有待进一步观察和评估，由此一审稿没有予以补充规定。经过一年多的各方考察，新司法解释关于"夫妻共同债务认定"的内容是比较适合我国的司法实践需要的，有意见建议加以吸收，从而明确夫妻共同债务的范围。《民法典》"婚姻家庭编"二审稿采纳了该意见，在第三章第一节"夫妻关系"中补充了该条款，三审稿承继了二审稿的内容。

我国夫妻共同债务制度始创于1950年《婚姻法》，夫妻共同债务关乎着债权人、债务人和非举债配偶三方的财产权益，法律应当予以明确规定。夫妻共同债务相关内容在我国以往婚姻立法中一直规定在"离婚制度"中，主要是解决离婚时有关夫妻共同债务偿还的内容，对于婚姻关系存续期间有关夫妻共同债务的认定，我国《婚姻法》始终没有规定。通常认为，婚姻关系存续期间，夫妻一方或双方为维持婚姻家庭生活或者为共同财产、经营活动所负的债务是夫妻共同债务。① 婚姻关系存续期间，收入是家庭共同财产，负债自然应该是家庭共同债务。然而，在市场经济条件下，夫妻一方举债从事经营活动，如果营利还债自然皆大欢喜，一旦从事商业经营亏损巨额债务不能够按期偿还，我国现在又缺乏个人或者家庭破产制度的情形下，这种共识则经受着巨大挑战。

因婚姻共同生活所负债务自应由夫妻双方共同承担清偿责任，这是毋庸置疑的。1993年《离婚财产分割意见》指出，夫妻为共同生活或为履行抚养、赡养义务等所负债务，应认定为夫妻共同债务。自此，夫妻一方或双方履行法定抚养、赡养义务所负债务纳入夫妻共同债务范畴。

随着社会的发展进步，我国夫妻共同债务制度也随着市场经济的发展和社会需求的增长而日益细化。《婚姻法司法解释二》第24条打破了我国婚姻立法长期

---

① 丁慧、崔丹：《反思与重构：我国夫妻共同债务认定规则的选择》，载《中华女子学院学报》2017年第6期。

坚持的“用于共同生活”的认定标准，而仅以“婚姻关系存续期间”为认定夫妻共同债务的唯一条件。由于该司法解释从当时的情况出发，立足于防范夫妻合谋逃债，维护债权人利益，以共同债务为原则，以个人债务为例外。它强调的是合同中有无明确约定为个人债务以及债权人是否知道夫妻双方有实行分别财产制的约定，而在实践中又不能完全排除签约方的举债并非用于婚姻家庭共同生活的情形，因此难免使非签约方的财产权益受到损害，甚至在个案中成为非签约方的不能够承受之重，客观上贡献了“离婚”率。《婚姻法司法解释二》第24条出台后引发了社会较大争议，成为社会各界讨论的焦点问题。为解决该条款带来的一系列问题，2017年最高人民法院对此增加了两款补充规定，将婚姻关系存续期间夫妻一方所负的“虚构债务”和“非法债务”确定为不属于夫妻共同债务的范围，然而这两种债务本来一直为我国立法司法所否定，所以维权者、提案者、关注者认为该补充并未能真正解决夫妻共同债务的问题。2018年最高人民法院发布的《夫妻债务问题司法解释》进一步细化了夫妻共同债务认定标准，将夫妻共同债务确立为三类，即“基于夫妻共同意思表示所负的债务”、“因家庭日常生活所负的债务”和“债权人能够证明的债务”。本条即是将该司法解释的内容于婚姻立法中予以体现，回应了社会长久以来的关切，对家庭关系的和谐和社会秩序的稳定必将发挥重要作用。

根据本条规定，仅在以下三种情况下的债务才被认定为夫妻共同债务，一是夫妻双方共同签名或夫妻一方事后追认等共同意思表示所负的债务为夫妻共同债务。所谓“夫妻双方共同签字”，简言之就是共同债务，共同签名。该规定的核心要义在于引导债权人在形成债务特别是大额债务时，主动规范交易行为，加强事前的风险防范意识。关于夫妻一方对夫妻共同债务的事后追认，实际上进一步明确了夫妻之间的相互代理权，强调夫妻对于债务形成的共同意愿。这种制度安排不仅可以从债务形成的源头上尽可能杜绝夫妻一方“被负债”现象的发生，而且还可以有效避免因事后无法举证证明债务属于夫妻共同债务而遭受不必要的损失，对于保障交易安全和夫妻一方合法权益，都具有积极意义。二是夫妻一方在婚姻关系存续期间以个人名义为家庭日常生活需要所负的债务为夫妻共同债务。这是对夫妻双方家事代理权的肯认。婚姻作为夫妻生活共同体，夫妻双方应当共同承担一方为家庭日常生活所负的债务。三是关于夫妻一方在婚姻关系存续期间以个人名义超出家庭日常生活需要所负的债务，只有在债权人能够证明该债务用于夫妻共同生活、共同生产经营或者基于夫妻双方共同意思表示的情况下，才能够被认定为属于夫妻共同债务。就合同相对性原则而言，本条在于强调在夫妻一方具名举债的情况下，当债务超出家庭日常生活需要范围时，尤其是大额债务，债权人主张该债务属于夫妻共同债务的，应当承担举证证明责任，否则由其承担举证不能的法律后果，以此引导债权人在债务形成时尽到充分的谨慎注意义务，以免事后发生纷争。

【司法适用】

由于《婚姻法司法解释二》第 24 条的规定缺乏家事代理的明确范围和个人破产制度的背景，不仅导致夫妻共同债务的内涵和外延的模糊化，同时也给司法的权威性和统一性带来了冲击，对交易安全产生不利影响，导致审判实务中出现大量同案不同判的现象。将夫妻共同债务认定规则纳入本法，不仅有利于平衡保护交易各方当事人的合法权益，妥善化解夫妻债务矛盾，而且还有助于规范和完善夫妻共同债务的认定标准，合理分配举证责任，为司法审判提供有力法律依据，以避免因同案不同判而给社会带来不良影响。当然，本条内容积极作用的发挥还有赖于司法机关能够全面准确理解本条内容及其与其他相关条文的关系，准确适用法律。

关于“夫妻共同债务的认定”，司法实践应当立足于法律基本精神和社会现实需要，进行全面、准确地理解。首先，本条第 1 款前半部分是从夫妻共同债务的形成角度，明确强调了夫妻双方共同签字或者夫妻一方事后追认以及其他比如电话、短信、微信、邮件这些形式所体现的共同意思表示所负的债务，应认定为夫妻共同债务的基本原则。应当注意的是，“夫妻共同意思表示”只是认定夫妻共同债务的标准之一，不能机械地理解“共债共签”。本条第 1 款只是强调有夫妻共同意思表示所负之债务，应当由夫妻共同承担，但不能片面地将没有夫妻共同意思表示的债务就认定为不属于共同债务，不能由夫妻共同承担。同理，夫妻一方签字的债务也可以分为夫妻共同债务和非夫妻共同债务两种情况。

其次，本条第 1 款后半部分特别强调，“在夫妻双方对婚姻关系存续期间所得财产未约定归各自所有，或者虽有约定但债权人不知道该约定的情况，夫妻一方以个人名义为家庭日常生活需要所负的债务，都应认定为夫妻共同债务。如果未具名举债的夫妻另一方认为该债务不属于夫妻共同债务，应当承担相应的举证证明责任”。在对本条第 1 款中“为家庭日常生活需要”的理解上，司法实践应当予以综合判断。最高人民法院相关负责人表示，家庭日常生活需要是指通常情况下必要的家庭日常消费，主要包括正常的衣食、日用品购买、子女抚养教育、老人赡养、医疗等各项费用，是维系一个家庭正常生活所必需的开支。对于超出必要的日常家庭消费范围的支出，则不属于家庭日常生活所必需的消费，应当由夫妻共同协商决定。尽管“家庭日常生活需要”的范围可以基本确定，但在个案审判中，司法机关对于“为家庭日常生活需要所负的债务”的认定，不能仅从债务数额的多少予以判断，还应当结合债务的形成时间和次数，以及债务人的家庭条件、债务用途性质、是否必要、日常生活开支、生活地域等事实情况综合来看，以个案公正推动司法公正。

再次，本条第2款强调的是针对“超出家庭日常生活需要所负债务”，需债权人举证夫妻共同负债。“也就是说，当夫妻一方以个人名义对外所负的债务，尤其是数额较大的债务，超出了家庭日常生活所需的范畴时，认定该债务是否属于夫妻共同债务的标准，是债权人能否证明债务用于夫妻共同生活或者共同生产经营，或者债务的负担系基于夫妻双方共同的意思表示，如果债权人不能证明的，则不能认定为夫妻共同债务。”①将举证责任由债权人承担不仅符合我国《民事诉讼法》及其司法解释、2020年新的《民事诉讼证据规定》关于举证责任的规定，有效平衡各方权益保护，还有利于引导债权人在债务形成时能够积极尽到谨慎注意义务。

最后，关于夫妻共同债务的认定应当重视内部和外部的协调关系。在内部层面，即离婚时，夫妻双方关于夫妻共同债务的认定，应当根据“谁主张，谁举证”的原则，由主张债务的一方承担所负债务系夫妻共同债务的举证责任。而在外部层面，即债权人与夫妻之间的诉讼，应当主要由债权人对争议债务负举证责任。应当注意的是，对于“离婚案件中认定为个人债务，而债权人举证证明为夫妻共同债务的”和“债权人起诉的案件中认定为夫妻一方债务，而在离婚案件中被认定为夫妻共同债务的”这两种特殊情况，司法实践中应当结合本法第1089条的规定综合认定，分析举证责任，予以妥善处理，尽可能避免就同一笔债务发生司法认定冲突。

【司法案例】

汪乙与陈某、汪甲买卖合同纠纷案②

诉讼结论：对陈某主张汪乙应与汪甲共同支付本案货款及利息损失的诉求，不予支持。汪乙关于其并非买卖合同的相对方，本案不应按夫妻共同债务处理的主张成立。

基本案情：汪甲与汪乙系夫妻。汪甲多次向陈某购买皮革，2014年12月18日经结算，汪甲结欠陈某货款121万余元并出具结欠条，后汪甲仅偿还2万元，陈

① 最高人民法院民事审判第一庭庭长程新文在《最高人民法院关于审理涉及夫妻债务纠纷案件适用法律有关问题的解释》新闻发布会上的讲话。

② 福建省泉州市中级人民法院2016(闽)05民再7号民事判决书。

某起诉要求汪某夫妻共同支付货款及利息。汪甲的代理人在未经汪乙授权的情况下，与陈某达成汪某夫妻共同支付货款的调解协议，后汪乙申请再审请求撤销调解协议并认定本案债务为汪甲个人债务。

法院认为，将债务的负担是否基于夫妻共同意思表示的举证责任分配给债权人，既符合“谁主张，谁举证”的民事诉讼原则，又符合合同相对性原则，同时也引导债权人在债务形成时应尽到充分的审慎注意义务，与《夫妻债务问题司法解释》的立法精神相符。买卖合同的当事人系汪甲与陈某，汪乙并非买卖合同的一方当事人，亦未在陈某与汪甲结算货款的结欠条上签字确认，陈某也未能提供证据证明汪甲、汪乙共同向其购买皮革，故对陈某主张汪乙应与汪甲共同支付本案货款及利息损失的诉求，不予支持。汪乙关于其并非买卖合同的相对方，本案不应按夫妻共同债务处理的主张成立，予以支持。再审一审判决撤销原民事调解书，判决汪甲、汪乙共同支付货款及利息。泉州中院二审改判本案货款及利息由汪甲支付。

第一千零六十五条　男女双方可以约定婚姻关系存续期间所得的财产以及婚前财产归各自所有、共同所有或者部分各自所有、部分共同所有。约定应当采用书面形式。没有约定或者约定不明确的，适用本法第一千零六十二条、第一千零六十三条的规定。

夫妻对婚姻关系存续期间所得的财产以及婚前财产的约定，对双方具有法律约束力。

夫妻对婚姻关系存续期间所得的财产约定归各自所有，夫或者妻一方对外所负的债务，相对人知道该约定的，以夫或者妻一方的个人财产清偿。

【条文主旨】

本条是关于夫妻约定财产制的规定。

【条文理解】

所谓约定财产制，是指法律允许夫妻用协议的方式，对夫妻在婚前或婚姻关系存续期间所得财产的所有权的归属、管理、使用、收益、处分以及对第三人债务的清偿、婚姻解除时财产的分割等事项作出约定，从而排除或部分排除夫妻法定财产制适用的制度。在现代亲属立法中，夫妻不因婚姻身份的产生而丧失其独立人格，已婚双方仍是独立的民事主体，彼此拥有独立的人身和财产权利，可以缔结各类以财产为内容的契约。这些契约既包括附随于夫妻身份的夫妻财产制契约，也包括与夫妻身份无关的其他财产制契约。以大陆法系国家为例，法国、日本、韩国等国家规定夫妻财产制契约的订立时间为婚前或结婚时，且对于夫妻财产制契约的变更也有限制。同时，这些国家对夫妻财产制契约的形式也无特别规定。只是明确，未经登记或申报的夫妻财产制契约，不得对抗第三人。而德国、瑞士、意大利等国则对夫妻财产制契约的订立时间不加限制，允许婚前、结婚时以及婚后以夫妻财产制契约方式变动法定夫妻财产制的适用。这些国家对夫妻财产制契约的形式采要式主义立法。如《德国民法典》第1410条规定："订立婚姻合同必须双方当事人同时到场并由公证人记录。"《意大利民法典》第162条规定："结婚协议应当以公证的方式缔结，否则无效。"

本条来自《婚姻法》第19条的规定，几乎完全承继了原法条的内容。约定财产制是相对于法定财产制而言的，它是夫妻以契约的方式依法选择适用的财产制，而法定财产制是依照法律直接规定而适用的财产制，约定财产制具有优先于法定财产制适用的效力，只有在当事人未就夫妻财产作出约定，或所作约定不明确，或所作约定无效时，才适用夫妻法定财产制。根据本条的规定，夫妻约定财产制是对夫妻双方财产的约定，可以是在婚前所做的约定，也可以是在婚姻关系持续期间所做的约定；可以是对婚前财产的约定，也可以是对婚姻关系存续期间所得的财产的约定；约定的财产既可以是动产，也可以是不动产。这种方式体现了婚姻当事人之间的契约自由，而且是在特定身份关系下的契约自由。而且法律对夫妻约定财产所定的契约做了补充性规定：夫妻书面约定婚姻关系存续期间所得的财产归各自所有，一方因抚育子女、照料老人、协助另一方工作等付出较多义务的，离婚时有权向另一方请求补偿，另一方应当予以补偿。这是对夫妻约定财产制的补充，使夫妻约定财产制度在合法的基础上更加合理化。

此外，我国立法对夫妻财产制约定没有规定公示方法，故财产制约定原则上只能对夫妻双方产生约束力，不能对抗第三人。只有在债权人知晓的情况下，夫妻双方的约定才能产生对抗效力。夫妻约定财产制属于非限定类型，为保护交易的安全，可以考虑借鉴德国民法典的规定，规定夫妻之间的财产约定自生效时发生物权的变动，同时非经登记不得对抗善意第三人。夫妻财产约定的登记制度可以预防和减少夫妻之间及夫妻和第三人之间的财产纠纷，同时可以为离婚时的财产清算提供有效依据。

【司法适用】

《婚姻法》第19条第1款对夫妻约定财产制作出明确规定："夫妻可以约定婚姻关系存续期间所得的财产以及婚前财产归各自所有、共同所有或部分各自所有、部分共同所有。约定应当采用书面形式。"夫妻双方不以离婚为目的对婚姻关系存续期间所得财产作出的分割,可以认定为婚内财产分割协议,是双方通过订立契约对采取何种夫妻财产制所作的约定,是双方协商一致对家庭财产进行内部分配的结果。在不涉及婚姻家庭以外第三人利益的情况下,应当尊重夫妻之间的真实意思表示,按照双方达成的婚内财产分割协议履行。夫妻对婚姻关系存续期间所得的财产约定归各自所有,夫或者妻一方以个人名义为家庭日常生活需要所负的债务,以夫或者妻一方的个人财产清偿,另一方对债务承担连带责任;夫或者妻一方以个人名义超出家庭日常生活需要所负的债务,以夫或者妻一方的个人财产清偿。

【司法案例】

唐某诉唐某乙法定继承纠纷案①

诉讼结论:原告的部分诉讼请求缺乏依据,不予支持。

基本案情:唐某甲与被告李某某系夫妻关系,二人生育一子唐某乙。唐某甲与前妻曾生育一女唐某,离婚后由其前妻抚养。唐某甲父母均早已去世。唐某甲于2011年在外地出差期间突发疾病死亡,未留下遗嘱。2010年,唐某甲与被告李某某签订《分居协议书》,双方约定"唐某甲、李某某的感情已经破裂。为了不给儿子心灵带来伤害,我们决定分居。双方财产作如下切割:现在财富中心和慧谷根园的房子归李某某拥有,李某某可以任何方式处置这些房产,唐某甲不得阻挠和反对,带有义务协办相关事务。湖光中街和花家地的房产归唐某甲所有。唐某甲可以任何方式处置这些房产,李某某不得阻挠和反对,并有义务协办相关事务。儿子唐某乙归李某某所有"。关于财富中心房屋,2002年12月16日,唐某甲作为买受人与北京香江兴利房地产开发有限公司签订了《商品房买卖合同》,约定:唐某甲购买北京香江兴利房地产开发有限公司开发的财富中心房屋,总金额为1,579,796元。截至唐某甲去世时间点,该房屋仍登记在唐某甲名下,本案的争议焦点是财富中心房屋的权属问题及其应否作为唐某甲的遗产予以继承。

法院认为,在调整夫妻财产关系领域,物权法应当保持谦抑性,对婚姻法的适用空间和规制功能予以尊重,尤其是夫妻之间关于具体财产制度的约定不宜由物权法过度调整,应当由婚姻法去规范评价。本案如适用《婚姻法》第19条之规定,只要夫妻双方以书面形式对财产分割作出约定即发生法律效力,无须过户登记;如适用原《物权法》第9条之规定,不动产物权的权属变更未经登记不发生法律效力。该问题首先要厘清物权法与婚姻法在调整婚姻家庭领域内财产关系时的衔

① 北京市第三中级人民法院(2014)三中民终字第09467号民事判决书。

接与适用问题,就本案而言,应以优先适用婚姻法的相关规定处理为宜。虽然财富中心房屋登记在唐某甲名下,双方因房屋贷款之故没有办理产权过户登记手续,但物权法的不动产登记原则不应影响婚内财产、分割协议关于房屋权属约定的效力。且结合唐某甲与李某某已依据《分居协议书》各自占有、使用、管理相应房产之情形,应当将财富中心房屋认定为李某某的个人财产,而非唐某甲之遗产予以法定继承。

第一千零六十六条　婚姻关系存续期间,有下列情形之一的,夫妻一方可以向人民法院请求分割共同财产:

(一)一方有隐藏、转移、变卖、毁损、挥霍夫妻共同财产或者伪造夫妻共同债务等严重损害夫妻共同财产利益的行为;

(二)一方负有法定扶养义务的人患重大疾病需要医治,另一方不同意支付相关医疗费用。

【条文主旨】

本条是关于婚姻关系存续期间请求分割夫妻共同财产的规定。

【条文理解】

夫妻共同财产从性质上说,属于共同共有。夫妻在婚姻关系存续期间,无论属于双方或一方的收入,无论各自收入的数量多少,也无论其中一方有无收入,夫妻作为共同生活的伴侣,对共同财产享有平等的所有权。对共同财产,夫妻双方均有依法占有、使用、收益和处分的权利。但是在夫妻关系存续期间,共同财产制的实行也不是一成不变的。夫妻共同财产制的实行应有利于夫妻双方的利益,如果出现夫妻一方管理不善等行为,继续维持共同财产制将会使另一方配偶的利益受到危害时,另一方配偶就可以请求法院改变为分别财产。如果法律没有规定如何由共同财产转为非常财产制,缺少在特殊情况下共同财产制的退出机制,则不利于对配偶一方利益的保护。从各国规定来看,由夫妻共同财产制进入非常财产制状态,应由法律明确规定适用的情形。法律对非常财产制的规定属于强制性规定,不允许当事人事先或事后约定其适用,或者排除其适用。

本条属于新增条款,其内容来自《婚姻法司法解释三》第4条的规定,即"婚姻关系存续期间,夫妻一方请求分割共同财产的,人民法院不予支持,但有下列重大理由且不损害债权人利益的除外:(一)一方有隐藏、转移、变卖、毁损、挥霍夫妻共同财产或者伪造夫妻共同债务等严重损害夫妻共同财产利益行为的;(二)一方负有法定扶养义务的人患重大疾病需要医治,另一方不同意支付相关医疗费用的”。立法者结合我国社会现实需要以及多年来的司法实践经验和理论研究成果,将该司法解释的内容吸收到正式立法当中。

隐藏、转移、变卖、毁损、挥霍夫妻共同财产,或伪造债务企图侵占另一方财产的行为,是一种侵犯共同财产所有权的民事侵权行为。隐藏是指将财产藏匿起来,不让他人发现,使另一方无法获知财产的所在从而无法控制。转移是指私自将财产移往他处,或将资金取出移往其他账户,脱离另一方的掌握。变卖是指将财产折价卖给他人。毁损是指采用打碎、拆卸、涂抹等破坏性手段使物品失去原貌,失去或者部分失去原来具有的使用价值和价值。挥霍是指没有节制的或超出正常消费水平浪费钱财。伪造债务是指制造内容虚假的债务凭证,包括合同、欠条等,并将所涉共同财产据为己有。

基于婚后所得共同或夫妻共同财产制,在婚姻关系存续期间,夫妻一方不得请求分割夫妻共同财产。但当夫妻关系失衡、夫妻一方及其亲属的权益受损、夫妻一方处分共同财产未获得他方同意时,应赋予夫妻另一方请求分割共同财产的权利。夫妻关系存在期间,夫妻之间取得的财产当然为夫妻共同所有,并由于夫妻关系的特殊性,夫妻对婚姻存续期间的债权债务都承担连带关系。因而如果一方有将共同财产隐藏、转移、变卖、挥霍夫妻共同财产或者伪造夫妻共同债务的行为,即违背了另一方的处分原则。同样,一方患重大疾病需要医治而另一方不进行救治的行为,这也是违背夫妻间权利义务的表现。因而该条文规定可以分割共同财产,有利于维护相对弱势一方的利益,使其合法权利得到及时的救助。该条文在形式上有利于维护家庭财产的稳定,增强夫妻双方之间的责任感,缓解夫妻之间的矛盾,减少因一方挥霍财产而解除婚姻的情形,促进家庭和谐的发展。请求分割的财产,可以是夫妻共同财产的一部或者全部。但是,也有学者建议“应当保留双方依法履行法定扶养义务的相应费用和承担家庭生活日常开支的费用。请求分割夫妻共同财产的,应当由双方协议;双方达成的协议不得损害债权人的利益。协议不成时,当事人可以请求人民法院裁决”。①

【司法适用】

夫妻可以约定婚姻关系存续期间所得的财产以及婚前财产归各自所有、共同所有或部分各自所有、部分共同所有。夫妻对婚姻关系存续期间所得的财产以及婚前财产的约定,对双方具有约束力。婚姻关系存续期间,夫妻一方请求分割共同财产的,人民法院不予支持,但一方有隐藏、转移、变卖、毁损、挥霍夫妻共同财

① 王歌雅:《〈民法典·婚姻家庭编〉的编纂策略与制度走向》,载《法律科学》2019年第6期。

产或者伪造夫妻共同债务等严重损害夫妻共同财产利益行为或一方负有法定扶养义务的人患重大疾病需要医治，另一方不同意支付相关医疗费用的除外。

【司法案例】

案例一

王某1诉翟某某分家析产纠纷案①

诉讼结论：综合考虑被告隐瞒原告购置车辆的情节，结合原购车数额及车辆耗损等因素，酌定由被告向原告补偿100,000元。

基本案情：原告王某1与被告翟某某于2000年经人介绍相识后登记结婚，双方均系再婚。2017年5月2日，被告翟某某以双方感情破裂为由向法院提起离婚之诉，后经法院审理未获准许。后原告以发现被告有转移财产为由提起本案之诉。原告称翟某某在夫妻关系存续期内购买的苏G×××××－Z072挂号车辆，被告认可确实以其名义购买了该车，且由其管理车辆，但车辆实际所有人是其朋友，且车辆现已报废。

法院认为，根据被告与案外人签订的购车协议，买卖双方均已支付价款并交付完毕，故形式上该车应认定为原、被告共同财产。现被告未举证证明其购车的钱款来源及车辆去向，故应由被告承担举证不能的不利后果，就下落不明的该部分财产对原告进行补偿。

案例二

李某1、李某2婚姻家庭纠纷案②

诉讼结论：原告的部分诉讼请求具有相应的依据，应予以支持。

基本案情：原告李某2与被告李某1于××××年××月××日在兰州市西固区民政局登记结婚，结婚证号为：西民字0899号。原告李某2于2018年10月被诊断身患乳腺癌，经治疗腺癌细胞已转移。现有乳腺癌、脑癌、骨癌、癫痫、中度贫血、视力几乎丧失，急需钱财进行治疗，被告李某1只支付李某2医疗等费用5000元。根据被告李某1提交的信用卡消费记录单以及庭审中其自认信用卡尚借款18.6万元未偿还。经法庭核实查明被告李某1名下兴业银行信用卡（卡号末四位2106）、浙商银行信用卡、交通银行信用卡（卡号末四位为：9942）、中国光大银行信用卡（卡号末四位为：2500）、中国工商银行（卡号末四位为：2506）自

① 江苏省连云港市连云区人民法院（2017）苏0703民初2861号民事判决书。

② 甘肃省兰州市中级人民法院（2019）甘01民终4229号民事判决书。

2018 年 8 月起至 2019 年 8 月止，信用卡消费共计金额为：355，082.31 元，其中 2018 年 10 月前金额总计为：13，983.21 元，系原告、被告婚姻内家庭共同支出；2018 年 10 月后金额总计为 341，099.1 元：系被告李某 1 个人债务，不应计入家庭共同支出。

原告李某 2 名下浙商银行信用卡（卡号末四位为：8015）截至 2019 年 6 月累计借款为 7596.63 元，其中 2019 年 4 月 28 日在甘肃人民医院门诊部刷卡 3141.12 元，用于原告李某 2 医疗费用，剩余 4455.51 元均在原告李某 2 不知情下，被告用于个人消费，故该卡借款 4455.51 元系被告李某 1 个人债务；交通银行信用卡（卡号末四位为：8687）至 2019 年 6 月累计借款共计为 51，323.8 元，均是被告李某 1 在原告不知情下，被告用于个人消费，系被告个人债务。

李某 1 使用原告手机在花呗平台借款 3975 元（第一笔 2019 年 5 月 1 日刷卡 850 元、第二笔 2019 年 5 月 5 日刷卡 25 元、第三笔 2019 年 5 月 4 日刷卡 1600 元、第四笔 2019 年 5 月 4 日刷卡 1500 元）、在借呗平台借款 10，000 元（刷卡 2 笔，每笔 5000 元），合计为 13，975 元。系被告李某 1 个人债务，不应计入家庭共同支出。

法院认为，夫妻共同财产这种共有关系是最典型的共同共有关系，共同共有人在共有关系存续期间，一般不得请求分割共同财产，只要共有关系存在，共有人对共有财产就无法划分各自的份额，无法确定哪个部分属于哪个共有人所有。本案中，因被告李某 1 存在不支付相关医疗费用，并私自利用银行借记卡挥霍夫妻共同财产的行为，进行婚内财产分割是正确的。

第二节　父母子女关系和其他近亲属关系

第一千零六十七条　父母不履行抚养义务的，未成年子女或者不能独立生活的成年子女，有要求父母给付抚养费的权利。

成年子女不履行赡养义务的，缺乏劳动能力或者生活困难的父母，有要求成年子女给付赡养费的权利。

【条文主旨】

本条是关于父母的抚养义务和子女的赡养义务的规定。

【条文理解】

本条是以《婚姻法》第 21 条为基础修改完成的，直接删除了原法条中第 1 款对“亲子间权利义务”的强调以及第 4 款对“婴儿的特殊保护”的规定，仅保留了原法条第 2 款和第 3 款关于亲子间不履行抚养和赡养义务的,有要求互相给付抚养费和赡养费的权利的规定。关于“亲子间的抚养和赡养义务”已经规定在我国《民法典》“总则编”第 26 条中,该条规定:“父母对未成年子女有抚养、教育和保护的义务。成年子女对父母负有赡养、扶助和保护的义务。”《民法典》“总则编”对民法典各分编制度安排起统领作用,因此《民法典》“婚姻家庭编”不再重复表达。本编旨在对“总则编”关于亲子间法定义务的内容予以进一步强调与完善。应当注意的是,“亲子间抚养和赡养义务”在我国《民法通则》中并无相关规定,在《民法典》“总则编”之前,《宪法》和《婚姻法》予以了概括性规定,《未成年人保护法》以及《老年人权益保障法》等民事部门法对此义务作了具体的规定。关于原法条第 4 款的内容,依据我国《刑法》已构成刑事犯罪,因此从民事立法中予以剔除。

尽管该条保留了原法条第 2 款和第 3 款的基本内容,但在法律用语上进行了更为严谨的修改。一方面,第 1 款“不能独立生活的成年子女”和第 2 款“成年子女不履行赡养义务”较原法条内容均增加了“成年”二字,弥补了原法条表达不明之缺陷;另一方面,在第 2 款的表达上将原法条的“无劳动能力”改为“缺乏劳动能力”,用语表达更为规范。该条的形成不仅考虑到制度设计的严谨性,同时还受到《民法典》“总则编”的重要制约。《民法典》“婚姻家庭编”一审稿即删除了原法条第 1 款和第 4 款,保留了第 2 款和第 3 款的内容,并在法律用语上纠正了过去对“子女”表达的含糊性,补充了“成年”二字,但仍保留了“无劳动能力”的表达。《民法典》“婚姻家庭编”二审稿在一审稿的基础上,将“无劳动能力”修改为“缺乏劳动能力”,至此该条款的表达确定下来,三审稿与二审稿表达一致,没有任何变化。

亲子关系是家庭中最亲近的血缘关系,“亲子间的抚养和赡养义务”是我国公民的基本权利和义务。儿童和老人是家庭中的弱者,其权益应当得到法律保障。当今社会,父母拒绝抚养子女、子女不赡养老人等问题屡见不鲜,如何有效保护弱势群体合法权益的实现是一个重要的现实问题,赋予父母和子女在特定情形下有相互追索抚养费和赡养费的权利理所应当。

我国《宪法》已明确规定:“父母有抚养教育未成年子女义务,成年子女有赡养扶助父母的义务。”父母对未成年子女的抚养既是其宪法性义务,也是一种社会责任,受抚养权也是未成年子女的宪法性权利。同理,子女对父母的赡养也是强制性的、必须履行的法定义务。父母对子女承担的抚养、教育和保护义务,在法律属性上归于亲权范畴。父母对子女的抚养应当包括从物质、身体和精神上对子女予以养育和照料,为子女提供生活费、教育费、医疗费等费用。无论父母是否离婚,其对未成年子女的抚养义务都是无条件的,但对成年子女的抚养是有条件的。通常,父母对子女应抚养至18周岁,子女成年并能够独立生活后父母的抚养义务终止。若子女成年但由于特殊原因不能独立生活,父母则仍然负有抚养义务。未成年子女或不能独立生活的成年子女在受抚养权遭受侵害时,有权向不履行抚养义务的父母追索抚养费。

父母抚养子女,为国家和民族培养后代,创造社会财富,因而其有权获得社会和家庭的尊敬和照料。成年子女应当在物质和经济上为父母提供必要的生活费用和生活条件,给予父母生活上的照料扶助和精神上的安慰,子女的赡养义务是无期限的。若成年子女不履行赡养义务,则缺乏劳动能力或者生活困难的父母有权向成年子女追索赡养费。

【司法适用】

本条款为司法实践中处理亲子间抚养和赡养纠纷提供了法律依据。在抚养权利义务关系中,父母是抚养义务主体,这种义务是父母双方的共同义务和责任,即使夫妻离异也不能免除对子女的抚养义务。《婚姻法司法解释三》第3条规定:"婚姻关系存续期间,父母双方或者一方拒不履行抚养子女的义务,未成年或者不能独立生活的子女请求支付抚养费的,人民法院应予支持。"本法第1085条第1款规定:"离婚后,子女由一方直接抚养的,另一方应当负担部分或者全部抚养费,负担费用的多少和期限的长短,由双方协议;协议不成的,由人民法院判决。"相对而言,子女则是受抚养权利主体。无论是婚生子女还是非婚生子女均享有该权利,同时还应当是未成年子女或者不能独立生活的成年子女。我国《民法典》"总则编"第17条规定:"十八周岁以上的自然人为成年人。不满十八周岁的自然人为未成年人。"因此,未成年子女与成年子女以年满十八周岁为界限。我国《离婚案件处理子女抚养问题意见》第11条规定:"抚育费的给付期限,一般至子女十八周岁为止。十六周岁以上不满十八周岁,以其劳动收入为主要生活来源,并能维持当地一般生活水平的,父母可停止给付抚育费。"关于"不能独立生活的成年子女",根据《婚姻法司法解释一》第20条之规定,是指尚在校接受高中及其以下学历教育,或者丧失或未完全丧失劳动能力等非因主观原因而无法维持正常生活的成年子女。子女受抚养权利受到侵害时,其有权向父母追索抚养费。

对于抚养费的具体数额,《离婚案件处理子女抚养问题意见》第7条规定:"子女抚育费的数额,可根据子女的实际需要、父母双方的负担能力和当地的实际生活水平确定。有固定收入的,抚养费一般可按其月总收入的百分之二十至三十的比例给付。负担两个以上子女抚养费的,比例可适当提高,但一般不得超过月总收入的百分之五十。无固定收入的,抚养费的数额可依据当年总收入或同行业平均收入,参照上述比例确定。有特殊情况的,可适当提高或降低上述比例。”一般而言,抚养费包括生活费、教育费等,抚养费的具体数额在必要时是可以变更的。通常,当子女的现实情况、父母的情形、社会经济状况发生变动,或抚养义务人存在隐瞒重要事实的情况下,受抚养权利人可以适当变更其所要追索的抚养费数额,既可以增加也可以减少。关于子女生活费和教育费的协议或判决,不妨碍子女在必要时向父母任何一方提出超过协议或判决原定数额的合理要求。本法第1085条第2款规定:“前款规定的协议或者判决,不妨碍子女在必要时向父母任何一方提出超过协议或者判决原定数额的合理要求。”受抚养权利主体追索抚养费的要求既可以通过抚养义务人所在单位、组织或有关部门调解解决,也可以通过诉讼程序向人民法院提起追索抚养费之诉。法院应根据受抚养权利主体的需要和抚养义务人的抚养能力,通过调解或判决的方式,确定抚养费的数额、给付期限和方法。

而在赡养权利义务关系中,成年子女是义务主体,子女应当根据父母的实际生活需要以及个人的负担能力,给付一定的赡养费给父母,赡养费一般不低于子女本人或当地的普通生活水平;子女为数人的,可依据各自经济条件,共同承担赡养扶助义务,但这并不代表子女之间平均分配赡养费。各赡养人之间可以就履行赡养义务签订协议,并征得父母同意。当子女不履行赡养义务时,缺乏劳动能力或者生活困难的父母,有向子女追索赡养费的权利。人民法院在处理赡养纠纷时,应当以保护老年人合法权益为原则,通过调解或者判决使子女履行赡养义务。对于父母不履行抚养义务或子女不履行赡养义务,情节恶劣构成遗弃罪的,人民法院应当依法追究其刑事责任。

【司法案例】

案例一

余某某诉颜某妹抚养费纠纷案[①]

诉讼结论:被告颜某妹每月支付原告余某某抚养费600元。

基本案情:余某育与颜某妹于2011年6月13日登记结婚,次年5月4日,颜某妹生育一子,即本案原告余某某。此后,颜某妹便回娘家坐月子,后又外出务工,与余某育长期分居,对其子也未尽抚养义务。2014年4月8日,颜某妹之子提起诉讼,要求颜某妹履行抚养义务。

法院认为,抚养未成年子女是父母的法定义务。父母分居期间,未成年子女

① 福建省福州市仓山区人民法院(2017)闽0104民初4371号民事判决书。

主张未尽抚养义务一方履行抚养义务,依法应予保护。余某育和颜某妹作为原告的父母,负有共同抚养和教育的义务。被告产下原告后并未与原告共同生活。原告跟随父亲生活期间,被告虽陈述曾多次探望原告并购买生活物品,但并未支付抚养费。因被告无固定收入,参照福建省城镇居民人均可支配收入情况,结合原告的实际生活支出,酌定被告每月支付原告抚养费600元为宜。

案例二

李某1诉李某2抚养费纠纷案[①]

诉讼结论:李某2的行为尚不足以构成增加李某1抚养费的基础。

基本案情:原告李某1智力二级残疾且左眼失明、左耳失聪、无语言能力,被告李某2是李某1的父亲。李某2与李某1母亲梅某于2008年10月8日离婚,并约定每月支付李某1抚养费1500元及常年服用的药费。离婚时,李某2将家中所有钱财拿走,有河北涉县车管所登记证明其当天买车,并于离婚后第二个月在天津市××区××大道海山××号楼804购房。李某1现与母亲共同生活。李某1于2011年患眼病,李某2独自带李某1看病后,隐瞒病情耽误诊治,险些造成李某1双目失明。2014年7月,李某1视物不清,李某1母亲带其赴天津、北京多家医院看病,在拒收的情况下找到北京武警总医院于2014年11月2日行视网膜复位术,保住了右眼的微弱视力。李某2于2012年6月至今未再看望李某1,李某1在住院期间,李某2仍不闻不问未尽一丝义务。李某1申请再审称,法院调查李某2的收入不准确,其2017年4月的收入证明为2727元。综合以上,李某2应承担全部或大部分李某1的医药费、住院费等费用。一审法院查明,李某1系李某2之女,李某1之母与李某2离婚时签订有李某2"每月支付孩子抚养费1500元(一千五百元)另加长年服用的药费"的约定。(2012)二中铁民初字第19号民事调解书确认了李某2每月给付李某1抚养费1500元的事实,该款项包含部分医疗费。一审法院还查明,2016年5月至10月,李某2月平均实发工资为2147.63元。

法院认为,根据《婚姻法》第37条之规定,关于子女生活费和教育费的协议,不妨碍子女在必要时向父母任何一方提出超过协议原定数额的合理要求。由于李某1患病治疗,实际支出及需要较协议签订时确有增加,一审、二审法院综合考虑李某1母亲和李某2的实际收入水平与生活现状,酌定李某2承担李某1患病期间产生的医药费、交通费、住宿费、陪护费的50%,并无不当。尽管李某1提交

---

① 最高人民法院(2017)最高法民申3980号民事裁定书。

有新的证据证明李某2于2017年4月的工资增加至2727元，但增加幅度并不大，且结合李某2再婚生育一子也需要抚养等情况，二审法院根据李某2的实际给付能力，未支持李某1增加每月抚养费至2300元的诉讼请求，亦无不当。李某1申请再审称，李某2在离婚时带走所有财产并购置房屋、购买车辆，上述事实及争议与本案抚养费纠纷无关。李某2作为父亲，应探望并关注孩子的健康成长。但其行为尚不足以构成增加其抚养费的基础。综上所述，李某1申请再审理由不能成立。

第一千零六十八条　父母有教育、保护未成年子女的权利和义务。未成年子女造成他人损害的，父母应当依法承担民事责任。

【条文主旨】

本条是关于父母教育和保护未成年子女权利和义务的规定。

【条文理解】

本条是以《婚姻法》第23条为基础修改形成的。它对原法条的修改主要体现在三个方面：一是将“父母有保护和教育未成年子女的权利和义务”修改为“父母有教育、保护未成年子女的权利和义务”，这种修改在内容上虽与原法条一致，但“保护”和“教育”位置顺序的调换，即将“教育”置于“保护”之前，体现出国家将未成年人家庭教育方面置于更显著的位置以突出强调。二是将“未成年子女对国家、集体或他人造成损害时”修改为“未成年子女造成他人损害的”，删掉了原法条中的“国家”和“集体”的表述。我国《民法通则》第133条规定：“无民事行为能力人、限制民事行为能力人造成他人损害的，由监护人承担民事责任……”该法第16条第1款规定：“未成年人的父母是未成年人的监护人。”《侵权责任法》第32条与《民法通则》第133条表达一致，本法第1188条第1款的规定与《民法通则》和《侵权责任法》的该表达相同。因此，本条删除了原法条中的“国家”和“集体”二词，以与其他相关法条的表述相统一。三是把“父母有承担民事责任的义务”改为“父母应当依法承担民事责任”，法律用语更为严谨，与其他相关规定保持一致。《民法典》“婚姻家庭编”一审稿保留了原法条中“父母有保护和教育未成年子女的权利和义务”的规定，将“在未成年子女对国家、集体或他人造成损害时，父母有承担民事责任的义务”修改为“未成年子女造成他人损害的，父母应当依法承担民事责任”。二审稿保留了一审稿关于删除原法条中“国家”和“集体”二词以及对父母承担民事责任表达的变化，同时将原法条中的“教育”一词置于“保护”之前。至此,“未成年子女造成他人损害的,父母应当依法承担民事责任”的表述确定了下来,三审稿未做修改,但三审稿将二审稿中的“父母有教育和保护未成年子女的权利和义务”改为“父母有教育、保护未成年子女的权利义务”的表述,以顿号代替“和”,也彰显出立法者在法律用语表达上的用心,尽管顿号与“和”均表示并列关系,但“和”一般用在多项并列词语的最后两项之间,而顿号表示最小的停顿,以顿号来代替“和”使该条的表达更加严谨和凝练。

对未成年人的教育和保护是当今社会共同关注的问题,家事立法应当以子女本位为立法理念或宗旨。从法律上明确规定父母对未成年子女的教育和保护,有利于更好地维护未成年人的合法权益,实现其利益的最大化。为督促父母履行教育和保护未成年子女的职责和义务,充分保障未成年人的健康发展,父母应当负有对未成年子女侵权行为承担民事责任的义务。

父母对未成年子女的教育和保护,实为亲权和监护权的内容,它既是亲子关系的重要内容,同时也是我国《民法典》“总则编”关于父母监护权的内在要求。父母作为未成年子女的法定监护人,有权在法律范围内通过适当的方式对未成年子女予以教育和管教,也有责任和义务保护未成年子女的人身、财产及其他合法权益不受侵害。家庭是社会的细胞,父母对未成年子女的教育是家庭的一项重要职能。在教育层面,父母应当在思想、品德、知识等方面,按照法律和道德要求,采取正确的方法,关心并指导、培养未成年子女,依法使其接受义务教育,对其进行必要的约束,以保障其身心健康发展,增强自我保护和自我约束意识。而在保护层面,父母作为未成年子女的监护人,应当保护未成年子女的人身安全和合法权益,及时预防和排除来自自然界和社会对未成年子女的人身或财产侵害,使未成年子女的身心处于安全状态。父母对未成年子女的教育和保护,既是权利也是义务。当未成年子女造成他人损害时,其父母作为法定监护人应当承担民事责任,这既是充分保护受害一方合法权益的体现,同时也进一步彰显了对父母管教未成年子女的严格要求。

【司法适用】

父母在教育和保护未成年子女的过程中应当采取文明、适当的方式,依法履行职责,尊重子女的人格尊严和人身权益,不得实施家庭暴力。在现实生活中,经常会发生父母以殴打、谩骂等方式管教未成年子女,或者以不作为的方式疏于对子女的教育和保护,给未成年子女的身心留下了深深的创伤的情况。人民法院在审理相关案件时,应当综合考量父母对未成年子女的管教情况,若父母使用对子女身心健康有害的方式,虐待残害子女,情节严重构成犯罪的,人民法院应当依法追究刑事责任。同时,我国《民法典》“总则编”第 36 条规定:“监护人有下列情形之一的，人民法院根据有关个人或者组织的申请，撤销其监护人资格，安排必要的临时监护措施，并按照最有利于被监护人的原则依法指定监护人：(一)实施严重损害被监护人身心健康行为的；(二)怠于履行监护职责，或者无法履行监护职责并且拒绝将监护职责部分或者全部委托给他人，导致被监护人处于危困状态的；(三)实施严重侵害被监护人合法权益的其他行为。本条规定的有关个人、组织包括：其他依法具有监护资格的人，居民委员会、村民委员会、学校、医疗机构、妇女联合会、残疾人联合会、未成年人保护组织、依法设立的老年人组织、民政部门等。前款规定的个人和民政部门以外的组织未及时向人民法院申请撤销监护人资格的，民政部门应当向人民法院申请。”

关于未成年人造成他人损害，其父母应当承担的民事责任的条件、方式等具体要求，主要规定在《民法通则》、《民法典》“总则编”和《民法典》“侵权责任编”以及相关司法解释中。《民法通则》中强调，父母尽了监护责任的，可以适当减轻民事责任。有财产的无民事行为能力人、限制民事行为能力人造成他人损害的，从本人财产中支付赔偿费用。不足部分，由监护人适当赔偿，但单位担任监护人的除外。《侵权责任法》在《民法通则》的基础上进一步加重了监护人的责任，即规定了父母对未成年子女尽到监护责任的，可以减轻其侵权责任，而不是“适当”减轻，同时还确定了有财产的无民事行为能力人、限制民事行为能力人造成他人损害的，从本人财产中支付赔偿费用。不足部分，由监护人赔偿，而非仅仅是给予“适当”赔偿。《民法典》“总则编”第179条规定了承担民事责任的方式，主要有：(1)停止侵害；(2)排除妨碍；(3)消除危险；(4)返还财产；(5)恢复原状；(6)修理、重作、更换；(7)继续履行；(8)赔偿损失；(9)支付违约金；(10)消除影响、恢复名誉；(11)赔礼道歉。这些承担民事责任的方式，可以单独适用，也可以合并适用。《民通意见》第158条、第159条和第161条还就原《民法通则》关于未成年人的父母应当承担的民事责任的内容作了进一步规定，夫妻离婚后，未成年子女侵害他人权益的，同该子女共同生活的一方应当承担民事责任；如果独立承担民事责任确有困难的，可以责令未与该子女共同生活的一方共同承担民事责任。未成年子女造成他人损害的，有明确监护人时，由监护人承担民事责任；监护人不明确的，由顺序在前的有监护能力的人承担民事责任。侵权行为发生时行为人不满18周岁，在诉讼时已满18周岁，并有经济能力的，应当承担民事责任，行为人没有经济能力的，应当由原监护人承担民事责任。行为人致人损害时年满18周岁，应当由本人承担民事责任；没有经济收入的，由扶养人垫付，垫付有困难的，也可以判决或者调解延期给付。

【司法案例】

杜某某、尉某某故意伤害未成年子女案[①]

诉讼结论：杜某某、尉某某的行为均已构成故意伤害罪。

基本案情：被告人尉某某与杜某某系夫妻关系，被害人杜某2系杜某某与前妻玉某所育之子，尉某某系杜某2继母。2016年12月25日23时许，因杜某2未经允许拿杜某某的手机玩游戏并私自使用家中现金，尉某某、杜某某在家中采用罚跪、打骂的方式对杜某2进行管教。在管教过程中，尉某某用手打、脚踢杜某2的臀部，用跳绳抽打杜某2的背部、腿部、臀部等处，杜某某到楼下摘取树枝提供给尉某某用于体罚杜某2，因杜某2反抗尉某某的体罚行为，在杜某某提议下，尉某某、杜某某合力用跳绳将杜某2手、脚等部位捆住，二人用树枝、电线、塑料晾衣竿等工具多次抽打杜某2腰背部、腿部、臀部等处，直至次日1时许杜某2出现体力不支才停止打骂。凌晨4时许，尉某某发现杜某2身体冰凉，遂用暖宝宝为其取暖。7时许，尉某某、杜某某发现叫不醒杜某2，且其身体冰凉，遂将其送往重庆市綦江区脑血管防治医院抢救，8时30分，杜某2经抢救无效死亡。经法医检验鉴定，杜某2符合创伤性休克死亡。当日10时许，公安人员从医院将尉某某、杜某某带回公安机关接受调查。

法院认为，本案系因父母对子女在管教过程中严重、过度的体罚行为而造成子女死亡的结果。被告人尉某某、杜某某在管教其子杜某2的过程中，长时间持跳绳、电线、晾衣竿等工具伤害杜某2的身体，致杜某2创伤性休克死亡，重庆市人民检察院第五分院以被告人尉某某、杜某某犯故意伤害罪提起公诉，公诉机关指控的事实和罪名成立。

第一千零六十九条　子女应当尊重父母的婚姻权利，不得干涉父母离婚、再婚以及婚后的生活。子女对父母的赡养义务，不因父母的婚姻关系变化而终止。

【条文主旨】

本条是关于子女尊重父母婚姻自由权利的规定。

---

① 重庆市第五中级人民法院(2017)渝05刑初34号刑事判决书。

【条文理解】

本条是以《婚姻法》第 30 条为基础补充形成的。它对原法条的修改仅在子女不应干涉父母婚姻自由权利范围中增加了“离婚”。这种修改主要是对子女尊重父母婚姻自由权利的进一步完善,原法条仅规定了子女不得干涉父母再婚以及婚后的生活,而未规定“子女不得干涉父母离婚”的内容。婚姻自主权并非自古有之,而是社会进步和人格独立的结果。婚姻自由是我国婚姻制度的基石,受到宪法和法律的保障。我国《宪法》第 49 条第 4 款规定:“禁止破坏婚姻自由,禁止虐待老人、妇女和儿童。”这是对公民婚姻自主权的宪法确认。《婚姻法》第 2 条确立了婚姻自由为我国婚姻制度的基本原则。婚姻自由包括结婚自由和离婚自由,两者相辅相成,互为补充,没有离婚自由,就没有真正的婚姻自由。《民法典》“总则编”第 110 条第 1 款规定:“自然人享有生命权、身体权、健康权、姓名权、肖像权、名誉权、荣誉权、隐私权、婚姻自主权等权利。”《民法典》“总则编”将“婚姻自主权”界定为特定人格权,充分保障了自然人结婚和离婚的自主决定权不受干涉。《老年人权益保障法》第 21 条规定:“老年人的婚姻自由受法律保护。子女或者其他亲属不得干涉老年人离婚、再婚及婚后的生活。赡养人的赡养义务不因老年人的婚姻关系变化而消除。”由此可见,本法对“子女不得干涉父母再婚及婚后的生活”予以重申,同时又补充规定“子女不得干涉父母离婚”的内容,既是对《宪法》“禁止破坏婚姻自由”原则的进一步贯彻,积极回应当前社会现实,也体现出制度设计的严谨性和周密性。本条在制定过程中没有经历多大波折,《民法典》“婚姻家庭编”一审稿即确定了该条款的现有表达,二审稿和三审稿均未出现任何变化,由此可见,社会各界对于在原法条基础上补充“离婚”的表达是持一致意见的,当然也是必然的结果。

子女尊重父母的婚姻自由权利是婚姻自由原则的具体体现,婚姻自主权是我国公民的一项宪法性权利,任何人不得干涉。随着社会老龄化进程的加快,保障父母婚姻自主权对于家庭关系的和谐稳定具有重要意义。该条将婚姻自由原则与保障老年人合法权益原则相结合,在明确要求子女尊重父母婚姻自由权利的同时,还强调了子女对父母的赡养义务,对父母婚姻自主权起到了双重保障作用。

父母的婚姻自主权包括结婚自由和离婚自由。婚姻自由是我国《宪法》赋予公民的一项基本权利,也是《民法典》“婚姻家庭编”最为重要的原则。子女应当尊重父母婚姻自主权,离婚、再婚都是受法律保护的公民权利,由于父母离婚、再婚通常关涉个人感情发展、子女健康成长、特殊群体保护和社会稳定等诸多方面,因此在现实生活中父母离婚、再婚一般会遇到来自各方的压力。法律保障父母离婚、再婚的权利不受干涉,旨在强调子女应当尊重父母对婚姻生活的选择和安排,有利于维护家庭关系的平等与和睦。在法律上，权利和义务是统一的，婚姻自主权不允许任何人的干涉和侵犯，当然也不允许当事人的滥用。

子女对父母的赡养是一种强制性的、必须履行的法定义务，《民法典》"总则编"第26条已经作出明确规定，《民法典》"婚姻家庭编"第1067条也明确规定了子女不履行赡养义务的法律责任。子女对父母的赡养义务是无期限的，亲子间的权利义务关系并不因父母婚姻关系的变化而消除，即使发生父母离婚、再婚等法律行为或事实行为，只要父母需要赡养扶助，子女就应当履行赡养义务，对父母予以经济帮助、生活照顾和精神安慰等。

【司法适用】

司法实践中，父母仅因子女侵犯其婚姻自主权为由提起诉讼的情况少之又少，几乎没有。通常是案件中虽然存在子女干涉父母婚姻自由的情形，但最终结果都是赡养费纠纷。从表面上看，父母子女间的矛盾是基于赡养费问题，但究其本源，父母婚姻关系变化起到了催化作用。该条款为人民法院处理相关案件提供了有力的审判依据，人民法院在司法实践中应当向当事人和家属释法明理，敦促双方子女履行法定的赡养义务和尊重老人的婚姻自由权。

【司法案例】

周某与肖某、倪甲等赡养纠纷案①

诉讼结论：原告四名亲生子女应当向原告支付赡养费，并负担原告日后住院所需费用。

基本案情：原告周某（女）于1960年携其子被告肖某与倪某（2013年去世）再婚，婚后与其生育二男一女，即被告倪甲、倪乙、倪丙。周某年迈体弱、无劳动能力、生活困难，于2007年起诉肖某要求其支付赡养费，后经法院调解商定被告肖某每年付给原告及倪某生活费350元、小麦100公斤、花生油7.5公斤；被告倪乙及倪丙通过庭外调解确定每年付给原告及倪某生活费500元，小麦250斤、花生油20斤。倪某去世后，随着原告年龄增大，疾病缠身，物价水平的不断提高，上述赡养费根本不足以维持原告的日常所需。原告周某与肖某等四被告协商未果，诉至法院，要求判令四被告自2015年起每人每年支付赡养费2192元。

法院认为，尊重和赡养老人是中华民族的传统美德，子女对老人的赡养义务不因老人婚姻关系的变化而终止。赡养父母是每个子女应尽的义务。子女不履

① 山东省荣成市人民法院（2007）荣崖民一初字第174号民事调解书；山东省荣成市人民法院（2014）荣执字第578－1号执行裁定书。

行赡养义务时，无劳动能力或生活困难的父母，有要求子女付给赡养费的权利。本案原告已年满78周岁，年老多病，没有劳动能力，生活困难，要求其四名亲生子女支付赡养费，并负担日后住院所需费用，符合法律规定，法院予以支持。

第一千零七十条　父母和子女有相互继承遗产的权利。

【条文主旨】

本条是关于亲子间相互享有继承权的规定。

【条文理解】

本条完全承继了《婚姻法》第24条第2款的规定，将其作为独立一条置于“父母子女关系”项下。我国《宪法》第13条第2款规定：“国家依照法律规定保护公民的私有财产权和继承权。”这是对公民继承权的宪法保护。我国《民法典》“婚姻家庭编”关于亲子间相互继承遗产权利的规定是对公民继承权宪法保护的进一步规范，也是家事法领域对宪法原则的具体体现。本条规定与《民法典》“继承编”规定相呼应，一同为亲子间的相互继承权奠定了基础。《民法典》“婚姻家庭编”一审稿、二审稿、三审稿各个阶段，对原条款均未有任何改动。该条完全可以算作一条没有任何争议的规定。

父母和子女互为最亲近的直系血亲，当父母或子女死亡，赋予对方继承死者遗产的权利，这种基于血缘关系（包括自然血亲和法律拟制血亲）而取得的继承权，既符合人性，有利于安慰生者，又对弘扬养老育幼的道德风尚、维护家庭关系的和谐具有重要意义。继承权是指自然人依照法律规定或者被继承人生前所立的合法有效的遗嘱，无偿取得死者遗产的权利。该条规范目的十分简明，即父母、子女依法享有继承对方遗产的权利，非因法定事由，不得剥夺。

【司法适用】

该条确认了父母和子女享有相互继承遗产的法定权利。司法实践中，人民法院处理亲子间继承纠纷具体问题时应当依据《民法典》“继承编”及其相关法律规定。

根据我国《民法典》“继承编”及相关司法解释的规定，享有继承权的父母包括生父母、养父母、有抚养关系的继父母和人工生育子女的父母。亲生父母的继承权是基于亲生父母子女之间的自然血亲关系，该权利的享有不受父母性别、婚姻关系变化的影响，即使父母离婚、再婚，不与子女共同生活的一方也有权利继承其子女的遗产。若亲生父母有抚养能力和抚养条件，但未对子女尽抚养义务，在分配其子女遗产时,应当不分或少分。这是权利义务相一致原则的必然要求。养父母的继承权是以收养这一法律行为为依据的,养父母与养子女之间确立了拟制的父母子女关系,养父母与生父母具有同等的法律地位,因此养父母与养子女相互之间负有法定的抚养和赡养义务,只要收养关系合法成立并有效,养父母的继承权就存在,即使养父母离婚、再婚,双方仍应对养子女履行抚养义务并有权继承养子女的遗产。继父母的继承权是基于姻亲关系。继父母与继子女之间只有在形成了实际的抚养关系的条件下,继父母才享有对继子女遗产的继承权。若继父与生母离婚,继父不再履行抚养继子女义务的,则继父不再享有对继子女遗产的继承权,同理,继母与生父离婚,继母不再履行抚养继子女义务的,继母也不再享有对继子女遗产的继承权。我国《继承法意见》还规定了继父母继承了继子女遗产的,并不影响其继承亲生子女的遗产。随着科学技术的进步,人工生育子女的现象逐渐增多,进而也引发出一系列复杂法律问题。1991 年最高人民法院在《关于夫妻关系存续期间以人工授精所生子女的法律地位的函》中指出,在夫妻关系存续期间,双方一致同意进行人工授精,所生子女视为夫妻双方的婚生子女,父母子女之间权利义务关系适用《婚姻法》的有关规定。由此,父母对人工生育子女遗产的继承权得以确认。

享有继承权的子女包括亲生子女、养子女、有抚养关系的继子女以及人工生育子女。亲生子女的继承权是基于亲子间的自然血亲关系,亲生子女包括婚生子女和非婚生子女,我国《继承法》早已明确规定,婚生子女和非婚生子女对亲生父母的遗产享有同等的继承权。未成年子女和成年子女都享有对父母遗产的继承权,但对成年子女对父母遗产的继承权有特殊规定,即成年子女有赡养能力和赡养条件,但未尽赡养义务的,在分配父母遗产时,应当不分或少分。除此之外,我国《继承法》中还对代位继承人的继承权予以确立。关于养子女的继承权,只有收养关系合法成立并有效,养子女与养父母之间便形成了法律上的父母子女关系,养子女与其生父母之间的权利义务关系随之消灭。因此,养子女可以继承养父母的遗产,但不能继承其生父母的遗产。值得注意的是,若养父母与养子女之间的抚养关系中断,未成年养子女与生父母之间的关系恢复,则该子女享有对其生父母遗产的继承权;而由于成年养子女与其生父母之间的关系是否恢复需由当事人作出决定,从而成年养子女是否享有继承其生父母遗产的权利应当视具体情况而论。继父母子女关系是基于夫妻双方离婚后又再婚而产生的亲属关系,继子女与继父母之间形成了抚养和赡养关系的,继子女才对其继父母的遗产有继承权,若继父与生母或继母与生父离婚,继子女不再受其继父或继母抚养,原继子女也不再赡养原继父母的,则原继子女对原继父母遗产便不再享有继承权。由于亲子间的自然血亲关系并不因父母的婚姻变化而消灭，因此，有抚养关系的继子女对继父母遗产的继承并不影响其继承自己亲生父母的遗产。但若有赡养能力和赡养条件的继子女对其亲生父母未尽赡养义务的，在遗产分配时应当对其少分或不分。对于人工生育子女对父母遗产的继承权问题，最高人民法院在《关于夫妻关系存续期间以人工授精所生子女的法律地位的函》已经明确指出人工授精所生子女是夫妻双方的婚生子女，因此，人工生育子女同样享有对父母双方遗产的继承权。

【司法案例】

李某、郭某阳诉郭某和、童某某继承纠纷案[①]

诉讼结论：遗产分割时，应当保留胎儿的继承份额。

基本案情：1998 年 3 月 3 日，原告李某与郭某顺登记结婚。2004 年 1 月 30 日，李某和郭某顺共同与南京军区南京总医院生殖遗传中心签订了人工授精协议书，对李某实施了人工授精，后李某怀孕。2004 年 4 月，郭某顺因病住院，其在得知自己患了癌症后，向李某表示不要这个孩子，但李某不同意人工流产，坚持要生下孩子。5 月 20 日，郭某顺在医院立下自书遗嘱，在遗嘱中声明他不要这个人工授精生下的孩子。郭某顺于 5 月 23 日病故。李某于当年 10 月 22 日产下一子，取名郭某阳。原告诉称，郭某顺的遗产，应当由妻子李某、儿子郭某阳与郭某顺的父母即被告郭某和、童某某等法定继承人共同继承。请求法院在析产继承时，考虑郭某和、童某某有自己房产和退休工资，而李某无固定收入还要抚养幼子的情况，对李某和郭某阳给予照顾。被告郭某和、童某某辩称，李某所生的孩子与郭某顺不存在血缘关系，郭某顺在遗嘱中声明他不要这个人工授精生下的孩子，他在得知自己患癌症后，已向李某表示过不要这个孩子，是李某自己坚持要生下孩子。因此，应该由李某对孩子负责，不能将孩子列为郭某顺的继承人。

法院认为，夫妻关系存续期间，双方一致同意利用他人的精子进行人工授精并使女方受孕后，男方反悔，而女方坚持生出该子女的，不论该子女是否在夫妻关系存续期间出生，都应视为夫妻双方的婚生子女。郭某顺因无生育能力，签字同意医院为其妻子即原告李某施行人工授精手术，该行为表明郭某顺具有通过人工授精方法获得其与李某共同子女的意思表示。郭某顺在立遗嘱时，明知其妻子腹中的胎儿已存在而没有在遗嘱中为胎儿保留必要的遗产份额，该部分遗嘱内容无效。

---

① 江苏省南京市秦淮区人民法院(2006)秦民一初字第 14 号民事判决书。

第一千零七十一条　非婚生子女享有与婚生子女同等的权利，任何组织或者个人不得加以危害和歧视。

不直接抚养非婚生子女的生父或者生母，应当负担未成年子女或者不能独立生活的成年子女的抚养费。

【条文主旨】

本条是关于非婚生子女享有与婚生子女同等权利的规定。

【条文理解】

本条源自《婚姻法》第25条的规定，内容上与原法条基本保持一致，而在表述上进行了适当的调整和完善。该条对原法条的修改主要体现在两个方面：一是将原法条第1款"非婚生子女享有与婚生子女同等的权利，任何人不得加以危害和歧视"改为"非婚生子女享有与婚生子女同等的权利，任何组织或者个人不得加以危害和歧视"。尽管原法条中的"任何人"，既包括自然人，也包括法人和其他社会组织。但仅以"任何人"来表达容易使人产生误解，新法换之以"任何组织或者个人"使法律表达更加规范和明确。二是将原法条第2款规定的"应当负担子女的生活费和教育费，直至子女能独立生活为止"修改为"应当负担未成年子女或者不能独立生活的成年子女的抚养费"。我国《婚姻法司法解释一》中规定，抚养费包括子女生活费、教育费、医疗费等费用。因此，将"生活费和教育费"改为"抚养费"的表达更为规范。在亲属权利方面，关于受抚养权、受教育权、受保护权、继承权等，非婚生子女也无差别的同等享有，本法第1067条已将受抚养权主体以"未成年子女或不能独立生活的成年子女"表述，基于法律表达的规范性和统一性，这种修改是理所应当的。这是一个在《民法典》"婚姻家庭编"制定过程中未引起什么争议的条文，《民法典》"婚姻家庭编"一审稿即确立了该种表达，二审稿和三审稿也没有再作出任何修改。

从历史上看，无论是在法律上还是现实生活中，非婚生子女始终遭受着歧视和不平等待遇。因为如果尊重婚姻，则难以充分保护非婚生子女，而要保护非婚生子女，则一夫一妻制的婚姻制度又会受到蔑视，因此一夫一妻制原则的贯彻与保护非婚生子女之间存在很难逾越的鸿沟，非婚生子女法律地位的提高举步维艰。在当代，随着社会的不断进步和发展，平等和人权保障理念深入人心，基于非婚生子女的出现主要是父母的过错或责任造成的，子女本身并无任何责任的思想，应当从法律上消除对非婚生子女的歧视与不平等待遇，宣示非婚生子女与婚生子女具有平等的法律地位，强调亲生父母履行抚育责任。

我国《宪法》确立了“法律面前人人平等”的宪法原则，即《宪法》第 33 条规定：“凡具有中华人民共和国国籍的人都是中华人民共和国公民。中华人民共和国公民在法律面前一律平等。国家尊重和保障人权。任何公民享有宪法和法律规定的权利，同时必须履行宪法和法律规定的义务。”非婚生子女作为公民，与婚生子女一样，宪法确立的公民享有的平等权以及国家对人权的尊重和保障对其同样适用，非婚生子女与生父母之间的权利义务关系原则上应当适用本法关于父母子女关系的规定。非婚生子女享有与婚生子女同等的法律地位，即非婚生子女一律平等享有父母子女之间的权利，并依法承担对父母的义务。应当注意的是，尽管从本条第 1 款的字面意思来看，只规定了非婚生子女应当享有与婚生子女同等的权利，但在法律上，权利和义务是相辅相成的，这种表达旨在突出强调非婚生子女与婚生子女的同等法律地位，充分保障非婚生子女的权益，而并不代表非婚生子女只享有权利却不承担相应的义务。禁止来自社会和家庭对非婚生子女的歧视和危害，即禁止任何组织或个人给予非婚生子女与婚生子女不同等对待，对非婚生子女的人身、财产权益施加侵害行为，以及负有抚养义务的主体不履行责任等。该规定充分体现了我国家事法保护非婚生子女权益的严正立场。强调亲生父母对非婚生子女的抚养义务，是从父母责任角度保障非婚生子女的权益。非婚生子女的生父和生母在法律上负有同等的抚养教育义务。成年的非婚生子女也同样负有赡养其亲生父母的义务。

【司法适用】

非婚生子女是与婚生子女相对应的概念，关于非婚生子女概念的界定，我国《婚姻法》没有予以规定，以往的司法实践中认定非婚生子女一般是以 1974 年《最高人民法院关于对非婚生子女解释的复函》（已失效）中的界定为依据，该函指出，非婚生子女系指非夫妻关系的男女所生的子女，未婚男女或已婚男女与别人发生不正当性行为所生的子女都是非婚生子女。简言之，所谓非婚生子女是指没有婚姻关系的男女所生的子女。关于“不直接抚养”的认定标准，一般认为是指生父母未与非婚生子女固定生活在一起。通常，由于非婚生子女的亲生父母没有合法的婚姻关系，一般不在一起共同生活，非婚生子女只与生父或生母一方固定生活在一起，因而直接抚养的一方对非婚生子女履行了法定的抚养义务，故法律特别要求没有履行该义务的生父或生母一方履行给付抚养费的义务。若非婚生子女的生父或生母均未与其共同生活，且没有积极履行给付抚养费的义务，则非婚生子女享有请求他们给付抚养费的权利，甚至可以通过民事诉讼，依法强制父母履行给付义务，人民法院对此应予支持。

【司法案例】

陈某某与梁某某同居关系子女抚养纠纷案[①]

诉讼结论：孩子随被告梁某某生活，原告陈某某每月给付孩子抚养费600元。

基本案情：原告陈某某与被告梁某某于2009年经他人介绍建立恋爱关系后，在未办理结婚登记的情况下，便以夫妻名义同居生活，于2010年11月6日生育男孩陈某乐。此后，陈某某常年在外打工，自陈某乐出生起至2014年3月，陈某乐随梁某某及陈某某的父母共同生活。2014年3月，原告、被告因感情不和，自行解除了同居关系。此后，陈某某仍在外地工作，梁某某在耒阳市区工作，该期间陈某乐随陈某某的父母生活，梁某某时常探望陈某乐，陈某乐的学费由陈某某的父母与梁某某共同负担。自2015年3月起，陈某乐随梁某某生活。

法院认为，非婚生子女享有与婚生子女同等的权利，不直接抚养非婚生子女的生父或生母，应当负担子女的生活和教育费等，直至小孩能独立生活时止。陈某乐系原告、被告的非婚生小孩，在原告、被告同居期间，该小孩随原告父母和被告共同生活。原、被告解除同居关系后，陈嘉乐虽随原告父母共同生活了一段时间，但该期间原告一直在外打工，被告在耒阳市区工作，亦对小孩履行了抚养义务。综合考虑原告、被告双方的实际情况，小孩随被告生活，由原告每月给付抚养费600元，能更好融洽父母子女间的亲情关系，也有利于孩子的健康成长。

第一千零七十二条　继父母与继子女间，不得虐待或者歧视。

继父或者继母和受其抚养教育的继子女间的权利义务关系，适用本法关于父母子女关系的规定。

【条文主旨】

本条是关于继父母与继子女之间权利义务关系的规定。

【条文理解】

本条几乎完全承继了《婚姻法》第27条的规定，只是将原法条第1款的“或”修改为“或者”；将原法条第2款的“权利和义务”修改为“权利义务关系”以及将“对”修改为“关于”，同时删除了“有关”二字。此次修改内容上与原法条基本保持一致，仅对个别词语表达作了进一步的精炼。这种言词上的凝练并未改变原法

① 湖南省衡阳市中级人民法院(2015)衡中法少民终字第40号民事判决书。

条的内容,但确是条文设计的进步,法律用语应当保证准确性和规范性。该条款也可以算是一条没有任何争议的规定,《民法典》"婚姻家庭编"一审稿、二审稿、三审稿各个阶段对该条款的主要内容均无大的变动,而仅仅是个别法律用语表达上的不断调整,基本上是"同义替换"。一审稿规定:"继父母与继子女间,不得虐待或者歧视。继父或者继母和受其抚养教育的继子女间的权利义务关系,适用法律关于父母子女关系的规定。"二审稿以一审稿为基础,仅将一审稿第2款中的"适用法律"改为"适用本法",三审稿与二审稿表达完全一致,至此,该条内容被确定下来。就字面意思而言,以"本法"来表达的确比"法律"更为明确和恰当。

继父母子女关系是通过特定法律行为或法律事实创设的拟制亲子关系,相较于自然血亲形成的原生家庭,这种重组家庭中的成员更易产生家庭矛盾和利益冲突,继父母子女关系的维系和发展存在诸多困难和挑战。通过法律规范以明确继父母子女关系具有与自然亲子关系同等的法律效力,不仅有利于家庭成员之间相互尊重和照顾,增进情感融合和减少利益纷争,还有助于构建完整家庭关系,实现再婚家庭的和谐发展,促进代际伦理关系和代际群体融合。

【司法适用】

继父母子女之间可能由于缺失血亲关系,出现虐待、歧视与偏见等问题的情况更为严重。我国《婚姻法司法解释一》中明确规定,持续性、经常性的家庭暴力,构成虐待,也即行为人持续性、经常性的以殴打、捆绑、残害、强行限制人身自由或者其他手段,给其家庭成员的身体、精神等方面造成一定伤害后果的行为。而歧视最明显表现即是不尊重对方,采取不平等对待的态度和立场,损害对方人格利益或其他方面的利益的行为。相互尊重是人与人之间和谐友好相处的基础,家庭成员间的相互尊重是基本的行为准则。

形成抚养事实的继父母子女关系仅是继父母子女关系的一种,也只有该种继父母子女关系能够适用本法关于父母子女关系的规定,即法律拟制亲子关系当事人之间的权利和义务与自然血亲的亲子关系相同。关于继父母子女之间形成抚养事实的认定标准,法律尚无明确规定,司法解释文件亦无具体规定。实践中,一般通过三个层面来综合考量,包括继子女未成年、继父母子女固定共同生活以及抚养教育事实持续时间较长。本法关于父母子女关系的规定包括父母对子女有抚养教育保护义务,父母不履行法定义务时,未成年子女或者不能独立生活的成年子女有向父母追索抚养费的权利,在未成年子女造成他人损害时,父母应当依法承担民事责任;成年子女对父母有赡养的义务,父母缺乏劳动能力或者生活困难的,有要求成年并独立生活的子女给付赡养费的权利;父母和子女有相互继承遗产的权利。这些规定对于形成抚养事实的继父母子女关系都完全适用。

【司法案例】

陈某臻诉陈某程、徐某、徐某艳赡养纠纷案[①]

诉讼结论：继子女徐某、徐某艳和亲生子女陈某程对陈某臻均有赡养扶助的义务。

基本案情：原告陈某臻与朱某芸于1986年经政府登记结婚，朱某芸系再婚，1987年，朱某芸带被告徐某、徐某艳到山东省莒南县某地与原告陈某臻共同生活。1990年5月13日，陈某臻、朱某芸生育一子，即本案被告陈某程。1991年被告徐某离家外出打工，1993年被告徐某艳离家外出打工。2012年2月，朱某芸去世。原告陈某臻由于年事已高，且没有生活来源，基本生活困难。因三被告拒不履行赡养义务，原告陈某臻遂诉至法院，请求处理。

法院认为，子女对父母有赡养扶助的义务，继父母和受其抚养教育的继子女之间的权利义务与亲生父母子女关系一致。亲生子女对父母，继子女对继父母均有赡养扶助的义务。被告徐某、徐某艳与原告长期共同生活，接受原告的抚养教育，与原告之间形成继父母子女关系，被告对原告负有赡养义务。一审、二审法院根据被申请人陈某程与申请人长期共同生活、受其抚养照顾较多，被申请人徐某、徐某艳与申请人共同生活时间较短，再结合被申请人徐某、徐某艳的经济情况，确定三被申请人赡养费支付标准，并无不当，驳回陈某臻的再审申请。

第一千零七十三条　对亲子关系有异议且有正当理由的，父或者母可以向人民法院提起诉讼，请求确认或者否认亲子关系。

对亲子关系有异议且有正当理由的，成年子女可以向人民法院提起诉讼，请求确认亲子关系。

【条文主旨】

本条是关于亲子关系异议之诉的规定。

【条文理解】

本条是新增条款，立法者结合我国社会现实需要以及多年来的理论研究成果和司法实践经验，对我国《婚姻法司法解释三》中关于亲子关系诉讼的规则进行了较大幅度的调整和补充，既弥补了《婚姻法》的制度空白，又填补了司法解释相关

---

① 山东省临沂市中级人民法院(2019)鲁13民申270号民事裁定书。

规则中存在的漏洞,使其制度安排合理恰当。立法者之所以新增此项规则主要基于以下两个方面的考虑:一是随着经济社会的不断进步和发展,家庭生活中涉及亲子关系的矛盾问题日益增加,亲子关系问题关涉未成年人的保护和家庭稳定,因此,法律对亲子关系诉讼予以明确规范是十分必要的。二是尽管我国《婚姻法司法解释三》中对亲子关系诉讼已经作出相关规定,但对提起诉讼的主体范围规定过窄,诉讼门槛过低,不利于家庭关系的维护。通过在本法中新增该规定,有助于进一步补充和完善亲子关系诉讼的内容。

该条款名副其实属于本法制定过程中的重点热点问题,《民法典》"婚姻家庭编"一审稿曾对此作出了相关规定,即"对亲子关系有异议的,父、母或者成年子女可以向人民法院提起诉讼,请求确认或者否认亲子关系"。一审稿以《婚姻法司法解释三》第 2 条为基础,并在其基础上补充赋予了"成年子女提起亲子关系诉讼"的权利。这种补充得到了社会各界的肯定和认可,但还有意见提出,除了扩大提起亲子关系诉讼主体之外,还应当提高亲子关系诉讼的门槛,明确当事人需要有正当理由才能提起,从而更好地维护家庭关系和亲子关系的和谐稳定。还有意见指出,允许成年子女提起亲子关系否认之诉,可能会导致其逃避对父母的赡养义务,应当对成年子女提起此种诉讼予以必要的限制。《民法典》"婚姻家庭编"二审稿采纳了上述意见,在一审稿的基础上作了进一步的修改,规定"对亲子关系有异议且有正当理由的,父、母可以向人民法院提起诉讼,请求确认或者否认亲子关系。对亲子关系有异议且有正当理由的,成年子女可以向人民法院提起诉讼,请求确认亲子关系"。二审稿相比一审稿的内容不仅提高了亲子关系的诉讼门槛,明确当事人提起诉讼应当有"正当理由",而且还删除了成年子女可以向人民法院提起诉讼,请求否认亲子关系的规定。三审稿在二审稿条文基础上对文字表述进行了修改,但实质内容未做任何调整,仅将二审稿第 1 款中的"父、母"修改为"父或者母",使条文表达更为准确。关于提起亲子关系诉讼,父母均可以单独提起诉讼,但"顿号"通常用于分隔同类并列的内容,多表示"和"的意思,而"或者"是表选择关系,因此这种修改更为恰当。

随着价值追求的多元化,人们对婚姻家庭的忠诚度呈现了下降的趋势。因婚姻关系存续期间夫妻一方不忠,非婚生子女的数量明显增长,随之有关亲子关系争议屡见不鲜,亲子关系诉讼频发。然而我国《婚姻法》一直缺乏对亲子关系诉讼的直接规定,有关亲子关系权利义务的规定也相对粗疏,司法实践对于进一步明确和具体规范亲子关系诉讼的内容具有明显需求。将"亲子关系诉讼"内容纳入本法予以合理的制度设计不仅关系到当事人的个体利益,对于家庭关系的维护和社会稳定也有重要意义。亲子关系诉讼属于身份关系诉讼,包括亲子关系的确认之诉和否认之诉。亲子关系诉讼关涉当事人重要身份利益，应当赋予父、母、成年子女均有提起亲子关系确认之诉的权利。但对于亲子关系否认之诉的诉讼主体只能是父或母，在法律层面，亲子关系原则上应以真实血缘关系为基础，同时兼顾亲子关系的安定性，亲子关系否认权人应当限制在较小的范围。子女由其父母抚养成人，即便与抚养其长大的父母没有血缘关系，但对付出心血的父母而言，赋予成年子女以否认权有失公允，限制成年子女提起亲子关系否认之诉不仅有利于防止子女借诉讼逃避赡养义务，还有助于维护当事人之间权利义务的公平和对等。亲子关系纠纷关键在于厘清当事人之间是否具有法律上的亲子关系以及由此衍生的权利义务。对于该类诉讼的门槛应当予以必要的限制，诉讼主体应当提供“正当理由”，以更好地维护家庭关系和亲子关系的和谐稳定。

【司法适用】

本条为新增内容，以往我国《婚姻法》《民事诉讼法》等相关法律关于亲子关系诉讼没有作出具体规定，给司法实践带来诸多不便，人民法院在处理亲子关系诉讼问题通常是依据《婚姻法司法解释三》第 2 条的规定：“夫妻一方向人民法院起诉请求确认亲子关系不存在，并已提供必要证据予以证明，另一方没有相反证据又拒绝做亲子鉴定的，人民法院可以推定请求确认亲子关系不存在一方的主张成立。当事人一方起诉请求确认亲子关系，并提供必要证据予以证明，另一方没有相反证据又拒绝做亲子鉴定的，人民法院可以推定请求确认亲子关系一方的主张成立。”亲子关系诉讼中直接证据的缺乏和证明责任的高标准，使亲子鉴定成为确认或否认亲子关系的关键性证据。但在司法实践中经常出现当事人随意提起亲子关系诉讼，在无法律直接约束力的情况下出于各种原因拒绝做亲子鉴定，人民法院审理相关案件障碍重重。本法关于提起亲子关系诉讼的主体必须具有“正当理由”的规定，与该司法解释的精神一脉相承，便于法院依法作出判决。对于“正当理由”的认定标准，法律对此尚无具体规定，实践中可以结合家庭伦理、人文关怀以及社会价值取向等因素综合考虑。

【司法案例】

高某 1 与高某 2 亲子关系确认纠纷案①

诉讼结论：高某 1 未就头发的来源及该头发与高某 2 之间的关系提供证据予以证明，故对其要求确认与高某 2 非亲子关系的诉讼主张，不予支持。

基本案情：原告高某 1 与被告高某 2 的母亲刘某某于 1994 年 1 月 5 日登记结

① 河北省唐山市中级人民法院(2018)冀 02 民终 6302 号民事判决书。

婚。双方于1998年2月17日生育被告高某2。2012年,刘某某与原告高某1离婚。自2012年至2016年3月,被告高某2一直随原告高某1共同生活。现被告高某2已成年并独立生活,但户籍仍登记在原告高某1作为户主的家庭户名下。高某1认为高某2的脾气、性格、长相等各个方面都与之存在明显的差异,向法院起诉请求依法确认原、被告之间非亲子关系。本案一审期间,原告高某1申请进行亲子鉴定,经唐山市中级人民法院委托唐山华北法医鉴定所进行鉴定,但被告高某2经法院及鉴定机构多次通知均拒不进行配合未能完成鉴定。2017年12月25日,唐山华北法医鉴定所将相关鉴定材料退还唐山市中级人民法院司法技术辅助室。二审期间,高某1提交了头发,主张该头发系从高某2的衣服上和床上找到的,要求进行亲子鉴定。高某2不予认可,并拒绝做亲子鉴定。高某1提交的头发不能证明其归属,且其也未提交该毛发来源的相关证据。二审查明的事实与一审查明的事实相一致。

法院认为,当事人对自己提出的诉讼请求所依据的事实有责任提供证据加以证明。高某1要求确认与高某2非亲子关系,其一审中未能就该主张提交证据予以证明,且唐山华北法医鉴定所未能进行亲子鉴定而将鉴定材料予以退回。二审审理中高某1虽提交头发作为样本要求进行亲子鉴定,但高某2不予认可该头发系其所有,高某1未就头发的来源及该头发与高某2之间的关系提供证据予以证明,且高某2拒绝做亲子鉴定,故对高某1要求确认与高某2非亲子关系的诉讼主张,不予支持,维持原判。

第一千零七十四条　有负担能力的祖父母、外祖父母,对于父母已经死亡或者父母无力抚养的未成年孙子女、外孙子女,有抚养的义务。

有负担能力的孙子女、外孙子女,对于子女已经死亡或者子女无力赡养的祖父母、外祖父母,有赡养的义务。

【条文主旨】

本条是关于祖父母与孙子女之间抚养和赡养义务的规定。

【条文理解】

本条基本上完全承继了《婚姻法》第28条的规定,仅在条文用语上作了些许变动,将原法条中的“或”全部改为“或者”,并将一款内容作为两款来表述,实质内容没有任何修改。该条可以算作一条没有任何争议的规定,本法制定伊始实际上就确定了它的样子。《民法典》“婚姻家庭编”一审稿几乎完全沿用了《婚姻法》

第28条的规定,只是以“或者”替代原法条中的“或”同时将原来的一款作为两款来表述二审稿、三审稿与一审稿的内容完全一致。

亲属关系是人生来便形成的最根本的社会关系,亲属扶养制度在保障家庭中弱势群体生存方面也是最基本、最有效的制度。社会保障体系是一国国民生存之本,而亲属扶养制度便是社会保障体系中不可或缺的重要组成部分。在现实生活中,父母抚养未成年子女,成年子女赡养年老父母是普遍现象,但生活纷繁复杂,仅仅确定父母子女间相互扶养的内容是不够的,一旦亲子中一方死亡或丧失劳动能力,则需要扶养的一方就会面临生存的危险。任何社会都存在老幼病残等弱势群体,对这一群体的基本生存保障是关涉家庭关系稳定和社会安宁的关键性因素。祖孙关系是父母子女关系之外的最近的直系血亲,因此,应当以法律形式扩大亲属扶养的主体,赋予祖孙之间的抚养和赡养义务,对于加强弱者保护,稳定家庭关系和社会秩序是理所当然的,也是法律的必然选择。尽管祖孙之间的抚养和赡养义务相较于亲子间的抚养和赡养义务处于补充和辅助地位,但其重要性不能低估和小觑。

祖父母、外祖父母对孙子女、外孙子女的抚养义务有三个法定条件,包括:祖父母、外祖父母有负担能力,即祖父母、外祖父母在满足自身生活需要以及履行法定的生活保持义务之后仍然具有负担能力;作为受抚养主体的孙子女、外孙子女是未成年人以及未成年孙子女、外孙子女的父母死亡或者不具有抚养能力,包括父母一方死亡,而另一方没有抚养能力的情形。孙子女、外孙子女对祖父母、外祖父母的赡养义务也包含三个要件,即孙子女、外孙子女有负担能力,祖父母、外祖父母需要赡养以及对祖父母、外祖父母负有赡养义务的父母死亡或者丧失赡养能力。应当注意的是,祖父母、外祖父母与孙子女、外孙子女之间的抚养和赡养义务的履行不以共同生活为必需,同时当义务人为数人时,可以协商确定履行义务的具体方式和给付数额。这里的“祖孙关系”既包括亲生祖孙关系,也包含养祖孙关系和存在抚养事实的继祖孙关系。

【司法适用】

在赡养案件的民事审判和执行实践中,关于孙辈能否承担对祖辈的赡养义务是一个常见问题。法律条文的规定不明导致赡养案件审判实践做法不一。关于“有负担能力的孙子女、外孙子女,对于子女已经死亡或者子女无力赡养的祖父母、外祖父母,有赡养的义务”这一款内容,审判实践中有的认为,有负担能力的孙子女、外孙子女应赡养祖父母、外祖父母,判决由该孙子女、外孙子女承担相应的赡养义务;还有的以老人的子女除故去的之外尚有其他子女健在或未全部丧失赡养能力为由,判决驳回祖辈对孙辈的起诉。由于审判实践对该款内容认识不一,导致“同案不同判”现象不断出现。结合我国的民风习俗以及《民法典》“婚姻家庭编”“继承编”的立法理念和相关规定，对该款内容应当理解为“祖父母、外祖父母的子女死亡或者无力赡养的情况下，该子女的有负担能力的子女应当承担对祖父母、外祖父母的赡养义务”。该赡养义务不因祖父母、外祖父尚有其他赡养义务人的存在而消灭。按民法权利义务相一致的理论，享有某种权利就应承担某种义务。孙辈享有代位继承权，就应该代位承担其父辈相应的赡养义务。

【司法案例】

赵某与被告孙某、王某玲变更抚养关系案[①]

诉讼结论：孙某博由被告孙某、王某玲抚养，有利于孙炜博的健康成长。

基本案情：被告孙某、王某玲系原告赵某的前夫孙某虎的父母。原告赵某同孙某虎生育一子孙某博(2013年9月6日生)。孙某博自出生45天起，由二被告哺乳(奶粉)、哺养、抚养(原告赵某断奶，外出打工)。2014年8月1日，原告赵某与孙某虎协议离婚，婚生子孙某博归孙某虎自行抚养。2016年11月17日，孙某虎交通事故死亡。原告要求抚养婚生子孙某博，双方协商未果，原告起诉要求确认婚生子孙某博的监护权归原告，由原告抚养婚生子孙某博。

法院认为，有负担能力的祖父母、外祖父母，对于父母已经死亡或父母无力抚养的未成年的孙子女、外孙子女，有抚养的义务。有负担能力的孙子女、外孙子女，对于子女已经死亡或子女无力赡养的祖父母、外祖父母，有赡养的义务。未成年人父母是未成年人的监护人。《民法总则》第27条第2款规定，“未成年人的父母已经死亡或者没有监护能力的，由下列人员中有监护能力的人担任监护人：(一)祖父母、外祖父母”。监护人的监护职责包括：保护被监护人的身体健康，照顾被监护人的生活，管理和保护被监护人的财产，代理被监护人进行民事活动，对被监护人进行管理和教育，在被监护人的合法权益受到侵害或者与人发生争议时，代理其进行诉讼。本案原告现无固定工作，抚养孙某博，存在对子女心身成长不利的因素，影响婚生子孙某博的健康，且孙某博从哺乳期至今，一直由二被告哺养，二被告有经济能力、有经济条件抚养；孙某虎去世后，孙某博仍由二被告继续抚养，二被告抚养行为，系履行监护法定义务，符合婚姻法的规定权利和义务。现二被告抚养孙某博，有利于孙某博的健康成长，不会影响孙某博的心身健康，原告具有探视权；根据原告的具体工作(打工)和实际居住生活情况，结合本案的具体案情，孙某博由二被告抚养，符合祖父母对外孙子女有抚养、教育的权利、义务。

---

① 集安市人民法院(2017)吉0582民初253号民事判决书。

原告赵某提出的变更抚养孙某博的请求，与实际抚养事实不符，故驳回原告的诉讼请求。

第一千零七十五条　有负担能力的兄、姐，对于父母已经死亡或者父母无力抚养的未成年弟、妹，有扶养的义务。

由兄、姐扶养长大的有负担能力的弟、妹，对于缺乏劳动能力又缺乏生活来源的兄、姐，有扶养的义务。

【条文主旨】

本条是关于兄弟姐妹间的扶养义务的规定。

【条文理解】

本条来自《婚姻法》第29条的规定，几乎完全承继了原法条的内容，仅将原法条中的“或”全部改为“或者”，同时将原法条的一款内容分为两款表达。本条在本法制定过程中可以说是没有经历任何波折，《民法典》“婚姻家庭编”一审稿、二审稿、三审稿的内容几乎完全沿用了《婚姻法》第29条的规定。一审稿将原法条中的“或”全部以“或者”代替，仍保留一款的表述形式，二审稿在内容和条文用语上与一审稿一致，但将一款变为两款予以呈现，三审稿对二审稿没有任何改动。

兄弟姐妹属于旁系血亲关系，人自出生起便与兄弟姐妹形成特定的亲属关系，这种关系也是社会关系中至为重要的一种。从血缘的角度来看，作为仅次于父母子女关系的兄弟姐妹关系在家庭关系中占有重要地位。我国传统家庭模式以大家庭为主，兄弟姐妹往往具有共同生活的经历，其相互间具有深厚的感情基础，在经济上也会相互依赖，彼此支持。

如今我国已经对人口政策内容作出了调整，“全面放开二胎”政策的实施昭示着兄弟姐妹仍然是个人生活中至关重要的亲属。人的生存能力和生存愿望是难以估量的，在现实生活中，经常可以看到有些兄、姐即使尚未成年，他们通常也会想尽办法抚养弟、妹，这是人类生生不息的原始动力，这种客观事实应当得到法律的认可。因此，赋予兄弟姐妹之间在特定情形下承担起相互扶养的法定义务，这不仅体现出对人类自然情感的尊重，满足血缘亲情之需，还有助于强化对家庭中的弱者保护，充分利用家庭资源实现社会保障目的。

兄、姐履行对弟、妹的扶养义务应当满足三个条件，包括兄、姐应当具有负担能力，即兄、姐在满足自身合理生活需要之外仍然具有扶养弟、妹的能力；父母死亡或者没有抚养能力以及弟、妹是不能独立生活的未成年人，存在扶养需要。关于弟、妹对兄、姐的扶养义务也包含三个层面的要求，即弟、妹有负担的能力，兄、姐丧失劳动能力又缺乏生活来源以及兄、姐曾经扶养弟、妹长大成人。值得注意的是，这里的“兄弟姐妹间相互扶养义务”不以共同生活为限，兄弟姐妹既包括全血缘的兄弟姐妹和半血缘的兄弟姐妹，也包括“养兄弟姐妹”和形成事实抚养关系的继兄弟姐妹。

【司法适用】

关于不能尽扶养义务的残疾兄弟姐妹是否具有要求有扶养能力的兄弟姐妹对其履行扶养义务的权利，我国法律尚无明确规定。关于此，司法实践的法律依据一般是通过《婚姻法》第 4 条即“家庭成员间应当敬老爱幼，互相帮助，维护平等、和睦、文明的婚姻家庭关系”的规定对该种扶养义务予以肯认。

【司法案例】

沈某玲、沈某辉扶养费纠纷案①

诉讼结论：原告兄、姐均应对原告承担扶养责任。

基本案情：本案中，原告、被告及原告法定代理人系亲兄弟姐妹关系，原告、被告之父沈某忠于 1996 年 1 月去世，之母石某秀于 2011 年 5 月去世，生前生育子女四人，即原告、二被告及原告法定代理人，无其他养子女及继子女。原告系一级精神残疾，长期与父母共同生活，父母去世后，原告便由法定代理人即二姐沈某照顾至今。原告现每月低保固定收入为 1870 元。

法院认为，有负担能力的兄、姐，对于父母已经死亡或父母无力扶养的未成年的弟、妹，有扶养的义务。原告虽已成年，但因其系一级精神残疾，丧失劳动能力，加之其父母已去世，兄姐应对原告有扶养的义务。原告系精神残疾，更需要兄姐之间的理解、关怀及照顾，为原告创造温暖的家庭环境，正确处理相互之间的关系，为照顾好原告的生活尽职尽责，二被告及原告监护人均应承担扶养责任。

① 天津市第一中级人民法院(2018)津 01 民终 8477 号民事判决书。

第四章 离 婚

离婚又称为婚姻解除,是指夫妻在双方生存期间,依照法律规定解除婚姻关系的法律行为。离婚通常会产生两种法律效力:对内效力表现为夫妻之间的权利义务关系基于离婚而消灭;对外效力表现为夫妻基于配偶身份而对外形成的权利和义务归于消灭,法律另有规定的除外。显然,离婚是一种法律行为,产生身份法上的效力。离婚法律特征在于:需要以有效的婚姻关系存在作为前提,且需在配偶双方生存期间进行;离婚是身份法律行为,具有不同于财产行为的特点;离婚具有严格的法定性,必须依照严格的法定程序进行。除此之外,离婚的法律后果还涉及未成年子女抚养和探望权、夫妻共同财产的分割、共同债务的清偿、有困难一方经济帮助、家务劳动补偿、离婚损害赔偿等一系列问题。

离婚与婚姻关系消灭是两个不同的概念,婚姻关系消灭是离婚的上位概念,是指婚姻关系基于一定的法律事实而终止。婚姻关系的消灭原因有两种:一是配偶一方死亡,二是离婚。

离婚不同于宣告婚姻无效和可撤销婚姻制度。离婚与宣告婚姻无效和可撤销婚姻制度相比,虽然都具有使已经成立的法律关系归于消灭的一种外观形式,但是,相对于宣告婚姻无效和可撤销婚姻两种法律制度而言,离婚是依法解除既存合法有效婚姻的法律制度,而宣告无效婚姻和可撤销婚姻解决的是因欠缺结婚法定要件,婚姻是否具有法律效力的问题,二者具有本性的区别。离婚是对现存有效的婚姻关系效力的解除,是对不幸婚姻的一种补救措施,而从宣告婚姻无效和可撤销婚姻属性来看,是对其效力合法性的否定,在法定理由、权利人、请求权行使、法定程序上皆有不同。

按照不同的标准,离婚可以划分为不同的类型:以夫妻双方对离婚所持的态度作为标准,分为一方要求离婚和合意离婚。一方要求离婚是指配偶一方有离婚的意愿,另一方则是执意保持婚姻关系的离婚;合意离婚即双方自愿离婚,是指配偶双方就离婚的问题达成共识,一致要求解除婚姻关系。司法实践中当事人的离婚态度,决定了离婚行为所适用的法定程序和法定要件。以离婚程序是否涉及诉讼为标准进行划分,可以将离婚分成登记离婚和诉讼离婚。登记离婚是指双方当事人不需要通过诉讼程序解除婚姻关系,当事人就解除婚姻关系达成合意,可以到行政登记机关依照法定程序提出申请,并就子女抚养、夫妻财产分割问题达成书面协议,婚姻登记机关进行离婚登记,即发生离婚的法律效果。诉讼离婚是当事人根据法律规定,向人民法院提起离婚诉讼,经法院审理后调解或判决解除婚姻关系。二者区分的实质就是对婚姻关系是否进行司法干预。依当事人对离婚法律后果的态度为标准进行划分,可以分为协议离婚与裁判离婚。协议离婚是指婚姻当事人就离婚、子女抚养和财产分割全面达成协议,并依照法定程序解除婚姻关系。协议离婚既包含登记离婚程序的协议离婚,也包含在诉讼离婚阶段,经人民法院调解双方当事人达成了离婚协议。

中华人民共和国的第一部成文法1950年《婚姻法》以3章8个条款的内容规定的离婚制度,其中第五章当中规定了"离婚",第六章规定了"离婚后子女的抚养和教育",第七章规定了"离婚后的财产和生活",1950年《婚姻法》就以贯彻离婚自由作为一项基本原则。1980年《婚姻法》在第四章共计10个条款规定了离婚制度,沿袭了协议离婚和诉讼离婚的两种方式,并对离婚后子女抚养、教育和共同财产分割问题作出规定。其修改的亮点在于,确立了"感情确已破裂"作为判决离婚的实质要件,坚持离婚自由的原则,又赋予了法官较为灵活的司法裁量权。但是,1980年婚姻法在实施过程中,由于制度规定得比较原则,过于抽象,缺少可操作性。对此,最高人民法院先后出台了若干规范性的司法解释,①对离婚制度作出相应的补充规定,在某种程度上解决了原则性过强、可操作性不足的问题。为了适应时代变化的要求,2001年,国家立法机关重新修订《婚姻法》。并于2001年的4月28日正式通过。修订后的《婚姻法》对离婚制度作出了较大的修改,依然坚持保障离婚自由,反对轻率离婚的基本原则;针对原婚姻法关于离婚条件、程序和法律后果规定的不

---

① 1980年《婚姻法》颁布后,最高人民法院颁布的有关司法解释主要包括:(1)《最高人民法院关于人民法院审理离婚案件如何认定夫妻感情确已破裂的若干具体意见》(1989年11月21日);(2)《最高人民法院关于人民法院审理离婚案件处理子女抚养问题的若干具体意见》(1993年11月3日);(3)《最高人民法院关于人民法院审理离婚案件处理财产分割问题的若干具体意见》(1993年11月3日)。

足，修改补充了七项内容：

一是删除登记离婚程序中审查期的规定；二是继续坚持以“感情确已破裂”作为裁判离婚的实质标准，补充规定了应准予离婚的五类具体情形，确立了例示主义的立法模式；三是将军人婚姻保护制度增加但书条款；四是在关于一定期间内限制男方离婚请求权的规定中补充了“女方中止妊娠后6个月内男方不得提出离婚”的内容；五是在离婚后父母子女关系的法律规范中，引入了“直接抚养”的概念，并对探望权的行使作了相关的界定；六是与新的夫妻财产制相对应，对离婚时的财产分割、债务清偿作了必要的修改和补充；七是完善了离婚的救济制度，增加了家务劳动补偿和离婚损害赔偿制度的规定等。

《民法典》“婚姻家庭编”依然设立专章规定离婚制度，该章共计13条。相比《婚姻法》在条文数量增加1条，《民法典》“婚姻家庭编”的立法变化主要有：一是在协议离婚登记中新增了离婚冷静期；二是在诉讼离婚的裁判标准中增加一项应当准予离婚的情形，即经人民法院判决不准离婚后，双方又分居满一年，一方再次提起离婚诉讼的，应当准予离婚；三是参考借鉴了《离婚案件处理子女抚养问题意见》的规定，将离婚时尚处于哺乳期的子女修改为两周岁以内的子女以由母亲直接抚养为原则；四是参考借鉴了《婚姻法司法解释一》的规定，将离婚后子女的生活费、教育费一并修改为抚养费；五是在夫妻共同财产分割中，新增了照顾无过错方的原则，体现了对无过错方的保护；六是整合了《婚姻法》的立法体例，将“救助措施和法律责任”一章离婚损害赔偿制度归并进来，并增加了一项兜底条款，扩大了这一制度的适用范围。

我国的婚姻家庭立法一以贯之地坚持保障离婚自由，反对轻率离婚的原则。离婚自由是婚姻自由原则的应有之义和重要内容，保障离婚自由是我国离婚制度的精神主线，这一原则不仅反映了婚姻的本质属性，而且符合社会稳定的要求，我国婚姻家庭立法的一贯思路，就是在保障离婚自由的同时，反对轻率离婚。婚姻关系关乎双方当事人的身份利益，而且关系配偶之外的子女、家庭和社会的利益，在婚姻生活当中，经常会出现夫妻关系失调或者局部冲突的情形，离婚不能成为解决夫妻关系所有问题的手段。在保障离婚自由的同时，必须坚持反对轻率离婚制度的立法态度和司法立场。

除此之外，在对本编离婚制度理解和适用的把握上，应当注意法律渊源的问题。在“婚姻家庭编”的起草过程中，有的学者提出，在离婚制度的设计中，应该贯彻以下思路，即在法律编纂过程中对属于离婚法律制度方面的规范性文件进行整理加工，把现行的有关司法解释及部门规章的内容吸收到“婚姻家庭编”之中，对于同现行立法相冲突的有关规定及时废止，尽量把离婚制度和相关规则以基本法的形式表现出来，从而改变目前法源分散，相互冲突的局面，从技术和技巧上显示立法的科学性。由此看来，对于离婚法律规则的认识，只是关注法律位阶的规范性文件是远远不够的，法院处理离婚案件依据的大量规则，分散在最高人民法院颁布的司法解释和相关规范性文件之中，对于离婚制度的理解和把握应当具有体系化的思维模式。

第一千零七十六条　夫妻双方自愿离婚的，应当签订书面离婚协议，并亲自到婚姻登记机关申请离婚登记。

离婚协议应当载明双方自愿离婚的意思表示和对子女抚养、财产以及债务处理等事项协商一致的意见。

【条文主旨】

本条是关于登记离婚制度的规定。

【条文理解】

《民法典》“婚姻家庭编”规定的离婚方式有两种，登记离婚与诉讼离婚。登记离婚制度是我国离婚制度的重要组成部分。登记离婚是指夫妻双方友好协商，就子女抚养、财产分割及债务处理等问题达成一致意见后，形成书面离婚协议，双方共同到任何一方户籍所在地的婚姻登记机关申领离婚证的制度。登记离婚制度相比与诉讼离婚制度，具有以下不同的特点：

首先，登记离婚制度是以双方当事人合意为基础。登记离婚又称为合意离婚或两愿离婚，只有在夫妻双方对离婚的意愿达成一致，即双方形成离婚的合意，才会产生后续的离婚效力和离婚程序问题。与诉讼离婚的程序比较，登记离婚的具体程序相对简便，因此，此种离婚方式更易于婚姻关系当事人接受，并且离婚导致的伤害程度较低。当下，当事人采用书面协议方式，通过非讼程序解决离婚问题，已被越来越多的当事人作为首选的解决方式。本条是关于登记离婚的程序要求及协议离婚中十分重要的离婚协议的实质要求的规定。其重点为突出了自愿离婚过程中应当签订书面的离婚协议，以及离婚协议所应载明的实质条款内容。

其次，登记离婚具有司法非干预性。不同于诉讼过程中调解离婚，登记离婚并非需要通过外界干涉而达到离婚之目的，是基于配偶双方达成一致的离婚意愿，并自愿通过婚姻登记程序解除婚姻关系。所以，离婚也叫“良性离婚”。本条第 1 款即对登记离婚的两个基本前提条件进行了概括描述：一是当事人双方在离婚以及子女和财产、债务等问题上意愿一致，达成书面协议；二是按照婚姻登记程序办理离婚登记，取得离婚证，解除婚姻关系。

最后，登记离婚的重要形式和载体是离婚协议。对离婚协议的形式和内容，《民法典》“婚姻家庭编”都进行了明确的要求。离婚协议作为一种民事协议，形式上要求为书面，口头协议一般在登记离婚和诉讼离婚中不被采信。离婚协议从实质上来看，实际为一种复合性协议：是主要针对离婚而衍生出的多种身份与财产内容所产生的协议，是一种兼具财产属性和身份属性的特殊民事协议。根据本条第 2 款，书面的离婚协议必须载明双方自愿离婚的明确的意思表示，这是判断一份协议是否为离婚协议的首要标志。登记离婚的当事人应当有一致离婚的基本意愿，这是双方共同的自由意志的反映，而不是受另一方或者第三方胁迫、欺诈或者因重大误解而产生的。此外，一份离婚协议仅有离婚的意思表示一致是不够的，除双方对离婚的合意之外，必须对子女抚养、财产及债务处理等事项协商一致，这是登记离婚的必要条件。

关于新旧法比较问题。《婚姻法》第 31 条规定：“男女双方自愿离婚的，准予离婚。双方必须到婚姻登记机关申请离婚。”与旧法相较，《民法典》“婚姻家庭编”关于登记离婚的规定增加了离婚协议的内容和要求，强调了要有明确的书面协议以及书面离婚协议必须载明的主要内容，以此规范各地婚姻登记行政程序中离婚登记手续以及借此明确了协议离婚的审查标准。《婚姻法》第 31 条并未规定离婚必须有书面离婚协议，但是，按照《婚姻登记条例》的规定，①实践中婚姻登记机关的操作一般都会要求当事人提供书面的离婚协议，但是对离婚协议的内容未进行明确，操作方式存在不尽相同的情况，而本编则明确强调对书面离婚协议的要求，并对协议需要载明的事项加以规定，即明确载明双方自愿离婚的意思表示和对子女抚养、财产及债务处理等事项协商一致的意见，其目的是防止离婚后当事人再生纠纷，或因离婚协议约定不明而导致双方产生争议。另外，本条特别规定离婚双方必须亲自到婚姻登记机关共同提出离婚申请，主要是由于离婚是导致婚姻家庭关系发生重大变更的身份法律行为，其作为涉及离婚当事人切身利益的一种重要的民事法律活动，是不得代理或代替的。除此之外，相比较《民法典（草

---

① 《婚姻登记条例》第 11 条第 1 款规定：“办理离婚登记的内地居民应当出具下列证件和证明材料：（一）本人的户口簿、身份证；（二）本人的结婚证；（三）双方当事人共同签署的离婚协议书。”

案)》的内容,本条将“夫妻”替代原来的“男女”,将“订立”书面协议修改为“签订”书面协议,法律用语更加规范。

【司法适用】

司法实践中,关于离婚协议效力的认定问题始终是司法审判的难点和热点。关涉的问题主要涉及以下几个方面:

(一)关于离婚协议的效力认定的问题

登记离婚制度立法的最大变化,就是特别规定了离婚协议应当载明的主要内容。在协议离婚的前提下,双方在离婚协议中需要一并对财产进行处置和对子女抚养问题进行处理。根据《婚姻法司法解释二》第9条的规定,“男女双方协议离婚后一年内就财产分割问题反悔,请求变更或者撤销财产分割协议的,人民法院应当受理。人民法院审理后,未发现订立财产分割协议时存在欺诈、胁迫等情形的,应当依法驳回当事人的诉讼请求”。因此,离婚协议中夫妻双方关于共同财产的处理,与解除婚姻关系密不可分,是身份关系解体而衍生出来的问题,自然需要与身份关系一并处理。在双方当事人已经登记离婚的情况下,一方反悔请求撤销赠与条款的,人民法院经审查没有欺诈、胁迫的情形,应当判决驳回一方的诉讼请求。

男女双方登记离婚后一年内就财产分割问题反悔,请求变更或者撤销财产分割协议的,人民法院应当受理。[①] 应当注意,对该类案件的审理应重点审查订立财产分割协议时是否存在欺诈、胁迫等情形。一方主张存在欺诈、胁迫或乘人之危等情形的,主张的一方应承担举证证明的责任。但对于仅以显失公平为由要求撤销或变更的,人民法院将不予支持。[②] 如果有证据证实签订财产分割协议时,存在欺诈、胁迫、乘人之危情形的,人民法院对离婚协议的审查,只有在上述情形下,才作出处理。

离婚协议作为夫妻双方之间的内部约定,系双方对自身权利的合法处分,但此种权利处分是否能对抗对《离婚协议书》约定内容不知情的第三人,应以处分的权利内容是否符合法律规定的权利变动模式为准。[③] 离婚协议的性质属于民事契约,具有合同的属性,并非法定的能够引起物权变动的法律文书,不能直接变动不动产物权。但基于离婚协议所获得的对不动产变更登记的请求权可以排除在其

---

① 《婚姻法司法解释二》第9条规定:“男女双方协议离婚后一年内就财产分割问题反悔,请求变更或者撤销财产分割协议的,人民法院应当受理。人民法院审理后,未发现订立财产分割协议时存在欺诈、胁迫等情形的,应当依法驳回当事人的诉讼请求。”

② 最高人民法院民一庭:《离婚协议中房产赠与条款的撤销问题》,载《民事审判指导与参考》第55辑,第104页。

③ 最高人民法院(2019)最高法民申3379号民事裁定书。

之后设立的债权对不动产申请的强制执行之外。

实践中，离婚协议无效的情形主要有：(1)协议离婚未成，一方在离婚诉讼中反悔的，协议无效。根据《婚姻法司法解释三》第14条规定中认为，"如果双方协议离婚未成，一方在离婚诉讼中反悔的，人民法院应当认定该财产分割协议没有生效"。

(2)离婚协议关于侵害他人财产的约定无效。离婚协议在约定内容中只能处分夫妻之间的财产，不得处分他人财产，否则在司法认定上，法院通过审理会认定其因违反法律规定以及侵害他人权利而导致约定无效。

(3)离婚协议内容中关于限制他人权利、自由的约定条款无效。离婚协议中也存在附条件的给付财产或财产分割的约定，比如一方承诺另一方在一段时间内不与他人同居、没有再婚、没有生育的，那么将给予另一方一定数额的金钱；也有存在约定另一方若再婚、同居、生育的，那么则进行补偿，或子女丧失继承权；也有存在约定不允许一方探望子女等情形。上述约定明显限制，甚至是剥夺了他人的权利与自由，违背公序良俗原则，法院在对该类约定进行审查时，认定约定无效。

(二)关于忠诚协议的法律效力问题

忠诚协议并非一个法律术语，通常是指男女双方在婚前或者是婚后自愿订立的，婚姻关系存续期间，夫妻双方恪守婚姻法所倡导的相互忠实的义务，如有违反，过错方对无过错方支付违约金、精神损害赔偿金、放弃部分或者全部财产的约定。关于忠诚协议的法律效力，司法审判实践中一直存有争论，导致裁判不一。目前，我国相关立法和司法解释并没有作出明确的规定，只是在《婚姻法司法解释三》制定之初的征求意见时，有的法官主张，只要忠诚协议中夫妻双方意思表示是真实的，且不违反法律法规的强制性规定，那么该协议就应当认定为有效并予以执行。但是，直至《婚姻法司法解释三》正式颁布，忠诚协议条款被删除。关于忠诚协议效力的认定问题，至今依然是司法审判中的难点。

我们认为，忠诚协议不因"婚姻家庭编"第1043条的规定而具有法律强制力，理由如下：一是同《婚姻法》第4条一样，该条款是非效力性的强制性条款。二是忠诚协议本身不具有可塑诉性，根据《婚姻法司法解释一》第3条规定，"当事人仅以《婚姻法》第四条为依据提起诉讼的，人民法院不予受理"。三是忠诚协议是身份协议，尽管涉及财产处分，但是它以身份为前提，因此无法纳入"合同编"的调整范围，"合同编"第464条第2款的规定排除监护、收养等具有人身关系属性协议的适用。四是忠诚协议在"侵权责任编"中也难以找到请求权的规范依据。因为我国现行的民事立法并没有规定配偶权。作为基础性的权利。没有规定，忠诚协议显然不能提到日程上来。忠诚协议，在"侵权责任编"当中也难以找到法律根据,因为我国《民法典》并没有将配偶权作为基础性的权利加以规定。

2009年最高人民法院颁布的《婚姻法司法解释三(草案)》第6条曾经明确:"婚姻关系存续期间,夫妻一方以婚前或婚后双方签订的忠诚协议主张权利的,人民法院不予受理。除婚姻法第46条规定的情形外。夫妻一方在离婚案件中以婚前或婚后签订的'忠诚协议'主张权利的,审理该案的人民法院对此诉请不予支持。"《上海高院民事法律问答》2003年第1期曾就此问题明确作出解答:"婚姻法第4条所规定的忠实义务是一种道德义务,而不是一种法律义务。夫妻一方以此道德义务作为对价与另一方进行交换而订立的协议,不能理解为确定具体民事权利义务的协议。所以,经高院审委会讨论,已明确,(1)严格执行《最高人民法院关于适用〈中华人民共和国婚姻法〉若干问题解释(一)》的规定,对当事人仅以婚姻法第4条为依据提起诉讼的,人民法院不予受理,已经受理的,裁定驳回起诉。(2)对夫妻双方签有忠实协议,现一方仅以对方违反忠实协议为由,起诉要求对方履行协议或支付违约金及赔偿损失的,人民法院不予受理。(3)除《婚姻法》第46条规定的情形外,夫妻一方在离婚案件中以对方违反忠诚协议或违背忠实义务为由,要求对方支付违约金或损害赔偿的,审理该案的人民法院对此诉请不予处理。(4)之前已审结并发生法律效力的相关案件不再调整。"

(三)离婚协议效力与离婚登记的关系问题

审判实践中,经常会出现夫妻双方签订了离婚协议,但由于某种原因,双方未能如约办理离婚登记,或是登记离婚时记载的离婚协议因为各种原因存在瑕疵的问题。婚姻登记是不是离婚协议生效的必要条件和前置程序,司法实践对此认识不一。

一种观点认为,离婚协议虽由婚姻当事人双方签订,但是,双方未据此办理离婚手续,而是通过法院判决离婚。据此,双方离婚协议有关财产分割的约定,在婚姻关系未解除的情况下,在诉讼中仅可作为证据使用,离婚协议并未生效,不能直接作为法院裁判的依据。① 另一种观点则认为,相关司法解释也并未明确规定只有在婚姻登记机关备案的协议才能作为财产分割或补偿的依据,故离婚协议的效力结合个案认定,不宜全部认定无效。我们认为,从本条规定和相关司法解释规定的本意理解,②离婚协议应属于附条件的合同,应以在婚姻登记机关备案或者法

---

① 最高人民法院(2013)民再申字第8号民事裁定书。

② 《婚姻法司法解释三》第14条规定:"当事人达成的以登记离婚或者到人民法院协议离婚为条件的财产分割协议,如果双方协议离婚未成,一方在离婚诉讼中反悔的,人民法院应当认定该财产分割协议没有生效,并根据实际情况依法对夫妻共同财产进行分割。"

院裁决、调解达成一致作为生效的必备条件之一。此前离婚未成一方反悔的，应当认定协议未生效，但可作为分割财产的参考因素。

【司法案例】

案例一

张某因与宣某离婚后财产纠纷案①

诉讼结论：张某依据约定向宣某支付600万元。

基本案情：2010年10月29日，宣某与张某签订案涉《补充协议书》，约定宣某应于该协议签字之日起立即对双方所涉离婚案件及离婚协议纠纷的有关案件申请撤诉，并于2010年11月20日前与张某至婚姻登记机关办理离婚手续，张某应支付给宣某600万元。该《补充协议书》签订后，宣某按约定对双方涉诉的两案申请撤诉，并于2010年11月10日与张某在婚姻登记部门办理了离婚手续，双方在婚姻登记部门所签订的《离婚协议书》的内容除增加儿子抚养费用由双方共同承担外，财产处理与双方2010年3月2日签订的《离婚协议书》一致，但张某未按《补充协议书》的约定向宣某支付600万元。再审申请人张某因与被申请人宣某离婚后财产纠纷一案，不服甘肃省高级人民法院（2013）甘民一终字第219号民事判决，向最高人民法院申请再审。

法院认为，本案再审审查主要涉及张某是否应该依据《补充协议书》的约定向宣某支付600万元。该协议应属于附条件的合同，即以协议离婚为基本目的，就财产分割和离婚补偿问题达成的协议。虽然该协议未在婚姻登记机关签订并备案，但其内容与备案的《离婚协议书》并不矛盾，两者互相补充和确认，应共同作为双方财产分割或补偿的依据。《补充协议书》第二条还约定，双方于2010年3月2日签订的《离婚协议书》为双方至婚姻登记机关办理离婚手续所使用的协议，可见双方同意在婚姻登记机关只备案《离婚协议书》，但实际上同时认可两份协议的内容和效力，相关司法解释也并未规定只有在婚姻登记机关备案的协议才能作为财产分割或补偿的依据。故张某主张仅在婚姻登记机关备案的《离婚协议书》有效，《补充协议书》无效，缺乏法律依据。张某未举证证明《补充协议书》关于支付600万元的约定违背其真实意思表示，该约定亦不违反法律、行政法规的强制性规定或损害社会公共利益，二审判决判令张某依据《补充协议书》的约定向宣某支付600万元，并无不当。

---

① 最高人民法院（2014）民申字第1964号民事裁定书。

案例二

莫某诉李甲离婚纠纷案①

诉讼结论:当事人未在婚姻登记机关登记离婚而达成的离婚协议未生效,不能作为人民法院处理离婚案件的直接依据。

基本案情:原告莫某与被告李甲于2002年上半年经人介绍相识,2003年3月双方登记结婚,同年10月21日生育一子李乙。婚后,原告、被告的夫妻感情较好。2007年暑假,李甲阻止莫某外出做家教,双方发生言语争执。之后,夫妻关系时好时坏。2010年5月,莫某草拟离婚协议一份交给李甲。李甲答应如果儿子由其抚养和夫妻关系存续期间购买的宅基地(使用权登记为女方,价值20万元)归男方所有,愿意去办离婚手续。同年7月,原告、被告双方到土地管理部门将原登记在莫某名下的(2006)第0036号《土地使用证》范围内的土地使用权全部变更给李甲名下。但是,李甲反悔,不同意离婚。同年8月初,莫某搬离家中在外租屋居住,并向法院提起诉讼,请求判决准许离婚,并分割共同财产。

法院认为,原告莫某于2010年5月草拟离婚协议一份交给被告李甲,虽然李甲口头答应离婚,且双方履行了共同财产分割的部分,可以认定双方对离婚达成了合意,但是由于李甲并没有在协议上签名导致离婚协议欠缺合同成立的要件,且事后李甲反悔不愿离婚,因此不能根据仅有一方签名的离婚协议判决双方离婚。本案离婚协议是属于婚内离婚协议,所谓婚内离婚协议,是指男女双方在婚姻关系存续期间,以解除婚姻关系为基本目的,并就财产分割及子女抚养问题达成的协议。婚内离婚协议是以双方协议离婚为前提,一方或者双方为了达到离婚的目的,可能在子女抚养、财产分割等方面作出有条件的让步。在双方未能在婚姻登记机关登记离婚的情况下,该协议没有生效,对双方当事人均不产生法律约束力,其中关于子女抚养、财产分割的约定,不能当然作为人民法院处理离婚案件的直接依据。离婚协议是解除夫妻双方人身关系的协议,该协议是一种要式协议,必须经双方当事人签名确认并在离婚登记机关进行登记才能生效,双方莫某与李某在协议离婚过程中经双方协商对财产分割进行处理,是双方真实意思表示,并且已经进行了变更登记,但由于李甲并未在离婚协议上签名,达不到离婚协议的成立要件,因此,该婚内离婚协议无效,即按该协议所进行的履行行为也应当认定无效。

---

① 广东省怀集县人民法院2010年12月2日民事判决,载《最高人民法院公报》2011年第12期。

第一千零七十七条　自婚姻登记机关收到离婚登记申请之日起三十日内,任何一方不愿意离婚的,可以向婚姻登记机关撤回离婚登记申请。

前款规定期限届满后三十日内,双方应当亲自到婚姻登记机关申请发给离婚证;未申请的,视为撤回离婚登记申请。

【条文主旨】

本条是关于离婚冷静期的规定。

【条文理解】

离婚是对同床异梦死亡婚姻的断舍,不是对情感冲动危机婚姻的放弃。为减少冲动型离婚,维护实质正义,相对于《婚姻法》的内容,新增了关于离婚冷静期的规定。离婚冷静期,是指在婚姻双方当事人自愿申请办理离婚登记,在婚姻登记机关收到该申请之日起法定期间内,任何一方都可撤回离婚申请、终结登记离婚程序的冷静思考期间。本条离婚冷静期具有以下特征:一是离婚冷静期适用于登记离婚即两愿离婚,不适用于诉讼离婚。二是离婚登记冷静期的法定期间为30天。三是离婚冷静期的法律效力,是在法定期间内延缓当事人离婚请求权的效力而发生,即通过期间的设定,由当事人自行评判的离婚意愿是否真实强烈,决定是否继续或者终结离婚登记程序。

本条款赋予双方当事人离婚登记申请的撤回权,法定期限届满,双方当事人继续进行申请离婚登记的,婚姻登记机关办理离婚登记并出具离婚证,终结当事人的婚姻关系;任何一方不愿意离婚,可以向婚姻登记机关提出撤回离婚申请,登记离婚程序即告终结;双方当事人既不申请撤回,有不继续办理离婚登记,视为撤回离婚登记申请。本条通过两款设置了两个"30日"和两个"撤回离婚登记申请"。根据本条规定,离婚双方亲自到婚姻登记机关共同提交离婚登记申请,婚姻登记机关自收到该申请30日内,离婚双方有一个离婚冷静期,在此期间,任何一方可以向登记机关撤回离婚申请。待上述离婚冷静期届满后30日内,离婚双方方可共同亲自到婚姻登记机关申请发给离婚证,如在上述30日的申请离婚期间内未申请的,则视为撤回离婚登记申请。

在《民法典》的起草过程中,围绕着离婚冷静期的设立,存在两种截然不同的态度。离婚冷静期的制度绝不是可有可无,更不是限制当事人的离婚自由,而是挽救危机婚姻、维护未成年人合法权益和社会稳定的需要。离婚冷静期的立法本意,是通过设置一个法定期间,促使自愿申请登记离婚的当事人慎重考虑,改变现行离婚登记制度存在的"当即申请、当即办理"的现状,防止因当事人一时冲动、草率离婚。近年来，由于受极端个人主义思潮的影响，我国的离婚率居高不下，许多人视婚姻如儿戏。实践中，由于离婚登记手续过于简便，轻率离婚的现象增多。鉴于目前离婚率逐年增加的现实情况，立法者为减少冲动离婚作出了很多立法努力，我国离婚制度虽然以保障离婚自由为原则，但是离婚自由不是绝对自由，而是相对自由，是有限度的自由。在离婚登记制度中设置"冷静期"，并不是限制婚姻当事人的离婚自由，而是充分尊重当事人的意思，在离婚合意的前提下，通过时间延缓程序的启动，促使当事人冷静思考，妥善抉择，避免因一时冲动而草率离婚。既能保障当事人的离婚自由，又能保护当事人及未成年子女的利益。完全符合立法精神和民众期待，此次"婚姻家庭编"明确地将离婚冷静期制度规定下来，是对各地对婚姻冷静期制度先行试点经验的复制和总结，体现立法的科学性和民主性。此次《民法典》"婚姻家庭编"写入 30 日的"离婚冷静期"，便是实例，但同时也为协议离婚的手续增加了时间和程序的要求。

按照本条款的规定，完整的协议离婚登记一般需要完成以下步骤：(1)离婚双方向婚姻登记机关申请；(2)双方须在申请之日起 30 天内均不撤回申请；(3)30 天届满后，30 天内"共同""亲自"前往婚姻登记机关领取离婚证。

【司法适用】

根据最高人民法院 2018 年 3 月在统计 2016 年 1 月 1 日至 2017 年 12 月 31 日民事一审审结的离婚案件后发布的《司法大数据离婚纠纷专题报告》，我国离婚状况呈现的五大新特征之一即为 90% 以上的夫妻仅仅是一方有离婚诉求，近 10% 的夫妻双方均有离婚诉求。因此，从现在社会存在大部分冲动型离婚的背景来看，在法律上设置离婚冷静期具有现实性和可推广性。

在没有明确法律依据的情况下，有的地方法院开展了离婚冷静期制度的试点尝试。2017 年 3 月，四川省安岳县人民法院给因带小孩儿等琐事经常发生矛盾的"85 后"夫妻发出《离婚冷静期通知书》，还向其他 23 对夫妻发放了该通知书，分别设置一个月至三个月不等的冷静期。2017 年 7 月和 10 月，山东省胶州市人民法院和济南市市中区人民法院也试用了离婚冷静期制度。山西省临汾市中级人民法院自 2016 年 5 月被最高人民法院确定为家事审判改革试点法院后，设置冷静期。家事法官接案后，从婚姻基础、婚后感情、离婚原因、夫妻关系现状、有无和好可能等方面综合分析，依职权或经当事人申请，可设置一个月至三个月冷静期。冷静期内，法官会不定期与当事人沟通进行劝解。相关高级人民法院和最高人民法院也陆续出台改革诉讼离婚的具体方案。2018 年 7 月 16 日，广东省高级人民法院发布《广东法院审理离婚案件程序指引》，规定了离婚冷静期，将离婚冷静期分为情绪约束冷静期和情感修复冷静期，启动条件、设置期限和运用规则有所不同，供广东辖区内人民法院审理离婚案件执行操作。最高人民法院总结了近两年在地方试行离婚冷静期的经验，于2018年7月18日公布了《关于进一步深化家事审判方式和工作机制改革的意见（试行）》（法发〔2018〕12号），规定了诉讼离婚中的三个月冷静期及相应的配套制度。

本条规定的离婚冷静期，只适用于登记离婚，不适用于诉讼离婚。即使登记离婚，也不适用于因家庭暴力引起的名存实亡的状况。需要注意的是，1994年颁布的《婚姻登记管理条例》（已失效）规定了离婚审查期。该条例第16条规定："婚姻登记管理机关对当事人的离婚申请进行审查，自受理申请之日起一个月内，对符合离婚条件的，应当予以登记，发给离婚证，注销结婚证。当事人从取得离婚证起，解除夫妻关系。"而2003年10月1日实施的《婚姻登记条例》则取消了离婚审查期的规定。事实上，原《婚姻登记管理条例》（已失效）规定的离婚审查期并不是离婚冷静期，仅指申请离婚登记的当事人提交申请及相关材料后，婚姻登记机关并不立即作出相关的行政行为，而是要经过法定时间才能办理离婚登记手续的审查期间。

【司法案例】

甯某与钟某离婚纠纷案①

诉讼结论：通过庭前"问诊"认为离婚双方并无实质性矛盾，不属于死亡婚姻，故设置离婚冷静期。

基本案情：甯某与钟某经人介绍相识恋爱后于1986年结婚，育有一女。近年来，由于钟某养成酗酒和打牌的不良习惯，双方缺乏交流和沟通，常为生活琐事发生争吵，导致夫妻感情产生裂痕。甯某曾于2011年、2012年两次到彭州市人民法院起诉要求离婚，后经法官做工作后自愿撤诉。2018年7月31日，甯某因钟某谩骂再次到法院起诉离婚。此时，甯某已53岁，钟某已55岁，两人的女儿也即将为人母。

法院认为，经庭前"问诊"，夫妻二人之间仍有感情，不属于死亡婚姻，综合全案情况，并根据《最高人民法院关于进一步深化家事审判方式和工作机制改革的意见（试行）》第40条的规定，向双方发出了《离婚冷静期通知书》，给予双方两个月冷静期。并要求双方："在冷静期限内均应保持冷静和理智，并积极与对方沟通，男方要积极改正缺点错误，女方应对男方的转变有所回应。双方要给予对方

---

① 参见四川省高级人民法院公布的2018年度四川省法院十大典型案例，载 http://www.sccourt.gov.cn/qwfb/zdaj/2019/06/28165911526.html，2020年3月5日访问。

包容和理解,避免争吵和猜疑。”离婚冷静期内,家事法官联合家事调查员多次走访、调解并动员其女儿居中调和,最终夫妻关系重归于好。调解,巧用司法手段有效化解了一起离婚纠纷,挽救了一个即将破碎的家庭。

第一千零七十八条 婚姻登记机关查明双方确实是自愿离婚,并已经对子女抚养、财产以及债务处理等事项协商一致的,予以登记,发给离婚证。

【条文主旨】

本条是关于登记离婚审查标准的规定。

【条文理解】

根据此条,婚姻登记机关对于登记离婚申请予以登记并发给离婚证的审查标准为:双方确实为自愿离婚并有自愿离婚的意思表示,并已经对子女抚养、财产及债务处理等事项协商一致。协商一致即为夫妻双方对离婚、子女抚养以及财产分割等问题形成合意,其载体即为书面离婚协议,该协议载明的内容包括双方自愿离婚的意思表示和对子女抚养、财产以及债务处理等事项。

(一)登记离婚的登记机关

中国大陆地区居民办理婚姻登记的机关是县级人民政府民政部门或者乡(镇)人民政府,省、自治区、直辖市人民政府可以按照便民原则确定农村居民办理婚姻登记的具体机关。中国公民同外国人,内地居民同香港特别行政区居民(以下简称香港居民)、澳门特别行政区居民(以下简称澳门居民)、台湾地区居民(以下简称台湾居民)、华侨办理婚姻登婚姻登记管理条例记的机关是省、自治区、直辖市人民政府民政部门或者省、自治区、直辖市人民政府民政部门确定的机关。

中华人民共和国驻外使(馆)可以依照本条例的有关规定,为男女双方均居住于驻在国的中国公民办理婚姻登记。

(二)登记离婚的具体程序

1. 申请

男女双方应当共同到有管辖权进行婚姻登记的具体机关办理离婚登记。办理离婚登记的内地居民应当出具下列证件和证明材料:(1)本人的户口簿、身份证;(2)本人的结婚证;(3)双方当事人共同签署的离婚协议书。办理离婚登记的香港居民、澳门居民、台湾居民、华侨、外国人除应当出具前款第(2)项、第(3)项规定的证件、证明材料外,香港居民、澳门居民、台湾居民还应当出具本人的有效通行证、身份证,华侨、外国人还应当出具本人的有效护照或者其他有效国际旅行证件。

登记离婚的实质是两愿离婚，当事人对双方离婚形成合意，同时对离婚所涉及的法律后果，子女抚养、财产分割、共同债务承担等事项达成协议。由于离婚是一种重要的身份法律行为，因此，当事人离婚，必须双方亲自到婚姻登记机关申请离婚登记，不得委托他人代为办理。申请时应持双方的户口簿、结婚证、居民身份证等证件和证明，以及双方当事人共同签署的离婚协议书。离婚协议书应当载明双方当事人自愿离婚的意思表示以及对子女抚养、财产及债务处理等事项协商一致的意见，并由双方当事人签署。

2. 审查及登记发证

冷静期法定期间届满后，当事人再次亲自到婚姻登记机关办理离婚登记，婚姻登记机关应当对申请办理离婚登记当事人出具的证件、证明材料进行审查并询问相关情况。对当事人确属自愿离婚，并已对子女抚养、财产分割、债务承担等问题达成一致处理意见的，婚姻登记员对当事人提交的证件、《申请离婚登记声明书》、离婚协议书进行审查，符合离婚条件的，填写《离婚登记审查处理表》和离婚证。经过审查，对不符合法定条件而不予登记的，婚姻登记机关应当以书面形式说明不予登记的理由。当事人自离婚登记之日起，解除婚姻关系。离婚登记完成后，当事人要求更换离婚协议书或变更离婚协议内容的，婚姻登记机关不予受理。

3. 婚姻登记机关不予受理的情形：办理离婚登记的当事人有下列情形之一的婚姻登记机关应不予受理：(1)未达成书面离婚协议的；(2)属于无民事行为能力人或者限制民事行为能力人的；(3)其结婚登记不是在中国内地办理的。

【司法适用】

对于婚姻瑕疵登记救济问题，民政部于 2015 年 12 月 8 日颁布的《婚姻登记工作规范》第 46 条规定："受胁迫结婚的婚姻当事人，可以向原办理该结婚登记的机关请求撤销婚姻。"而对其他婚姻登记瑕疵的问题没有规定。《婚姻法司法解释三》第 1 条规定："当事人以婚姻法第十条规定以外的情形申请宣告婚姻无效的，人民法院应当判决驳回当事人的申请。当事人以结婚登记程序存在瑕疵为由提起民事诉讼，主张撤销结婚登记的，告知其可以依法申请行政复议或者提起行政诉讼。"我们认为，司法解释该规定同样可以援引适用离婚登记之中。

婚姻登记机关越权管辖发放离婚证的效力。我国《婚姻登记条例》第 10 条规定："内地居民自愿离婚的，男女双方应当共同到一方当事人常住户口所在地的婚姻登记机关办理离婚登记。中国公民同外国人在中国内地自愿离婚的，内地居民同香港居民、澳门居民、台湾居民、华侨在中国内地自愿离婚的，男女双方应当共同到内地居民常住户口所在地的婚姻登记机关办理离婚登记。"民政部颁布《婚姻登记工作规范》第 5 条对婚姻登记管辖行政区域进行了明确划分。①

现实生活中,违反上述规定跨地区办理婚姻登记的情况时有发生。主要表现为擅自为双方均非本地常住户口居民办理婚姻登记,没有得到办理涉外、涉港澳台等婚姻登记的授权而违规办理上述登记。对于这种情况,应该如何认定其婚姻登记的效力?上述规定实际上明确了婚姻登记机关内部的职权范围,同时也是作为婚姻登记的管辖依据,其制定目的不仅是方便结婚登记的当事人,更是为了明确职权划分和管辖以便于监督管理。实践中,当出现管辖错误,只要婚姻登记机关在办理相关离婚登记时,没有违反法律规定,双方当事人系完全自愿离婚,并对子女抚养、财产分割达成一致意见,符合登记离婚的法定实质要件和形式要件,法院不应当认定婚姻登记机关所颁发的离婚证无效。

【司法案例】

王某忠诉无棣县民政局行政赔偿案②

诉讼结论:驳回原告王某忠行政赔偿诉讼请求。

基本案情:1997 年 9 月,原告王某忠女儿王某霞与案外人孙某云登记结婚。2006 年 2 月 24 日二人办理离婚登记,同年 12 月 7 日二人办理复婚登记。2011 年,经医院门诊治疗,并于 2012 年 1 月 1 日在无棣县医疗保险事业处为王某霞办理了《特殊疾病门诊专用处方簿》,诊断为精神分裂症。2014 年 5 月 19 日,孙某云向无棣县人民法院提起离婚诉讼,同年 8 月 6 日法院裁定准予孙某云撤诉。2014 年 8 月 12 日,王某霞与孙某云二人持居民身份证、户口簿、结婚证等手续到被告处办理离婚登记。二人签署《离婚协议书》,对财产分割、子女抚养等作了约定。双方填写了《申请离婚登记声明书》,声明双方于 2006 年 12 月 7 日登记结婚,离婚原因是感情不和。双方自愿离婚,对子女抚养、财产、债务等事项已达成一致处理意见并共同签署了离婚协议书。上述声明完全真实,如有虚假,愿承担法律责

---

① 《婚姻登记工作规范》第 5 条规定:“婚姻登记管辖按照行政区域划分。(一)县、不设区的市、市辖区人民政府民政部门办理双方或者一方常住户口在本行政区域内的内地居民之间的婚姻登记。省级人民政府可以根据实际情况,规定乡(镇)人民政府办理双方或者一方常住户口在本乡(镇)的内地居民之间的婚姻登记。(二)省级人民政府民政部门或者其确定的民政部门,办理一方常住户口在辖区内的涉外和涉香港、澳门、台湾居民以及华侨的婚姻登记。办理经济技术开发区、高新技术开发区等特别区域内居民婚姻登记的机关由省级人民政府民政部门提出意见报同级人民政府确定。(三)现役军人由部队驻地、入伍前常住户口所在地或另一方当事人常住户口所在地婚姻登记机关办理婚姻登记。婚姻登记机关不得违反上述规定办理婚姻登记。”

② 山东省滨州市中级人民法院(2017)鲁 16 行赔终 1 号行政赔偿判决书。

任。被告在办理王某霞与孙某云离婚登记过程中还向当事人出具了《离婚登记告知单》，其中第2条规定办理离婚登记的当事人有下列情形之一的，婚姻登记机关不予受理：……2.属于无民事行为能力人或者限制民事行为能力人的……存在上述情形的，应当向人民法院提起离婚诉讼。王某霞及孙某云在该《离婚登记告知单》"双方当事人阅后签名"处签名。被告对王某霞与孙某云的离婚登记申请进行审查后，出具了《离婚登记审查处理表》，载明双方离婚原因系感情不和，认为符合离婚条件，准予登记，离婚登记日期是2014年8月12日，《离婚证》字号为L3716232014000447号。

2015年3月6日，原告以王某霞法定代理人身份向被告提交《撤销离婚登记申请》，要求被告撤销2014年颁发给王某霞与孙某云的L3716232014000447号《离婚证》。2015年3月9日，滨州市人民医院对王某霞作出《诊断证明书》，诊断意见为："2004年生气后发病，当年曾住院，诊断为××分裂症。经治疗月余后好转出院。出院后尚能坚持服药，病情时轻时重，先后住过无棣、××院。近2月停药，不回娘家住，仇视娘家人，拒绝接家人电话。诊断为精神分裂症。"

原告作为王某霞的法定代理人以王某霞的名义向无棣县人民法院提起行政诉讼，要求撤销被告16232014000447号《离婚证》。无棣县人民法院于2015年3月18日受理后，在案件审理期间，王某霞于2015年4月21日死亡。王某忠申请继承原告参加诉讼，并要求被告承担因违法行政导致王某霞死亡的赔偿金80万元。

法院认为，无棣县民政局是具有依法履行婚姻登记行政职能的婚姻登记机关，具有办理离婚登记的法定职权，原告认为被告侵害其合法权益，向其申请赔偿后，有权提起本案行政诉讼，故被告行政主体合法。本案争执焦点有以下两个：1.关于被告无棣县民政局是否正确履行了婚姻登记的必要合理审查义务？《中华人民共和国婚姻法》第31条规定："男女双方自愿离婚的，准予离婚。双方必须到婚姻登记机关申请离婚。婚姻登记机关查明双方确实是自愿并对子女和财产问题已有适当处理时，发给离婚证。"《婚姻登记条例》第13条规定："婚姻登记机关应当对离婚登记当事人出具的证件、证明材料进行审查并询问相关情况。对当事人确属自愿离婚，并已对子女抚养、财产、债务等问题达成一致处理意见的，应当当场予以登记，发给离婚证。"被告在办理离婚登记时对当事人的行为能力是合理审查而不是确认。认定公民为无民事行为能力或限制民事行为能力人，应按照特别程序申请人民法院进行确认，婚姻登记机关并没有作出民事行为能力认定的资质和能力，即婚姻登记机关对于公民为无民事行为能力或限制民事行为能力仅作形式审查。即使事后能够证明相关离婚当事人在办理离婚登记时确实存有无民事行为能力或限制民事行为能力的情形，只要婚姻登记机关尽到了法定审查义务，也不能据此认为婚姻登记机关为相关离婚当事人办理离婚登记具有违法责任。2. 王某霞死亡与被告的行政行为是否具有因果关系？登记离婚具体行政行为事实清楚，程序合法。作出的涉案离婚登记行政行为并不存在侵犯王某霞合法权益，造成其死亡后果的情形。上诉人亦无证据证明王某霞的死亡与无棣县民政局的离婚登记行为之间存在法律上的因果关系，其行政赔偿请求无事实和法律依据。

第一千零七十九条　夫妻一方要求离婚的，可以由有关组织进行调解或者直接向人民法院提起离婚诉讼。

人民法院审理离婚案件，应当进行调解；如果感情确已破裂，调解无效的，应当准予离婚。

有下列情形之一，调解无效的，应当准予离婚：

（一）重婚或者与他人同居；

（二）实施家庭暴力或者虐待、遗弃家庭成员；

（三）有赌博、吸毒等恶习屡教不改；

（四）因感情不和分居满二年；

（五）其他导致夫妻感情破裂的情形。

一方被宣告失踪，另一方提起离婚诉讼的，应当准予离婚。

经人民法院判决不准离婚后，双方又分居满一年，一方再次提起离婚诉讼的，应当准予离婚。

【条文主旨】

本条是关于诉讼离婚调解程序和离婚条件的规定。

【条文理解】

诉讼离婚，是指夫妻双方对离婚问题（是否离婚、财产分割、子女抚养等）无法达成一致意见时，一方向人民法院提起诉讼，请求依法解除婚姻关系的一种离婚方式。本条脱胎于《婚姻法》第 32 条的规定，但对个别条款的内容进行了修改，并增加了一项准予离婚的情形。在《民法典》“婚姻家庭编”的起草过程中，围绕着诉讼离婚制度，其中争议最大的有下列四个问题：一是判决离婚的法定标准，是以“夫妻感情确已破裂”，还是以“夫妻关系破裂”为标准？二是在立法模式的选择上，《民法典》“婚姻家庭编”是否继续坚持列举加概括即例示性的立法模式，从而有效地控制法官的自由裁量权，解决司法实践中的裁判难题。三是关于离婚的法定理由，是保留现行立法的样态，还是将司法解释所规定的理由尽可能地吸收进来，适当增加夫妻感情确已破裂的具体情景。四是在立法中是否增加苛刻条款来对草率离婚进行适度的限制？

围绕第一个问题有一种意见认为，应将“夫妻感情破裂”改为“婚姻关系破裂”。其理由是：(1)婚姻法的调整对象是婚姻关系，而不是感情关系。(2)离婚的法定标准上过分强调感情因素，实践中主观标准难以把握，缺乏可操作性。(3)感情破裂标准不符合我国婚姻关系的现状，最高人民法院相关司法解释所列举的判决离婚的法定情形中，有相当内容并不属于感情因素。(4)用“夫妻感情破裂”作为离婚的法定条件，与国际立法术语相异。“婚姻家庭编”依然保留了《婚姻法》“感情确已破裂”作为裁判离婚的标准。主要是考虑到“夫妻感情破裂”是我国婚姻家庭立法长期以来坚持的标准，维持不变有利于法律制度的稳定性、连续性，有利于降低法律施行的成本，而且其与“夫妻关系破裂”并没有实质的不同，内在的感情破裂是可以通过客观的外在的情形加以把握的，最高人民法院的司法解释本身就提供了这样的判断依据，无论是立法还是司法并不是把感情确已破裂作为离婚的唯一原因。如果“婚姻家庭编”将裁判标准修改为“婚姻关系破裂”，会对社会引起误导，造成离婚法定标准把握尺度的不统一。

关于离婚法定理由的问题，《民法典》“婚姻家庭编”依然保留过错主义立法态度。改革开放以来，随着社会经济的发展和社会的转型，传统的婚姻道德和家庭稳定受到冲击，有违婚姻秩序的失范行为屡禁不止。随着社会主义核心价值观的入宪入典，在婚姻家庭立法中吸纳中国传统婚姻伦理中的合理成分，去粗取精，去伪存真，必将有助于新的婚姻伦理法律规范体系形成。正因如此，离婚制度中宜采破裂主义兼过错主义的立法模式，即在破裂主义立法模式中保留过错主义的离婚理由，这不仅符合民众的普遍期待，同时也是我国长期司法经验的总结，①也符合世界各国立法的通行惯例，过错离婚在世界各国离婚立法和司法中仍发挥着重要作用。② 上述立法和司法解释为离婚制度立法模式选择提供了重要的依据。在离婚理由中保留过错主义，是《民法典》“婚姻家庭编”价值选择体系化的要求。

关于立法模式的选择，“婚姻家庭编”依然采取了概括与列举相结合的例示性

---

① 《民事政策法律若干问题的意见》中将第三者介入、重婚等作为认定夫妻感情破裂的依据。1989年《离婚案件认定夫妻感情确已破裂意见》将通奸、非法同居、重婚等行为列举为认定夫妻感情破裂的依据。

② 《法国民法典》第242条规定：“配偶一方有可归咎的反复或严重违反婚姻权利与义务的事实，致使继续维持夫妻共同生活无法容忍时，另一方得诉请离婚。”

立法模式。关于婚姻关系破裂的法定事由如何规定？本条第3款是感情破裂应准予离婚的法定事由的规定。在离婚纠纷中，导致婚姻关系破裂的事由种类较多。相关实证调研报告显示，实践中诉讼离婚的理由比例较高的分别是性格不合和分居满两年，故本编将分居满两年作为认定夫妻感情确已破裂的主要事由单独列出。此外，将可归责于一方的法定事由单列出来，明确只能在另一方请求时才可视为婚姻关系破裂。如重婚或者与他人同居；实施家庭暴力或者虐待、遗弃家庭成员；一方有赌博、吸毒等恶习屡教不改的；另一方提出离婚，可认定婚姻关系破裂。如不加以区分，则实务中会出现一方当事人为达到离婚目的，通过自证有过错而主张离婚。故采取区分对待的做法，即特定过错归责于一方的，无过错一方提出离婚，法官一般应该支持，不再有裁量权。而过错方自己提出，法官应当具有裁量余地。增加其他导致婚姻关系破裂的，有助于概括性判断婚姻关系确已破裂的情形，保障离婚自由。即可以丰富婚姻关系破裂的认定标准，有助于离婚案件的司法裁判和当事人离婚自由的保障。本条第5款对应准予离婚的法定情形进行了补充，本编将《离婚案件认定夫妻感情确已破裂意见》中的相关条款纳入了《民法典》"婚姻家庭编"。根据此条规定，明确了经人民法院判决不准离婚后，又分居满1年，一方再次提起诉讼的，应当准予离婚。

关于在本编中是否增加苛刻条款，理论上和实践中争议较大。国外有相关立法例，《民法典》起草过程中。《婚姻家庭编(专家建议稿)》曾设计相关条款。所谓苛刻条款，又称严酷条款或缓和条款，是指配偶一方依据法定离婚理由请求离婚时，纵然法院已经认定符合法定的离婚理由，本应准予离婚，但如果离婚会给对方或子女造成严重困难的，法院有权判决不准离婚的制度。其立法目的为破裂主义的离婚制度设置一个刹车器，保护残疾人、妇女和儿童等社会特殊弱势群体的利益。但是，《民法典》"婚姻家庭编"最终没有采纳建议并作出规定。

针对本条款，需要注意的是，本条第1款规定夫妻一方要求离婚的，可以由有关组织进行调解或者直接向人民法院提起离婚诉讼，有关组织的非讼调解是引导规范，并非离婚诉讼的前置的必经程序。本编将《婚姻法》规定的"有关部门"修改为"有关组织"，主要是考虑到，目前我国家事审判司法实践中参与家事纠纷调解的社会组织较《婚姻法》的规定更为广泛，因此实有必要从立法上进行调整和放宽，以适应离婚调解制度的实践变化。

应当注意的还有本条第2款规定，法院的调解是诉讼的必经前置程序。法院判决离婚的法定标准有两项：一是夫妻感情确已破裂，二是调解无效，二者缺一不可。如此规定，可以明确诉讼离婚的程序和判断离婚的基本条件。除此之外，相对于《婚姻法》的规定，以"夫妻"替代"男女"的概念，使主语用词的指向性更为明确。

【司法适用】

人民法院审理离婚案件，必须先行调解，经查明夫妻双方感情确已破裂，调解无效的，则应判决准予离婚，并对夫妻共同财产、子女抚养等问题由法院在审理案件过程中，在确认夫妻感情是否破裂，除法律有明文规定外，主要对以下要素予以确认：一是婚前基础；二是婚后感情；三是离婚的真实原因；四是婚姻的走向，即夫妻双方有无和好可能。根据以上因素综合判断，查找导致夫妻双方感情破裂的真实原因，选择适当调解方式和技巧，促成夫妻双方和好，通常针对第一次起诉离婚，且被告明确表示不同意离婚，夫妻双方没有原则性矛盾，可以认定夫妻感情尚未完全破裂，法院应当判决驳回原告诉讼请求。

应当注意本编规定与司法解释的衔接问题。实践中，夫妻感情确已破裂的情形十分复杂，"婚姻家庭编"第1079条只是列举了四种具体情形，未能穷尽实践中的相关情况，因此，通过概括性条款，即规定"其他导致夫妻感情破裂的情形"，赋予法官司法裁量权在实践中根据个案情况进行把握。为此本编还规定了其他导致夫妻感情的情形，调解无效，也应准予离婚。其他导致夫妻感情破裂的情形，在与现行"婚姻家庭编"不冲突的前提下，应当以1989年最高人民法院颁布的司法解释的规定内容为准，具体包括：

（1）一方患有法定禁止结婚的疾病，或一方有生理缺陷及其他原因不能发生性行为，且难以治愈的；

（2）婚前缺乏了解，草率结婚，婚后未建立起夫妻感情，难以共同生活的；

（3）一方患有法定禁止结婚的疾病的，或一方有生理缺陷或其他原因不能发生性行为，且难以治愈的；

（4）婚前隐瞒了精神病，婚后经治不愈，或者婚前知道对方患有精神病而与其结婚，或一方在夫妻共同生活期间患精神病，久治不愈的；

（5）一方欺骗对方，或者在结婚登记时弄虚作假，骗取《结婚证》的；

（6）双方办理结婚登记后，未同居生活，无和好可能的；

（7）包办、买卖婚姻，婚后一方随即提出离婚，或者虽共同生活多年，但确未建立起夫妻感情的；

（8）一方与他人通奸、非法同居，经教育仍无悔改表现，无过错一方起诉离婚，或者过错方起诉离婚，对方不同意离婚，经批评教育、处分，或在人民法院判决不准离婚后，过错方又起诉离婚，确无和好可能的；

（9）一方被依法判处长期徒刑，或其违法，犯罪行为严重伤害夫妻感情的。

在司法实践中，关于感情破裂认定的标准应严格把握，避免由于标准掌握不到位,造成司法实践适用法律的不统一。还应当注意的问题是,实践中,有重大过错一方起诉离婚,无过错方坚决不同意离婚时,如果存在可以认定“夫妻感情确已破裂的”法定情形,人民法院应当判决离婚,最高人民法院颁布《婚姻法司法解释一》第22条明确规定:“人民法院审理离婚案件,符合第三十二条第二款规定‘应准予离婚’情形的,不应当因当事人有过错而判决不准离婚。”

【司法案例】

案例一

王某诉江某离婚纠纷案[①]

诉讼结论:判决准予王某与江某离婚,江某支付王某精神损害赔偿金。

基本案情:王某与江某系经人介绍相识并登记结婚,婚后无子女。由于双方相识时间短,相互了解较少,结婚较为仓促,感情基础薄弱。婚后由于江某酗酒,对原告有家庭暴力,经常因为生活琐事对原告拳脚相加。2009年,江某无缘无故将原告毒打一顿并致其离家出走。后王某提起离婚诉讼,要求判决:1. 解除双方的婚姻关系;2. 江某给付精神损失费5万元;3. 依法分割共同财产。该案诉讼费由江某承担。王某提供江某书写的协议书及相关证人证明在婚姻存续期间江某对其施加家庭暴力。

法院认为,我国婚姻家庭立法明确禁止家庭暴力,规定配偶一方对另一方实施家庭暴力,经调解无效的应准予离婚,因实施家庭暴力导致离婚的,无过错方在离婚时有权请求损害赔偿。男女一方要求离婚的,可向法院提起诉讼,如感情确已破裂,应当准予离婚。该案中,双方均同意离婚,表明双方感情已彻底破裂,故对王某要求离婚的诉讼请求,法院予以准许。王某要求江某支付精神损害赔偿金的诉讼请求,因江某在婚姻存续期间,确实存在家庭暴力情形,法院予以支持,具体数额由法院依法予以酌定。为此,原审法院判决王某与江某离婚(财产分割略),江某支付王某精神损害赔偿金。

案例二

陆某诉陈某离婚案[②]

诉讼结论:对原告提起离婚诉讼并提出的损害赔偿诉讼请求,依法予以支持。

---

① 2015年11月20日最高人民法院公布的婚姻家庭纠纷典型案例之一,载《人民法院报》2015年11月20日,第3版。

② 2015年11月20日最高人民法院公布的婚姻家庭纠纷典型案例之一,载https://www.chinacourt.org/article/detail/2015/11/id/1752048.shtml,2020年2月2日访问。

基本案情:陆某、陈某系自行相识登记结婚,育有一子陈某某。2011年陆某、陈某开始分居并持续至今。陈某某自双方分居后跟随陆某生活。陆某称陈某在此期间认识了其他女性,并已与其一起生活,陈某认可曾有此事。陆某诉至法院要求与陈某离婚;婚生子陈某某由其抚养,陈某每月支付抚育费3500元,至孩子满18周岁;陈某每月给付其帮助费2000元;要求陈某支付精神损害赔偿15,000元。

法院认为,婚姻关系的存续应以夫妻感情为基础。陆某认为夫妻感情已完全破裂诉至本院要求与陈某离婚,陈某亦同意离婚,且双方持续分居已近3年,应当认为双方夫妻感情无和好可能,对陆某之离婚诉请,予以准许。父母对子女的抚育系法定义务。关于陈某某之抚育问题,从孩子生活习惯、利于孩子成长等角度考虑,以陆某继续抚育为宜。关于子女抚育费的数额,本案中,结合双方陈述,参照双方收入情况、北京市实际生活水平等因素,法院酌定陈某每月应支付2000元。关于帮助费问题,双方均无证据证明对方收入状况,法院参考双方所述的收入水平、财产及居住情况,该项不予支持。关于精神损害抚慰金,鉴于被告陈某在双方婚姻关系存续期间确与其他婚外异性存在不正当关系,违反忠实义务,应认定在导致双方感情破裂问题上,陈某具有过错,对陆某要求陈某承担精神损害赔偿,法院予以支持,数额由法院酌定。

第一千零八十条　完成离婚登记,或者离婚判决书、调解书生效,即解除婚姻关系。

【条文主旨】

本条是关于解除婚姻关系生效时间的规定。

【条文理解】

相较于《婚姻法》的规定,此条为新增的立法内容。本编第1076条和第1079条分别规定了法定离婚的两种方式,即登记离婚和诉讼离婚,通过行政和司法两种不同程序,当事人都可以达到解除夫妻关系的目的。此条明确了登记离婚和诉讼离婚的同等效力,即一旦离婚登记完成,或者离婚判决书、调解书生效,婚姻关系即宣告解除。因此,离婚登记与诉讼离婚的法律效力是一致的,都产生解除婚姻关系的法律效力。此外,诉讼离婚中,调解书作出后一经双方当事人签收便发生法律效力,双方即无权就调解书提起上诉,原审诉讼程序终结。登记离婚中,离婚登记机关颁发离婚证,双方当事人的婚姻关系即告终止,不需要再去法院申请领取判决书或调解书;同样,在法院领取判决书或调解书并生效后,也不需要再去婚姻登记机关领取离婚证。因此,离婚证同生效的判决书或调解书具有同等的法律效力。

相对而言,登记离婚较之诉讼离婚更为简易快捷。登记离婚与法院调解离婚相比,无论是费用上还是时间的消耗成本都较低,对夫妻双方而言不仅更加便利,而且有利于减少冲突和伤害。虽然登记离婚中的离婚协议不具有法院调解协议所具有的强制执行力,但是,登记离婚完全由于是夫妻双方自愿的选择,只要不存在着欺骗、胁迫等情形,一别两宽自愿履行得更为普遍,更适应现代人快捷高效的生活方式。需要明确的是,夫妻双方在签署离婚协议时,要注意协议内容的完整性,对子女、财产、债权债务等问题的处理应该审慎,尽量作出详细的约定,以免事后不必要的争讼。至于双方为离婚目的而勉强达成离婚协议,之后一旦一方反悔,登记离婚不成,那么离婚协议无法取得当事人期待的效力,即使在离婚诉讼时,该离婚协议效力也同样得不到法院的认定,法院对离婚夫妻共同财产的分割按照本编有关规定处理。

实践中,夫妻双方通过登记方式解除婚姻关系最大的障碍是离婚协议的效力,原因如下:

(1)离婚协议中双方约定的,如财产处理、分配、债权债务处理等事项无法直接申请强制执行,如果一方在双方正式解除夫妻关系后未积极履行离婚协议书约定的相关义务,另一方不能持离婚协议书直接要求人民法院强制执行,只能通过向法院起诉要求认定离婚协议的效力并申请法院强制执行。

(2)当事人双方离婚协议的签署并不代表协议已经生效或夫妻关系已经解除。离婚协议是附条件的法律行为,只有当双方到婚姻登记机关办理离婚登记后,离婚协议才具有法律效力。同样,夫妻关系的解除也只能以离婚登记和人民法院判决离婚为准。

【司法适用】

登记机关颁发的离婚证和离婚判决书、调解书都是具有法律效力婚姻关系解除的证明文件。《婚姻登记条例》第17条规定:“结婚证、离婚证遗失或者损毁的,当事人可以持户口簿、身份证向原办理婚姻登记的机关或者一方当事人常住户口所在地的婚姻登记机关申请补领。婚姻登记机关对当事人的婚姻登记档案进行查证,确认属实的,应当为当事人补发结婚证、离婚证。”补办时,申请人需要带户口簿、身份证(境外一方的有效身份证件)、本人离婚证、本人两张两寸近期免冠单人照片;当事人需填写《申请补领婚姻登记证声明书》,由婚姻登记员审查证件和证明材料是否齐全、规范、有效。经查证确认属实、符合补发条件的,予以补发;不符合补发条件的,不予补发,并当场向当事人说明理由。离婚证丢失补办与补办结婚证不同的是,补离婚证并不需要当事双方全部到场。

【司法案例】

周凤珠与青岛威邦贸易有限公司、周春海案外人执行异议之诉案①

诉讼结论:涉案债务属于周凤珠与周春海夫妻共同债务,驳回再审申请。

基本案情:2014 年 12 月 4 日,山东福宝国际贸易有限公司与江苏宝通镍业有限公司签订高镍生铁销售合同,并于同日签订补充协议。后山东福宝国际贸易有限公司以江苏宝通镍业有限公司未履行回购付款义务,陈祥贸、周春海未履行担保义务为由起诉至一审法院。案件审理过程中,各方当事人自愿达成和解协议,一审法院于2015 年 11 月 19 日作出(2015)日商初字第 215 号民事调解书,协议主要内容为:山东福宝国际贸易有限公司与江苏宝通镍业有限公司、陈祥茂、周春海共同确认江苏宝通镍业有限公司应向山东福宝国际贸易有限公司支付回购货款及收益本金共计人民币 50,591,600 元,利息自 2015 年 3 月 15 日起按月利率 1% 利息至付清之日,山东福宝国际贸易有限公司放弃违约金及其他诉讼请求;陈祥茂、周春海对江苏宝通镍业有限公司的付款义务承担连带担保责任。

2015 年 12 月 21 日,青岛威邦公司依据一审法院(2015)日商初字第 215 号民事调解书、其与山东福宝国际贸易有限公司签订的《债权转让协议》向一审法院申请执行。在执行过程中,一审法院于 2015 年 12 月 22 日作出(2015)日执字第 281 号执行裁定书,裁定查封周春海名下的位于上海市浦东新区张扬路×××号×××室、产权证号为浦 2012××××××的房地产;于 2015 年 12 月 23 日作出(2015)日执字第 281－1 号执行裁定书,裁定查封周春海名下的位于上海市浦东新区张扬路×××号××××室、产权证号为浦 2012××××××的房地产。周凤珠不服,以被查封的××××室、××××室房产系与周春海共同共有,其对上述房产享有一半产权为由,提出执行异议。一审法院于 2016 年 7 月 14 日作出(2016)鲁 11 执异 39 号执行裁定书,驳回周凤珠的异议。周凤珠不服,遂提起本案诉讼。

在二审审理期间,法院另查明:一审法院已确认的周凤珠与周春海于 2015 年 7 月 28 日签订的《自愿离婚协议书》中,关于财产分割和债权债务的约定主要包括如下内容:1. 位于上海市区的多套房产(含涉案房产)均归女方所有,房屋所负

---

① 最高人民法院(2017)最高法民申 3915 号民事裁定书。

800 万元的贷款由女方承担;2. 上海昌赞电子商务有限公司属于男方的股份归女方所有;3. 上海兆航金属材料有限公司属于男方的股份归男方所有,婚姻存续期间该公司所有的债务由男方偿还;4. 男方一次性支付女方人民币 5000 万元等。本案原告提出再审申请。

法院认为,本案再审审查的核心问题是:周凤珠对于作为执行标的物的涉案房产,是否具有足以排除强制执行的民事权益。第一,《最高人民法院民一庭关于夫妻一方对外担保之债能否认定为夫妻共同债务的复函》[①]规定:"夫妻一方对外担保之债不应当适用《婚姻法司法解释二》第二十四条的规定认定为夫妻共同债务。"山东省日照市中级人民法院于 2015 年 11 月 19 日作出(2015)日商初字第 215 号民事调解书,周春海对江苏宝通镍业有限公司应向山东福宝国际贸易有限公司支付回购货款及收益 50,591,600 元的本金和利息承担连带担保责任,属于对外担保之债,根据上述复函的规定,涉案债务不应认定为夫妻共同债务。

第二,《婚姻法》第 17 条规定,夫妻在婚姻关系存续期间所得的财产,归夫妻共同所有。周凤珠与周春海于 1991 年 9 月 27 日结婚,于 2015 年 7 月 28 日自愿离婚;2012 年 10 月,周春海购买位于上海市浦东新区张扬路×××号××××室、××××室房产。该房产购买于周凤珠与周春海夫妻关系存续期间,虽然只登记在周春海一人名下,但是在周凤珠、周春海未举证证明归个人所有的情况下,根据《婚姻法》第 17 条的规定应为夫妻共同财产。《物权法》第 9 条第 1 款规定:"不动产物权的设立、变更、转让和消灭,经依法登记,发生效力;未经登记,不发生效力,但法律另有规定的除外。"虽然周凤珠与周春海于 2015 年 7 月 28 日签订《自愿离婚协议书》,约定涉案房产归周凤珠所有,但是双方未进行不动产物权的转让登记,物权的转让不发生效力,涉案房产仍属于周凤珠与周春海夫妻共同所有。

第三,《最高人民法院关于人民法院民事执行中查封、扣押、冻结财产的规定》第 14 条规定,对被执行人与其他人共有的财产,人民法院可以查封、扣押、冻结。本案涉案债务虽然属于周春海个人债务,但是涉案房产属于周凤珠与周春海夫妻共同所有,人民法院可以执行。因此,一审法院驳回周凤珠关于排除对涉案房产执行的诉讼请求并无不当,二审法院驳回上诉,维持原判的处理结果亦无不当。

第四,《民事诉讼法司法解释》第 334 条规定,原判决、裁定认定事实或者适用法律虽有瑕疵,但裁判结果正确的,第二审人民法院可以在判决、裁定中纠正瑕疵后,依照《民事诉讼法》第 170 条第 1 款第 1 项规定予以维持。本案山东省高级人

---

① 最高人民法院(2015)民一他字第 9 号。

民法院在说理中认为涉案债务属于周凤珠与周春海夫妻共同债务，在适用法律上存在不当之处，但是处理结果并无不当，因此根据上述司法解释的规定周凤珠的再审申请不符合《民事诉讼法》第200条规定的再审情形。

第一千零八十一条　现役军人的配偶要求离婚，应当征得军人同意，但是军人一方有重大过错的除外。

【条文主旨】

本条是关于保护军婚，限制军人配偶离婚诉权的规定。

【条文理解】

我国军婚保护法律制度有着深厚的历史渊源和重要的现实意义。对婚姻家庭立法是否还有必要保留现役军人配偶诉请离婚的限制性规定，该规定是否合理，是否具有法理上的正当性，理论界和实务界认识不一。该制度的立法目的在于给予军人婚姻以特殊保护，主要是基于军人所担负的历史使命和特殊职责的要求，体现了立法对这一特殊群体基本权利的关注和倾斜，有利于现役军人安心服役，增强部队战斗力，也有利于军人婚姻家庭关系的稳定。实施军婚保护制度是我国长期以来，通过法律制度的认可对军人承担国防义务作出奉献所给予的一种补偿形式。

在理解和适用该条款时，应当注意以下几个问题：

第一，应当明晰现役军人的范围。现役军人，是指具有军籍的、正在人民解放军或人民武装警察部队服现役的军人。① 不包括退伍军人、转业军人和在军事单位内工作没有取得军籍的职工。文职军人也不在本条的适用范围内。②

第二，本规定重点内容是限制军人配偶一方的离婚请求权，对于军人没有重大过错的，人民法院一般不得作出准予离婚的判决。原1980年《婚姻法》规定的内容较为绝对，原规定为："现役军人的配偶要求离婚，须得军人同意。"在《婚姻法》修改过程中，此条规定受到质疑，认为该规定违反了平等和公平原则，是对军人配偶一方权利的漠视，这样的规定无疑是把双刃剑，会损害军人的婚姻利益，限制了军人择偶选择范围。2001年修改《婚姻法》时，充分进行了利益衡量，采取了

---

① 根据《兵役法》规定，现役军人由现役士兵（现役义务兵和现役士官）和现役军官组成。

② 《中国人民解放军文职人员条例》（国务院、中央军事委员会2005年发布，2017年修订）第2条：本条例所称文职人员，是指在军民通用、非直接参与作战且社会化保障不宜承担的军队编制岗位从事管理工作和专业技术工作的非现役人员，是军队人员的组成部分。

折中性做法，在原有规定的基础上，增加了但书的内容，即规定了“军人一方有重大过错的除外”。“但书”条款体现自由平等的时代基调。本编保留了《婚姻法》的规定，未作任何改变。

第三，如何理解军人一方有重大过错。最高人民法院颁布的《婚姻法司法解释一》第23条规定，婚姻法第33条所称的“军人一方有重大过错”，可以依据婚姻法第32条第3款前三项规定及军人有其他重大过错导致夫妻感情破裂的情形予以判断。《婚姻法》第32条第3款前三项规定分别为：(1)重婚或有配偶者与他人同居的；(2)实施家庭暴力或虐待遗弃家庭成员的；(3)有赌博吸毒等恶习屡教不改的。也就是说，人民法院在审理军人配偶一方起诉的离婚案件，只有能够认定军人一方具有前述三种情形，或者具有其他重大过错，导致夫妻感情确已破裂的时候，才能判决双方离婚。否则，须征得军人一方同意才能调解或判决离婚。但是，重大过错并不局限以上三种情形，《婚姻法司法解释一》第23条的规定是一个开放性的条款，其含义为，导致夫妻感情破裂的情形为除上述三种情形之外。还包含其他足以导致夫妻感情破裂的情形。例如，军人一方与他人通奸，经教育仍无悔改表现；军人一方被依法判处有期徒刑或违法犯罪行为严重伤害夫妻感情的等，诸如此类，都需要在司法实践中适当掌握，而不应该限制过死。另外，实践中，军人可能一方还会存在其他情形，如有生理缺陷或因其他原因。不能发生性行为、履行夫妻应有义务，虽然此种情形不属于主观上的重大过错。但也应当区分不同的情况加以妥当处理。

第四，现役军人一方起诉离婚不受本条规定的限制。按照《军队贯彻实施〈中华人民共和国婚姻法〉若干问题的规定》的有关内容，现役军人离婚，应当严肃慎重，不得违反国家的法律法规和军队的纪律，不违背社会公德。实践中，应当注意以下几个问题：一是配偶是地方人员，军人一方要求离婚的，所在部队政治机关领导应当视情进行调解；二是符合《婚姻法》规定的离婚条件，并经对方同意，政治机关方可出具证明同意离婚；如军人一方坚持离婚，对方坚决不同意离婚的，部队可商请对方所在单位或地方有关部门进行调解，调解无效的，政治机关出具证明，由当事人向法院提出离婚诉讼。

【司法适用】

关于军人离婚纠纷的诉讼管辖问题。一是双方均为军人的离婚诉讼。2015年2月4日颁布《民事诉讼法解释》第11条规定：“双方当事人均为军人或者军队单位的民事案件由军事法院管辖。”据此，男女双方均为军人的离婚案件，应当由军事法院管辖。二是非军人对军人提起的离婚诉讼。如果军人一方为非文职军人，是指文职干部以外的现役军人，由原告住所地人民法院管辖。三是非军人对文职军人提起的离婚诉讼,则要按照民事诉讼管辖的一般性规定,即“原告就被告”原则,由文职军人住所地人民法院管辖。被告住所地与经常居住地不一致的,由经常居住地法院辖。四是军人对非军人提起的离婚诉讼。要按照“原告就被告”原则,由非军人住所地人民法院管辖。被告住所地与经常居住地不一致的,由经常居住地法院管辖。

关于复员费、自主择业费及住房补贴在离婚案件中的分割问题。人民法院审理离婚案件,涉及分割发放到军人名下的复员费、自主择业费等一次性费用的,以夫妻婚姻关系存续年限乘以年平均值,所得数额为夫妻共同财产。

对于部队发放的住房补贴财产属性,法律和司法解释上没有明文作出区分。根据《婚姻法司法解释二》第 11 条的规定,婚姻关系存续期间,男女双方实际取得或者应当取得的住房补贴、住房公积金,属于夫妻共同财产。据此,军人的实际取得和应当住房补贴应属夫妻共同财产。在双方离婚时,一般应由夫妻平均分配。

【司法案例】

吴某某与陈某甲离婚纠纷案①

诉讼结论:驳回原告提出的与被告(现役军人)离婚的诉讼请求。

基本案情:上诉人(原审原告)吴某某与上诉人陈某甲(原审被告)双方于 2012 年元月,经人介绍相识,同年 2 月,双方订婚后吴某某随陈某甲到其服兵役处广州共同生活两个多月。随后双方在广州市某区民政局办理结婚登记,并举行结婚仪式。双方生育一子,现随女方生活。婚后前期双方感情尚可,上诉人陈某甲在海军南海舰队某部政治部服兵役,吴某某及孩子大部分时间在河南老家,随女方父母一起生活。双方共同生活期间曾为琐事发生矛盾,因聚少离多,夫妻感情出现隔阂。2015 年春节,双方于过年期间再次发生争执,并通过当地派出所报警处理,后上诉人带孩子返回原籍生活至今。上诉人吴某某起诉至原审法院,要求依法处理。原审法院认为,夫妻关系应以感情为基础,原、被告双方婚后共同生活期间因家务琐事发生矛盾后,因缺乏沟通与交流致使夫妻关系出现裂痕,现原告提出离婚,被告同意离婚,应依法准予。同时,对子女抚养和财产分割依法作出判决。双方当事人均不服原审判决,提出上诉,上诉人陈某甲在二审期间表示不同意离婚。

法院认为,上诉人吴某某起诉与作为现役军人的上诉人陈某甲离婚,上诉人

---

① 河南省信阳市中级人民法院(2016)豫 15 民终字 1238 号民事判决书。

陈某甲不同意离婚，上诉人吴某某也未能提供军队政治机关相关审批或者证明手续；且上诉人吴某某无证据证实上诉人陈某甲具有《婚姻法》规定的，军人一方有重大过错的法定情形。结合双方婚姻基础、婚后感情、离婚原因、夫妻关系的现状和有无和好可能等方面综合分析，不足以认定上诉人吴某某与上诉人陈某甲夫妻感情确已破裂。上诉人陈某甲不同意离婚的上诉理由成立。

第一千零八十二条　女方在怀孕期间、分娩后一年内或者终止妊娠后六个月内，男方不得提出离婚；但是，女方提出离婚或者人民法院认为确有必要受理男方离婚请求的除外。

【条文主旨】

本条是关于限制男方离婚诉权的规定。

【条文理解】

本条规定基本上保留了《婚姻法》第34条规定的内容。在特殊期间限制男方的离婚诉权，我国婚姻家庭立法呈现以下脉络。《婚姻法》是将1980年《婚姻法》的27条和《妇女权益保障法》第45条的相关规定融为一体，作出“女方在怀孕期间，分娩后一年内或中止妊娠后六个月内，男方不得提出离婚。女方提出离婚，或者人民法院认为确有必要受理男方离婚请求的，不在此限”的规定。本编第1082条只是在个别用词上做了调整，以“除外”取代了“不在此限”，该用语表述，显然更加规范。这一规定的立法目的旨在保护妇女和胎儿、婴儿的合法权益，显然具有重要的现实意义，它是婚姻家庭法所确立的“保护妇女合法权益原则”的具体体现和制度基础。域外也有相同的立法例，《德国民法典》第1568条规定：“如果并且在此期间，为了该婚姻所产生未成年子女的利益而存在特别的理由表明作为例外必须维持婚姻，或者如果并且在此期间，因为特殊的具体情况，对于拒绝离婚的申请相对人而言，离婚将成为如此严重的严酷状态，以至于及时考虑申请人的利益仍然应当作为例外而维持婚姻。”该规定虽然没有专门指向女性，但是其立法本意来看，就是针对夫妻关系中的弱者而作出的保护性的规定。

按照本条的规定，男方离婚诉权在下列情形下受到限制：一是女方在怀孕期间；二是分娩后一年内；三是终止妊娠后6个月内。如果男方在此期限提出离婚诉讼，人民法院应当驳回男方的诉讼请求。如果男方在起诉时，不知道女方已经怀孕，或者是人民法院在受理男方离婚请求后才发现女方处于上述法定保护期间的，一审法院不应当判决不准离婚，而应当驳回男方的诉讼请求。如果一审法院判决离婚，女方以存在上述情形为由提出上诉的，只要二审法院查明，男方起诉离婚是存在上述法定情形，应当撤销一审判决，驳回男方诉讼请求。

【司法适用】

人民法院在处理相关案件，适用本条款时，还应当注意上述限制并非要求男方在该期限内绝对不能起诉，本条同时规定“女方提出离婚或人民法院认为确有必要受理男方离婚请求的除外”，即男方在上述期限内起诉，法院如果认为确有必要的，也可以受理。至于何为“确有必要”，法律及相关司法解释均无明文规定，具体如何认定“确有必要”的情形，则由法官自由裁量决定。

第一，女方提出离婚的不受此限制。实践中，女方在上述期间向人民法院起诉离婚，通常是基于迫不得已的情况，如果此时依然对其进行限制，反而可能导致对女方极其不利的情况，同时也不符合本条规定的立法本意。

第二，人民法院认为确有必要受理男方离婚请求的。如何认定确有必要。司法实践的把握，通常包含下列情况：一是在此期间内，双方确实存在着不能继续共同生活的重大而急迫的理由。如一方对他方有危及生命人身安全的可能。二是女方怀孕是与他人通奸所致，女方具有重大过错且不否认。

最高人民法院在 1955 年 5 月 18 日年曾就关于女方因通奸怀孕男方能否提出离婚的问题作出批复，明确指出：“关于女方婚后与人通奸怀孕，男方提出离婚，是否适用婚姻法第十八条规定的问题，我们认为在这种情况下，男方提出离婚时，如婚后通奸怀孕的事实为女方所不争执或经查明属实，则法院应该受理，不适用婚姻法第十八条的规定。法院受理后，应否判决离婚，则应视具体情节而定，不能笼统规定。而且法院在处理时仍应注意对于妇女和胎儿的保护。男女一方婚前与他人发生性行为，应与婚后通奸行为加以区别，一般不能作为对方提出离婚的理由。”该批复对人民法院处理同类案件依然具有指导意义。

【司法案例】

原告王某某与被告何某某离婚纠纷案①

诉讼结论：原告诉至法院离婚时，尚在法律限制男方诉权的“终止妊娠后六个月内”期间内，不符合法定的起诉条件，故对于原告的起诉，法院依法予以驳回。

基本案情：原告王某某与被告何某某于 2014 年 5 月经人介绍相识，婚前感情较好，2014 年 × 月 × 日登记结婚。婚后感情一般，因被告婚前患有精神方面的疾病而一直用药，2015 年 × 月被告有孕，怕影响胎儿健康，2015 年 × 月 × 日被告在

① 湖南省资兴市人民法院（2015）资民一初字第 641 号民事裁定书。

资兴市第一人民医院终止妊娠。原告认为夫妻感情已经彻底破裂,双方没有和好可能,故于2015年×月×日诉至法院,请求判决原、被告离婚。

第一千零八十三条 离婚后,男女双方自愿恢复婚姻关系的,应当到婚姻登记机关重新进行结婚登记。

【条文主旨】

本条是关于复婚登记的规定。

【条文理解】

本条规定基本上保留了《婚姻法》第35条规定的内容,只是在原规定的基础上增加"重新"一词,使得立法用语更为准确。明确复婚程序,有助于确立合法有效的婚姻关系,维护当事人的合法权益。这样规定,有助于复婚的当事人依据法律的规定,履行复婚程序,确立合法的婚姻关系。域外有些国家也有相类似的立法例。例如,《法国民法典》第263条规定,已经离婚的夫妻,如愿意复婚,必须重新登记结婚。离婚后,男女双方均有再婚自由,当然包括复婚自由,复婚自由是再婚自由的题中应有之义。只不过是,由于复婚的双方原来存在法律认可和保护的婚姻关系,此等情形之下,当事人双方可能会基于思维定式和行为惯性,认为彼此依然在"婚姻"的效力之下。法律在此强调复婚重新进行结婚登记,一是确保法定婚姻形式效力之维护;二是保护当事人的合法权益。特别需要明晰的,复婚登记的法定条件和程序,受理的登记机关和要求与结婚登记完全相同。

【司法适用】

应当明晰,《婚姻法司法解释一》第5条有关事实婚姻的规定是针对《婚姻法》第8条作出的,[①]该条款规定在《婚姻法》第二章"结婚"制度中,并非对离婚后复婚法定程序专门作出的规定。《最高人民法院关于人民法院审理未办结婚登记而以夫妻名义同居生活案件的若干意见》第4条规定:"离婚后双方未再婚,未履行复婚登记手续,又以夫妻名义共同生活,一方起诉'离婚'的,一般应解除其非法同居关系。"司法实践中,对于夫妻双方离婚后是否重新建立婚姻关系,应依照《民

---

① 《婚姻法司法解释一》第5条规定:"未按婚姻法第八条规定办理结婚登记而以夫妻名义共同生活的男女,起诉到人民法院要求离婚的,应当区别对待:(一)1994年2月1日民政部《婚姻登记管理条例》公布实施以前,男女双方已经符合结婚实质要件的,按事实婚姻处理;(二)1994年2月1日民政部《婚姻登记管理条例》公布实施以后,男女双方符合结婚实质要件的,人民法院应当告知其在案件受理前补办结婚登记;未补办结婚登记的,按解除同居关系处理。"

法典》“婚姻家庭编”第1083条“离婚后,男女双方自愿恢复夫妻关系的,应当到婚姻登记机关重新进行复婚登记”的规定予以确认。未办理复婚登记的,应认定为同居关系,不能适用《婚姻法司法解释一》第5条有关事实婚姻的规定处理。

【司法案例】

案例一

应某诉浙江省慈溪市民政局婚姻行政登记案①

诉讼结论:被诉婚姻登记行政行为违反了法定程序,对于原告要求撤销被诉行政行为的诉讼请求,法院予以支持。

基本案情:原告应某与第三人潘某于2005年1月25日离婚,在处理离婚事宜时,因打算将共有房产赠与其子而未予分割房产,也未办理房产过户登记手续。2008年12月17日,第三人为利用与原告的共有房产作抵押获取银行贷款,利用原告的第一代身份证,由案外人戴某以原告名义与第三人共同向被告民政局提出复婚申请。第三人与戴某在被告处分别填写了“申请结婚登记声明书”,并在“结婚登记审查处理表”上签名。被告工作人员为两人办理了结婚登记,并颁发了浙慈结字150807329号结婚证。

原告与第三人离婚后未共同生活,对登记结婚一事并不知情,也无复婚意愿,直至2013年9月收到法院关于某银行诉请原告与第三人共同还款的传票才获知此事。

法院认为,婚姻登记行为是一种确认婚姻法律关系的行政行为,当事人对婚姻登记行为不服提起诉讼的,属于人民法院诉讼受案范围,故本案原告有权对被告依法提起行政诉讼。根据《婚姻法》第8条、《婚姻登记条例》第7条之规定,要求结婚的男女双方必须亲自到婚姻登记机关进行结婚登记,婚姻登记机关应当对申请结婚登记当事人出具的证件、证明材料进行审查并询问相关情况,对于当事人符合结婚条件的,予以登记,发给结婚证。本案原告与第三人在离婚后,未共同生活,也没有形成事实上的夫妻关系,其也无与第三人潘菊英复婚的意愿。现基于其他目的,叫他人冒用原告身份去婚姻登记机关,共同向被告申请复婚登记。被告在原告没有亲自到场的情况下办理了复婚登记手续。该被诉行政行为违反了法定程序。

---

① 浙江省慈溪市人民法院(2014)甬慈行初字第2号行政判决书。

案例二

宋某与马某同居关系子女抚养纠纷案①

诉讼结论：当事人登记结婚后，经人民法院判决离婚，自判决书生效之日双方婚姻关系已经解除，如双方自愿恢复婚姻关系，必须到婚姻登记机关进行复婚登记，没有办理复婚登记手续而共同生活，双方系同居关系。

基本案情：上诉人马某（原审被告）、被上诉人宋某（原审被告）经人介绍相识，曾于×年×月×日登记结婚，同年7月25日经定州市人民法院（2007）定民初字第1028号民事判决离婚。判决离婚后，双方又于×年×月同居生活，但未办理结婚手续（×年×月×日双方以遗失结婚证为由，办理了补发结婚登记，补发的结婚证登记时间为×年×月×日）。2008年6月21日双方生育一女。后双方因发生矛盾于2011年秋分居至今。分居时孩子随宋某生活，2013年10月底，马某未征得宋某同意擅自将孩子携走，现孩子随马某生活。后宋某因子女抚养关系纠纷诉至法院。本案中，双方当事人以结婚证丢失为由，补办结婚证的效力依然是初婚婚姻登记效力，而不能认定为复婚登记的效力，法院认定双方是同居关系而非婚姻关系。

第一千零八十四条　父母与子女间的关系，不因父母离婚而消除。离婚后，子女无论由父或者母直接抚养，仍是父母双方的子女。

离婚后，父母对于子女仍有抚养、教育、保护的权利和义务。

离婚后，不满两周岁的子女，以由母亲直接抚养为原则。已满两周岁的子女，父母双方对抚养问题协议不成的，由人民法院根据双方的具体情况，按照最有利于未成年子女的原则判决。子女已满八周岁的，应当尊重其真实意愿。

【条文主旨】

本条是关于离婚后父母子女关系的规定。

---

① 河北省保定市中级人民法院（2014）保民一终字第312号民事判决书。

【条文理解】

本条是有关离婚对子女的效力的规定。是在《婚姻法》第 36 条修改而来。[①]本条第 2 款保留了原来的内容，只是在原规定基础上增加了“保护”的内容，主要是基于未成年人最大利益的考虑，将“保护”纳入进来，使父母对子女的亲权，在内容上涵摄了“抚养、教育和保护”，内涵更为完整。同时，将第 3 款规定中“哺乳期内的子女，以随哺乳的母亲抚养为原则”直接修改为“不满两周岁的子女，以由母亲直接抚养为原则”。本条款参考借鉴了《离婚案件处理子女抚养问题意见》第 1 条的规定，将“哺乳期”直接修改为不满两周岁，便于适用。

离婚后，立法虽然规定了“子女仍是父母双方的子女”，“子女与父母的关系不因离婚而消除”，但是，事实上子女只能随父母一方生活，这就必然涉及在离婚案件中需要一并解决未成年子女的抚养权归属问题。第 1 款和第 2 款主要是针对离婚对子女产生效力的规定，同时强调父母对子女所必须承担的法定义务不因婚姻关系的改变而改变。

本条第 3 款解决的是离婚时未成年子女抚养权的归属问题。长期以来，由于立法中“哺乳期”的表述存在不尽周延、界定模糊、不宜操作等诸多问题，裁判中缺乏具体的适用规则。特别是《婚姻法》所称的“哺乳期”。与《离婚案件处理子女抚养问题意见》中所指称的两周岁，存在着概念使用的不一致，造成两周岁以下儿童的抚养归属与子女最大利益原则背离的情况。众所周知，哺乳期是一个不确定的周期，往往会因案而异，案件审理之中不好认定。有时会影响案件审理的法律效果和社会效果。通过司法解释将可变期间确定为“两周岁”这一不变期间，无疑是对婚姻家庭立法进行了扩大解释，同时还出现了司法解释之间相互冲突的问题。[②] 不满两周岁的子女，以随母亲共同生活为原则。但是，其母不能或不宜抚养的除外。如果出现下列情形，也可由父亲直接抚养，具体包括：一是哺乳的母亲患有久治不愈的传染性疾病和其他严重疾病，子女不易随其共同生活的；二是母亲有抚养能力和条件，不尽抚养义务，而父方要求子女随其生活的；三是因其他原因子女确实无法随母方生活。

人民法院处理离婚案件时，判定子女抚养归属的问题是一个审判中的难点。

---

① 《婚姻法》第 36 条规定：“父母与子女间的关系，不因父母离婚而消除。离婚后，子女无论由父或母直接抚养，仍是父母双方的子女。离婚后，父母对于子女仍有抚养和教育的权利和义务。离婚后，哺乳期内的子女，以随哺乳的母亲抚养为原则。哺乳期后的子女，如双方因抚养问题发生争执不能达成协议时，由人民法院根据子女的权益和双方的具体情况判决。”

② 《最高人民法院关于人民法院审理未办结婚登记而以夫妻名义同居生活案件的若干意见》《民事政策法律若干问题的意见》采用的表述与《婚姻法》一致，使用的是哺乳期的概念。

子女由何方抚养,尽可能地通过调解促成父母双方协商一致,由父母双方协议确定,如不能达成协议或达成的协议有违子女最佳利益的,由人民法院根据子女的权益和双方的具体情况判决。法院在判决时,应适当考虑能够表达意愿的未成年子女的意见或参照相关因素,但是必须围绕着一个落脚点,那就是"有利于未成年子女"的原则。

本条款最大的修改亮点是,确立了按照"最有利于未成年子女的原则"或称为"子女本位"的司法裁判原则。这项原则的依据来自联合国《儿童权利宣言》(1959 年)和《儿童权利公约》,这是联合国国际人权文件所确立的处理儿童事物最具有支配力的标准。该原则对世界各国产生了深远影响,成为了不同国家的立法标准。[①] 我国是该公约的起草参与国和缔约国,亦应在立法和司法中体现这一原则。在立法中,我国《宪法》第 49 条第 1 款规定:"婚姻、家庭、母亲和儿童受国家的保护。"《民法典》"总则编"第 128 条规定:"法律对未成年人、老年人、残疾人、妇女、消费者等的民事权利保护有特别规定的,依照其规定。"我国《未成年人保护法》强调,国家应当根据未成年身心发育的特点给予特殊、优先的保护。《反家庭暴力法》也作出了类似规定,法院在确定子女监护权归属时,理应尽可能最大化地保护子女利益。立法主要是考虑,当夫妻关系发生动摇、冲突,家庭经历夫妻关系终止的裂变时,实践中,大多数的子女难以持续维持跟父母双方的关系,子女的需求与父母需求发生冲突,当原应保护儿童的家庭功能丧失或失能,被牺牲的往往是子女的利益。纷争的夫妻双方之间常会出现离间挑拨、强迫同盟、阻挠探望、隐藏子女、将子女卷入诉讼等情况。这样来子女必成为配偶双方的牺牲品。对于孩子而言,其身心健康状态、学业表现、偏差行为、自尊水平、今后婚姻幸福程度等各方面都会有极大影响。需要说明的是,在适用"最有利于未成年子女的原则"时,并非将未成年子女的利益作为诸多利益当中唯一的权衡考虑的要素,而只是诸多要素之中首要考虑的因素。特别是当其他利益和未成年子女的利益发生冲突时,应以未成年子女的利益优先,相比较而言,未成年子女的权利位阶具有优先性,有利于实现未成年子女的最大利益。实践中,应尽可能预防和减少由于父母的离婚,给未成年子女带来的生活环境上的影响及未成年子女性格养成、思想变化、学习成长等不利因素。

在理解和适用本条款时,"子女最大利益"原则是公权力介入亲子关系的恰当

---

① 联合国《儿童权利公约》第 3 条确立了儿童最大利益原则并对相关标准作出规定,该标准确定为:"关于儿童的一切行动,不论是由公私社会福利机构、法院、行政当局、或立法机关执行,均应以儿童最大利益为一种首要考虑。"

路径。审判实务中，一般情况下，只要父母就子女问题达成协议，法官并不介入。虽然绝大多数情况下，父母之间的协议会以子女利益为重，但也不能排除存在父母协议损害子女利益的情况。因此，应赋予法官排除协议效力的权力。有一个问题应当加以注意。法院裁判是以强制力的手段赋予法律文书具有执行之效力，但是不能期待所有的案件审结后就能使当事人对立的关系得以缓解。以修复性司法审判为原则，强化调解和法院的职权主义，强化相关专业的资源整合，这已经成为现今家事审判改革的主要方向。

【司法适用】

审判实践中，左右子女抚养权归属的决定性因素究竟是什么？法院如何进行取舍？特别是当配偶双方都存在着对子女抚养有利的因素，抚养条件相当时，怎么来考虑裁判问题，恰当地作出判决，取得良好的法律效果和社会效果？这不仅是一个立法问题，更多的是法律适用问题。在理解和适用中应当实现父母本位向子女本位的思维转换。确定父母一方与未成年子女的抚养关系时，应依子女的最佳利益酌定考虑下列情形：(1)子女的年龄、性别、人数及健康状况；(2)满 8 周岁子女的真实意愿；(3)父母的年龄、职业、品行、健康状况、经济能力及生活状况；(4)父母抚养教育子女的意愿及能力；(5)父母子女间或未成年子女与其他共同生活者的感情状况。但是在把握立法和司法解释的相关规定时，还要注意避免下列情况：一是避免将父、母的经济条件作为确定子女抚养归属的决定性因素；二是避免将子女现实已经随父或母一方共同生活状态作为决定子女抚养归属的决定性因素；三是避免父母一方主张无生育能力作为确定子女抚养归属的决定性因素。在抚养权归属的案件中，司法裁判时唯一应考量的决定性要素只能是“子女利益最大化的原则”。

通常，司法实践中，基于“最有利于未成年子女利益”原则的要求不宜将抚养权判归有下列情形的一方：(1)患有久治不愈的传染性疾病或者精神病、忧郁症等其他严重疾病的或者智障的；(2)有赌博、吸毒、酗酒、信奉邪教或者有家庭暴力等不利于子女成长的行为；(3)遗弃未成年子女的或者有抚养条件不尽抚养义务的；(4)诉讼中，为争夺子女抚养权擅自将未成年子女带离正在居住的场所或者将子女藏匿的；(5)因违法犯罪被判刑，不可能抚养子女的。父、母一方的生活环境，对抚养子女明显不利的，不宜将子女置于其照护之下。

另外，法院在判决时，是否应当考虑6周岁以上的子女的意见。[①] 我们认为，未成年子女的意愿表达受制于多种因素，例如，年龄、认知水平、表达意愿、外界影响、环境因素等，其意见的真实性往往是难以确定和把握的。在离婚案件中，对子女随父或随母生活产生争执和冲突时，法官应当优先考虑的是未成年子女的健康成长问题，尤其是身心健康。然后再考虑父母的意愿和8周岁以上未成年子女的意愿，这才符合婚姻家庭立法的精神和原则。考虑到满8周岁已有一定的自主意识和认知能力，已经属于限制民事行为能力人，归谁抚养与其权益密切相关，故应当尊重其真实意愿，以更有利于未成年人的健康成长。

在我国，父母子女之间即使没有血缘关系，或没有直接的血缘关系，法律仍然确定了地位与血亲相同的亲子关系，由于此种血亲非自然形成，系依法律设定，故又称“准血亲”或“法定血亲”。法律确认的拟制血亲有两类：一是养父母与养子女以及养子女与养父母的其他近亲属；二是在事实上形成抚养关系的继父母与继子女、继兄弟姐妹。根据法律规定，养父母子女关系的形成应当符合法律规定的条件，并办理收养登记手续。

【司法案例】

原告李某飞诉被告马某离婚纠纷案[②]

诉讼结论：本案按照“最有利于未成年子女利益”的原则，确定未成年子女的抚养归属，将双胞胎婚生子同时判令由被告母亲抚养。

基本案情：原告李某飞、被告马某在英国留学期间相识，自由恋爱，于2001年2月9日在国内登记结婚，婚后双方共同返回英国生活和工作。2017年7月13日，被告在英国伦敦生下双胞胎儿子李某勇、李某平。2017年12月被告独自将双胞胎婚生子带回国后，一直居住娘家，2018年7月13日独自移居香港工作，两名婚生子女随被告父母在大连和三亚生活居住。被告周末与家人团聚。被告回国后，原告为争夺抚养权在英国起诉，以被告违反《海牙国际性非法诱拐儿童民事事

---

① 联合国《儿童权利公约》第12条规定：“缔约国应当确保有主见能力的儿童有权对影响到其本人的一切事项发表自己的意见，对儿童的意见应按照其年龄和成熟程度给以适当地看待。为此目的，儿童特别应有机会在影响到儿童的任何司法和行政诉讼中，以符合国家法律的诉讼规则的方式，直接或通过代表或适当机构陈述意见。”我国《未成年人保护法》第14条规定：“父母或者其他监护人应当根据未成年人的年龄和智力发展状况，在作出与未成年人权益有关的决定时告知其本人，并听取他们的意见。”美国《统一结婚离婚法》第404条规定：“法庭可以在法庭议事室会见子女，以听询子女在监护和探视方面的愿望。”

② 辽宁省大连市沙河口区人民法院(2019)辽0204民初9696号民事判决书。

项公约》为由，要求英国法院发布禁令，判令原告取得监护权，被告归还婚生子。其诉讼请求未得到英国法院的支持。2018 年 6 月本案被告在国内起诉离婚，因当时本案原告不同意离婚，原审法院经开庭审理，调解无效后，认为双方感情确已破裂，判决驳回本案被告诉请，二审维持原判。2019 年 3 月 15 日，原告向太原市迎泽区人民法院起诉，要求判令与被告离婚，婚生双子由原告抚养。被告在答辩期间提出管辖异议。该案原告于 2019 年 3 月 15 日起诉到太原市迎泽区人民法院。

第一千零八十五条　离婚后，子女由一方直接抚养的，另一方应当负担部分或者全部抚养费，负担费用的多少和期限的长短，由双方协议；协议不成的，由人民法院判决。

前款规定的协议或者判决，不妨碍子女在必要时向父母任何一方提出超过协议或者判决原定数额的合理要求。

【条文主旨】

本条是关于离婚后子女抚养费负担的规定。

【条文理解】

本条是在《婚姻法》第 37 条修改而来。原来规定为，“离婚后，一方抚养的子女，另一方应负担必要的生活费和教育费的一部或全部，负担费用的多少和期限的长短，由双方协议；协议不成时，由人民法院判决。关于子女生活费和教育费的协议或判决，不妨碍子女在必要时向父母任何一方提出超过协议或判决原定数额的合理要求”。《民法典》“婚姻家庭编”参考借鉴了《婚姻法司法解释一》第 21 条的规定，将离婚后子女的生活费、教育费统一修改为抚养费，并在语词的顺序上作了适当的调整，法律用语更为规范妥当。

《民法典》“婚姻家庭编”第 1058 条明确规定，“夫妻双方平等享有对未成年子女抚养、教育和保护的权利，共同承担对未成年子女抚养、教育和保护的义务”。同时第 1067 条第 1 款规定：“父母不履行抚养义务的，未成年子女或者不能独立生活的成年子女，有要求父母给付抚养费的权利。”这是立法对家庭关系中父母与子女之间的法定权利与法定义务的基本要求。按照上述规定，离婚后，子女与一方共同生活，另一方的法定抚养义务并没有免除，因此应负担必要的抚养费，是其法定义务的要求。这里的抚养费应当采取扩大解释，具体来说应当包含生活费、教育费、医疗费等必要的费用。[①] 所谓“必要”，是指根据子女正常生活的实际需要，应能维持其衣、食、住、行、学、医的正常需求。具体给付的数额，由双方协议；协议不成，由人民法院判决。人民法院对子女抚养费数额的确定，应当考虑子女的实际需要、父母的经济状况和当地的实际生活水准。

关于离婚子女抚养协议效力的问题。在离婚时，未成年子女的抚养归属和生活状况的保持，无疑应当本着“最有利于未成年子女利益”的原则来处理。父母双方可以协议子女随一方生活并由抚养方负担子女全部抚育费。但经审理查实，抚养方的抚养能力明显不能保障子女所需费用，影响子女健康成长的，不予准许。

关于抚养费的给付数额问题。依照本条规定，子女的生活费及教育费由一方承担部分或全部承担均可，父母双方协议，法律不作限制。但是在父母双方协议不成的情况下，法院裁判时，应当以“必要”为限。最高人民法院颁布的《离婚案件处理子女抚养问题意见》第7条第2条、第3款规定：“子女抚育费的数额，可根据子女的实际需要、父母双方的负担能力和当地的实际生活水平确定。有固定收入的，抚育费一般可按其月总收入的百分之二十至三十的比例给付。负担两个以上子女抚育费的，比例可适当提高，但一般不得超过月总收入的百分之五十。”这是最高人民法院对法院审理离婚时或增加抚养费案件的指导意见。总体来说，在子女抚养费数额的具体确定上，首先根据子女正常生活的实际需要，应能维持其衣、食、住、行、学、医的正常需求，同时需要综合考虑父母双方的经济收入、费用支出、现有生活负担、履行义务的可能性和社会地位等因素，最终作出公平合理的判决。

关于抚养费的给付请求权主体和给付期限问题。从《民法典》“婚姻家庭编”第1067条规定的立法本意来看，抚养费的给付请求权主体仅仅包括两类人：一是未成年子女；二是不能独立生活的成年子女。前者是指未满18周岁的未成年人，至于何谓“不能独立生活”，《婚姻法司法解释一》第20条作出解释，关于“《婚姻法》第21条规定的‘不能独立生活的子女’，是指尚在校接受高中及其以下学历教育，或者丧失或未完全丧失劳动能力等非因主观原因而无法维持正常生活的成年子女。”的规定，是对“不能独立生活的子女”范围的界定。上述法律及司法解释是就父母对“不能独立生活的子女”承担抚养义务属法定义务作出的规定，并不禁止和限制父母对不属于“不能独立生活的子女”之外的子女自愿或通过约定的方式承担抚养义务。

关于抚养费的给付方式。我国立法对抚养费的给付方式未作出明确要求。

---

① 《婚姻法司法解释一》第21条规定：“《婚姻法》第二十一条所称‘抚养费’，包括子女生活费、教育费、医疗费等费用。”

从司法审判实践经验来看,抚养费通常应当以金钱方式给付,但是对一方无经济收入或者下落不明的,可用其财物折抵子女抚养费。抚养费应当定期给付,有条件的可一次性给付。对于父母从事农业生产或其他生产经营活动,没有固定收入的,可以按季度或年度分期给付现金或实物。《离婚案件认定夫妻感情确已破裂意见》有相关规定。

【司法适用】

婚姻存续期间能否要求一方支付抚养费?按照本条规定,未成年子女要求支付抚养费,基本上都是在夫妻双方离婚时或离婚后才产生的,而在婚姻存续期间,由于夫妻双方财产为共有财产,是否能要求不尽抚养义务的一方支付抚养费。关于这一问题,立法和司法解释均未作出规定。2015 年 11 月,最高人民法院通报了 30 起婚姻家庭纠纷典型案例,其中,"付某桐诉付某强抚养费纠纷案"给出了答案。在《婚姻法司法解释三》出台之前,对此一直存在争议。而《婚姻法司法解释三》第 3 条则对此作出了明确规定:"婚姻关系存续期间,父母双方或者一方拒不履行抚养子女义务,未成年或者不能独立生活的子女请求支付抚养费的,人民法院应予支持。"抚养子女是父母应尽的法定义务,无论是婚内还是婚外、婚生子女抑或非婚生子女,父母的抚养义务是不变的,只要父母一方不履行该抚养义务,未成年子女有权利向其主张抚养费。同时,在子女抚育费数额的具体确定上,还要根据子女正常生活的实际需要,应能维持其衣、食、住、行、学、医的正常需求,并需要综合考虑父母双方的经济收入、费用支出、现有生活负担、履行义务的可能性和社会地位等因素,最终作出公平合理的判决。

在前面所述 30 起婚姻家庭纠纷典型案例,其中"余某诉余某望抚养费纠纷案",就在裁判文书中充分体现了"最有利于未成年子女"的原则或"未成年人最大利益"的原则。在家事案件的审理中,法官在对未成年子女的抚养费进行判决、调解时,抚养费标准一般是依据当时当地的社会平均生活水平而确定。但随着经济的发展,生活水平的提高及物价上涨等因素,法院原先所判决、调解的抚养费的基础已经不存在或发生很大改变,再依据当时的条件和标准支付抚养费,已经不能满足未成年子女基本的生活要求,不能保障未成年子女正常的生活和学习。因此,法律和司法解释规定未成年子女有权基于法定情形,向抚养义务人请求增加抚养费。赋予未成年子女变更通常是增加抚养费的请求,主要是基于最大限度保障未成年子女利益的考量,在原审裁判文书已经发生法律效力的情况下,准予未成年子女和不能独立生活成年子女请求增加抚养费的诉请,契合了我们中华民族尊老爱幼的传统家庭美德教育,符合社会主义核心价值观的要求。

实践中,随着我国高等教育的普及,上大学(含各类职业技术学校)越来越成为适龄青少年的普遍选择。就我国传统习惯和绝大多数的家庭选择而言,未获得经济独立的成年子女就读大学的费用,由有经济能力的父母支付已然成为社会广泛认同的惯例。如果我国相关立法,作出了与之相悖的规定,[1]父母没有法定义务和责任承担读书期间的必要费用,势必造成了行为习惯、社会认同和法律规定之间的冲突,特别是在离异家庭中,这种冲突直接导致了亲情的反目和对立。所以,人民法院在抚养费纠纷案件的审理中,应当注意此类案件的处理,尽可能通过调解的方式,使裁判结果达到法律效果和社会效果的统一。

【司法案例】

原告李泊霖、李宁诉被告李涛抚养费纠纷案[2]

诉讼结论:男、女双方在离婚时达成的离婚协议中关于子女抚育费约定的履行问题而产生纠纷,应当就协议的合法性进行司法审查;超出合理费用的诉讼请求,法院应当不予支持。

基本案情:原告李泊霖系被告李涛之子,被告李涛与原告的母亲李宁于2008年9月协议离婚并到民政部门办理了离婚手续。离婚协议书约定"原告李泊霖由男方抚养,女方暂代养孩子四年,男方不支付抚养费。孩子上大学、结婚费用全部由男方承担"。当时原告李泊霖刚满14岁,此后原告李泊霖一直由其母亲李宁抚养。自2012年9月,原告李泊霖进入武汉科技大学学习,除每年需要交纳学费、校内住宿费、职业培训费等,还需要一大笔生活费,原告李泊霖因此多次向被告要钱支付上述费用,但被告作为父亲一直拒不支付。原告李泊霖、李宁诉至法院。

法院认为,男、女双方在离婚时达成的离婚协议中关于子女抚育费约定的履行问题而产生纠纷,应当就协议的合法性进行司法审查。履行债务人如果没有证据证明权利人具有可维持生活、学习的收入来源,法院可以综合考虑债权人所在地的消费水平以及另一方收入等情况,酌情确定被告应当给付抚养费的数额,超出合理费用的诉讼请求,法院应当不予支持。离婚协议的一方当事人不是抚养费请求权的权利主体,其原告主体不适格。

---

① 《婚姻法司法解释一》第20条规定,《婚姻法》第21条规定的"不能独立生活的子女",是指尚在校接受高中及其以下学历教育,或者丧失或未完全丧失劳动能力等非因主观原因而无法维持正常生活的成年子女。

② 该案为最高人民法院2015年公布的婚姻家庭纠纷典型案例,由山东省临沭县人民法院审理。

第一千零八十六条　离婚后，不直接抚养子女的父或者母，有探望子女的权利，另一方有协助的义务。

行使探望权利的方式、时间由当事人协议；协议不成的，由人民法院判决。

父或者母探望子女，不利于子女身心健康的，由人民法院依法中止探望；中止的事由消失后，应当恢复探望。

【条文主旨】

本条是关于子女探望权及其行使的规定。

【条文理解】

探望权是指父母离婚后，不直接抚养子女的父或母一方享有的在一定的时间、地点探望子女，与未成年子女的联系、会面、交流等的权利。探望权基于血缘关系而产生，在婚姻家庭立法中是一项非常重要的权利，具有高度的专属性。我国《婚姻法》第38条在借鉴了国外相关立法经验，并结合我国婚姻家庭领域的具体情况的基础上对探望权首次进行了规定："离婚后，不直接抚养子女的父或母，有探望子女的权利，另一方有协助的义务。行使探望权利的方式、时间由当事人协议；协议不成时，由人民法院判决。父或母探望子女，不利于子女身心健康的，由人民法院依法中止探望的权利；中止的事由消失后，应当恢复探望的权利。"相比原来的立法规定，本条在立法语言的表述上作了适当的调整，但是立法的宗旨和本意并没有变化。

众所周知，当夫妻关系发生动摇、冲突时，家庭关系和亲子关系必然也会发生动摇甚至是裂变。在夫妻关系严重冲突时，大多数的未成年子女难以持续维持跟父母双方的关系，孩子的需求与父母需求产生冲突，当原有的保护儿童的家庭功能发生严重障碍，由于未成年子女地位相对弱化，被牺牲的往往是未成年子女的利益。实践中，在夫妻非合意离婚的情形下，亲子关系会被裹挟于夫妻之间的冲突中，必然出现一些偏差行为，如挑拨离间、强迫同盟、阻挠探望、隐藏子女、将子女卷入诉讼等。以上种种行为表明，离异夫妻如不建立合作关系，子女必成为双方的牺牲品。对于未成年子女而言，其身心健康状态、学业表现、偏差行为、自尊水平、未来婚姻认知，生活幸福度等各方面都会受到极大影响。探望权的立法目的在于，保证夫妻离异后非直接抚养子女的一方能够定期与子女团聚。这样，一来有助于加强子女与非直接抚养的父或母的沟通与交流，又有利于弥合家庭解体给亲子之间造成的感情伤害，从而保护未成年子女的合法权益；二来有助于未成年子女的生理、人格、情感的健康成长，又有利于满足父母对子女关心、爱护的情感需求；三来有助于父母积极充分地了解子女的生活、学习等情况，从而更好地行使和履行抚养教育子女的权利义务。

根据本条款之规定，探望权的权利主体为不直接抚养子女的父或母，义务主体为随子女共同生活的另一方。此处的父母子女既包括婚生子女与父母，也包括非婚生子女与父母、养父母养子女及同意继续抚养的有抚养关系的继父母与继子女。

子女探望权行使是指离婚后，间接扶养子女的一方探望子女。对探望的方式、时间安排一般由父母在离婚时协议确定。基于未成年子女的健康成长的考虑，夫妻双方在离婚时应对子女的探望问题进行协商，对探望方法、时间进行具体、细致的安排。间接扶养方在行使探望权时，直接抚养子女的一方有协助的义务。如果直接抚养子女的一方不履行协助探望的义务，或者是采取各种手段，阻碍另一方实现探望权，那么有探望权的一方可通过向人民法院起诉，实现自己的探望权。

【司法适用】

当前，人民法院受理的探望权纠纷案件数量不断增加，司法实践中在此类案件的审判和执行过程中也遇到了诸多问题，出现了“执行难、执行探望权更难”的现象。而审判是执行的先决条件，因此，为了在案件审判过程中切实落实探望权的法律规定，尤其是使对探望权的判决更能符合立法初衷，从而更加有效地保护未成年人合法权益，在当前司法实践中应当注意以下几个问题：

首先，关于探望权纠纷案件的受理。离婚时双方对子女探望不能达成协议的，由人民法院在处理离婚案件时一并判决。一般在不影响子女的学习、严重改变子女生活规律的前提下，确定一段时间内，间接扶养方可与子女单独交流相处。如果人民法院已经作出的离婚判决没有涉及子女探望权的，最高人民法院在2001年12月27日起施行的《婚姻法司法解释一》第24条提供了法律救济的途径，“当事人就探望权问题单独提起诉讼的，人民法院应予受理”。司法实践中，人民法院在处理探望权纠纷时，首先应由当事人双方本着有利于子女身心健康发展的目的，对行使探望权利的方式、时间协商确定，协商不成的，法院应当在综合考虑子女的年龄与父母的居住地点、工作性质、身体和精神的健康状况、个人品德等具体情况的基础上予以综合判定。

其次，司法实践应当把握的基本原则。人民法院应根据探望权人的实际情况，第一，本着“最有利于未成年子女利益”的原则来确定具体探望方式、时间和地点。对探望权的安排因情况不同而有所区别，主要是周末、假日、子女生日等特殊日子进行探望。法院在判决或调解协议中应对探望权的安排作出明确规定，增强可操作性，避免当事人在执行时发生争议。第二，方便权利人探望的原则。通常，法院在进行裁判时，为确保裁判文书的可执行性，判决主文中不宜对探视的时间、地点、方式确定得过细，否则会导致由于某些客观原因造成探望权人的权利无法实现的情况，不仅会降低裁判文书的可操作性，同时更是加大了探望权纠纷案件的执行难度。对拒不执行有关探望子女的判决或者裁定的，人民法院可对有协助义务的个人和单位采取拘留、罚款等强制措施。

最后，隔代探望权正当性和合法性的认识。从法理基础和现实需要看，设置隔代探望权十分有必要。探望权制度的设立旨在基于保护特定亲属身份之间的亲情利益。现实生活中，许多未成年人幼年都由（外）祖父母抚养照顾，其间有着血浓于水的自然感情。这种因血缘、身份而产生的特殊情感，不因父母离婚、离世等外在因素的影响而消失。在父母离婚的情形中，祖、孙间保持良好的日常沟通和感情交流，有利于减轻外在不利因素对未成年人造成的心理伤害，促进其未成年人人格的健康成长。同时，亦符合权利与义务相一致原则。某些特定情形下，（外）祖父母与（外）孙子女间亦会形成法律上的权利与义务。如本编第1074条规定的特定情形下祖孙间的抚养、赡养义务，“继承编”第1128条同样规定了特定情形下（外）孙子女代位继承制度等。同理，父母一方死亡后，（外）祖父母代替死亡子女行使探望权于法于理也并不冲突，有其合理性。

实践中，人民法院对于祖辈主张探望权的纠纷，不宜采取回避态度。尽管现行立法未明确规定隔代探望权，据此，简单否定祖辈行使隔代探望权有违该项制度立法本意和婚姻家庭法所具有的伦理价值取向，也不符合民众对法律的期待。立法机关的用意十分明确，赋予法官自由裁量权，结合个案情况进行妥当处理。

【司法案例】

宋某女、殷某男探望权纠纷案①

诉讼结论：判决依法确定的探望权及探望权行使的时间和方式，义务人负有协助的义务。

基本案情：原告（上诉人）与被告（被上诉人）原系夫妻关系，双方于2011年9月19日登记结婚，婚后于2012年8月26日生一女孩，取名殷某甲，2014年9月10日生一男孩，取名殷某乙。原告于2015年6月16日向法院起诉离婚，法院判决准予原、被告离婚，婚生女殷某甲由被告直接抚养，婚生子殷某乙由原告直接抚养。在该案中对子女的探望并未作出具体的判决。原告、被告离婚后，双方婚生

① 山东省淄博市中级人民法院（2016）鲁03民终993号民事判决书。

女殷某甲现由在山西阳泉市的被告父母代为照料，并在阳泉市城区幼儿园上学。被告现居住山东省淄博市博山区某小区×号楼×单元×号。原告起诉至一审法院，要求判令被告协助其行使探望权。一审法院据此作出判决：一、自本判决生效之日起每年五月一日的九时，殷某男将殷某甲带至博山区某小区门口，由宋某女将殷某甲带走与其共同生活，宋某女于当年五月三日的十七时将殷某甲送回至博山区某小区门口，由殷某男领回；二、除上述探望方式外，自本判决生效之日起每年的十月一日九时，殷某男将殷某甲带至博山区某小区门口，由宋某女将殷某甲带走与其共同生活，宋某女于当年的十月七日十七时将殷某甲送回至博山区某小区门口，由殷某男领回。原告不服一审判决，提起上诉。

二审法院认为，探望权行使的方式应以利于未成年子女的健康成长为原则。案涉未成年子女由祖父母代为照料，权利主体要求除周六、周日之外的寒暑假及法定节假日都行使探望权，不利于子女的身心健康和生活稳定，同时影响其正常的学习和生活。根据本案实际情况，将探望其婚生子女的时间集中在寒暑假行使较为适宜，既有利于实现行使探望权的目的，又便于权利人具体行使。

第一千零八十七条　离婚时，夫妻的共同财产由双方协议处理；协议不成的，由人民法院根据财产的具体情况，按照照顾子女、女方和无过错方权益的原则判决。

对夫或者妻在家庭土地承包经营中享有的权益等，应当依法予以保护。

【条文主旨】

本条是关于离婚时夫妻共同财产分割原则的规定。

【条文理解】

本条是在《婚姻法》第 39 条的规定基础上修改而来。《婚姻法》第 39 条第 1 款规定："离婚时，夫妻的共同财产由双方协议处理；协议不成时，由人民法院根据财产的具体情况，照顾子女和女方权益的原则判决。"本条第 1 款在原有规定的基础上，增加照顾"无过错方权益"的原则。现行立法为什么要体现"三照顾"原则，主要是基于下列理由：

首先，照顾子女原则。即是照顾抚养子女的一方。我国现行立法的本意，父母离婚必然丧失家庭原有的规模经济和亲情效应，不可避免地会对子女，尤其是未成年子女造成伤害，甚至导致其生活环境发生变化，不利于未成年子女的健康成长。为了尽可能降低这种损害，在处理离婚时包括住房在内的共同财产的分割问题时，对抚养子女且无住房的一方应予以优先照顾，符合“未成年子女最大利益”原则的要求，这种保护是该项原则的具体化。

其次，照顾女方的原则。即是离婚分割夫妻共同财产时，男女双方在同等条件下，照顾女方。夫妻均等分割，并不是夫妻绝对平均，也不是简单地对夫妻共同财产对半分割。70 年来，我国妇女在政治、经济、文化等各方面的地位得到了明显提高，基本上实现了男女平等。但是，由于历史原因、生理原因等多种因素，妇女的经济地位、生活能力总体上相对较弱，男女经济地位短期内还不能实现完全平等。以住房为例，在计划经济体制下，分房过程中长期存在“分男不分女”的隐性规则，公有房屋的承租人多为男方，这样就使妇女在离婚公房承租纠纷中处于不利的地位，即使在市场经济的大背景下，传统习俗倡导“男婚女嫁”，婚姻中住房一般由男方提供，离婚导致婚姻规模经济丧失，同时失去的还有保障性住房。一些妇女离婚后无房可住、无家可归，合法居住权益难以得到保障，对女性离婚后的生活也十分不利，导致了社会中离异妇女贫困化这一不良现象的产生。因此，在共同财产分割特别是保护房屋承租权及居住权等方面，照顾女方的利益是十分必要的。当然，在解决住房问题时，如果夫妻双方对住房主张的条件均等，人民法院会对生活困难、残疾、缺乏劳动能力者予以照顾，这也体现了法律对社会弱势群体利益的优先考虑。这是由我国当前妇女经济地位所决定的。所以，在立法上继续保留“照顾女方”是没有必要的，这是我国婚姻家庭立法长期以来坚持的立法思路。《婚姻法》和《妇女权益保障法》以及最高人民法院的有关司法解释中不只一处均规定，在分割夫妻共同财产时，在双方其他条件相同的情况下，照顾女方利益的原则。[①]

最后，照顾无过错方的原则。过错是承担民事责任的基本前提，因一方重大过错而引起的离婚案件，除了分清是非、明确责任外，在共同财产分割及住房问题的处理上也要给予无过错方以适当的照顾，其目的是增加法官判决分割财产的考量因素。这里的过错包括婚姻存续时间和当事人对婚姻关系破裂是否有过错。婚姻关系存续时间的长短一定程度上能够反映夫妻之间互相扶助义务的履行情况，分割夫妻财产时将其作为考虑因素之一，体现了公平分割理念。导致夫妻关系破裂的原因，主要是考虑对无过错方的救济。原司法解释中曾经规定了分割财

---

① 《妇女权益保障法》第 48 条规定：“夫妻共有的房屋，离婚时，分割住房由双方协议解决；协议不成的，由人民法院根据双方的具体情况，按照照顾子女和女方权益的原则判决。夫妻双方另有约定的除外。夫妻共同租用的房屋，离婚时，女方的住房应当按照照顾子女和女方权益的原则解决。”《离婚财产分割意见》也有类似规定。

产时对无过错方的照顾,但《婚姻法》未将其作为财产分割原则。从审判实务看,法官在分割财产时仍然会考虑当事人的过错;从目前民众观念看,对离婚案件中分割财产考量当事人的过错比较认可,故建议在法条中将这一原则予以明文规定,但是,是否需要对此处"过错"予以限定,需要仔细斟酌。一般情况下,分割财产中的过错认定,不应等同于离婚损害赔偿,只要认为有违婚姻义务导致婚姻破裂,即可认定为过错方。

除此之外,还应当坚持有利于生产和生活的原则。随着近年来人民生活水平的不断提高,离婚时常常涉及生产资料的分割。因此,分割共同财产时,应注意从有利于生产和生活的需要出发,不损害财产的效用和价值。生产资料应尽可能地分给从事生产和经营的一方,对另一方可分给其他财产和作价补偿。对各种生活资料应考虑双方和子女的生活需要,实事求是地合理分割。夫妻对夫妻共同财产协议不成时,由人民法院根据财产的具体情况判决。法律授权人民法院根据财产的具体情况分割夫妻共同财产是正确的,也是符合实际的。人民法院要结合夫妻共同财产的性质、数量、财产的实际状况、双方当事人的意愿和生活习惯经济地位等因素,在贯彻"照顾"原则下的基础上,合情合理地分割夫妻共同财产,还需要把夫妻共同财产的分割与债务清偿、子女抚养经济帮助等联系起来通盘考虑。同时,人民法院还应考虑到判决后离婚夫妻对判决的实际履行能力和条件。应当注意,离婚处理分割夫妻共同财产时,不能把属于国家、集体和他人的财产作为夫妻的共同财产加以分割。

还应当明确,离婚后,一方以尚有夫妻共同财产未分割为由请求继续分割的,由双方协议处理;协议不成时,经查明该项财产确属离婚时未分割的夫妻共同财产,由人民法院予以分割。解决司法实践中存在的离婚时遗留的尚未分割的夫妻共同财产的问题,以维护当事人的财产权益。实践中,有种观点认为,根据本编第1092 条的规定,只对一方隐瞒、转移财产或受胁迫、欺诈等情形,再次提起共同财产分割,才能受理。笔者认为不然,该条规定的仅仅是发生上述情形时,当事人可以依据该条维护自身的合法权益,并不是仅仅局限于上述情形才可以提起离婚后财产分割的诉讼。

《婚姻法》第 39 条第 2 款对家庭土地承包权益的保护特别作出明确规定:"夫或妻在家庭土地承包经营中享有的权益等,应当依法予以保护。"本条第 2 款依然保留了原来立法规定。土地承包经营权指以耕作为目的,对集体经济组织或国家所有的农用土地享有的占有、使用、收益的权利。2018 修订的《农村土地承包法》第 3 条规定:"国家实行农村土地承包经营制度。农村土地承包采取农村集体经济组织内部的家庭承包方式,不宜采取家庭承包方式的荒山、荒沟、荒丘、荒滩等农村土地，可以采取招标、拍卖、公开协商等方式承包。”我国《农村土地承包法》第6条规定：“农村土地承包，妇女与男子享有平等的权利。承包中应当保护妇女的合法权益，任何组织和个人不得剥夺、侵害妇女应当享有的土地承包经营权。”第31条规定：“承包期内，妇女结婚，在新居住地未取得承包地的，发包方不得收回其原承包地；妇女离婚或者丧偶，仍在原居住地生活或者不在原居住地生活但在新居住地未取得承包地的，发包方不得收回其原承包地。”由此可见，首先，家庭土地承包经营是以“户”为单位的，“户”内成员只有因死亡或另外取得承包地时，承包经营权才消灭，否则该成员的承包经营权在承包期内是受法律保护的；其次，妇女的土地承包经营权并不因为外嫁、离婚或丧偶的原因而当然丧失，如果妇女在新的居住地未取得承包地，其仍享有原家庭户项下的土地承包经营权。

【司法适用】

（一）法院是否可以受理离婚中涉及土地承包经营权分割的案件

实践中对此一直存在争议。肯定说认为，土地承包经营权具有成员权的属性，权利主体需为农村集体经济组织的成员，成员资格不具有可诉性，因此该类案件不属于民事案件的受理范围。其依据为《最高人民法院关于审理涉及农村土地承包纠纷案件适用法律问题的解释》，该解释第1条明确规定了法院对涉及农村土地承包经营权的纠纷处理的范围。[①] 肯定说则认为，离婚中涉及土地承包经营权分割的案件，法院应该受理。理由在于：一是从物权法的角度看，土地承包经营权属于一种用益物权，是一种可以分割的财产性权利。但是，正如同城市居民享有低保保障一样，土地承包经营权是对于农民的一项最基本的生活保障，分割过程中不应适用离婚案件中的过错补偿原则和经济补助原则。二是从亲属法的角度看，本条第2款明确规定：“对夫或者妻在家庭土地承包经营中享有的权益等，应当依法予以保护。”除此之外，有些省份的地方立法作出了细化的规定，均秉承了此观点，[②]也体现出，法院应该受理该类案件，一是在离婚诉讼中一并提出的；二是离婚后提起的财产分割纠纷的。涉及妇女土地权益保护的，在离婚案件总数中比例一般不高，但是随着土地价值的日益增加，离婚后提起财产分割纠纷的却不

---

① 《最高人民法院关于审理涉及农村土地承包纠纷案件适用法律问题的解释》第1条规定：“下列涉及农村土地承包民事纠纷，人民法院应当依法受理：（一）承包合同纠纷；（二）承包经营权侵权纠纷；（三）承包经营权流转纠纷；（四）承包地征收补偿费用分配纠纷；（五）承包经营权继承纠纷。集体经济组织成员因未实际取得土地承包经营权提起民事诉讼的，人民法院应当告知其向有关行政主管部门申请解决。集体经济组织成员就用于分配的土地补偿费数额提起民事诉讼的，人民法院不予受理。”

② 《江苏省农村土地承包经营权保护条例》第17条规定：“因离婚产生的分户，双方当事人的土地承包经营权按照离婚协议或者人民法院的判决处理。”

少见。土地承包经营权作为民事主体的一项重要财产性权利，不仅会随着土地被征收产生巨大的经济利益，更是作为农民的一项最基本的生活保障，分割过程中应当注意保护妇女的合法权益，使其得到公正的司法救济。

（二）离婚时关于住房的权属认定

1. 夫妻双方婚后用夫妻共同财产购买房屋，产权登记在未成年子女名下。夫妻离婚时不能简单地完全按照登记情况将房屋认定为未成年子女的财产。不动产登记分为对外效力和对内效力，对外效力是指根据物权公示公信原则，不动产物权经过登记后，善意第三人基于对登记的信赖而与登记权利人发生的不动产交易行为应当受到法律保护；对内效力指应当审查当事人的真实意思表示来确定真实的权利人。如果真实意思确实将房屋赠与未成年子女，离婚时应将该房屋认定为未成年子女的财产，由直接抚养未成年子女一方暂时管理，如果真实意思并不是将房屋赠与未成年子女，离婚时将该房屋作为夫妻共同财产处理比较适宜。①

2. 父母为子女出资购房所有权归属问题。在处理离婚纠纷中父母为子女出资所购房屋归属问题时，应根据本编的有关规定及《婚姻法司法解释三》第 7 条，《婚姻法司法解释二》第 22 条之规定，区分父母出资购房的时间、房屋登记的所有权人、父母出资购房的出资比例及出资方式等因素来确定该房屋所有权的最终归属。②

3. 父母出全资为子女买房未登记的情形。(1)如果一方父母出资发生在其子女结婚前，则该出资资金应根据《婚姻法司法解释二》第 22 条第 1 款规定认定为对其子女一方的赠与。受赠一方子女可以获得该债权转化物——不动产的所有权。(2)如果一方父母出资发生在其子女结婚后，则应根据《婚姻法司法解释二》第 22 条第 2 款规定将该出资认定为对夫妻双方的赠与，除非有证据证明父母明确表示赠与一方子女。相应地，子女双方以该共同受赠的出资购买的不动产，是婚后用夫妻共同财产购买的财产，属于夫妻共同财产。

4. 父母出全资为子女买房已登记的情形。(1)婚后由一方父母出资为其已婚子女购买不动产，产权登记在其子女名下，视为只对自己其子女一方的赠与。(2)由双方父母出资购买的不动产，产权登记在一方子女名下的，该不动产可认定为双方按照各自父母的出资份额按份共有，但当事人另有约定的除外。

5. 以父母自己名义签订不动产买卖合同并将不动产所有权过户到子女一方

---

① 最高人民法院民事审判第一庭编：《民事审判指导与参考》（总第 43 集），法律出版社 2011 年版，第 237 页。

② 《父母为子女出资购房所有权归属问题》，载最高人民法院民事审判第一庭编著：《民事审判前沿》（第 1 辑），人民法院出版社 2014 年版，第 241 ~244 页。

名下的情形。(1)如果该不动产过户发生在子女结婚前,显然,该不动产所有权应属于子女婚前财产。(2)如果该不动产过户发生在子女结婚后且该不动产登记在出资父母一方的子女名下,则仍可适用本条规定,视为只对自己子女一方的赠与,该不动产应认定为夫妻一方的个人财产。(3)如果该不动产过户发生在子女结婚后且该不动产登记在夫妻中非子女一方名下或夫妻双方名下,用夫妻共同财产偿还该不动产的贷款,则该不动产应认定为夫妻双方共同财产。

6. 以子女名义签订不动产买卖合同并将不动产所有权登记在一方子女或双方子女名下的情形。(1)如果该出资发生在子女结婚前,则该出资属于接受该出资子女的婚前个人财产。(2)如果该出资发生在子女结婚后,则根据《婚姻法司法解释二》第 22 条第 2 款规定应将该出资认定为对夫妻双方的赠与。相应地,婚后以子女一方或双方名义签订的不动产买卖合同并以该出资作为首付款所购买的不动产,无论登记在子女一方还是双方名下都应视为夫妻共同财产。

7. 婚姻存续期间,取得一方父母单位房改房所有权。(1)婚姻关系存续期间,双方用夫妻共同财产出资购买以一方父母名义参加房改的房屋,产权登记在一方父母名下,离婚时另一方主张按照夫妻共同财产对该房屋进行分割的,人民法院不予支持。购买该房屋时的出资,可以作为债权处理。(2)如果房改房已经登记在夫妻双方名下,可视作一方父母放弃对房改房中因自己参加房改以职级、年龄、工龄等抵扣所享受的福利而对于夫妻双方的赠与,可作为夫妻共同财产进行分割。(3)如果该房登记于夫或妻一方名下,应参照《婚姻法司法解释三》第 6 条的规定,视为对子女的一方的赠与,该房改房应认定为夫妻一方的个人财产,而非夫妻共同财产。

8. 享受本人工龄和已死亡配偶生前工龄优惠后所购公房是否属夫妻共同财产。夫妻一方死亡后,如果遗产已经继承完毕,健在一方用自己的积蓄购买的公有住房应视为个人财产,购买该房时所享受的已死亡配偶的工龄优惠只是属于一种政策性补贴,而非财产或财产权益。夫妻一方死亡后,如果遗产没有分割,应予查明购房款是夫妻双方的共同积蓄,还是配偶一方的个人所得,以此确认所购房屋是夫妻共同财产还是个人财产;如果购房款是夫妻双方的共同积蓄,所购房屋应视为夫妻共同财产。

(三)一方个人财产在婚后产生的收益如何处理的问题

收益一般包括生产经营性收益、投资收益、知识产权收益、孳息、自然增值等等,本编明确了生产、经营的收益和知识产权的收益归夫妻共同所有,而《婚姻法司法解释二》中明确了一方以个人财产投资取得的收益属于"其他应当归共同所有的财产",《婚姻法司法解释三》则明确了孳息和自然增值的个人财产属性。实践中何谓“孳息”的含义解释不尽相同,有进行广义解释的,也有进行狭义解释的。导致对《婚姻法司法解释三》规定认识和把握不同,本文认为应当对“孳息”一词做限缩解释,专指非投资性、非经营性的收益。投资、经营收益与孳息收益的不同之处在于具有风险性、不确定性和主观性的特点。以此推导房屋租金认定为经营性收益比较适宜。果树结的果实也应当归于生产、经营性收益。夫妻一方个人财产在婚姻关系存续期间的增值,包括自然增值(也有称被动增值)和主动增值。前者与夫妻一方或双方的协作劳动、努力或管理等并无关联,比如夫妻一方个人婚前所有的房屋、古董、字画、珠宝、黄金等,是因市场价格上涨而产生的增值,由于抛售后的增值是基于原物交换价值的上升所致,仍应依原物所有权归属为个人所有,将该部分增值认定为一方的个人财产为宜。一般而言,如果物或权利价格的提升是基于人为努力而产生的,应当属于主动增值,原则上按照夫妻共同财产处理。一方婚后用个人财产购买房屋,离婚时该房屋属于“个人财产的替代物”,应认定为个人财产,其自然增值也属于个人财产;一方个人所有的房屋婚后用于出租,其租金收入属于经营性收入,应认定为夫妻共同财产。①

(四)作为夫妻共同财产的知识产权收益如何分割

一方取得的知识产权收益是否属于夫妻共同财产,应以该知识产权的财产性收益取得是否在婚姻关系存续期间为判断标准,而不应以该知识产权权利本身取得的时间为判断依据。夫妻离婚时只能对现有财产进行分割,对没有实现其价值的财产性收益不能估价予以分割,智力成果只有转化为具体的有形财产后才属于夫妻共同财产,而对其配偶在共同生活中付出的劳动,可从其他财产中给予适当补偿、照顾。②

(五)离婚案件中如何处理“夫妻公司”及夫妻对公司享有的股权

工商登记中载明的夫妻投资比例并不能绝对等同于夫妻之间的财产约定,如果有证据证明工商登记所载明的事项只是设立公司时形式上的需要,则应按夫妻双方真实的意思表示去处理。在离婚案件中处理有关“夫妻公司”问题时,既要以《婚姻法》为依据,又要兼顾《公司法》中的规定。在婚姻关系存续期间,无论是用一方婚前的个人财产还是用夫妻共同财产投资设立“夫妻公司”,公司经营所产生的收益均应属于夫妻共同财产。③

---

① 《个人所有房屋的婚后收益认定及其处理》,载最高人民法院民事审判第一庭编:《民事审判指导与参考》(总第56辑),人民法院出版社2014年版,第118~123页。

② 最高人民法院民事审判第一庭编:《民事审判实务问答》,法律出版社2005年版,第205页。

③ 最高人民法院民事审判第一庭编:《中国民事审判前沿》(2005年第1集),法律出版社2005年版,第241~242页。

关于夫妻一方在有限责任公司的出资额的处理。根据《婚姻法司法解释二》第16条的规定,[①]人民法院审理离婚案件时,涉及分割夫妻共同财产中以一方名义在有限责任公司的出资额,另一方不是该公司股东的,若夫妻双方不能就股权分割问题达成一致意见,为了保证公司的人合性,应对另一方请求分割的股份折价补偿。[②]

(六)离婚案件司法审查的范围

司法实践中,夫妻财产不仅涉及共同所有和个人所有的区分,还涉及与其他权利主体财产的区分。法院在审查时应当注意以下几个问题:(1)案涉公司名下的财产,不能直接认定为股东的个人财产。(2)案涉房屋是在夫妻关系存续期间购买,在夫妻一方名下,且一方以自己的名义向案外人转让,诉讼中关于房屋购房款的来源、转让款的用途等陈述前后不一,所提交证据亦不足以证明主张成立,应依法认定为夫妻共同财产。(3)案件诉讼费用承担问题。根据《诉讼费用交纳办法》第29条、第43条之规定,人民法院根据案件的具体情况决定当事人各自负担的诉讼费用数额。当事人对人民法院决定诉讼费用的计算有异议的,可以请求复核。该问题不属于法院审查的范围。

【司法案例】

案例一

刘某诉岳某离婚后财产纠纷案[③]

诉讼结论:根据男女平等的原则予以均分。

基本案情:2007年4月26日,刘某与岳某登记结婚。2008年11月25日,双方生育一女岳某某。2016年12月19日,双方经法院判决离婚,岳某某由岳某抚养。双方在婚姻存续期间,岳某购买储蓄型保险一份,后岳某终止上述保险合同

---

① 《婚姻法司法解释二》第16条规定:人民法院审理离婚案件,涉及分割夫妻共同财产中以一方名义在有限责任公司的出资额,另一方不是该公司股东的,按以下情形分别处理:(一)夫妻双方协商一致将出资额部分或者全部转让给该股东的配偶,过半数股东同意、其他股东明确表示放弃优先购买权的,该股东的配偶可以成为该公司股东;(二)夫妻双方就出资额转让份额和转让价格等事项协商一致后,过半数股东不同意转让,但愿意以同等价格购买该出资额的,人民法院可以对转让出资所得财产进行分割。过半数股东不同意转让,也不愿意以同等价格购买该出资额的,视为其同意转让,该股东的配偶可以成为该公司股东。用于证明前款规定的过半数股东同意的证据,可以是股东会决议,也可以是当事人通过其他合法途径取得的股东的书面声明材料。

② 参见最高人民法院(2013)民申字第838号民事裁定书、最高人民法院(2016)最高法民辖终172号民事裁定书。

③ 北京市通州区人民法院(2019)京0112民初7391号民事判决书。

的履行，于2016年12月30日收到保险公司退保后本金和收益共计20,301.5元。另查，截至2016年12月16日，岳某个人公积金账号余额79,510元，岳某于2012年6月7日从该账户提取24,000元，于2015年5月4日从该账户提取1104.77元。原告刘某向原审法院提出诉讼请求：(1)请求法院判令被告给付其已缴费年限保费14,898元，赔偿其退保损失；(2)请求依法分割婚姻关系存续期间被告公积金105,524.77元；(3)被告承担本案诉讼费。庭下，刘某向法庭申请撤回分割家具家电的请求。

法院认为，根据《婚姻法》的有关规定，夫妻在婚姻关系存续期间所得的下列财产，归夫妻共同所有：(1)工资、奖金；(2)生产、经营的收益；(3)知识产权的收益；(4)继承或赠与所得的财产，但本法第十八条第三项规定的除外；(5)其他应当归共同所有的财产。离婚时，夫妻的共同财产由双方协议处理；协议不成时，由人民法院根据财产的具体情况，依照顾子女和女方权益的原则判决。夫或妻在家庭土地承包经营中享有的权益等，应当依法予以保护。夫妻对共同所有的财产享有平等的处理权。岳某作为本案涉案保险的投保人，其有权按照其同保险公司的合同约定行使合同权利。原告主张岳某恶意终止保险给其造成了损失，应当予以赔偿，缺乏事实和法律依据，本院不予采信。对公积金数额的认定以实际查询到截止日的余额为准。

案例二

孔某与荣某、山东蓝翔高级技工学校等婚姻家庭纠纷案[①]

诉讼结论：撤销一审民事裁定书；由山东省济南市中级人民法院审理孔某诉荣某、山东蓝翔高级技工学校、山东蓝翔职业培训学院、济南宏达职业技能培训学校婚姻家庭纠纷一案。

基本案情：孔某在荣某提起离婚诉讼期间，提起本案诉讼，请求确认其与荣某系以夫妻共同财产出资举办蓝翔学校、蓝翔学院、宏达学校，其作为举办人和出资人对蓝翔学校、蓝翔学院、宏达学校享有权利和权益。孔某不服山东省高级人民法院(2015)鲁民一初字第42号民事裁定，向最高人民法院提起上诉。

法院认为，该诉讼请求实质系在婚姻存续期间，请求确认是否以夫妻共同财产对上述学校出资并享有出资人身份，仍属于婚姻家庭纠纷范畴。根据《最高人民法院关于调整高级人民法院和中级人民法院管辖第一审民商事案件标准的通知》第4条的规定，一般由基层人民法院管辖。但鉴于本案在济南市有重大影响，

① 最高人民法院(2016)最高法民辖终172号民事裁定书。

依据《民事诉讼法》第 19 条第 2 项的规定，本案由中级人民法院审理为宜。

第一千零八十八条　夫妻一方因抚育子女、照料老年人、协助另一方工作等负担较多义务的，离婚时有权向另一方请求补偿，另一方应当给予补偿。具体办法由双方协议；协议不成的，由人民法院判决。

【条文主旨】

本条是关于离婚经济补偿制度的规定。

【条文理解】

离婚经济补偿又称为家务劳动补偿，是指夫妻一方因在家务等方面付出较多义务，在离婚时可请求另一方给予相应补偿的权利。本条是在《婚姻法》第 40 条规定的基础上修改而来。1980 年《婚姻法》没有相应的内容，在 2001 年对该法进行修改时，基于当时的特定情况和社会民众的呼声，增加了离婚经济补偿制度，作为离婚救济制度的重要内容之一。该法第 40 条明确规定："夫妻书面约定婚姻关系存续期间所得的财产归各自所有，一方因抚育子女、照料老人、协助另一方工作等付出较多义务的，离婚时有权向另一方请求补偿，另一方应当予以补偿。"其立法本意在于，体现对家务劳动价值的肯定和尊重。众所周知，家务劳动虽然不能直接创造经济价值，但可以间接地增加家庭财富。实践中，夫妻双方现实的社会地位，特别是经济地位往往具有差异性，通常，女方往往处于弱势。一方面，女方出于照顾家庭的考虑，往往以牺牲自己的工作甚至事业为代价；另一方面，在出现婚姻纠纷导致家庭解体时，女方往往由于没有直接显性经济收入导致其合法权益得不到保障。该项制度是实质正义在婚姻家庭立法中的体现，也是特殊保护原则的重要制度支撑。域外立法例也有类似规定。①

但是，依据《婚姻法》第 40 条之规定，夫妻一方行使家务劳动补偿权需以夫妻分别财产制为前提条件，即"夫妻书面约定婚姻关系存续期间所得的财产归各自所有"。前提性条件的限制，使本项制度的适用范围大大限缩，在实践中成为"具

---

① 《法国民法典》第 270 条规定："离婚，终止夫妻之间的救助义务。配偶一方可能向另一方配偶进行补偿性给付。补偿性给付的目的是尽可能补偿因婚姻关系中断而造成的各自生活条件上的差异。此项给付属于一次性给付，采用本金的形式，数额由法官确定。"《葡萄牙民法典》第 1676 条规定："（1）夫妻双方按各自之能力共同负起承担家庭负担之义务，且任何一方均得通过运用其资源应付有关负担、照顾及教育子女之方式履行该义务。（2）夫妻之一方所承担之家庭负担超过按上款规定应由其负担之部分者，推定其放弃向他方要求给予相应补偿之权利。夫妻任一方均得因对方未承担应负之上述负担，而要求直接收取由法院在对方之收益或收入中指定之部分。"

文”状态。在《民法典》“婚姻家庭编”起草过程中，离婚经济补偿制度的争议焦点在于是否要以分别财产制为前提。绝大多数学者和法官均主张应将这一制度扩展适用于法定婚后所得夫妻财产制。《民法典》“婚姻家庭编”吸纳了社会公众的意见，取消了“分别财产制”这一限制性前提条件，采取不以财产制性质为前提，只考虑一方家务劳动付出的立法模式。

关于离婚经济补偿权的行使。当事人请求权能否得到支持，由法官在适用时结合夫妻财产状况认定和裁决。实践中，享有离婚经济补偿权的一方必须是在婚姻家庭中付出较多义务的一方，基于抚育子女、照料老人或者协助另一方工作而付出较多义务。补偿请求权只能在离婚时一并行使，在婚姻关系存续期间或者是离婚之后提出补偿请求的，人民法院不予支持。

关于经济补偿数额的确定。应当根据权利义务一致的原则进行通盘考量和妥当认定，其中包括：权利一方抚育子女、照料老人或协助另一方工作所负义务的程度、时间等情况；另一方的收益等经济状况。法院在审理此类案件时，要充分查明案件事实，对于确实对婚姻家庭付出较多义务的一方应判决给予一定的经济补偿，使其合法权益能够得到保障。

【司法适用】

实践中，应当注意把握离婚经济补偿和离婚经济帮助制度的区别。二者都属于婚姻家庭立法中离婚救济体系的一部分。二者在制度本身的设计上都是为了保护婚姻关系中的弱者，实现公平正义。其相似之处在于：一是调整手段相同，都是通过财产性的调整手段，实现对婚姻当事人一方的救济；二是适用的时间相同，权利都只能是在婚姻关系解除之时主张；三是表现形式相同，都是一方向另一方进行单向的物质性的财产给付。两者的差异性在于：从制度设置的目的来看，经济补偿制度体现的是一种正义的价值，而经济帮助的制度虽然也体现正义价值同时还体现自由价值；从请求权产生的原因来看，离婚经济补偿制度主要是基于一方在家庭中作出了突出贡献，而这种贡献往往是以自我牺牲作为代价，经济帮助则是一方生活在离婚时陷入困难且又无力解决；从义务的属性来看，经济补偿制度是婚姻关系存续期间法定扶养义务的延伸，而经济帮助制度则是一种具有道德性质的义务。

需要说明的是，经济补偿请求权、经济困难帮助请求权和离婚损害请求权规范发生竞合时，可以一并适用。

【司法案例】

陈某某与被告李某某离婚纠纷案[①]

诉讼结论：原告、被告夫妻感情确已破裂，调解无效，准予离婚；依法酌情判令原告适当给付被告补偿费。

基本案情：原告、被告经人介绍相识，于1991年同居生活，生育一女李某（先天性残疾）。1992年12月30日，原告、被告登记结婚。婚后，夫妻感情尚好，生育一子李某某。2009年，原告、被告因赡养原告母亲事宜，产生口角、吵架，原告离家外出打工，至今未归。另查：婚生女李某每月享受低保260元。现原告诉至法院，要求与被告离婚。被告辩称，自原告离家，一直独自抚养两个孩子，原告现提出离婚，请求判令原告给予补偿，否则不同意离婚。

法院认为，婚姻法规定，人民法院审理离婚案件，应当进行调解，如感情确已破裂，调解无效，应准予离婚。原告、被告婚后本应和睦相处，但由于性格差异，现分居生活长达8年之久，夫妻义务未履行，家庭责任原告未担当，原告、被告已无夫妻感情，应当判决离婚。《婚姻法》第40条规定，"夫妻书面约定婚姻关系存续期间所得的财产归各自所有，一方因抚育子女、照料老人、协助另一方工作等付出较多义务的，离婚时有权向另一方请求补偿，另一方应当予以补偿。"原告离家外出打工，没有承担家庭经济负担和抚育子女责任，被告请求原告给予补偿，符合婚姻法的规定，法院酌情判令原告适当给付被告抚育子女补偿费为妥。

第一千零八十九条　离婚时，夫妻共同债务应当共同偿还。共同财产不足清偿或者财产归各自所有的，由双方协议清偿；协议不成的，由人民法院判决。

【条文主旨】

本条是关于离婚时夫妻债务清偿责任的规定。

【条文理解】

离婚时债务清偿是以夫妻财产制为依据的，离婚时和婚姻关系存续期间的清偿责任，应当遵守相同的规则。关于"夫妻共同债务"的认定，本法第1064条已有明确规定。从性质上来看，夫妻共同债务属于连带债务，夫妻双方各自对同一债

① 吉林省集安市人民法院（2017）吉0582民初382号民事判决书。

务负全部给付义务。

本条是以《婚姻法》第41条修改形成的，将原法条中的“原为夫妻共同生活所负的债务”修改为“夫妻共同债务”。这种修改正是对本法第1064条关于“夫妻共同债务认定”的回应。根据本法，夫妻共同债务包括“基于夫妻共同意思表示所负的债务”、“因家庭日常生活所负的债务”以及“债权人能够证明的债务”。原法条中规定的“原为夫妻共同生活的债务”仅仅是夫妻共同债务的一种，本条以“夫妻共同债务”取而代之，符合制度安排的规范性以及内部条文设计的逻辑自洽。本条内容在《民法典》“婚姻家庭编”制定伊始即确定了下来，《民法典》“婚姻家庭编”一审稿即规定：“离婚时，夫妻共同债务，应当共同偿还。共同财产不足清偿或者财产归各自所有的，由双方协议清偿；协议不成时，由人民法院判决。”在此之前，最高人民法院已经发布了《夫妻债务问题司法解释》，该解释确定了夫妻共同债务的认定规则，尽管对于该解释的内容一审稿并未纳入，但在已有“夫妻共同债务”认定规则的前提下，本条予以修改无疑能够使其更好地与该司法解释的内容相对接。二审稿和三审稿均沿用了一审稿的内容，未作任何修改。只是《民法典》最终删除了“夫妻共同债务”后面的逗号，以“离婚时，夫妻共同债务应当共同偿还……”为规范表达。

本条规定主要强调四层意思：一是婚姻关系终结时，共同债务已届清偿期，双方具有共同财产且足以清偿共同债务，应当由共同财产予以偿还。共同财产清偿债务后剩下的部分，由双方分割。由此，夫妻共同债务因清偿而消灭。二是双方共同财产不足以清偿共同债务，或者财产归各自所有，或者婚姻终结时共同债务尚未到期，双方或一方不愿意提前清偿的，则由双方协议确定各自所应承担共同债务的份额。应当注意的是，在此情形下，双方共同债务清偿协议除非经债权人同意并免除其连带责任，否则仅具有对内效力，这只是双方约定各自分担的债务份额，并不因此而产生对外效力，离婚后，对债权人而言，该项债务仍为连带债务。三是协议不成时，由人民法院判决。法院根据双方的经济状况、经济能力及照顾女方和直接抚养子女一方的原则，判决双方按一定比例承担债务或者让具有较强经济能力的一方单独承担债务。值得注意的是，由人民法院判决确定的双方各自承担的债务的份额，同样也仅具有对内的效力，并不能因此认为法院判决具有将连带债务变更为按份债务的确定力。四是离婚后，一方因清偿超过自己分担部分的给付债务数额，致另一方免除对债权人的清偿责任，有权向另一方请求偿还其应分担的部分。除此之外，对于夫妻一方个人债务，即夫妻一方婚前以个人名义所负的债务，不因婚姻关系而发生转移，债权人通常不得就夫妻一方婚前个人债务向债务人的配偶主张权利，要求夫妻共同承担。除非债权人能够举证证明该债务与夫妻双方婚后家庭共同生活具有必然联系。

【司法适用】

关于夫妻共同债务的认定,长期以来都是司法审判的难点,原《婚姻法》和相关司法解释的规定不尽相同。《婚姻法》第41条是以“为夫妻共同生活所负的债务”为标准,而《婚姻法司法解释二》第24条是以“所负债务是否发生在婚姻关系存续期间”作为夫妻共同债务认定的标准,这两种规定角度不同,虽然实际上并不相悖,但为司法实践理解与适用带来诸多问题。《婚姻法》第41条本质上是关于离婚时夫妻债务清偿责任的规定,其主要内容在于强调离婚时对于双方共同债务如何清偿,而其之所以能够成为“夫妻共同债务的认定标准”,原因是该条内容中“原为夫妻共同生活所负债务”的表达,将“为夫妻共同生活所负债务”确认为属于夫妻共同债务。如今,关于夫妻共同债务认定已经规定在本法第1064条,本条也在表达上改变了过去对夫妻共同债务的认定内容,只规定离婚时夫妻共同债务的清偿责任,内容回到“正轨”。该条在司法实践中不应再作为夫妻共同债务认定的法律依据,而只是法院在审理离婚纠纷中有关夫妻共同债务清偿可得适用的法律依据。

依据本条规定,对于离婚诉讼中双方就夫妻共同债务清偿难以达成协议的,由人民法院判决。《婚姻法司法解释二》第25条规定:“当事人的离婚协议或者人民法院的判决书、裁定书、调解书已经对夫妻财产分割问题作出处理的,债权人仍有权就夫妻共同债务向男女双方主张权利。一方就共同债务承担连带清偿责任后,基于离婚协议或者人民法院的法律文书向另一方主张追偿的,人民法院应当支持。”由此可见,双方的离婚协议或者人民法院判决书、裁定书和调解书中对夫妻共同债务清偿的处理,仅对夫妻双方内部具有法律约束力,债权人仍然可以向离婚后的双方提起诉讼,人民法院应当支持。对于离婚后一方就共同债务承担连带清偿责任,致使另一方免除对债权人的清偿责任的,该方仍有权基于离婚协议或者人民法院法律文书主张权利,向另一方追偿,请求偿还其应承担的部分,人民法院应当予以支持。尽管这种规定有利于保障各方当事人的合法权益,但同时也体现了离婚债务清偿问题处理上的不确定性。

【司法案例】

冯某巧、陈某民间借贷纠纷案①

诉讼结论:陈某与朱某青之间的债务不能认定为冯某巧与朱某青的夫妻共同

① 浙江省高级人民法院(2018)浙民再字第433号民事判决书。

债务。

基本案情：再审申请人冯某巧因与被申请人陈某、一审被告朱某青民间借贷纠纷一案，不服浙江省杭州市中级人民法院（2017）浙01民终4702号民事判决，向法院申请再审。朱某青、冯某巧于2001年12月10日登记结婚，在朱某青、冯某巧婚姻关系存续期间，朱某青以生活支出及资金周转需要为由，于2016年1月1日向陈某借款40,000元。朱某青在婚姻存续期间内与他人婚外同居并于2016年1月30日非婚生子。2016年1月4日，朱某青与冯某巧补办结婚证。2016年1月12日，冯某巧书面确认朱某青的一笔10万元银行贷款为夫妻共同债务。2016年3月31日，朱某青、冯某巧出售夫妻共有的杭州市江干区九堡金雅苑××幢×单元××××室房屋。冯某巧是在对朱某青所负债务不知情的情况下共同处理夫妻事务。陈某与朱某青系朋友关系，关系良好，往来频繁。2014年9月至2016年2月朱某青以个人名义对外存在多笔借款。但陈某在了解朱某青家庭和经济实力等状况、朱某青2014年所借款项分文未还的情况下出借案涉款项，借条中所列借款人始终仅朱某青一人，其间也从未向冯某巧进行过催讨，冯某巧亦未曾对案涉款项进行追认，陈某在诉讼中并未能举证证明案涉借款系出于夫妻合意或款项用于夫妻共同生活、共同经营、非举债夫妻一方因该举债而增益等相关事实。

法院认为，婚姻关系存续期间，夫妻一方以个人名义因日常生活需要所负的债务，应当认定为夫妻共同债务。但夫妻一方举债明显超出日常生活需要的，应当区别夫妻另一方是否事先同意或事后追认，是否用于夫妻家庭生活其他特殊之需要，包括用于夫妻家庭购买大额物质资产、用于夫妻家庭共同经营活动或虽用于一方经营活动但经营收益归夫妻家庭共同所有的情形，是否给非举债夫妻一方增加其他利益等具体情况，并在兼顾债权人信赖利益保护，防范恶意逃避债务和虚假诉讼的基础上，综合确定是否为夫妻共同债务。同时，在举证责任上，在非举债夫妻一方初步举证证明该举债并无用于夫妻家庭共同生活之需，也未给其增加相应利益，或其抗辩符合普通人之常情的情况下，做出出借款项之积极行为的债权人，应当尽到举证证明借款系出于夫妻合意或款项用于夫妻共同生活、共同经营、非举债夫妻一方因该举债而增益等相关事实之责任。再审法院认为，各方当事人争议的焦点问题为案涉借款债务是否为夫妻共同债务。未经夫妻共同意思之表示，一方独自对外举债之情形，不宜认定为夫妻共同债务。陈某在诉讼中主张案涉款项系冯某巧与朱某青的共同债务，应当尽到举证证明责任，否则应承担举证不能之后果。然，本案中陈某并未能举证证明案涉借款系出于夫妻合意或款项用于夫妻共同生活、共同经营、非举债夫妻一方因该举债而增益等相关事实。因此，案涉债务不能认定为冯某巧与朱某青的夫妻共同债务，故撤销原判，驳回陈某对冯某巧的诉讼请求。

第一千零九十条　离婚时，如果一方生活困难，有负担能力的另一方应当给予适当帮助。具体办法由双方协议；协议不成的，由人民法院判决。

【条文主旨】

本条是关于离婚后经济帮助制度的规定。

【条文理解】

经济帮助是指在夫妻离婚时，一方生活困难，经双方协议或人民法院判决，有条件的一方对于困难的另一方从其住房等个人财产中予以适当经济资助的行为。由于男女两性在婚姻家庭分工中角色的不同，婚姻关系中经常会出现一方的经济地位会弱于另一方，处于较弱经济地位的一方通常为女性，为了避免离婚后的女性及其所抚养子女因离婚而陷入贫困化，离婚时的夫妻经济扶助制度，无疑是我国婚姻立法保护妇女、儿童合法权益原则的重要体现。同时，也有利于打消婚姻当事人的离婚顾虑，进而有利于婚姻自由的实现。

本条规定是在《婚姻法》第42条规定的基础上修改而来。原规定："离婚时，如一方生活困难，另一方应从其住房等个人财产中给予适当帮助。具体办法由双方协议；协议不成时，由人民法院判决。"针对离婚时经济帮助，为使这项制度得到落实，立法中应当明确帮助的原则和方法，无疑可以改变离婚经济帮助适用条件的苛刻，适当提升离婚经济帮助的效用。原1980年《婚姻法》修改时，特别增加了"另一方应从其住房等个人财产"的内容。本编重新回到了立法原点，删除经济帮助给付方式的规定。在理解和适用本条款时，应当注意把握以下几个问题：

首先，离婚时的经济扶助不等同于夫妻间的扶养义务。夫妻离婚时的经济扶助，与夫妻共同生活期间的扶养义务是完全不同的。夫妻间的扶养义务是基于夫妻的身份关系而确定的，因婚姻关系而产生，因离婚发生而终止，是法定义务。而离婚时的经济帮助绝不是夫妻法定扶养义务的继续，而是基于道义的考虑，从原有的婚姻关系中派生出的一种法律责任。

其次，离婚后的经济扶助不是无条件的，而是有条件的。一是请求经济帮助的一方必须是生活困难并且自己无力解决，如丧失劳动能力，无其他的生活来源，生活难以维持。一方离婚后没有安居之所。二是生活困难发生在离婚之时。即在离婚时，其个人的财产和离婚分得的财产无法维持当地基本生活水平。三是经济扶助是一种即时性措施。四是提供经济帮助的一方必须有负担能力。五是经济扶助并不以扶助方对离婚有过错，而被扶助方无过错为条件。

最后，离婚时经济帮助的方式。具体方式由离婚双方进行协商，在平等自愿的基础上形成一致意见。若无法达成协议，由人民法院根据具体情况在判决中予以确定。人民法院首先进行调解，调解不成时才进行判决，主提供经济扶助的一方所提供的住房以及其他财物，应从其个人所有财产中支付，切忌将经济扶助与离婚时夫妻共同财产分割的问题混为一谈。帮助的形式，除了金钱财物之外，可以是房屋的居住权或者房屋的所有权。

【司法适用】

本条款的规定并没有明确生活困难的一般认定标准和酌定情形，为了便于离婚经济帮助的具体适用，最高人民法院应当以司法解释的方式予以明确。

在审判实践中，如何理解本条款的立法变化，是个值得注意的问题。如前所述，与1980年《婚姻法》相比，2001年《婚姻法》着重强调了以住房进行的离婚后经济扶助内容，之所以对此作了如此修订，特别强调了另一方应从其住房等个人财产中给予经济扶助，即对离婚妇女必需的居住条件的特别保护。众所周知，住房是人们生存的基本生活要素，但由于房屋产权、房屋来源的复杂性，以及房屋居住状况的多样化，很容易使一方、特别是女性一方在离婚后其住房得不到保障。由于男婚女嫁的传统习俗，女方出嫁后通常选择以男方房产为住所，女方并不享有该房屋的产权和承租权，一旦离婚，其居住条件将无法保障。《婚姻法》就是基于切实有效地保障离婚妇女必需的居住条件的现实考虑而作出修改。我国修改后的《妇女权益保障法》针对我国妇女离婚后出现的住房困难，特别强调了对离婚妇女房屋居住权益的保障，规定国家保护离婚妇女的房屋所有权和使用权；夫妻共同租用的房屋，离婚时，应当按照照顾女方和子女权益的原则协议解决；夫妻居住男方单位的房屋，离婚时，女方无房居住的，男方有条件的应当帮助其解决等规定。对这些立法规定，在实践中应作正确的理解和把握。

在司法实践中，一般对于生活困难的认定，通常按照下列情形把握：一方离婚后没有住处的；丧失劳动能力且无生活来源的；患有重大疾病的；其他导致生活困难的情形。依靠个人财产和离婚时分得的财产无法维持当地基本生活水平。经济帮助终止的情形包括：受帮助方已再婚的；帮助方丧失负担能力的；原定的经济帮助执行完毕；帮助方有证据证明不需要给予对方经济帮助的其他情形。在这种情况下，一方仍然要求对方继续给予经济帮助的，人民法院一般不予支持。一方应自行解决生活困难，但是提供经济帮助的另一方自愿继续给予帮助的除外。

【司法案例】

刘某与徐某离婚纠纷案①

诉讼结论:再婚后夫妻关系并未能改善,原告、被告双方对离婚无争议,原告离婚诉请离婚应予照准。原告、被告离婚后,被告无房居住属生活困难一方,原告应给予其适当生活困难经济帮助。

基本案情:原告徐某与被告刘某于2008年6月25日自愿登记结婚,2008年12月3日生一子,取名徐某某。婚前原告于2007年首付40,000元按揭购买了位于东关复兴路花园山庄北××号楼×单元×××室楼房一套。双方共同生活至2012年9月14日,因性格不合协议离婚,协议离婚时约定上述居住房屋归原告所有,孩子徐某某由徐某抚养,抚养费自理。离婚后,原告徐某偿还了全部楼房按揭款,取得了房屋所有权证。之后,原告、被告双方又于2013年10月10日重新登记结婚。共同生活期间双方还是因互不信任,常闹纠纷,原告遂于2015年2月提起离婚诉讼,经凉州区人民法院(2015)凉民初字第1353号民事判决书判决不准离婚后,夫妻感情仍没有好转。故原告再次起诉,诉请判令原、被告解除婚姻关系;抚养婚生孩子。

法院认为,原告、被告虽系自愿登记结婚,但在共同生活期间因为性格不同,未能建立起牢固的夫妻感情。原告、被告因感情不和,曾于2012年协议离婚。复婚后本应珍惜复合的婚姻,但是双方矛盾不断。原告遂起诉离婚,经法院判决不准离婚后夫妻关系并未能改善。原告再次起诉离婚,被告亦感夫妻和好无望,在庭审中表示同意离婚。原告诉请离婚应予支持。关于孩子的抚养,因为双方于2012年协议离婚时约定孩子随原告共同生活,原告亦有稳定的收入,孩子随原告生活有利于孩子的健康成长,故孩子应继续随原告共同生活为宜,考虑到被告无固定生活来源,且双方在2012年协议离婚时已约定,孩子抚养费由原告自理,该约定是双方真实意思表示,可以继续参照,孩子抚养费由原告自理。对诉争的双方共同居住的房屋,因该房屋系原告在结婚前按揭所购,属原告婚前个人财产,且双方协议离婚时已将房屋处置归属于原告。且原告在离婚后自行偿还了剩余房屋按揭贷款,该房屋彻底归属于原告个人所有,被告要求分割的理由无事实依据,依法不予支持。原告、被告离婚后,被告刘某无房居住属生活困难一方,原告应给予其适当生活困难经济帮助,帮助额度参照甘肃省上一年度城镇居民人均消费性支出数额15,507元较为合理,帮助期限以两年为宜。

---

① 甘肃省武威市中级人民法院(2016)甘06民终字第12号民事判书。

第一千零九十一条　有下列情形之一，导致离婚的，无过错方有权请求损害赔偿：

（一）重婚；

（二）与他人同居；

（三）实施家庭暴力；

（四）虐待、遗弃家庭成员；

（五）有其他重大过错。

【条文主旨】

本条是关于离婚损害赔偿制度的规定。

【条文理解】

离婚损害赔偿，是指夫妻一方实施侵权行为，导致另一方受到损害而请求因侵权行为提出损害赔偿的制度。通常该侵权行为也是构成离婚的原因。离婚损害赔偿等同于台湾学者所称的离因损害赔偿。离婚损害赔偿是夫妻离婚时发生的特殊的侵权诉讼。本编明确规定“夫妻应当互相忠实，互相尊重，互相关爱；家庭成员应当敬老爱幼，互相帮助，维护平等、和睦、文明的婚姻家庭关系”。其作为我国婚姻家庭立法的价值准则，理应有制度作为支撑。违反忠实义务、实施家庭暴力、虐待、遗弃等行为，是对配偶的情感和精神最为严重的伤害，必须通过法律制度得以公力救济，这完全符合中国社会的传统习惯和民众认知。一般情况下，法律明确规定损害赔偿的法定情形，表现为婚姻中一方具有重大过错即对婚姻义务的违反。离婚损害赔偿制度的立法价值在于：对在婚姻关系中处于弱势的一方，切实地提供法律救济手段和保障机制。实现法律的公平正义和对弱者的人文关怀。体现法律扶弱济贫，保障弱势群体利益的人文理念与伦理精神。其作为一种民事责任，具有填补损害、精神慰抚、制裁预防违法行为的功能。体现了法律对特定违法行为的制裁，其目的是保护无过错配偶合法权益。

我国1980年《婚姻法》对离婚损害赔偿制度没有规定。《婚姻法》首次确立了该项制度。其原因在于是为了实现当代家庭法领域公平原则和保护弱者原则的要求。该法第46条规定：“有下列情形之一，导致离婚的，无过错方有权请求损害赔偿：（一）重婚的；（二）有配偶者与他人同居的；（三）实施家庭暴力的；（四）虐待、遗弃家庭成员的。”国外有类似的立法例。①

《婚姻法》第46条作为列举性的立法例仅仅规定了四种情形，四种情形之外的其他较为严重的配偶一方的过错行为，只能依靠道德规范来调整，不能通过寻求司法的救济途径加以解决。因此，学界和实务界针对离婚损害赔偿制度，建议增加损害赔偿的请求事由及赔偿范围，以有助于明确离婚损害赔偿请求权的主体，适当提升离婚损害赔偿的效用。《民法典》“婚姻家庭编”通过改变立法技术的方式，将原来的列举性规定修改为例示性的规定，通过增加了一项概括性的兜底条款，赋予法官自由裁量权对立法进行解释和扩充。这种修改无疑是正确的，解决了婚姻当事人一方具有重大过错致使另一方受到严重伤害而得不到救济的问题，使得离婚损害赔偿制度的立法目得以实现，应该予以充分肯定，这是我国长期以来司法实践重要经验的结晶。

应当注意，在本次立法的起草过程中，专家学者和社会公众提出，婚姻无效或者被撤销的，还应当赋予无过错方请求损害赔偿的权利，以有利于保护无过错方的权益。这一建议得到立法机关采纳，“婚姻家庭编”在原有规定的基础上新增一款规定：“婚姻无效或者被撤销的，无过错方有权请求损害赔偿。”本条所规定的离婚损害赔偿制度与本编第1054条所规定的婚姻无效或者被撤销的损害赔偿制度有着较大不同，虽然二者都具有填补损害之功能，但是二者的立法目的、适用范围，构成要件和法定程序大有不同，不能混淆。

【司法适用】

关于离婚损害赔偿请求权的行使。婚姻中无过错方向人民法院提起损害赔偿请求的，必须在离婚诉讼时一并提出，人民法院在作出准予离婚判决时一并裁决。婚姻关系存续期间，配偶一方不得依据本条款的规定就损害赔偿单独提起诉讼。换言之，配偶一方不起诉离婚而单独依据该条规定提起损害赔偿请求的，人民法院不予受理。同理，判决不准离婚的案件，对于当事人依据本编1091条提起的损害赔偿请求不予支持。无过错方为被告的离婚案件中，可以提起损害赔偿的当事人为被告时，被告同意离婚的可以在离婚诉讼中请求损害赔偿。被告在二审期间提出损害赔偿请求的，人民法院应当进行调解，调解不成的，当事人可以在离婚后一年内对损害赔偿另行起诉。如果被告既不同意离婚，也不提起损害赔偿请求的。根据《婚姻法司法解释一》第30条的规定，被告可以在离婚后一年就此单

---

① 《瑞士民法典》第151条规定：“（一）因离婚，无过错的配偶一方在财产权或期待权方面遭受损害的，有过错配偶一方应支付合理的赔偿金。（二）因导致离婚的情形，配偶一方的人格遭受重大损害的，法官可判与一定金额的赔偿金作为慰抚。”

独提起诉讼。

关于赔偿范围。离婚损害赔偿包括财产损害和精神损害,但主要是精神损害赔偿,制度的价值体现为填补损害和精神抚慰的双重功能。最高人民法院颁布的《婚姻法司法解释一》第 28 条明确规定:“《婚姻法》第四十六条规定的‘损害赔偿’包括物质损害赔偿和精神损害赔偿。涉及精神损害赔偿的,适用最高人民法院《关于确定民事侵权精神损害赔偿责任若干问题的解释》的有关规定。”

关于赔偿主体。赔偿主体只能限制在婚姻当事人有过错的一方。对于承担离婚损害赔偿责任的义务人,最高人民法院在《婚姻法司法解释一》第 29 条第 1 款明确规定:“承担《婚姻法》第四十六条规定的损害赔偿责任的主体,为离婚诉讼当事人中无过错方的配偶。”例如,基于本条第一项和第二项之规定,因“重婚”或“有配偶与他人同居”,也不能将第三者追加为当事人列入进来,第三人不能作为离婚损害赔偿的诉讼主体。

关于赔偿责任和赔偿数额确定。离婚损害赔偿案件的审理,可以依据《最高人民法院关于审理人身损害赔偿案件适用法律若干问题的解释》和《最高人民法院关于确定民事侵权损害赔偿责任若干问题的解释》。除判令过错方承担停止侵害、消除影响、赔偿损失和赔礼道歉等民事责任外,可以根据无过错方的请求,判令其赔偿相应的精神损害抚慰金。精神损害赔偿数额根据以下因素确定:一是侵权人的过错程度;二是侵害的手段、行为方式等具体情节;三是侵权行为所造成的后果;四是侵权人承担责任的经济能力;五是受诉法院所在地的平均生活水平。司法实践中,关于损害赔偿责任数额的确定和计算,是一个比较难以把握的问题。特别是离婚损害赔偿包括物质损害赔偿和精神损害赔偿,通常物质损害赔偿范围比较明确,精神损害赔偿是无形的,具有难以用金钱衡量的属性,只能委之于法官,凭借司法经验,根据侵权人的主观恶性、具体情节等因素在个案中予以判断,避免在实践中简单的“一刀切”的做法。

【司法案例】

赵某与刘某离婚后损害责任纠纷①

诉讼结论:驳回刘某原告支付精神损害赔偿金并书面赔礼道歉全部诉讼请求。

基本案情:刘某与赵某 2007 年 12 月 28 日登记结婚,分别于 2010 年 9 月 13 日生育一女赵某 2,于 2012 年 8 月 12 日生育一子赵某 3。2018 年 2 月 24 日,刘某

---

① 北京市第一中级人民法院(2020)京 01 民终 1010 号民事判决书。

与赵某协议离婚并签订《离婚协议书》，载明双方离婚原因系长期两地，感情破裂，协议内容为：一、双方自愿离婚；二、子女抚养为：子、女均归女方抚养，男方每月支付抚养费1万元，男方对子女享有探视权；三、财产分割：(1)婚姻存续期间双方所有房产全部归女方所有；(2)双方目前自有现金不予分割，归各自所有；四、债权债务处理：除房贷以外双方无共同债权、债务，婚前及婚姻关系存续期间个人债务由个人承担，与对方无涉。2019年1月，赵某将刘某诉至法院，要求变更子女抚养权归其所有。法院作出(2019)京0108民初6724号民事判决书，判决驳回赵某的诉讼请求。本案中，刘某主张其于2018年6月知晓赵某婚姻关系存续期间存在出轨行为，在2019年3月(2019)京0108民初6724号案件开庭时，赵某称其于2018年11月再婚，与再婚对象2018年7月生育一子，故刘某主张赵某对二人婚姻存在过错，赵某在二人协议离婚之时、离婚后、提出变更子女抚养权及要求重新分割夫妻共同财产等要求，对其造成伤害，现诉之法院请求赵某支付精神损害赔偿金并书面赔礼道歉。

法院认为，本案双方争议焦点为赵某是否应向刘某支付精神损害赔偿金。《婚姻法》第46条规定："有下列情形之一，导致离婚的，无过错方有权请求损害赔偿：(一)重婚的；(二)有配偶者与他人同居的；(三)实施家庭暴力的；(四)虐待、遗弃家庭成员的。"《婚姻法司法解释二》第27条规定："当事人在婚姻登记机关办理离婚登记手续后，以婚姻法第四十六条规定为由向人民法院提出损害赔偿请求的，人民法院应当受理。但当事人在协议离婚时已经明确表示放弃该项请求，或者在办理离婚登记手续一年后提出的，不予支持。"根据本案查明的事实，赵某在与刘某婚姻关系存续期间，与婚姻外异性存在不当行为，系婚姻关系中存在过错的一方。对赵某的过错行为，予以训诫。双方在此前协议离婚时，曾提及赵某发生婚外情，导致夫妻感情破裂，此时，刘某虽未明确表示放弃损害赔偿的请求，但刘某就损害赔偿提出诉讼请求时，距双方办理离婚登记手续已超出一年，故按照相关司法解释，刘某的诉讼请求不应予以支持。

第一千零九十二条　夫妻一方隐藏、转移、变卖、毁损、挥霍夫妻共同财产，或者伪造夫妻共同债务企图侵占另一方财产的，在离婚分割夫妻共同财产时，对该方可以少分或者不分。离婚后，另一方发现有上述行为的，可以向人民法院提起诉讼，请求再次分割夫妻共同财产。

【条文主旨】

本条是关于离婚夫妻财产公允分割的规定。

【条文理解】

1980 年《婚姻法》在修改时，针对实践中日益增多的离婚时隐藏、转移、变卖、毁损夫妻共同财产或伪造债务企图侵占另一方财产的现象，增加专门条款作出规制，明确了行为人所应承担的法律责任。①《民法典》"婚姻家庭编"保留了该条款，有所不同的是，删除了《婚姻法》第 47 条第 2 款规定的内容，即"人民法院对前款规定的妨害民事诉讼的行为，依照民事诉讼法的规定予以制裁"的内容。主要是考虑《民法典》作为实体法，不宜直接规定妨害民事诉讼的行为的制裁措施。况且相关内容在《民事诉讼法》中有类似的规定。本条款的立法目的就是对离婚时夫妻共同财产公允得以分割给予制度性的保障，针对离婚财产分割时一方当事人实施的违法行为，明确法律责任，给予制裁，以利夫妻共同财产分割的公平，维护另一方当事人的合法权益。

本条第 1 款所规定违法行为侵犯的对象是夫妻共同财产，即夫妻双方在婚姻关系存续期间所得的财产，在共有关系消灭之前，夫妻共同财产权利是一个整体，只有在婚姻关系消灭（离婚或一方死亡）或双方有特别约定时，才能对共同财产进行分割。夫妻在处分共同财产时，应当平等协商，取得一致意见，任何一方不得违背他方的意志，擅自处理。隐藏、转移、变卖、毁损夫妻共同财产，或伪造债务是违法行为的客观表现。隐藏，是指将财产藏匿起来，使另一方无法获知财产的所在从而失去控制；转移，是指私自将财产移往他处，或将资金取出移往其他账户，脱离另一方的控制；变卖是指未征得共有人同意，擅自将财产折价卖给他人；毁损是指采用破坏性手段使物品完全失去或者部分失去原来具有的使用价值和价值；伪造债务是指制造内容虚假的债务凭证，包括合同、欠条等，并将所涉共同财产据为己有。实施上述违法行为之目的，就是将本应属于夫妻共同财产的这部分财产据为己有。其行为侵犯了夫妻另一方对共有财产的所有权，应承担相应的法律责任。域外也有类似的立法例，例如，《法国民法典》第 1477 条明确规定：夫妻二人中任何一方侵吞或隐匿属于共同财产的某些物品，即剥夺该方在这些物品上享有分割权利。

---

① 《婚姻法》第 47 条规定："离婚时，一方隐藏、转移、变卖、毁损夫妻共同财产，或伪造债务企图侵占另一方财产的，分割夫妻共同财产时，对隐藏、转移、变卖、毁损夫妻共同财产或伪造债务的一方，可以少分或不分。离婚后，另一方发现有上述行为的，可以向人民法院提起诉讼，请求再次分割夫妻共同财产。人民法院对前款规定的妨害民事诉讼的行为，依照民事诉讼法的规定予以制裁"

通常，由于夫妻共同财产具有共同共有的法律属性，依照民法共同共有的原理，在离婚时，夫妻共同财产的分割原则上应当均等。① 但是，由于离婚时，婚姻当事人实施了隐匿、转移、变卖、毁损夫妻共同财产，或者伪造债务等行为，主观上不仅具有企图侵占另一方财产的恶意，客观上也妨害了人民法院的诉讼秩序。在这样的背景之下，如果依然采取均等的原则，势必对另一方即无过错方不公平，也难以遏制上述违法行为，进而损害司法的权威。

该款还对离婚后，即离婚案件已审理终结，人民法院的有关财产分割的调解书、判决书已发生法律效力后，又发现有隐藏、转移、变卖、毁损或伪造债务侵占另一方财产行为的处理作了规定。在离婚案件审理过程中，这部分共同财产由于被一方隐藏、转移、变卖、毁损，或伪造债务所侵占而未能发现，因而法院也未能将其作为夫妻共同财产予以分割。另一方可以依据本条规定，向人民法院起诉，请求对这一部分财产进行再次分割。在分割时，关于对隐藏、转移、变卖、毁损夫妻共同财产或伪造债务的一方可以少分或者不分的原则仍应适用。

【司法适用】

司法实践中，如何理解"可以少分或不分"。该条款中所指可以少分或者不分的所涉及的夫妻共同财产的范围，主要是指被隐藏、转移、变卖、毁损的或者伪造的债务侵占的那一部分财产，而不是夫妻共同财产的全部。对少分的具体份额或比例以及在何种情况下可以不分，法律并没有明确规定，只是规定了"可以"少分或者不分。法院在审判实践中，应当根据违法行为的情节和案件的具体情况作出处理。该规定同本编规定的在分割共同财产时应照顾子女和女方权益的原则是否矛盾？二者的关系如何？照顾子女和女方权益原则的确立，主要是基于我国目前广大妇女的经济能力和男子仍有一定差距的国情，同时也是基于宪法关于保护妇女、儿童合法权益原则的要求，二者并行不悖。当然，在现实生活中，如果是女方实施上述违法行为，也应当依照本款规定处理。

《婚姻法司法解释三》第 18 条规定："离婚后，一方以尚有夫妻共同财产未处理为由向人民法院起诉请求分割的，经审查该财产确属离婚时未涉及的夫妻共同财产，人民法院应当依法予以分割。"离婚后，另一方发现对方实施上述行为的，自发现之日起三年内，可以向人民法院请求重新分割夫妻共同财产。

---

① 《民法典》"物权编"第 299 条规定："共同共有人对共有的不动产或者动产共同享有所有权。"

【司法案例】

案例一

雷某某诉宋某某离婚纠纷案①

诉讼结论：原告、被告夫妻感情确已破裂，调解无效，依法判决准予离婚；原告存在转移、隐藏夫妻共同财产的行为，对该部分财产可以少分。

基本案情：原告雷某某（女）和被告宋某某系夫妻关系，双方均系再婚，婚后未生育子女。双方婚后因琐事感情失和产生矛盾，并于2014年2月开始分居。雷某某曾于2014年3月起诉要求与宋某某离婚，经法院驳回后，双方感情未见好转。2015年1月，雷某某再次诉至法院要求离婚，并依法分割夫妻共同财产。

法院认为，宋某某、雷某某因琐事产生矛盾，在法院判决不准离婚后，经法院调解未能和好，可以认定双方夫妻感情确已破裂，应当判决准予双方离婚。雷某某名下银行账户内的存款为夫妻关系存续期间的收入，应作为夫妻共同财产予以分割。其通过ATM转账及卡取的方式，将账户内存款转至案外人名下，对该款项用途的主张未提供证据证明，同时对钱款的去向不能作出合理的解释和说明。应当认定存在转移、隐藏夫妻共同财产的情节。根据法律有关规定，对其名下的该笔存款可以少分。

案例二

孙文青与郭梅德离婚后财产纠纷案②

诉讼结论：夫妻双方调解解除婚姻关系时，未对夫妻双方婚姻关系存续期间的共同财产进行分割，可以另案依法分割。

基本案情：孙文青与郭梅德经人介绍于1991年结婚，婚后生育两男两女。孙文青与郭梅德夫妻关系存续期间，郭梅德无业，家庭收入的主要来源主要是孙文青自1998年到2012年间担任太平煤矿法定代表人的收入。2011年孙文青向甘肃省景泰县人民法院起诉，请求判令其与郭梅德离婚。景泰县法院于2011年3

---

① 北京市第三中级人民法院（2015）三中民终字第08205号民事判决书。本案例是2016年最高人民法院发布第66号指导性案例《雷某某诉宋某某离婚纠纷案》，该案例旨在明确一方在离婚诉讼期间或离婚诉讼前，隐藏、转移、变卖、毁损夫妻共同财产，或伪造债务企图侵占另一方财产的，离婚分割夫妻共同财产时，依照《婚姻法》第47条的规定可少分或不分财产。该指导性案例从《婚姻法》的立法目的和立法原意出发，对《婚姻法》第47条规定的"离婚时"作出了合理解释，有利于惩戒侵害夫妻共同财产的非法行为，保护家庭成员的合法财产权益。

② 最高人民法院（2013）民一终字第210号民事判决书。

月18日作出(2010)景民一初字第46号《民事调解书》,双方自愿达成如下协议:一、孙文青提出离婚,郭梅德同意离婚;二、长女孙小芳、次子孙移丞由孙文青携带抚养,次女孙小惠、长子孙移轩由郭梅德携带抚养,抚养费各自承担。《调解笔录》记载:双方均认可婚后无共同财产及债权债务,并同意调解解除婚姻关系。2012年,郭梅德以在夫妻双方婚姻关系存续期间,孙文青名下银行存款数额高达5300万元,另有孙文青实际经营的太平煤矿、广泰农工商公司的资产、双方购置的房产、车辆等财产,总价在5000万元以上未进行分割为由,向甘肃省高级人民法院提起诉讼,请求依法分割共同财产。

法院认为,夫妻一方可以在离婚后就尚未分割的夫妻共同财产提起诉讼。案件的案由应为离婚后夫妻共同财产的分割之诉,而非离婚之诉,该诉与受理离婚案件法院所做的离婚调解之诉并非同一诉讼请求,一审法院受理本案不违反"一事不再理"原则,符合法律规定,程序合法。同时鉴于当事人有转移、隐匿夫妻共同财产的行为,从照顾女方权益的原则出发进行判决。当事人对自己提出的诉讼请求所依据的事实或者反驳对方诉讼请求所依据的事实有责任提供证据加以证明,没有证据或者证据不足以证明当事人的事实主张的,由负有举证责任的当事人承担不利后果。

第五章　收　　养

收养是自然人依法领养他人子女为自己子女，从而建立拟制亲子关系的法律行为。依收养行为所创设的收养关系，是基于收养行为的法律效力而发生的身份法律关系，是血缘上本无亲子关系的人之间经过法律拟制而具有亲子关系。此种人为所创造的亲子关系在法律上称为拟制血亲或法定血亲。这种身份法律关系即养父母子女关系，虽与血缘关系无关，但也是亲子关系的一种，是对自然血亲的亲子关系的必要补充。

几乎所有的现代法制，都承认收养是亲属关系的渊源。收养制度自其产生发展过程而言，可分为三个阶段。收养在原始社会即已存在，但作为一种制度而存在，则是在家族制度产生之后，然此时之收养乃为延续家之血统，故称为“家本位的收养制”或“为家之收养”。家族制度逐渐失去团体性，血统延续的要求逐渐褪去，收养之目的继而转为以无子女者的个人利益为中心，或为养儿防老，或为承继事业，凡此均为父母个人之利益而利用收养制度，故此时的收养称为“父母本位的收养制”或“为亲之收养”。以两次世界大战为契机，为救济战争中的孤儿、私生子，给予此等不幸儿童以温暖家庭为目的的收养，称为“子女本位的收养制”或“为子女之收养”。由此可见，“过去收养制度的精神集中在收养人身上，服务于收养人通过收养确保家族世代延续和继承姓氏和财产的利益，如今尤其旨在服务于缺乏正常家庭环境的未成年人的利益”。[①]

本章由三节共计26条组成：收养关系的成立、收养关系的效力与收养关系的解除，与原《收养法》相比，本章删除了原《收养法》第一章总则之规定。原因是本法在统合原《婚姻法》和原《收养法》的基础上形成了

---

① ［葡］威廉·德奥利维拉、弗朗西斯科·佩雷拉·科埃略：《亲属法教程》，林笑云译，法律出版社2019年版，第23页。

"婚姻家庭编",故关于收养基本原则之规定,[①]为实现体系上的科学性而置于本编第一章一般规定之中,即本编第一章第1044条:"收养应当遵循最有利于被收养人的原则,保障收养人和被收养人的合法权益。禁止借收养名义买卖未成年人。"

收养行为作为一种身份法律行为,主要包括三方面的内容,即收养的基本类型、收养关系的成立、法律效力与收养关系解除。

首先,根据收养对象的不同,收养可区分为未成年人收养和成年人收养。根据本章的规定,我国民法只承认未成年人收养。根据被收养人与其生父母是否终止权利义务关系,收养可分为完全收养与不完全收养(也称为单纯收养或简单收养)。前者是指自收养关系成立,被收养人与其生父母及其近亲属间的权利义务关系完全消灭,只与养父母之间发生亲子关系,即完全收养使被收养人具有一个新的亲子关系,彻底切断了被收养人与其原生家庭之间的关系。而后者则是指收养关系成立后,被收养人与其生父母之间仍然保留一定的权利义务关系,即养子女不但与养父母之间发生亲子关系,而且与其生父母之间仍保留一定的权利义务关系。完全收养仅适用于未成年人收养,不完全收养既适用于未成年人收养,也适用于成年人收养。完全收养是当前世界收养立法中的发展趋势,其中最主要的原因在于完全收养比不完全收养能够更好地保护未成年人的最大利益。根据本章第1111条规定,养子女与生父母及其近亲属之间的权利义务关系,因收养关系的成立而消除。可见,我国民法只承认完全收养制度。

其次,收养是变动身份法律关系的重要法律行为,不仅关系当事人的人身关系和财产关系,而且关系社会的公序良俗,故法律实行较多的干预。换言之,收养行为的实施,使原本没有血亲关系的收养人和被收养人之间建立了拟制的亲子关系,此种身份关系的变动必须是要式行为。所以,收养关系的成立应当具备实质要件和形式要件。其中实质要件,即为本章关于被收养人条件、收养人条件以及送养人条件等规定,而形式要件即为办理收养登记。但关于收养登记这一形式要件的要求,在我国收养立法及实践中并非一蹴而就的。根据1992年《收养法》第15条第1款之规定,只有收养查找不到生父母的弃婴和儿童以及社会福利

① 《收养法》第2条:"收养应当有利于被收养的未成年人的抚养、成长,保障被收养人和收养人的合法权益,遵循平等自愿的原则,并不得违背社会公德。"

机构抚养的孤儿的,才应当向民政部门办理收养登记。同时,依据最高人民法院1984年8月30日《民事政策法律若干问题的意见》第27条、第28条规定,收养行为发生在《收养法》生效之前,即1992年4月1日之前,养父母与养子女长期共同生活,当事人虽未办理收养手续,仍可按事实收养处理。但根据1999年4月1日新修订施行的《收养法》第15条第1款以及本章第1105条的规定,收养应当向县级以上人民政府民政部门登记。收养关系自登记之日起成立。

再次,关于收养的效力。收养关系的有效必须符合法定的有效要件,该有效要件主要包括:(1)收养关系当事人适格。被收养人、收养人及送养人符合本章规定的相关条件。(2)收养人与送养人在平等自愿的基础上达成收养协议。收养是收养人与送养人平等、自愿合意的结果,是当事人真实的意思表示,此即收养乃法律行为的原因。(3)收养行为不违反法律、行政法规的强制性规定,不违背公序良俗。而关于违反上述有效要件的收养行为的效力,立法例上主要有三种不同的模式:(1)收养废止制。德国民法采统一的收养关系废止制度,原则上收养关系不能撤销,只有在当事人的意思表示存在瑕疵与基于对未成年子女利益的考虑而由家庭法院裁判废止。[①] (2)二元制。所谓二元制,是指关于违反有效要件的收养行为区分为无效与可撤销。如日本民法与我国台湾地区"民法"即采此例。(3)单一制。所谓单一制,是指关于违反有效要件的收养行为要么规定为单一的无效,要么规定为单一的可撤销,而非同时规定无效与可撤销。故单一制又分为"单一无效制"与"单一可撤销制"。收养行为乃身份法律行为,即为一种民事法律行为,根据本章第1113条规定,违反本法总则编关于民事法律行为无效规定的以及本章关于收养条件规定的收养行为无效,即采单一无效制。至于违反本章关于收养行为形式要件的规定的,即收养未经县级以上人民政府民政部门登记的,属于收养行为不成立而非无效。自1999年《收养法》开始,我国已不再承认事实收养关系,所以未办理收养登记的收养行为不成立而非无效。如同结婚登记,未办理结婚登记即以夫妻名义同居生活,在法理上视为婚姻不成立而非婚姻无效。

最后,关于收养关系的解除。收养与结婚在性质上是均属身份法律行为,婚姻关系即得因协议离婚而解除。同理,收养关系成立后,亦得因

---

① 《德国民法典》第1759条。

合意终止收养而使收养关系解除。详言之,收养关系既可因当事人的合意而成立,当然也可以因当事人的合意而解除。现代各国关于收养关系的解除存在两种不同的立法例:一为禁止主义或部分禁止主义立法例,如葡萄牙民法、阿根廷民法等;二为许可主义立法例,如法国民法、日本民法等。我国民法在收养关系的解除问题上,历来采许可主义,允许当事人通过协议解除收养关系。收养关系终究是人为拟制的亲子关系,既然可人为地创设,亦可人为地解除,且其存续基于当事人之间的良好感情,如果因当事人感情恶化无法继续维持收养关系时自应允许协议解除收养关系,也有利于避免收养关系各方矛盾的激化。同时,存在法定事由时,当事人无法达成解除收养关系协议的,可以诉讼解除。

本章有以下几个新变化:第一,本章扩大了被收养人的范围。我国《收养法》为了有利于培养和建立亲子感情,维护家庭关系的稳定,将被收养人的年龄限制在14周岁以下。本章取消了对被收养人的年龄限制,扩大了被收养人的范围,即所有满足法定条件的未成年人均可被收养。同时,为了更加周延,将我国《收养法》第4条规定的"查找不到生父母的弃婴和儿童",修改为"查找不到生父母的未成年人"。因为除了查找不到生父母的弃婴和儿童外,尚存在因其他原因而查找不到生父母的未成年人,如被解救后无法找到生父母的被拐卖的未成年人。第二,关于收养人的条件,增加了"或只有一名子女"及"无不利于被收养人健康成长的违法犯罪记录"。《收养法》第6条规定收养人须无子女,是基于我国计划生育政策所作出的规定,①而本章增加规定"或只有一名子女",这种变化是与我国积极开展应对人口老龄化行动,实施"全面二孩"政策相适应所作出的相应调整。增列"无不利于被收养人健康成长的违法犯罪记录"也是"收养应当遵循最有利于被收养人"这一基本原则的具体体现,亦与《人口与计划生育法》②的规定保持了一致性。收养人如果存在不利于被收养人健康成长的违法犯罪记录即说明其品行不端,自然不能成为收养人。第三,关于收养子女的人数,本章规定"无子女的收养人可以收养两名子女;有一名子女的收养人只能收养一名子女"。这同样是为了贯彻全面二孩政策所作的修改。2015年10月党的十八届五中全会为了应对中国老龄化,人口比例失调等问题,积极开展应对人口老

---

① 《收养法》第3条规定:"收养不得违背计划生育的法律、法规。"

② 《人口与计划生育法》第18条规定:"国家提倡一对夫妻生育两个子女……"

龄化行动实施“全面二孩”政策，只要是合法的夫妻就享有生育二胎的权利，不再受“单独二孩”政策或“双独二孩”政策的限制。因此，本章对于收养子女的人数也较之于《收养法》作出了调整。

第一节 收养关系的成立

第一千零九十三条 下列未成年人，可以被收养：
（一）丧失父母的孤儿；
（二）查找不到生父母的未成年人；
（三）生父母有特殊困难无力抚养的子女。

【条文主旨】

本条是关于被收养人范围的规定。

【条文理解】

收养是指自然人领养他人的子女为自己的子女，依法创设拟制血亲关系的身份法律行为。根据收养对象的不同，收养可分为未成年人收养与成年人收养。收养的目的是使那些无法在正常的家庭环境健康成长的未成年人获得家庭的温暖，健康成长。而成年人一般已具有独立生活的能力，无须他人扶养，且也难以消除其与生父母之间业已形成的亲情，不易与养父母建立起深厚的感情，不利于收养关系的稳定。所以，我国民法历来只承认未成年人的收养。

我国《收养法》将被收养人的年龄限制在14周岁以下，主要理由是为了有利于培养和建立亲子感情，维护家庭关系的稳定，其潜在的逻辑是，14周岁以上的未成年人的心智发育相对趋于成熟，独立意识较强，将其纳入被收养人的范围可能会不利于收养各方当事人家庭关系的和谐稳定。因为收养人与被收养人之间本无自然血缘关系，如果被收养人年龄过大，很难消除他们与其生父母已经形成的父母子女之情，也不易与养父母之间建立浓厚的感情。但从我国的现实情况来看，即便是14周岁以上的未成年人，其一般也需要家庭的经济供给，将其纳入被收养人的范围并不必然会影响各方当事人家庭关系的稳定且上述理由很难适用于丧失父母的孤儿与查找不到生父母的未成年人；相反，14周岁以上的未成年人可能更加懂得珍惜各方亲情，可能更加有利于各方当事人家庭关系的和谐且该年龄段的未成年人大多处于受教育阶段，将其排除在被收养人的范围之外也难谓妥适。同时，亦与“收养应当有利于被收养的未成年人的抚养、成长，保障被收养人的合法权益”的立法目的相违背。故《民法典》取消了对被收养人的年龄限制,扩大了被收养人的范围,即所有满足法定条件的未成年人均可被收养。此外,本条第2项将我国《收养法》第4条第2项规定的“查找不到生父母的弃婴和儿童”,修改为“查找不到生父母的未成年人”更为周延。因为除了查找不到生父母的弃婴和儿童外,尚存在因其他原因而查找不到生父母的未成年人,如被解救后无法找到生父母的被拐卖的未成年人。对于被解救后无法找到生父母的被拐卖的未成年人能否被收养,《收养法》并未明确规定,学者间对此也存在争议。依据本条第2项规定,对于被解救后无法找到生父母的被拐卖的未成年人,经过法定的公告期间后,依然无法找到其生父母的,可以成为被收养人,从而有利于为这些未成年人创造更好的成长环境。

依据本条规定,被收养人只能是满足下列条件之一的未成年人:(1)丧失父母的孤儿;(2)查找不到生父母的未成年人;(3)生父母有特殊困难无力抚养的子女。丧失父母的孤儿,是指父母死亡或被人民法院宣告死亡的未成年人;查找不到生父母的未成年人,是指被生父母遗弃的初生儿或因其他原因查找不到生父母的未成年人;生父母有特殊困难无力抚养的子女,是指因生父母经济困难或身体健康等方面的原因,丧失抚养子女的能力,从而被陷入得不到父母抚养境地的未成年人。上述三种情形下的未成年人,其要么没有生父母,要么虽有生父母但生父母无力抚养,无法或很难在生父母的关怀下健康成长,因此始有被收养的必要。

【司法适用】

在《民法典》颁布之后的司法实践中,须注意《民法典》本条规定与《收养法》第4条规定之间的差异,即本条取消了对被收养人的年龄限制,扩大了被收养人的范围,即所有满足法定条件的未成年人均可被收养。收养关系的成立,是指收养当事人依照本章规定的条件和程序建立收养关系。由于收养关系是变动身份关系的法律行为,关系各方当事人的人身关系和财产关系的变动,也关系公序良俗,故法律实行较多的干预和监督,为收养关系的有效设立设置了诸多条件和程序性规定,而且这些规定为强制性规范。

《民法典》施行之前的收养,符合《收养法》规定的条件和程序而设立的收养关系,能够发生法律效力。即使当时被收养人属于14周岁以上的未成年人,不符合《收养法》规定的年龄条件,但在《民法典》施行之后符合条件的,人民法院在审理收养案件时应当认定收养关系成立有效,依法予以保护。主要理由:一是有利于维护被收养人的权益;二是符合被收养人利益最大化原则;三是赋予本编溯及既往的效力符合我国《立法法》的规定。

【司法案例】

刘某与刘某全确认收养关系纠纷案[1]

诉讼结论:被告刘某全与原告刘某的收养关系无效。

基本案情:原告刘某1994年10月6日出生,因其系父母的第二个子女,当时由于计划生育政策,原告父母为规避罚款与被告协商,以被告的名义认领原告为其养女,取名刘某。1995年1月,被告到××镇派出所办理了原告的户籍信息登记,原告户籍登记在被告刘某全为户主的户籍下,显示与刘某全的关系为养女。原告出生至长大成人期间一直跟随其亲生父母(父亲张某云,母亲刘某会)共同生活,从未与被告以父女名义生活在一起,被告也没有对原告承担任何抚养费用。2017年12月15日,刘某将户籍迁出。

法院认为,根据《收养法》第4条、第15条第1款以及第25条规定,只有不满14周岁的丧失父母的孤儿、查找不到生父母的弃婴和儿童以及生父母有特殊困难无力抚养的子女可以被收养。收养应当向县级以上人民政府民政部门登记,收养关系自登记之日起成立。违反《民法通则》第55条和本法规定的收养行为无法律效力。刘某、刘某全没有形成收养关系的真实意思表示,双方在事实上也没有共同生活,刘某有亲生父母存在且不存在无力抚养的情况,刘某并不具备被收养的条件,且双方未到民政部门办理登记,该收养行为违反了法律的强制性规定,刘某与刘某全之间的收养关系无法律效力。

第一千零九十四条　下列个人、组织可以作送养人:
(一)孤儿的监护人;
(二)儿童福利机构;
(三)有特殊困难无力抚养子女的生父母。

【条文主旨】

本条是关于送养人范围的规定。

【条文理解】

送养人是将未成年人送给他人收养的人或机构。在比较法上,关于送养人的范围,主要有两种立法模式:一种是分散型立法模式,即有关送养人范围的规定并

---

① 重庆市铜梁区人民法院(2018)渝0151民初3520号民事判决书。

非集中统一规定在一个条文当中，而是分散规定在数个不同的条文中。如《法国民法典》在第348条与第348－1条规定了父母可以作为送养人，而在第348－2条至第348－6条则规定了亲属会议可以作为送养人。另一种是统一型立法模式，即有关送养人条件和范围集中规定于一个条文之中。我国《收养法》及本条规定即采此统一立法模式，将不同的送养人集中规定在一个条文中，一目了然，具有较强的体系性。

依照本条规定，只有孤儿的监护人、儿童福利机构与有特殊困难无力抚养子女的生父母始可作为送养人。孤儿，是指其父母死亡或被人民法院宣告死亡的未成年人。所谓“孤儿的监护人”，根据《民法典》“总则编”第27条的规定是指孤儿的祖父母、外祖父母、兄姐或经未成年人住所地的居民委员会、村民委员会或民政部门同意的愿意担任监护人的个人或组织。

儿童福利机构，是指各级政府的民政部门兴办或主管的收容、养育孤儿和查找不到生父母的未成年人的慈善机构，如社会福利院。同时，应予注意的是，本条并未对儿童福利机构的范围作出限定，因此无论是各级政府民政部门兴办的儿童福利机构，还是一些个人或组织兴办的社会福利机构均可作为送养人。此外，儿童福利机构作为送养人时，相关机构应当对所送养的未成年人的来源进行调查，在确定无法找到其生父母的情况下，始可送养。

生父母作为送养人是各国收养法的通例。抚养未成年子女是生父母的法定义务，原则上不得将未成年子女送养他人，但为了保障未成年人的健康成长，在生父母有特殊困难（如经济困难或身体方面的原因等）无力抚养未成年子女时，应当允许其可以作为送养人。因此本条规定有特殊困难无力抚养子女的生父母可以作为送养人。同时，应当注意的是，本条将有特殊困难无力抚养子女、可以送养子女的父母限定为生父母，因此未成年人的养父母、继父母即使其存在特殊困难，无力抚养未成年的养子女或继子女，也不能成为送养人。

【司法适用】

如前所述，依据本条规定未成年人的养父母即使其存在特殊困难，无力抚养未成年的养子女也不能成为送养人。但《民政部办公厅关于收养人因生活困难不能继续抚养被收养人有关问题的复函》（民办函〔2009〕177号）规定：《收养法》第23条规定：“自收养关系成立之日起，养父母与养子女间的权利义务关系，适用法律关于父母子女关系的规定”，因此，已经建立了收养关系的养父母具有和被收养人原生父母同等的权利义务。《收养法》第5条规定，有特殊困难无力抚养子女的生父母可以作为送养人，故有特殊困难无力抚养子女的养父母也可以作为送养人送养其子女。养父母送养子女应当严格按照生父母送养的登记程序办理。从实践来看，一些收养人在收养子女后，可能也会因经济、身体健康等原因而无力抚养养子女，如果不允许其将养子女再次送养，则不利于保护被收养人的合法权益，有违收养的立法目的。但是《民法典》颁布之后，包括《收养法》在内的民事法律将同时废止，且该《复函》属于部门规范性文件，并非严格的法律文件。

此外，根据《中国公民办理收养登记的若干规定》（已失效）第 4 条规定：收养社会福利机构抚养的孤儿或弃婴，应当征得该社会福利机构和其业务主管机关的同意。社会福利机构和其业务主管机关对具备收养条件者，开具同意送养的证明。

【司法案例】

刘某、王某与苏某 1、周某 1 确认收养关系纠纷案[①]

诉讼结论：苏某 1、周某 1 收养苏某 2 的收养关系无效。

基本案情：刘某、王某系夫妻关系，××××年××月××日生一女孩（苏某 2）。1995 年底，刘某之父刘某权将该女孩送给苏某 1、周某 1 领养。苏某 1、周某 1 在未依法办理收养登记的情况下于 1996 年为苏某 2 进行了户口登记，且于 2003 年办理了独生子女证。刘某、王某要求确认苏某 1、周某 1 与苏某 2 的收养关系无效。

法院认为，收养应当遵循平等自愿原则，并不得违背法律规定。本案中，苏某 2 生父母尚在，并无证据证明生父母有特殊困难无力抚养，现有证据亦证明苏某 2 并非其生父母即被上诉人送养，而上诉人在收养时亦未达到法律规定的年龄，且收养并未订立书面协议。无论是被收养人、送养人、收养人还是送养的形式均违反法律规定。上诉人苏某 1、周某 1 收养苏某 2 的收养行为无法律效力。

第一千零九十五条　未成年人的父母均不具备完全民事行为能力且可能严重危害该未成年人的，该未成年人的监护人可以将其送养。

【条文主旨】

本条是关于监护人送养未成年人的特殊规定的规定。

【条文理解】

根据本法“总则编”第 27 条之规定，在未成年人的父母均不具备完全民事行

---

① 江苏省泰州市中级人民法院（2017）苏 12 民终 1090 号民事判决书。

为能力即没有监护能力时,应当依法为该未成年人设立监护人。由于此时未成年人的父母并未死亡,故其并非孤儿,所以根据本章第1094条的规定,监护人并不能将该未成年人送养。出于保护父母合法权益的考虑,本条规定未成年人的父母是无民事行为能力人、限制民事行为能力人时,该未成年人的监护人不得将其送养。这是因为子女一旦被他人收养,将使不具有完全民事行为能力的父母丧失可期待的受赡养、扶助的权利。父母虽为无民事行为能力人或限制民事行为能力人,但子女仍可陪伴照顾自己的父母,成年后还可以对父母尽赡养义务,同时无民事行为能力或限制民事行为能力的父母还有可能恢复民事行为能力。但是,当未成年人的父母对自己的子女存在严重危害的可能性时(如肉体摧残、虐待体罚等),如果仍然坚持监护人不得送养,无疑剥夺了该未成年人享受家庭温暖的权利。所以,当未成年人父母的利益与未成年人的利益产生冲突时,根据"儿童最大利益原则"及本章规定的"最有利于被收养人的原则",应赋予监护人以送养权。但应注意,本条规定的是监护人"可以"送养,而非必须送养。

【司法适用】

如果无民事行为能力或限制民事行为能力的父母并不存在严重危害未成年子女的可能性,仅监护人不愿意承担监护责任,而将该未成年的被监护人送养他人,则该收养行为无效。如果监护人只是不愿意承担监护责任,则应依法变更监护人,而不应将被监护人送养。同样,如果无民事行为能力或限制民事行为能力的父母存在严重危害未成年子女的可能性,监护人不同意送养又不愿意继续履行监护职责的,也应当依法变更监护人。

【司法案例】

隆某芝诉龙某跃、杨某满、杨某贵、龙四香变更抚养权纠纷案①

诉讼结论:未成年人的父母均不具备完全民事行为能力,且未证实存在严重危害该未成年人的可能,其任意一方的监护人均不得擅自将该未成年人送养,擅自送养的收养关系不成立。

基本案情:2013年3月18日被告龙某跃、杨某满在某某县某某镇卫生院生育一名男婴,随后被告杨某贵把男婴送给原告家抚养。2013年10月28日原告家为男婴在某某县公安局某某派出所登记入户,与原告隆某芝登记为一户,户主为原告父亲隆某福,登记监护人父亲为隆某强,监护人母亲为隆某芝。为男婴取名隆某洋。龙某跃1997年10月24日出生,杨某满1998年4月29日出生,两人生育

① 湖南省花垣县人民法院(2015)花民初字第725号民事判决书。

隆某洋时，均未成年，杨某贵、龙某香为杨某满的法定监护人。被告龙某跃、杨某满生育隆某洋时均系未成年人，不具备完全民事行为能力，未证实存在严重危害隆某洋的可能，其任意一方监护人均不得擅自将隆某洋送养，且送养未经县级人民政府部门登记，故原告隆某芝与隆某洋之间的收养关系不成立。

法院认为，未成年人的父母均不具备完全民事行为能力的，该未成年人的监护人不得将其送养，但父母对该未成年人有严重危害可能的除外。本案中，被告龙某跃、杨某满生育隆某洋时均系未成年人，不具备完全民事行为能力，未被证实存在严重危害隆某洋的可能，其任意一方监护人均不得擅自将隆某洋送养，且送养未经县级人民政府部门登记，原告隆某芝与隆某洋的收养关系不成立。

第一千零九十六条　监护人送养孤儿的，应当征得有抚养义务的人同意。有抚养义务的人不同意送养、监护人不愿意继续履行监护职责的，应当依照本法第一编的规定另行确定监护人。

【条文主旨】

本条是关于监护人送养孤儿的特殊规定。

【条文理解】

本条是出于尊重抚养义务人的意愿，规定当监护人送养未成年孤儿的，须征得有抚养义务的人的同意。收养关系一旦有效成立，将使被收养人与其生父母及其他近亲属间的权利义务关系消灭，使未成年人进入一个崭新的生活环境，如果原来的生活环境有利于其健康成长，并且抚养义务人愿意继续抚养该未成年人，自不宜轻易改变原有的抚养关系。所以，监护人送养孤儿的，须征得有抚养义务的人的同意。因为抚养义务人负有抚养未成年人的法定义务，抚养义务人不同意送养即表明其愿意继续承担抚养义务，自应予以尊重。

孤儿的监护人，是指孤儿的祖父母、外祖父母、兄姐或经未成年人住所地的居民委员会、村民委员会或民政部门同意的愿意担任监护人的个人或组织。其中，孤儿的祖父母、外祖父母、兄、姐等近亲属与孤儿之间根据本法“婚姻家庭编”第1074条、第1075条的规定，存在法定的抚养义务。虽然孤儿的监护人有权将孤儿送养，但孤儿的送养与上述近亲属的利益密切相关。因为孤儿被送养将使上述有抚养义务的人免除抚养义务，丧失相互的继承权，也必将割断彼此间的近亲属感情。因此，为了维护上述抚养义务人的利益，兼顾他们之间的亲情，更为了孤儿的健康成长，本条规定监护人送养孤儿的，应当征得有抚养义务的人同意。反之，有抚养义务的人不同意送养，监护人又不愿意继续履行监护职责的，则应依本法“总则编”之规定变更监护人。

【司法适用】

根据《民法典》“总则编”的规定，有权提出变更监护权的人包括依法具有监护资格的人、居民委员会、村民委员会、学校、医疗机构、妇女联合会、残疾人联合会、未成年人保护组织、民政部门等。监护人不履行监护职责，或侵害了被监护人的合法权益的，其他有监护资格的人或有关组织向人民法院起诉要求监护人承担民事责任的，按照普通程序审理；要求变更监护人的，按照特别程序审理；既要求监护人承担民事责任，又要求变更监护人的，分别审理。同时，个人和民政部门以外的组织未及时向人民法院申请变更监护人的，民政部门应当向人民法院申请。民政部门在其他有监护资格的人或组织未及时提起申请时必须主动作为，从而使被监护人的权益在理论及实务中得到充分的保障。

【司法案例】

锦州市社会福利院与北镇市救助管理站申请变更监护人纠纷案①

诉讼结论：指定申请人锦州市社会福利院作为被监护人张某的监护人。

基本案情：被监护人张某系张甲与郭某的非婚生女儿。由于张甲、郭某下落不明，未对被监护人履行监护职责，且张某的祖父母及外祖母均已过世，其外祖父也已年迈，无抚养能力亦无抚养意愿，2018 年 6 月 25 日北镇市救助站作为申请人请求撤销张甲、郭某的监护人资格，法院判决撤销张甲、郭某对张某的监护人资格，同时指定北镇市救助站作为张某的监护人。2018 年 12 月 5 日北镇市救助管理站将被监护人张某送入锦州市社会福利院，被监护人张某现在锦州市社会福利院生活。申请人锦州市社会福利院向法院提出申请，要求变更申请人锦州市社会福利院为张某的监护人。申请人锦州市社会福利院是国家举办的由锦州市民政事务中心主管的隶属于锦州市人民政府的公益机构，也称锦州市儿童福利院，业务范围包括：“三无”人员收养；孤儿与弃婴收养；家庭无力照管残疾儿童收养；老人收养；收养人员护理与康复治疗；收养人员教育与委托管理。

法院认为，确定监护人时应考察其监护能力、监护条件等因素是否更有利于被监护人的生活、学习和健康成长。关于监护权纠纷，应从有利于被监护人的身心健康、保障被监护人的合法权益出发，结合申请人、被申请人双方的监护能力和监护条件以及机构的职能职责的情况妥善解决。本案中，被监护人张某系未成年

---

① 辽宁省北镇市人民法院（2019）辽 0782 民特 3 号民事判决书。

人,其父母下落不明,祖父母及外祖母均已过世,其外祖父也已年迈,无抚养能力亦无抚养意愿,被申请人北镇市救助管理站经本院判决指定为张某的监护人,但被申请人系临时救助机构,无长期抚养教育未成年人的职能和能力,不能履行监护职责,而申请人锦州市社会福利院既能对被监护人提供收养照顾,在取得监护权后,又能安排被监护人到辽宁省孤儿学校进行学习,综合考虑各方因素,认为指定申请人锦州市社会福利院作为被监护人张某的监护人更有利于张某的生活和学习。

第一千零九十七条　生父母送养子女,应当双方共同送养。生父母一方不明或者查找不到的,可以单方送养。

【条文主旨】

本条是关于生父母双方共同送养的规定。

【条文理解】

当生父母作为送养人送养子女时,必须双方共同送养。生父母一方不同意送养或未作出同意送养的意思表示的,他方不得单独送养。之所以要求生父母共同送养,是因为父母双方均为未成年子女的亲权人,父母的亲权应由双方共同行使。同时由于收养关系一旦成立,将对各方当事人的利益尤其是父母子女之间的感情产生重大影响,因此,生父母送养子女时,原则上应当由双方共同送养。所谓"共同送养",是指生父母双方应就未成年子女的送养问题达成一致,共同作为送养人,办理相关的收养手续。一方不同意送养,另一方单方将未成年子女送养的,将构成对他方亲权的侵害。当然,并非在任何情况下都适用共同送养。在生父母一方生死不明或者查找不到的情况下,送养行为在客观上将无法得到生父母双方的同意,因而只能单方送养。同时,根据本法第 1108 条之规定,配偶一方死亡,另一方亦可单方送养未成年子女,只不过死亡一方的父母有优先抚养的权利。所谓"生父母不明",是指生父母一方究竟为何人,是否生存均不清楚;而"生父母查找不到"则是指生父母一方下落不明。

有争议的是,在生父母一方丧失完全民事行为能力时,另一方能否单方送养?我国《收养法》及本法均未规定。从本条规定来看,本章对生父母单方送养的情形作了封闭性规定,即仅在生父母一方不明或查找不到的情况下,另一方始可单方送养。但根据《民法典》"总则编"之规定,无民事行为能力人实施的民事法律行为无效,所以如果生父母一方无民事行为能力,则其完全不能辨识自己的行为,其同意与否没有实际意义，自应由另一方单独送养。

【司法适用】

本法第1108条规定："配偶一方死亡，另一方送养未成年子女的，死亡一方的父母有优先抚养的权利。"该条虽然在文义上并不包含"生父母一方不明或查找不到"的情形，但就立法目的而言，本法第1108条之规定是为了保障未成年人与死亡一方父母的情感维系，此种情感维系在本条项下也同样应受保护，即在"生父母一方不明或查找不到"的情形下，生父母另一方送养未成年子女的，死亡一方的父母有优先抚养的权利。

【司法案例】

王某1与王某2、王某3、王某4遗产继承纠纷案[①]

诉讼结论：生父母送养子女，须双方共同送养。未经生父母共同送养的，收养行为无效。

基本案情：王某6收养王某1，应当由王某1的生父母共同送养，且应订立书面协议。但王某1未提供其生父王某7同意送养的证据，同时又认可王某6和王某1生父母王某7、蒋某1之间未签署过关于王某6收养王某1的书面协议，因此王某6与王某1并未履行《收养法》规定的收养手续。依照《收养法》的规定，虽然王某1提交公安机关户口登记簿、吉林省靖宇县靖宇镇河北社区证明及证人证言证明收养关系事实存在，但公安机关不是办理收养登记的机关，公安机关户口登记簿将王某1登记为养女不具备《收养法》规定的收养登记的效力；社区证明材料及证人证言均不足以证明王某6与王某1之间履行了《收养法》规定的收养手续，因此王某1所主张的收养行为并不具备《收养法》所规定的收养的法律效力。故王某6与王某1之间并未形成收养关系。

法院认为，生父母送养子女，须双方共同送养。生父母一方不明或者查找不到的可以单方送养。王某6如收养王某1，应当由王某1的生父母共同送养，且应订立书面协议。但王某1未提供其生父王某7同意送养的证据，同时又认可王某6和王某1生父母王某7、蒋某1之间未签署过关于王某6收养王某1的书面协议，因此王某6与王某1并未履行《收养法》规定的收养手续，收养行为无法律效力。

---

① 吉林省高级人民法院（2017）吉民申191号民事裁定书。

第一千零九十八条 收养人应当同时具备下列条件：

（一）无子女或者只有一名子女；

（二）有抚养、教育和保护被收养人的能力；

（三）未患有在医学上认为不应当收养子女的疾病；

（四）无不利于被收养人健康成长的违法犯罪记录；

（五）年满三十周岁。

【条文主旨】

本条是关于收养人条件的规定。

【条文理解】

收养是确立父母子女之间的权利义务关系，收养关系一旦成立，被收养人与其生父母间的身份关系即随之消灭，并与收养人建立父母子女间的身份关系。所以收养人的条件直接关系收养关系的质量，也直接关系未成年人的健康成长。收养人必须具有履行父母的权利义务、抚养教育子女的条件或能力。依据本条的规定，收养人的条件包括积极条件和消极条件。只有同时满足本条规定的五项条件，才能作为收养人。

收养人的积极条件，是指收养人应当具有的条件，欠缺此等条件，不得成为收养人。根据本条规定，收养人的积极条件包括：(1)无子女或只有一名子女。收养人无子女，是指收养人因生理或各种疾病等原因不能生育子女，或虽有生育能力但本人不愿意生育子女或子女已死亡的情形。无子女既包括无亲生子女，也包括无养子女、继子女。须注意的是，《收养法》第6条规定收养人须无子女，是基于我国计划生育政策所作出的规定，而本条则在《收养法》的基础上增加规定“或只有一名子女”，这种变化是与我国积极开展应对人口老龄化行动，实施“全面二孩”政策相适应所作出的调整。(2)有抚养、教育和保护被收养人的能力。收养制度的根本目的是使未成年人通过他人收养获得良好的生活成长环境。因此，收养人自应具有抚养、教育和保护被收养人的能力。这种能力首先表现为收养人应具有完全民事行为能力，其次还应具有抚养、教育被收养人的必要的经济条件和良好的道德品质。(3)年满30周岁。这是对收养人年龄条件所作的要求。收养系使收养当事人之间发生法律上的亲子关系，因此，亲子间自应有一定年龄间隔，始较为妥当。比较法上，许多国家均设有收养人最低年龄规定，如《德国民法典》规定收养人一般须满25周岁、《意大利民法典》规定收养人一般须满35周岁，特殊情况下须满30周岁、《日本民法典》规定收养人须成年。本条针对我国的实际情况规定收养人须年满 30 周岁，主要是考虑到不满 30 周岁的人其生育子女的机会尚多，年满 30 周岁收养子女，能够更好地担负起养父母的职责。

收养人的消极条件，是指收养人不得具有的条件，如具有此等条件，也不得成为收养人。根据本条规定，收养人的消极条件包括：(1)未患有在医学上认为不应当收养子女的疾病。如果收养人患有医学上不应当收养子女的疾病，如严重的传染病等，则必将不利于被收养人的身心健康，故患有医学上不应当收养子女疾病的人不能成为收养人。(2)无不利于被收养人健康成长的违法犯罪记录。收养人如果存在不利于被收养人健康成长的违法犯罪记录即说明其品行不端，自然也不能成为收养人。此项是本法新增的规定，更有利于全面保护被收养人的健康成长，值得称赞。但须注意的是，这里强调的是无不利于被收养人健康成长的违法犯罪记录，并非只要收养人存在违法犯罪记录均不能作为收养人。如果收养人虽存在违法犯罪记录但情节较轻，但并无不利于被收养人的健康成长，其依然可以作为收养人。

【司法适用】

本条第 1 项和第 5 项内容在司法适用中，比较容易把握。本条第 2 项、第 3 项与第 4 项规定的内容，在司法实践中应当注意根据案件的具体情况予以适用。“有抚养、教育和保护被收养人的能力”主要是在身体上、经济上、道德品质以及教育子女等方面有履行作为一个父母对子女应尽义务的能力。其中，收养人经济上是否困难应以当地的实际生活水平决定，道德品质的好坏也应当依据收养人在日常生活中的表现酌情认定。“未患有在医学上认为不应当收养子女的疾病”主要是指精神疾病和传染性疾病，但应特别注意的是必须有充分的科学依据，必要时还应当进行医学上的专门鉴定。“无不利于被收养人健康成长的违法犯罪记录”必须是收养人无不利于被收养人健康成长的违法犯罪记录，而并非要求收养人无任何违法犯罪记录。至于收养人的违法犯罪记录是否不利于被收养人的健康成长，则应授权法官依据案件具体情况自由裁量。

【司法案例】

案例一

鲁某、袁某甲与蒋某、华某等抚养费纠纷案[①]

诉讼结论：收养人收养子女时已生育二子女，所以收养不符合收养法规定的收养人条件，收养关系无效。

---

① 安徽省蚌埠市中级人民法院(2015)蚌民一终字第 00454 号民事判决书。

基本案情：1992年7月26日，被告蒋某、华某因故将刚出生的女儿袁某乙送给原告鲁某、袁某甲抚养。双方约定："孩子无条件交由两原告抚养，以后就是两原告的女儿，两被告不要这个孩子了。"原告鲁某、袁某甲将孩子抱回家后，起名袁某乙，并将孩子抚养至成年。原告鲁某、袁某甲开始抚养被告袁某乙的时候，已经生育有两个儿子。

法院认为，被告蒋某、华某将女儿袁某乙于1992年7月26日送给原告鲁某、袁某甲抚养，该送养行为因违反了1998年修订的《收养法》第15条"收养应当向县级以上人民政府民政部门登记"的规定而不成立法定收养。且两原告于1992年收养被告袁某乙时，已经生育二子女，也不符合1991年颁布的《收养法》第6条"收养人应当无子女"的规定，不构成法律意义上的事实收养。因此，原告鲁某、袁某甲与被告蒋某、华某口头约定的送养协议无效，原告鲁某、袁某甲与被告袁某乙之间不成立法律意义上的养父母和养子女关系。

案例二

李某、索某1与索某2解除收养关系纠纷案①

诉讼结论：对《收养法》施行前形成的收养关系，适用当时的有关规定，符合当时有关规定的收养关系有效，收养当事人的合法权益受法律保护。

基本案情：上诉人李某与索某1于××××年××月××日结婚，1969年生长女，到1979年共计生育六个女儿。1987年阴历二月初十，李某、索某1经朋友介绍收养被上诉人索某2，亲自到安徽省××镇索某2家，当时索某2八岁，后索某2的舅舅和其父亲把索某2送到李某、索某1家。李某、索某1于1994年在村分地时给索某2办理户口登记手续，收养后没有去民政部门办理收养登记。现在李某、索某1以要求解除与索某2的收养关系并要求支付生活费、教育费12万元为由起诉。

法院认为，对《收养法》施行前形成的收养关系，适用当时的有关规定，符合当时有关规定，故收养关系有效，收养当事人的合法权益受法律保护。虽然李某、索某1抱养索某2在1987年，《收养法》尚未实施，但相关法规已实施，国家推行相关政策，夫妻双方有遵守政策的义务。在李某、索某1已有六个女儿的情况下，收养索某2不符合相关政策规定，其收养关系依法不能成立。

---

① 江苏省徐州市中级人民法院(2017)苏03民终3391号民事判决书。

第一千零九十九条　收养三代以内旁系同辈血亲的子女，可以不受本法第一千零九十三条第三项、第一千零九十四条第三项和第一千一百零二条规定的限制。

华侨收养三代以内旁系同辈血亲的子女，还可以不受本法第一千零九十八条第一项规定的限制。

【条文主旨】

本条是关于收养三代以内旁系同辈血亲子女的特殊规定。

【条文理解】

依据本条规定，收养三代以内旁系同辈血亲的子女的，可以不受被收养人须为“生父母有特殊困难无力抚养的子女”、送养人须为“有特殊困难无力抚养子女的生父母”以及“无配偶者收养异性子女，收养人与被收养人年龄须相差四十周岁以上”的限制。华侨收养三代以内旁系同辈血亲的子女的，还可以不受收养人须“无子女或只有一名子女”的限制。

收养三代以内旁系同辈血亲的子女，是指收养亲兄弟姐妹、堂兄弟姐妹、表兄弟姐妹的子女，即收养侄子女、甥子女、堂侄子女、表侄子女。此类收养现象在我国由来已久，早在我国封建时代就存在收养旁系同辈血亲的子女的“立嗣”传统。之所以适当放宽收养三代以内旁系同辈血亲子女的条件，主要是考虑到收养人与被收养人有着亲属血缘关系，具有良好的感情基础，更容易形成和谐稳定的家庭关系。华侨虽亦为炎黄子孙，但并不具有中国国籍，故无须遵守我国大陆实行的计划生育政策和相关的法律法规。所以，华侨无论是否有子女，也无论是否有一名子女，均可收养三代内旁系同辈血亲的子女。此外，放宽华侨收养三代内旁系同辈血亲子女的条件，也有利于密切华侨与祖国大陆的联系，有利于加强中外交流。

【司法案例】

苏某丽与任某、金某华、苏某解除收养关系纠纷案[①]

诉讼结论：收养不符合条件的，收养关系自始未建立。

基本案情：原告苏某丽是被告任某母亲的妹妹，原告与前夫离婚后独自生活，身边无子女。1998 年被告任某、金某华的二女儿苏某出生后，被告任某、金某华便

① 四川省新津县人民法院(2016)川 0132 民初字第 175 号民事判决书。

与原告苏某丽协商达成合意，将二女儿送与原告抚养；在苏某满一周岁后，原告将苏某带到广安生活，并将苏某的户口落户在苏某丽家庭户，登记为母女关系。2015年年初，原告患中风脑梗，造成偏瘫，生活不能自理，没有任何经济来源，也无法尽到照顾苏某的义务，因此，原告诉至人民法院，要求解除与苏某的收养关系。

原告苏某丽与被告任某系亲属关系，原告苏某丽系被告任某的姨妈，根据《收养法》第7条关于"收养三代以内同辈旁系血亲的子女，可以不受本法第四条第三项、第五条第三项、第九条和被收养人不满十四周岁的限制"的规定，原告与被告任某、金某华系姨侄关系，因此，原告不符合《收养法》规定的收养人条件。并且，苏某从进入初中学习开始，其生活费、教育费均由被告任某、金某华负担，客观上已回到亲生父母身边生活。故原告苏某丽与被告苏某之间未建立收养关系。

法院认为，原告苏某丽与被告任某系亲属关系，原告苏某丽系被告任某的姨妈，根据《收养法》第7条规定，收养三代以内同辈旁系血亲的子女，可以不受本法第4条第3项、第5条第3项的限制。原告与被告任某、金某华系姨侄关系，因此，原告不符合《收养法》规定的收养人条件。同时，根据《收养法》第15条的规定，收养应当向县级以上人民政府民政部门登记。收养关系自登记之日起成立。虽然苏某已落户到苏某丽家庭户，登记为母女关系，但原告苏某丽收养被告苏某未向县级以上人民政府民政部门进行登记，因此，原告苏某丽与苏某之间不具备收养生效的法律要件，并且，苏某从进入初中学习开始，其生活费、教育费均由被告任某、金某华负担，客观上已回到亲生父母身边生活。故原告苏某丽与被告苏某之间未建立收养关系。

第一千一百条　无子女的收养人可以收养两名子女；有子女的收养人只能收养一名子女。

收养孤儿、残疾未成年人或者儿童福利机构抚养的查找不到生父母的未成年人，可以不受前款和本法第一千零九十八条第一项规定的限制。

【条文主旨】

本条是关于收养子女人数的规定。

【条文理解】

2015年10月党的十八届五中全会为了应对中国老龄化，人口比例失调等问题，积极开展应对人口老龄化行动实施"全面二孩"政策，只要是合法的夫妻就享有生育二胎的权利，不再受"单独二孩"政策或"双独二孩"政策的限制。因此，为了贯彻全面二孩政策,本法对于收养子女的人数也较之于《收养法》作出了调整,即无子女的收养人可以收养两名子女;有子女的收养人只能收养一名子女。同时,限制收养子女的人数,也是为了保障被收养人的利益,因为收养人收养的子女越多,其能够提供的抚养条件通常也就越差。

依据本条第 2 款规定,收养孤儿、残疾未成年人或者儿童福利机构抚养的查找不到生父母的未成年人,可以不受收养人数以及收养人须无子女或只有一名子女的条件限制。如此规定,主要是为了保障孤儿、残疾未成年人和儿童福利机构抚养的查找不到生父母的未成年人的利益,尽量促成收养关系的成立,从而使他们能够在父母的关爱抚养下健康成长。

此外,某一被收养人不能同时被多人收养。在采不完全收养的国家,法律并不禁止一人被多人收养。但在不承认不完全收养的国家或地区,立法几乎无一例外禁止一人被多人收养。如《意大利民法典》第 294 条规定:“任何人不得被数人收养,但收养人为夫妻的除外。”

【司法适用】

在本条的司法适用中,应注意虽然收养孤儿、残疾未成年人或者儿童福利机构抚养的查找不到生父母的未成年人,不受收养人数的限制,但为了保障上述被收养人的合法权益,有利于上述被收养人的健康成长,收养人自不宜过多收养上述未成年人。收养人应当结合自身的抚养能力和条件等因素,合理确定收养的人数。同时,收养孤儿、残疾未成年人或者儿童福利机构抚养的查找不到生父母的未成年人,虽不受收养人数的限制,但仍应符合本法规定的其他条件限制,否则收养行为的效力将受到影响。

【司法案例】

连某甲与连某乙确认收养关系纠纷案①

诉讼结论:收养孤儿、残疾儿童或者社会福利机构抚养的查找不到生父母的弃婴和儿童,可以不受收养人无子女和收养一名的限制。

基本案情:2002 年 3 月 28 日,原告连某甲在济南市齐鲁医院捡拾一名男婴即被告连某乙,随即向济南市公安局趵突泉派出所报警,后原告连某甲将被告连某乙抚养至今,其间原告连某甲与被告连某乙一直以母子相称。2005 年济南市市中区民政局在相关报纸刊登公告,在未查找到被告连某乙亲生父母后,为原告连某甲及被告连某乙办理了事实收养子女落户登记手续。2006 年 6 月 9 日济南市公

---

① 山东省济南市市中区人民法院(2015)市少民初字第 41 号民事判决书。

安局为被告连某乙办理了落户手续,常住人口登记卡中载明原告连某甲与被告连某乙关系为母子。被告连某乙因患听力残疾,济南市市中区残疾人联合会于2009年6月18日向其下发残疾证,该残疾证载明:连某乙为听力残疾人,残疾等级为叁级。原告连某甲曾于1998年收养一女孩连某丙,并于2005年在济南市市中区民政局办理了收养登记手续,并由济南市市中区民政局下发收养登记证。

法院认为,根据《收养法》第8条的规定,收养孤儿、残疾儿童或者社会福利机构抚养的查找不到生父母的弃婴和儿童,可以不受收养人无子女和收养一名的限制。现通过原告连某甲提交的相关证据可以能够证实其收养被告连某乙的行为已经在济南市市中区民政局办理了事实收养子女落户登记手续,且被告连某乙现身患残疾应不受《收养法》第8条第1款关于收养人关于只能收养一名子女的限制。现被告连某乙已经与原告连某甲共同生活多年,并以母子相称,应认定原告、被告间已形成事实收养关系,并依法应予保护。

第一千一百零一条 有配偶者收养子女,应当夫妻共同收养。

【条文主旨】

本条是关于共同收养的规定。

【条文理解】

有配偶者收养子女,原则上应当由夫妻双方共同收养。所谓"有配偶者",是指收养时有配偶者而言,收养时为单身而后结婚者,其收养关系自不受影响。所谓"共同收养",是指夫妻双方就收养子女问题达成一致,共同作为收养人办理收养手续。法律作此规定的理由在于:收养会创设新的身份关系,收养关系一旦成立,被收养人即成为收养人的家庭成员,夫妻双方成为被收养人的养父母,须共同承担抚养、教育、照顾、保护养子女的义务。所以,对夫妻相互间均有重大影响,如果收养人有配偶,且未征得其配偶的同意而单方收养,则可能在很大程度上对收养人的夫妻关系、家庭关系造成不利影响,亦难保家庭生活秩序之和谐,进而也势必不利于被收养人的健康成长。所以,要求有配偶的收养人,须夫妻共同收养,既顾及了夫妻关系的稳定,又兼顾了家庭和睦稳定对被收养人健康成长的积极意义,故为现代多数国家所采纳。

至于夫妻共同收养子女时,究竟成立几个收养关系,理论上有两种不同的观点:一为"一体收养说",该说认为基于夫妻共同收养的一体性,夫妻共同收养系以夫妻为一方当事人的一个收养行为,并非夫妻分别与养子女间成立收养关系;二为“各别收养说”，该说认为收养为个人间的法律行为，夫妻共同收养时，亦系就夫妻有各别独立之收养行为，故夫妻共同收养系以夫妻各自为一方当事人的两个收养行为，夫妻分别与养子女间成立亲子关系。① 日本现今之通说及我国台湾地区多数学者均采各别收养说，我国学界对此鲜有论及。本书认为，夫妻共同收养子女时，似应以夫妻一体成立之观念与被收养人成立养父母子女关系为宜，而非夫妻以各自为一方当事人的身份与被收养人形成养父子、养母子关系。采各别收养说的学者认为，夫妻共同收养子女后，离婚时，其各自与被收养人的收养关系，并不因夫妻离婚而受影响。夫妻一方于婚前收养子女后，与他方结婚时，养子女与他方并不生亲子关系，仅为直系姻亲关系。故各别收养说理论构造合理，且较能符合养子女利益。② 实际上，采一体收养说收养关系也并不因夫妻离婚而受影响，因为收养关系成立后收养人（夫妻）与被收养人之间系成立拟制的亲子关系，养子女与生子女享有同样的法律地位，父母子女关系并不因父母离婚而改变，养父母子女关系自然亦是如此。同样，本条规定有配偶者收养子女，应当由夫妻双方共同收养。所谓“有配偶者”，是指收养时有配偶者而言，收养时为单身而后结婚者，其收养关系自不受影响。同时，在协议解除收养关系时，各别收养说也存在弊端。按各别收养说，养子女与养父母之一方单独终止收养关系时，其效力自不应及于他方。而在养父母一方不能为意思表示或生死不明时，虽然养父母他方已解除收养关系，但其效力并不及于另一方，故该方与养子女的收养关系继续存在，为保护养子女之利益，自应依法开始监护。③ 如此徒增麻烦，莫不如一体收养说简洁明快，即养父母一方丧失完全民事行为能力或下落不明等情形下，他方可单方解除收养关系，解除之效力当然及于另一方。

【司法适用】

如前所述，为避免夫妻间关于收养子女意见不一，而产生家庭生活不和谐，要求夫妻双方须共同收养子女，但如果收养人的配偶查找不到或丧失完全民事行为能力，则已无因意见不一而产生家庭生活不和谐之问题，因此于此情形应当允许收养人单方收养。本条对此虽未规定，但在司法适用中亦应作此理解。于此单独收养场合，仅在收养人与被收养人之间发生收养效力，对于他方配偶仅发生直系姻亲关系。如果查找不到或丧失完全民事行为能力的配偶恢复相应的民事行为能力或返回家中，则仍可单独收养该子女。此外，如果有配偶者收养的子女为继

---

① 陈棋炎、黄宗乐、郭振恭：《民法亲属新论》（修订九版），三民书局2010年版，第345页。

② 林秀雄：《亲属法讲义》，元照出版有限公司2011年版，第272页。

③ 林秀雄：《亲属法讲义》，元照出版有限公司2011年版，第292～293页。

子女(另一方的子女),由于另一方与被收养人已有自然的亲子关系,已无收养之必要,不必也不能与他方共同为之,故可以单方收养。

【司法案例】

黎某庆与云浮市民政局收养纠纷案①

诉讼结论:有配偶者收养子女,须夫妻共同收养,单方收养的,收养无效。

基本案情:叶某兴与满某兰于1994年7月28日到广东省新兴县民政局办理结婚登记手续,领取了《结婚证》,成为合法夫妻。而叶某兴于2003年向云浮市民政局申请收养黎某庆时,并没有向云浮市民政局如实反映其已经与满某兰已婚的事实,单方收养黎某庆,违反了《收养法》第10条第2款规定:"有配偶者收养子女,须夫妻共同收养。"《中国公民收养子女登记办法》第12条规定:"收养关系当事人弄虚作假骗取收养登记的,收养关系无效,由收养登记机关撤销登记,收缴收养登记证。"

法院认为,有配偶者收养子女,须夫妻共同收养。本案中,叶某兴与吴某友于1932年按照传统风俗习惯结婚。吴某友去世后,叶某兴与满某兰于1994年7月28日到广东省新兴县民政局办理结婚登记手续,领取了《结婚证》,成为合法夫妻。而叶某兴于2003年向云浮市民政局申请收养黎某庆时,并没有向云浮市民政局如实反映其已经与满某兰已婚的事实,单方收养黎某庆,违反了上述法律规定,故收养关系无效。

第一千一百零二条 无配偶者收养异性子女的,收养人与被收养人的年龄应当相差四十周岁以上。

【条文主旨】

本条是关于无配偶者收养异性子女年龄间隔的规定。

【条文理解】

现代各国收养法无不以保护被收养人的健康成长为主要目的,以使那些缺乏正常家庭环境的未成年人获得家庭的温暖。所以通常而言,由夫妻双方共同收养比无配偶者收养更符合被收养人的利益保护目的,更能带给被收养人以正常的家庭环境和温暖。而在无配偶者收养异性子女的情况下,被收养人遭受收养人性侵

① 广东省高级人民法院(2016)粤行申9号行政裁定书。

犯的可能性较大,因此各国法律均对无配偶者收养异性子女作出严格限制。为了尽量消除这种可能性,各国采取的解决方法有两点:一是完全禁止无配偶者收养异性子女,如荷兰、哥伦比亚等国;二是增加无配偶者收养异性子女的年龄差距,使收养人的生理旺盛期与被收养人的生理成熟期脱节,进而降低被收养人遭受性侵的可能性。本条规定即采第二种方法。

【司法适用】

本条在司法适用中,应予注意我国《收养法》第 9 条规定:"无配偶的男性收养女性的,收养人与被收养人的年龄应当相差四十周岁以上。"该规定是为了尽量消除被收养人遭受收养人性侵犯的可能性,无疑是必要的,但该条规定并不完全符合社会实际,也有违男女平等原则。因为并没有证据表明被收养人遭受收养人的性侵犯只能是收养人为男性、被收养人为女性这一情形,只是比例较高而已。男童遭受性侵的也并非个案。故本条规定"无配偶者收养异性子女的,收养人与被收养人的年龄应当相差四十周岁以上",较之《收养法》第 9 条之规定无疑更加科学严谨。

另外,收养人"无配偶",应当是指收养关系成立时无配偶,至于收养关系成立后配偶死亡的,不适用本条规定,已经成立的收养关系自不受影响。

【司法案例】

高某霞、黄某芳确认收养关系纠纷案①

诉讼结论:虽然收养人与被收养人的年龄相差不足 40 周岁,但收养人已办理了结婚登记,不属于无配偶者,故不受收养人与被收养人的年龄相差 40 周岁以上的限制。

基本案情:1994 年黄某芳由黄某平收养,到 2001 年 11 月黄某平与高某霞结婚前黄某芳一直与黄某平共同居住生活。黄某平与高某霞结婚后,黄某芳实际就居住在一列房屋即黄某平居住房间的隔壁,这应当视为双方实际为共同生活。2001 年黄某芳 7 岁达到上学年龄时,黄某平申请为黄某芳办理入户手续,当时的村民组、村委会以及民政办公室等均出具了意见,2002 年黄某芳也的确入户至黄某平户,户口簿载明当时该户的家庭成员仅有黄某平及黄某芳,黄某芳为拾婴。到 2009 年户口簿将户主变更为高某霞时仍然有黄某芳的名字,并已经明确黄某芳为养女。从黄某芳的学籍档案中记载情况来看,黄某芳所填写的父亲一栏为黄某平,这也说明,黄某芳一直视黄某平为父亲。民政部门虽然出具证明称黄某平

① 贵州省遵义市中级人民法院(2017)黔 03 民再 52 号民事判决书。

并未办理收养登记手续,但在之前,其已出具过相应证明并加盖收养专用章,证实民政部门知晓并认可黄某平收养黄某芳的事实。

法院认为,依照《收养法》第9条"无配偶的男性收养女性的,收养人与被收养人的年龄应当相差四十周岁以上"之规定,虽然黄某平收养黄某芳时二人的年龄相差未达到40周岁的要求,但是,高某霞与黄某平于×××年××月××日办理了结婚登记,此时,其已不属于无配偶的男性,故不应受上述应当相差40周岁的限制,其收养黄某芳并未违反法律的强制性规定。因此,黄某平收养黄芳芳符合《收养法》规定的条件。

第一千一百零三条　继父或者继母经继子女的生父母同意,可以收养继子女,并可以不受本法第一千零九十三条第三项、第一千零九十四条第三项、第一千零九十八条和第一千一百条第一款规定的限制。

【条文主旨】

本条是关于继父母收养继子女的特殊规定。

【条文理解】

继父母子女关系是由于生父或生母再婚而形成的。继父母子女关系在现实生活中,主要分为两种:一种是姻亲性质的继父母子女关系;另一种是拟制血亲性质的继父母子女关系。前者仅仅因为生父或生母再婚事实而形成,继子女并未受继父或继母的抚养;后者则是继父或继母与受其抚养的继子女之间的关系。姻亲性质的继父母子女关系不受法律的规范和调整,而拟制血亲性质的继父母子女关系根据本法"婚姻家庭编"的规定适用关于父母子女关系的规定,但并未就继父母与继子女之间形成拟制血亲的具体标准予以明确规定。在域外立法中,多数国家通过鼓励继父母收养继子女的方式,以明确调整有抚养关系的继父母子女关系。因此,本条规定继父或者继母经继子女的生父母同意,可以收养继子女,并可以不受本法第1093条第3项、第1094条第3项、第1098条和第1100条第1款规定的限制。

法律上放宽继父或继母收养继子女的条件,是由于继父或继母与继子女本就共同生活在一个家庭中,鼓励在当事人自愿的前提下变继父母子女关系为养父母子女关系,消除继子女与继父或继母之间及其与生父或生母之间的双重权利义务,继而使亲子关系单一化,有利于家庭关系的和睦稳定,同时对各方当事人也均为有利。

【司法适用】

虽然根据本条规定放宽继父或继母收养继子女的条件限制，但继父或继母收养继子女仍然要受本章其他规定，如必须办理收养登记收养关系才能成立。如果继父或继母虽经继子女生父母同意欲收养继子女，但并未在民政部门办理收养登记，则继父或继母与继子女之间仍然是姻亲性质的继父母子女关系或有抚养关系的继父母子女关系。如在“喻某与袁某某解除收养关系纠纷案”中，法院认为，原、被告建立继父女关系后，并未按照《收养法》第 14 条、第 15 条第 1 款的规定建立收养关系。虽然被告对原告的请求无异议，但双方实质上是继父女关系，而非养父女关系。①

【司法案例】

龚某甲、龚某乙与罗某甲继承纠纷案②

诉讼结论：继父或继母收养继子女的须经继子女的生父母同意，否则收养关系不成立。

基本案情：被继承人董某某与被继承人罗某某于 1990 年 10 月 10 日登记结婚，原告随两人共同生活。董某某与罗某某婚后未生育子女。重庆市公证处于 1993 年作出《公证书》，该公证书载明：收养人罗某某是被收养人罗某甲的继父，经罗某某与罗某甲的生父龚丁、生母董某某协商，并经得罗某甲同意，罗某某自愿收养罗某甲为养女，该收养行为符合《收养法》的规定，收养关系自 1993 年 4 月 13 日起生效。收养关系公证后，双方均未到当地民政部门办理有关收养手续。被继承人罗某某于 1999 年向台湾屏东地方法院申请认可其收养原告为养女，我国台湾地区屏东地方法院于 1999 年 12 月 21 日作出 88 年度养声字第 216 号民事裁定，认可罗某某收养原告为养女。

法院认为，依据《收养法》第 14 条的规定，罗某某作为原告的继父，其收养原告符合收养法的相关规定。罗某某在台湾地区的户口簿上已登记载明两人的收养关系。被继承人罗某某与原告罗某甲之间的收养关系成立。

第一千一百零四条　收养人收养与送养人送养，应当双方自愿。收养八周岁以上未成年人的，应当征得被收养人的同意。

---

① 重庆市江津区人民法院（2017）渝 0116 民初 4735 号民事判决书。

② 重庆市第五中级人民法院（2014）渝五中法民终字第 01566 号民事判决书。

【条文主旨】

本条是关于收养、送养合意的规定。

【条文理解】

收养行为是典型的身份法律行为，根据意思自治原则自然应由收养人与送养人双方在自愿的基础上达成收养合意，即收养意思表示一致。收养只有建立在双方当事人合意的基础上才能够稳定，并实现收养的目的。收养合意既可以是口头的，也可以订立书面的收养协议。

依据本条的规定，收养8周岁以上未成年人的，应当征得被收养人的同意。法律作出此种规定的原因在于，本法“总则编”规定8周岁以上的未成年人为限制民事行为能力人，已经具有了一定的意思能力与识别能力，可以进行与其年龄、智力相适应的民事法律行为，同时收养行为是对亲子关系的变动，与被收养人的终身利益密切相关，所以应当征得他们的同意。

【司法适用】

虽然各国对收养行为均加强国家干预，但其仍然建立在自愿的基础上。由于我国民法只承认完全收养，收养关系的成立将导致被收养人与养父母建立拟制血亲关系，并与亲生父母解除父母子女关系。此种身份关系的重大改变自然与被收养人的终身利益密切相关。因此，在实施收养行为时，自应尊重双方当事人的意愿和选择，这也是民法平等自愿原则的题中应有之义。在司法实践中，收养也只有建立在双方当事人自愿的基础上，收养关系才能稳定、持久，进而实现收养制度的目的。同时，收养关系成立后，被收养人将与收养人共同生活，如果被收养人为年满八周岁以上的未成年人，尚应考虑其本人意愿，否则怀揣抵触情绪，自难与收养人和谐相处，对其自身的健康成长不利。因此，实践中在判断收养关系是否成立时，人民法院亦应着重审查双方当事人是否在自愿达成收养合意，是否征得8周岁以上未成年人的同意。

【司法案例】

马某1与马某2赡养纠纷案[①]

诉讼结论：收养人收养与送养人送养，须双方自愿形成收养合意，否则收养关系不能成立。

基本案情：收养人收养与送养人送养，须双方自愿。收养应当向县级以上人民政府民政部门登记，收养关系自登记之日起成立。即收养应满足两个条件：

---

① 北京市顺义区人民法院(2018)京0113民初20958号民事判决书。

一、收养人与送养人必须是双方当事人的真实意思表示；二、收养关系必须经过登记才能成立。从本案现有证据及审理过程来看，原告与被告父母并未形成收养合意。同时，被告并未与原告一起生活，原告未抚养被告，仅仅凭借户籍证明不能证实双方为父女关系，故双方之间并未形成父女关系。

法院认为，收养人收养与送养人送养，须双方自愿。从本案现有证据及审理过程来看，原告与被告父母并未形成收养合意。同时，被告并未与原告一起生活，原告未抚养被告，仅仅凭借户籍证明不能证实双方父女关系，故双方之间并未形成父女关系。

第一千一百零五条　收养应当向县级以上人民政府民政部门登记。收养关系自登记之日起成立。

收养查找不到生父母的未成年人的，办理登记的民政部门应当在登记前予以公告。

收养关系当事人愿意签订收养协议的，可以签订收养协议。

收养关系当事人各方或者一方要求办理收养公证的，应当办理收养公证。

县级以上人民政府民政部门应当依法进行收养评估。

【条文主旨】

本条是关于收养登记、收养公告、收养协议、收养公证、收养评估的规定。

【条文理解】

收养行为具有变动亲子关系的法律效力，是建立拟制血亲关系的重要途径。家庭身份关系，为社会关系之基础，个人依其所属身份而有不同之权利义务，因此身份关系具有安定性与透明性之性质，为确保身份关系的安定性与透明性，身份行为当然具有要式性的本质。[①] 故为了保护收养关系当事人的利益，强化身份关系变动的安定性与透明性，各国立法例均以收养行为为要式法律行为，即采登记成立主义。虽然收养行为可以基于当事人双方自愿订立具有契约性，但如果收养的成立脱离了国家公权力的监督，将难以保障被收养人的利益，也不利于防止违法收养的成立。鉴于此，我国在 1998 年修改《收养法》时对收养的成立统一采取

① 蔡显鑫：《身分行为之本质》，载戴东雄教授七秩华诞祝寿论文集编辑委员会编：《现代身分法之基础理论：戴东雄教授七秩华诞祝寿论文集》，元照出版有限公司 2007 年版，第 307 页。

国家监督主义，即统一收养的程序为行政登记程序，明确规定收养关系的成立，应当向县级以上人民政府民政部门办理收养登记。本条第1款沿用了《收养法》第15条第1款之规定。

由于收养查找不到生父母的未成年人没有送养人，为了防止生父母遗弃未成年子女，或与子女失散，民政部门应当在办理登记前予以公告。一般情况下，自公告之日起满60日，生父母或其他监护人未认领的，即视为查找不到生父母，民政部门即可办理收养手续。

收养关系当事人愿意签订收养协议的，可以签订收养协议。收养关系当事人各方或者一方要求办理收养公证的，应当办理收养公证。收养公证的目的在于证明收养关系的真实性、合法性，是否办理收养公证，取决于当事人双方的自愿。但须注意的是，收养公证并非收养关系成立的法定形式要件。当事人依据本条第4款办理了收养公证后，仍然需要依照本条第1款规定向县级以上人民政府民政部门办理收养登记；虽办理了收养公证而并未办理收养登记的，收养关系不成立。

本章较之于《收养法》降低了收养条件，民间收养、非法收养等问题备受社会关注，因此，为避免出现收养人侵害被收养人的情形，本编引入了收养评估制度，即县级以上人民政府民政部门应当依法进行收养评估。也就是说，县级以上民政部门在办理收养登记时应当对收养人的条件，收养能力，是否有利于被收养人的身心健康及成长等进行评估并在评估的基础上决定是否予以登记。

【司法适用】

在司法实践中，须注意在我国收养关系的成立要求办理收养登记的规定并非一蹴而就。根据1992年《收养法》第15条第1款之规定，只有收养查找不到生父母的弃婴和儿童以及社会福利机构抚养的孤儿的，才应当向民政部门办理收养登记。而根据1999年4月1日新修订施行的《收养法》第15条第1款的规定，收养应当向县级以上人民政府民政部门登记。收养关系自登记之日起成立。同时，依据最高人民法院1984年8月30日《民事政策法律若干问题的意见》第27条规定："经生父母、养父母同意，有识别能力的被收养人也同意，又办理了合法手续的收养关系，应依法保护……养父母中有一方在收养时虽未明确表示同意，但在收养后的长期共同生活中，已形成了事实上收养关系的，应予承认。"第28条规定："亲友、群众公认，或有关组织证明确以养父母与养子女关系长期共同生活的，虽未办理合法手续，也应按收养关系对待。"以及《最高人民法院关于学习、宣传、贯彻执行〈中华人民共和国收养法〉通知》第2条规定，收养行为发生在《收养法》生效之前，即1992年4月1日之前，当事人没有办理收养手续的，按当时的相关规定处理。现行法律规定并不排斥1992年4月1日《收养法》施行前的事实收养关系，但要求有收养人与被收养人长期共同生活这一基本事实。所以，根据上述规定，在司法实践中法官应当根据案件的具体情况即收养事实发生的时间，认定收养关系是否成立。对于发生在1992年4月1日以前的收养以及发生在1992年4月1日以后、1999年4月1日以前收养查找不到生父母的弃婴和儿童以及社会福利机构抚养的孤儿以外的未成年人的，虽未办理收养登记也应视具体情况认定成立事实收养关系。

此外，根据2019年修订的《中国公民收养子女登记办法》第3条及第4条的规定，收养关系当事人应当亲自到收养登记机关办理成立收养关系的登记手续。夫妻共同收养子女的，应当共同到收养登记机关办理登记手续；一方因故不能亲自前往的，应当书面委托另一方办理登记手续，委托书应当经过村民委员会或者居民委员会证明或者经过公证。收养社会福利机构抚养的查找不到生父母的弃婴、儿童和孤儿的，在社会福利机构所在地的收养登记机关办理登记。收养非社会福利机构抚养的查找不到生父母的弃婴和儿童的，在弃婴和儿童发现地的收养登记机关办理登记。收养生父母有特殊困难无力抚养的子女或者由监护人监护的孤儿的，在被收养人生父母或者监护人常住户口所在地（组织作监护人的，在该组织所在地）的收养登记机关办理登记。收养三代以内同辈旁系血亲的子女，以及继父或者继母收养继子女的，在被收养人生父或者生母常住户口所在地的收养登记机关办理登记。

至于收养登记机构是否要对收养予以实质审查本章并未明确规定。从我国的收养实践来看，目前民政部门对收养的审查往往仅限于形式审查，即只审查当事人的证件是否齐备、提供的书面材料是否符合规定条件，至于收养目的是否合法、收养合意是否真实、收养家庭是否有利于未成年人的健康成长，均不在审查之列。考虑到收养关系的严肃性、安定性，尤其是为了实现儿童利益最大化原则，保障未成年人的健康成长，在收养关系登记程序实践中应当明确登记机构的实质审查职责。① 本编增加了县级以上人民政府民政部门应当依法进行收养评估，其目的就在于此。如此也有利于在源头上防杜收养人借收养之名而行拐卖儿童之实

---

① 多数国家均对收养审查实行实质审查，如《瑞士民法典》第268a条规定，在进行收养登记时，州政府主管部门应全面调查所有的重要情况，特别是养父母及养子女的人格与健康状况、相处情况、养父母的教育能力、经济状况、收养动机、家庭条件以及收养关系的发展等。在德国，收养的成立必须要经过家庭法院的收养裁定。家庭法院必须审查收养的法定要件及收养的实质合理性。只有当收养有利于子女的最佳利益，并且可预期在收养人和子女之间会形成父母子女关系时，才能批准收养申请。此外，法院还必须顾及收养人或待收养人子女的利益；如果待收养人的利益有受到收养人的子女危害之虞的，不得宣告收养。参见［德］迪特尔·施瓦布：《德国家庭法》，王葆莳译，法律出版社2010年版，第403页。

的犯罪行为发生。

【司法案例】

丁某辉与刘某玲、中国人民财产保险股份有限公司南京市分公司机动车交通事故责任纠纷案[①]

诉讼结论：收养应当向县级以上人民政府民政部门登记。收养关系自登记之日起成立。未依法办理收养登记，收养关系不成立。

基本案情：本案中，丁某辉再审称，其与丁某玉系养父子关系，过继应视为合法的收养，该事实有村委会出具的相关证明证实，丁某辉提供了高淳县阳江镇××村村民委员会出具的证明，南京市公安局××派出所亦在该证明上盖章，用以证明其于2003年过继给丁某玉，基于该事实，丁某辉主张丁某玉因交通事故死亡而产生的死亡赔偿金应由自己继承。

法院认为，根据《收养法》第15条第1款规定："收养应当向县级以上人民政府民政部门登记。收养关系自登记之日起成立。"丁某玉与丁某辉之间未依法办理收养登记，双方未成立法律上认可的收养关系。

第一千一百零六条　收养关系成立后，公安机关应当按照国家有关规定为被收养人办理户口登记。

【条文主旨】

本条是关于为被收养人办理户口登记的规定。

【条文理解】

收养关系成立后，需要为被收养人办理户口登记或迁移手续的，由收养人持收养登记证到公安机关户籍登记机关，按照国家有关规定办理。也就是说，办理户口登记必须是在收养关系成立之后，即收养人已经合法办理了收养登记手续，然后持收养登记证才能到公安机关户籍登记部门办理户口登记或迁移手续。

【司法适用】

收养关系成立后，需要为被收养人办理户口登记或者迁移手续的，由收养人持收养登记证到户口登记机关按照国家有关规定办理，被收养人能否办理户口登记是建立在收养关系成立的基础之上。反之，收养人虽然为被收养人办理了户口

① 江苏省高级人民法院(2016)苏民申6284号民事裁定书。

登记或迁移手续，但并不意味着收养关系的有效成立。公安机关不是办理收养登记的法定机关，公安机关户口登记簿将未成年人登记为养女不具备《收养法》规定的收养登记的效力。[①]

【司法案例】

宋某琴与宋某琴、阮建某收养关系确认案[②]

诉讼结论：需要为被收养人办理户口登记或者迁移手续的，由收养人持收养登记证到户口登记机关按照国家有关规定办理，被收养人办理户口登记以收养关系成立为前提条件。

基本案情：1992 年，宋某乙与朱某秀开始同居生活，但一直未办理结婚登记。1993 年 6 月，宋某乙与朱某秀共同收养宋某琴。其后，宋某乙、朱广秀便将宋某琴带至陕西省黄陵县××镇煤矿务工，并长期共同生活。1995 年，宋某乙与朱某秀在黄陵县××镇又收养阮某，虽改名为宋某华，但一直未在户籍管理部门办理户籍变更登记。2009 年 6 月 30 日，宋某乙将本人及宋某琴的户籍迁至城固县××镇××村××组，并由当地派出所以父女关系登记其户籍户号：××××33030。2011 年 6 月 20 日，宋某乙在内蒙古自治区伊克乌苏铁矿务工时死亡。宋某琴系宋某乙同胞妹妹。同年 6 月 25 日，朱某秀、宋某琴与伊克乌苏铁矿达成处理协议，协议约定：伊克乌苏铁矿支付宋某乙直系亲属（妻子、妹妹等）一次性死亡赔偿金，丧葬费，供养亲属抚恤金共计 600,000 元。2014 年 3 月 31 日，朱某秀将阮某户籍也迁至城固县××镇××村××组，并由当地派出所将朱某秀与二原告以母子、母女关系登记至户下。

法院认为，根据《中国公民收养子女登记办法》第 8 条关于“收养关系成立后，需要为被收养人办理户口登记或者迁移手续的，由收养人持收养登记证到户口登记机关按照国家有关规定办理”的规定，可见被收养人能否办理户口登记是建立在收养关系成立的基础之上。城固县公安局三合派出所出具证明证实朱某秀、阮某、宋某琴与宋某乙死亡前系同户人员，且其户口簿显示朱某秀与阮某、宋某琴为母子、母女关系，阮某残疾证显示其监护人为朱某秀。综上所述，朱某秀、宋某乙与阮某、宋某琴之间的收养事实客观存在。

---

① “王某 1 与王某 2、王某 3、王某 4 遗产继承纠纷再审案”，吉林省高级人民法院（2017）吉民申 191 号民事裁定书。

② 陕西省汉中市中级人民法院（2019）陕 07 民终 338 号民事判决书。

第一千一百零七条 孤儿或者生父母无力抚养的子女，可以由生父母的亲属、朋友抚养；抚养人与被抚养人的关系不适用本章规定。

【条文主旨】

本条是关于亲属、朋友抚养的例外的规定。

【条文理解】

世界上多数立法例，将亲属之间的供养、扶助的权利和义务，统称为“扶养”。在我国现行的法律制度中，根据扶养权利义务人的辈分、年龄等的不同，将扶养区分为扶养、抚养和赡养三种情形。抚养，通常是指父母对子女、祖父母（外祖父母）对于父母已经死亡或父母无力抚养的未成年孙子女（外孙子女）承担供养[①]、保护和教育的责任。此外，有负担能力的兄、姐对于父母已经死亡或父母无力抚养的未成年弟、妹有扶养的义务。而收养则仅指父母子女关系，被收养人与其生父母及其近亲属之间的权利义务关系因收养的成立而消除。本条规定即意在说明收养与抚养二者的区别。所以，孤儿或者生父母无力抚养的子女，如果由生父母的亲属、朋友抚养的，并不能成立收养关系，也不适用法律关于收养的规定。

【司法适用】

司法实践中应注意收养与抚养二者的区别。孤儿或者生父母无力抚养的子女，如果由生父母的亲属、朋友收养的，则应满足本法关于收养条件的规定，否则宜认定为抚养关系。如果由生父母的亲属、朋友抚养的，则并不能成立收养关系，也不适用本法关于收养之规定。

【司法案例】

高某丽与高某长、郭某选收养关系纠纷案[②]

诉讼结论：孤儿或者生父母无力抚养的子女，虽然可以由生父母的亲属、朋友收养但应满足法律关于收养条件的规定，否则宜认定为抚养关系。

基本案情：因家庭困难无力抚养，被告高某丽自7岁起即被父母从老家送至二原告高某长、郭某选（高某长妻子）处抚养生活至23岁。另外，被告系原告郭某选的侄女。二原告视被告如己出，供其上学至大学毕业，并安排到国企电力系统

---

① 根据《最高人民法院关于毛玉堂与毛新国的收养关系能否成立的复函》的相关规定，直系血亲不能建立收养关系。根据查明的事实，安某与张某1系祖母孙女关系，属于直系血亲，不能建立收养关系。

② 甘肃省白银市中级人民法院（2019）甘04民终120号民事判决书。

工作。其间，二原告为其购买城市户口、交付购房首付款、单位集资款等支出大笔现金。后被告因与二原告缺乏交流、沟通，关系恶化，无法共同生活。2013 年 10 月 3 日，原告、被告因琐事再次发生争执，遂签订《脱离收养关系协议》。之后，被告便回到青海，再未与二原告联系。二原告对抚养之情彻底失望，故起诉被告履行上述协议。

法院认为，原告、被告间的收养关系发生在《收养法》施行后，该法规定收养人收养被收养人时应当无子女。本案中，二原告收养被告时已育有一子，故原告、被告间的收养关系不成立。根据《收养法》第 17 条规定："孤儿或者生父母无力抚养的子女，可以由生父母的亲属、朋友抚养。抚养人与被抚养人的关系不适用收养关系。"被告系原告郭守选的侄女，被告生父母与原告郭守选间存在亲属关系，因而原告、被告间形成了事实上的抚养关系。

第一千一百零八条　配偶一方死亡，另一方送养未成年子女的，死亡一方的父母有优先抚养的权利。

【条文主旨】

本条是关于优先抚养权的规定。

【条文理解】

配偶一方死亡，另一方送养未成年子女的，死亡一方的父母有优先抚养的权利。所谓"优先抚养权"，是指配偶一方死亡后，另一方送养未成年子女时，死亡一方配偶的父母有优先于其他收养人取得抚养权的权利。优先抚养权设立的价值取向主要是保障被抚养人的利益和死亡配偶之父母的感情。一般而言，未成年人的祖父母、外祖父母往往对其孙子女、外孙子女疼爱有加，悉心呵护，能够充分保护未成年人的合法权益，尤其是对父母一方死亡的孙子女、外孙子女更是如此。另外，作为老人，其子女死亡，如果其子女的未成年子女被他人收养，从感情方面而言，无疑也是一种打击。因此，在其子女的配偶送养未成年孙子女、外孙子女时，享有优先抚养的权利，进而得以斟酌自身情况和抚养能力决定是否优先抚养也是一种心灵安慰。这也是《收养法》确立优先抚养权的制度初衷。

优先抚养权的成立须满足三个条件：(1)优先抚养权人必须是死亡一方配偶的父母。优先抚养权是一种特殊的权利，其权利主体和义务主体都是特定的人，除了死亡一方配偶的父母，其他任何近亲属包括生存一方配偶的父母均不是优先抚养权的主体。(2)生存一方配偶必须送养其未成年子女成为送养人。只有当生存一方配偶送养未成年子女时,死亡一方配偶的父母才现实地享有优先抚养权。(3)被抚养人只能是死亡一方配偶未成年的子女。

优先抚养权作为一项民事权利,可以基于自由处分原则予以放弃。放弃的方式分为明示和默示。明示放弃是指优先抚养权人在送养人送养子女时,明确地表示不抚养;而默示放弃是指优先抚养权人明知送养人在送养其未成年子女,既不作出明确表示抚养,也不阻止送养人送养,而是对送养人送养子女表现出一种无所谓、听之任之的态度。

【司法适用】

配偶一方死亡,另一方送养未成年子女的,死亡一方的父母虽有优先抚养的权利,但在司法实践中优先抚养权的行使应当斟酌以下因素:

第一,优先抚养权人曾虐待或将来有可能虐待被抚养人的,丧失优先抚养权。

第二,优先抚养权人不具备基本的抚养能力。实践中主张优先抚养权者大多年龄较大,应当考虑其身体方面、物质生活方面等是否具备抚养未成年人的能力,是否能够为未成年人的健康成长提供基本的生活环境和条件。因此,审判实践中要考虑优先抚养权主张者的年龄、健康状况、经济状况、抚养能力等因素。

第三,征求有识别能力的被抚养人的意见。如同本章第1104条规定,收养8周岁以上的未成年人,应当征得被收养人的同意。故如果有识别能力的被抚养人不愿意由优先抚养权人抚养的,自应尊重其意愿。

第四,优先抚养权人有无重大传染性疾病及其他不利于未成年人健康成长的疾病。如本章第1098条对于收养人条件的规定,要求收养人未患有医学上不应当收养子女的疾病。所以,优先抚养权人如果患有不利于未成年人健康成长的疾病,自不宜准许其行使优先抚养权而应由他人收养。

第五,对比优先抚养权人和收养人双方的条件。如果双方对比,优先抚养权主张者所具有的对未成年人抚养、成长的综合条件明显不如收养主张者的综合条件,且这种条件也不优于当地一般生活条件的,也不宜支持优先抚养权的行使。

【司法案例】

段某某、林某某不服被告西双版纳自治州民政局收养登记案[①]

诉讼结论:配偶一方死亡,另一方送养未成年子女的,死亡一方的父母有优先抚养的权利。但该规定并非强制性规定,配偶另一方送养未成年子女时应遵循有利于被收养未成年人的成长,保障被收养人与收养人合法权益的原则,根据具体

---

① 云南省西双版纳自治州中级人民法院(2013)西行终字第8号行政判决书。

情况斟酌是否应由死亡一方的父母优先抚养。

基本案情：原告段某某和林某某夫妇共同生育长子段某某、次子段某某、女儿段某某。长子段某某和李某某结婚后共同生育一女儿段某某并另立门户。段某某夫妇与次子段某某共同生活。段某某、林某某夫妇与儿媳李某某因为生活琐事相互有积怨。2012年7月6日，段某某因交通事故死亡。同年7月26日，李某某生下遗腹子标海。同年7月29日，李某某因自己一个人没有能力抚养两个未成年的孩子，把遗腹子标海送给者某和李某某抚养。同年9月18日，者某和李某某向某某自治州民政局申请办理领养证，某某县勐捧镇人口与计划生育办公室盖章同意。同年9月21日，李某某与者某、李某某夫妇签订《收养子女协议》并由某某自治州勐汹公证处公证。同年9月24日，某某自治州民政局经询问核实送养人与收养人的意思表示后，依据送养人和收养人签订的协议及公证文书作出收养登记具体行政行为，并向收养人者某、李某某夫妇发放了《收养登记证》。

2013年5月12日，原审原告段某某、林某某对某某自治州民政局作出的收养登记不服提起行政诉讼。段某某、林某某认为被告州民政局对被收养人的祖父母未尽征询义务，违反《婚姻法》第28条和《收养法》第18条之规定，侵犯了被收养人祖父母优先抚养的权利义务。因此，请求法院判决确认被告方作出的收养登记具体行政行为违法无效。

法院认为，根据《收养法》第18条“配偶一方死亡，另一方送养未成年子女的，死亡一方的父母有优先抚养的权利”和《婚姻法》第28条“有负担能力的祖父母、外祖父母，对于父母已经死亡或者父母无力抚养的未成年的孙子女、外孙子女，有抚养的义务”之规定，本案原审原告段某某、林某某作为被收养人标海的祖父母有优先抚养的权利义务。但是，根据者某、李某某与段某某、林某某的抚养能力、抚养条件有较大差距的实际情况，结合段某某、林某某与李某某因为家庭琐事积怨较深矛盾突出的实际情况，被诉行政机关某某自治州民政局依据送养人李某某与收养人者某、李某某签订的《收养子女协议》及某某自治州勐汹公证处的公证文书，对收养人者某和李某某夫妇的收养登记申请作出收养登记的具体行政行为符合《收养法》关于有利于被收养未成年人的抚养成长，保障被收养人与收养人合法权益的原则，并无不当。此外，对于生父母送养亲生子女时应当征求其他有抚养权人的意见，我国法律无强制性规定。

第一千一百零九条 外国人依法可以在中华人民共和国收养子女。

外国人在中华人民共和国收养子女，应当经其所在国主管机关依照该国法律审查同意。收养人应当提供由其所在国有权机构出具的有关其年龄、婚姻、职业、财产、健康、有无受过刑事处罚等状况的证明材料，并与送养人签订书面协议，亲自向省、自治区、直辖市人民政府民政部门登记。

前款规定的证明材料应当经收养人所在国外交机关或者外交机关授权的机构认证，并经中华人民共和国驻该国使领馆认证，但是国家另有规定的除外。

【条文主旨】

本条是关于外国人在中国境内收养子女条件、收养程序的规定。

【条文理解】

外国人依法可以在我国境内收养子女，但应经其所在国主管机关依照该国法律审查同意，并由收养人提供由其所在国有权机构出具的有关其年龄、婚姻、职业、财产、健康、有无受过刑事处罚等状况的证明材料，该证明材料应当经收养人所在国外交机关或者外交机关授权的机构认证，并经我国驻该国使领馆认证。此外，收养人还应与送养人签订书面协议，并亲自向省、自治区、直辖市人民政府民政部门办理收养登记。

收养关系当事人各方或者一方要求办理收养公证的，应当到国务院司法行政部门认定的具有办理涉外公证资格的公证机构办理收养公证。

【司法适用】

根据《涉外民事关系法律适用法》第 28 条的规定，收养的条件和手续，适用收养人和被收养人经常居所地法律。收养的效力，适用收养时收养人经常居所地法。收养关系的解除，适用收养时被收养人经常居所地法律或者法院地法律。《外国人在中华人民共和国收养子女登记办法》第 3 条规定："外国人在华收养子女，应当符合中国有关收养法律的规定，并应当符合收养人所在国有关收养法律的规定；因收养人所在国法律的规定与中国法律的规定不一致而产生的问题，由两国政府有关部门协商处理。"第 4 条规定："外国人在华收养子女，应当通过所在国政府或者政府委托的收养组织（以下简称外国收养组织）向中国政府委托的收养组织（以下简称中国收养组织）转交收养申请并提交收养人的家庭情况报告和证明。前款规定的收养人的收养申请、家庭情况报告和证明，是指由其所在国有权机构出具，经其所在国外交机关或者外交机关授权的机构认证，并经中华人民共和国驻该国使馆或者领馆认证的下列文件:(一)跨国收养申请书;(二)出生证明;(三)婚姻状况证明;(四)职业、经济收入和财产状况证明;(五)身体健康检查证明;(六)有无受过刑事处罚的证明;(七)收养人所在国主管机关同意其跨国收养子女的证明;(八)家庭情况报告,包括收养人的身份、收养的合格性和适当性、家庭状况和病史、收养动机以及适合于照顾儿童的特点等。在华工作或者学习连续居住一年以上的外国人在华收养子女,应当提交前款规定的除身体健康检查证明以外的文件,并应当提交在华所在单位或者有关部门出具的婚姻状况证明、职业、经济收入或者财产状况证明,有无受过刑事处罚证明以及县级以上医疗机构出具的身体健康检查证明。"

目前,与我国建立收养合作关系的国家共有 17 个,分别是美国、加拿大、英国、法国、西班牙、意大利、荷兰、比利时、丹麦、挪威、瑞典、芬兰、冰岛、爱尔兰、澳大利亚、新西兰、新加坡。这些国家的公民可以在中国收养子女,基本程序有以下几方面:

1. 递交申请。外国收养人来华收养子女,首先要通过其所在国政府或政府委托的收养组织向中国收养中心转交收养申请和证明文件。具体包括:(1)跨国收养申请书;(2)出生证明;(3)婚姻状况证明;(4)职业、经济收入和财产状况证明;(5)身体健康检查证明;(6)有无受过刑事处罚的证明;(7)家庭情况报告;(8)外国收养人所在国主管机关同意其跨国收养子女的证明;(9)外国收养人的护照复印件;(10)外国收养人二寸免冠照片各 2 张及家庭生活照片 6 张。以上文件除第九项、第十项外,其他八种证明文件均须由所在国有权机构出具,经其所在国外交机关或者外交机关授权的机构认证,并经中华人民共和国驻该国使、领馆认证。

2. 受理登记。中国收养中心在收到外国收养人通过其所在国政府或收养组织递交的收养文件后,对齐全、有效并向中国收养中心交纳了服务费的收养文件予以受理登记,并将受理登记情况告知递交收养文件的外国政府或外国收养组织。

3. 审核选配。经中国收养中心审核,对符合中国有关法律规定条件的外国收养人,中国收养中心参照外国收养人的意愿为其选择适当的被收养人,并将被收养人、送养人的有关情况转交外国政府和收养人征求意见。

4. 签发通知。外国政府和收养人同意接受推荐的被收养人后,中国收养中心为收养人签发《来华收养子女通知书》,并通过外国政府或外国收养组织将通知书转交给外国收养人。同时,中国收养中心向被收养人所在地的省级民政部门收养登记机关发出《涉外送养通知》。

5. 亲自来华。外国收养人接到《来华收养子女通知书》后,夫妻双方须持通知书原件亲自来华,到被收养人常住户口所在地的省级民政部门办理收养登记手续。

6. 办理登记。外国收养人办理收养登记，应当填写外国人来华收养子女登记申请书，并提交与送养人订立的书面收养协议，同时提交中国收养中心签发的《来华收养子女通知书》原件、外国收养人身份证件和照片。省级民政部门对符合法律规定的收养关系当事人办理收养登记，颁发《收养登记证》，出具《跨国收养合格证明》。收养关系自登记之日起成立。①

第一千一百一十条　收养人、送养人要求保守收养秘密的，其他人应当尊重其意愿，不得泄露。

【条文主旨】

本条是关于收养保密义务的规定。

【条文理解】

收养他人子女为自己子女、自己子女被他人收养，均为自然人的个人隐私，隐私权作为一项具体人格权，任何人不得侵犯。保护收养家庭的隐私，即可避免收养家庭受到原生家庭或外界的干扰，有利于收养家庭的和睦稳定。所以，收养人、送养人有权要求他人包括收养登记机关予以保密。保守收养秘密某种程度上也有利于被收养人的健康成长。因为收养是在收养家庭与被收养人之间建立拟制的亲子关系，相较于血缘关系，此种拟制的亲子关系容易受到外界的干扰和影响。实践中，不乏原本相处融洽的养父母子女，在收养事实被泄露后，亲子关系逐渐淡化甚至恶化，直至导致收养关系的解除。所以，本条要求知情人员或机关保守收养秘密，避免因泄露收养事实对被收养人的心理产生影响，不利于被收养人的身心健康。

保密义务实际上是与收养行为的效力密切相关。在理论上，根据收养的效力不同可以分为完全收养与不完全收养。前者是指收养关系成立后，养子女与生父母及其近亲属间的权利义务关系完全消灭；而后者是指收养关系成立后，养子女不但与养父母之间建立亲子关系，而且与其生父母之间仍保留一定的权利义务关系。所以，在完全收养，由于被收养人与生父母及其近亲属间的权利义务完全消灭，为了稳定收养关系，保障被收养人的健康成长，尽可能要求保守收养秘密。我

---

① 《外国人来华收养子女基本程序》，载 http://www.gov.cn/fuwu/2014-02/12/content_2594226.htm. 最后访问日期：2020 年 2 月 4 日。

国原《收养法》及本法规定的收养在性质上即为完全收养，所以本条规定收养人、送养人要求保守收养秘密的，其他人负有保密义务。

【司法适用】

本条只是规定收养人、送养人要求保守收养秘密的，其他人应当尊重其意愿，不得泄露。但并未规定如果收养人、送养人没有明确提出保密要求的，相关知情人员是否仍负有保密义务。换言之，在收养人、送养人没有明确提出保密要求的情况下，相关知情人员是否可以泄露收养事实而不承担责任？在收养过程中，依照相关规定要求送养人、收养人提交的证明材料较多，因此相关的知情人员也相应较多，收养人、送养人很难做到一一要求保密，同时也不现实。所以，基于对隐私权的保护，即使收养人、送养人没有明确提出保密要求，相关知情人员也不得随意泄露收养信息。违背当事人的意愿而泄露收养信息的，应当承担相应的民事责任，因泄露信息而导致收养关系解除的，收养人有权要求赔偿损失。

第二节　收养的效力

第一千一百一十一条　自收养关系成立之日起，养父母与养子女间的权利义务关系，适用本法关于父母子女关系的规定；养子女与养父母的近亲属间的权利义务关系，适用本法关于子女与父母的近亲属关系的规定。

养子女与生父母以及其他近亲属间的权利义务关系，因收养关系的成立而消除。

【条文主旨】

本条是关于收养效力的规定。

【条文理解】

收养关系成立的目的即在于使本无血亲关系的当事人之间产生父母子女关系，故其效力主要在于创设拟制血亲关系。所谓"收养的拟制效力"也称为收养的积极效力，是指收养依法创设新的亲属权利义务关系的效力。依据本条规定，收养的拟制效力包括两个方面：一是养父母与养子女之间的权利义务关系。自收养关系成立时起，养父母与养子女之间的权利义务适用法律关于父母子女关系的有关规定。即养父母有抚养、教育、保护养子女的义务，养子女有赡养、扶助养父母的义务，养父母与养子女互为第一顺序法定继承人等。二是养子女与养父母近亲属之间的权利义务关系。自收养关系成立时起，养子女与养父母的近亲属间的权利义务关系，适用法律关于子女与父母的近亲属关系的规定。即养子女与养父母的父母之间产生祖孙之间的权利义务；养子女与养父母的子女之间产生兄弟姐妹间的权利义务等。同时，收养关系的成立也会产生消极效力，即自收养关系成立时起，养子女与生父母及其近亲属之间的权利义务关系消除。也就是说，自收养关系成立时起，养子女与生父母不再是法律上父母子女；养子女与生父母的父母不再存在祖孙间的权利义务，与生父母的子女也不再存在兄弟姐妹间的权利义务。这也是我国民法采取完全收养制度所决定的。

【司法适用】

首先，本条在司法适用中，应予注意的是，虽然收养具有消极效力，即自收养关系成立时起，养子女与生父母及其近亲属之间的权利义务关系消除，但消除的只是法律意义上的父母子女关系或亲属关系，自然意义上的父母子女关系并不因收养而消除，也无法消除。因此，本法“婚姻家庭编”关于直系血亲或三代内旁系血亲禁止结婚的规定仍然适用于养子女与其生父母及其近亲属。但在拟制血亲中，是否也适用禁止结婚的规定，大多数国家立法均持肯定态度，如法国家庭法及葡萄牙民法均规定“在收养人的新家庭中，被收养人和婚生子女一样，有相同的结婚障碍、相同的继承权、相同的受抚养权和赡养义务”。① 我国法律对此虽未明确规定，但在实践中，直系的拟制血亲禁止结婚自属当然，旁系的拟制血亲关系在解除以前也应当认为禁止结婚。②

其次，自收养关系成立时起，虽然养子女与生父母及其近亲属之间的权利义务关系消除，但对于继父母收养继子女时，继子女与其生父母的权利义务关系是否也因收养关系的成立而消除，不无疑问。对此有学者认为，如果无一例外地完全消除继子女与其生父母之间的权利义务关系，就会造成在一个再婚家庭中，一方面养父或养母与养子女间具有父母子女关系，而另一方面该养子女和与其共同生活的生父或生母见不存在法律上的父母子女关系。这既不符合法理也不符合生活实际，且易于滋生不必要的纷争。因此，继父（或母）收养继子女时，宜认为继

---

① ［法］科琳·雷诺－布拉尹思吉：《法国家庭法精要》（第17版），石雷译，法律出版社2019年版，第184页；［葡］威廉·德奥利维拉、弗朗西斯科·佩雷拉·科埃略：《亲属法教程》，林笑云译，法律出版社2019年版，第52页。

② 杨立新主编：《最高人民法院婚姻法司法解释（三）理解与适用》，中国法制出版社2011年版，第49页；陈棋炎、黄宗乐、郭振恭：《民法亲属新论》（修订九版），三民书局2010年版，第369页。同样在德国法上，丈夫收养了妻子的非婚生子女，子女和生父及其血亲之间的血统关系随之消灭，但和母亲及其血亲之间的血统关系并不受影响。参见［德］迪特尔·施瓦布：《德国家庭法》，王葆莳译，法律出版社2010年版，第404页。

子女与其共同生活的生父(或母)之间的权利义务关系并不消除。[①] 此种观点颇值赞同。大多数国家或地区立法之所以规定在完全收养时,养子女与其生父母间的权利义务关系彻底消除,是为了保护收养人的利益。如果养子女与其生父母仍然保持亲子关系,那么无疑收养人将会担忧养子女原生家庭成员的干扰,进而恐其财产经由养子女的继承而流入养子女的原生家庭,甚至泄露收养的秘密,故多数收养人均希望收养关系成立后,养子女能与其原生家庭彻底断绝。[②] 但在继父母收养继子女时,收养人的上述担忧自然并不存在,反之如果肯定养子女与其共同生活的生父或生母间的亲子关系依然存在,对收养人与被收养人均有利无害。[③] 同样,收养关系成立后,收养人与被收养人之生父或生母结婚时,被收养人与其生父或生母之间的权利义务关系(亲子关系)也应当理解为自行恢复,否则必然产生被收养人与其生父或生母之间虽存在自然血亲关系,但却为姻亲关系之矛盾现象。[④]

再次,收养关系成立后,应否允许生父母探望养子女,甚至有些学者认为,应

---

① 王利明主编:《中国民法典学者建议稿及立法理由(人格权编·婚姻家庭编·继承编)》,法律出版社2005年版,第359页。

② 林菊枝:《西德新收养制度之介绍》,载陈棋炎先生之秩华诞祝贺论文集《身分法之理论与实用》,台湾燕南印刷有限公司1980年版,第386页。

③ 如果配偶一方收养另一方的子女,被收养人与收养人配偶以及相关血亲之间的关系继续维持,并且这是法律允许公开收养(对被收养人与其血缘家庭之间关系公开)的唯一情况。同样,如果事实婚之一方收养另一方的子女,被收养人与事实婚另一方及其相关血亲之间的关系继续维持。(参见[葡]威廉·德奥利维拉、弗朗西斯科·佩雷拉·科埃略:《亲属法教程》,林笑云译,法律出版社2019年版,第52页。)1976年《德国收养法》规定:"配偶一方收养他方的非婚生子女的,养子女仅对于父母的另一方及其亲属间丧失亲属关系及由此而生的权利义务;配偶一方收养他方的婚生子女,如后者之前婚是因其配偶死亡而解消的,养子女与其死亡父母一方的亲属并不丧失亲属关系及因此而生的权利义务。"2007年我国台湾地区"民法典亲属编"修正后的第1077条第2项也规定:"养子女与本生父母及其亲属间之权利义务,于收养关系存续中停止之。但夫妻一方收养他方之子女时,他方与其子女之权利义务,不因收养而受影响。"在承认可收养自己子女的立法例,继父或继母与生母或生父构成夫妻共同收养,被收养人与其共同生活的生父或生母间的权利义务当然依然存在;而在不承认可收养自己子女的立法例,继父或继母与生母或生父不构成夫妻共同收养。但即便如此要求夫妻共同收养子女的立法例,例外允许继父或继母可以单方收养他方的子女,并产生与夫妻共同收养类似的诸种法律效果。如法国1976年12月22日第76-1179号法律规定:"收养配偶的子女,对该配偶一方及其家庭仍然存在原有的亲子关系;除此之外,此种收养产生由夫妻二人进行收养所具有的诸种效果。"(《法国民法典》(上册),罗结珍译,法律出版社2005年版,第333页。)

④ 如法国巴黎法院有判决(1976年10月8日)认为,父亲一方完全收养子女,在该子女的生母与收养人结婚之后可以被承认为他们的婚生子女。《法国民法典》(上册),罗结珍译,法律出版社2005年版,第334页。

增设送养人的探视权:一是为了便于及时了解被收养人的生活、学习及成长状况,便于监督和敦促收养人认真履行抚养等监护职责。如发现收养人有虐待、遗弃被收养人的行为时,及时解除收养关系。二是便于及时发现、预防并制止借收养之名行拐卖儿童之实的犯罪行为,维护被收养人的权益和收养秩序的稳定。[①] 实际上,增设生父母的探视权并不利于保护收养人的利益,也不利于被收养人的健康成长。本书认为,在收养实践中,生父母可否探视养子女的问题应由收养当事人双方自愿协商确定,也就是说,应纳入意思自治的范畴,而不应由法律规定生父母的探视权。至于要强化对被收养人的保护,防止收养人拐卖儿童,则可通过前述赋予登记机构实质审查职责等予以解决。

最后,在实践中,部分已成年的养子女其不仅对养父母尽了赡养义务,同时也对其生父母在生活上给予扶助照顾。虽然在法律上养子女对生父母的遗产已无继承权,但依据本法"继承编"的规定,养子女仍可酌情分得其生父母适当的遗产。

【司法案例】

郑庆荣与洋浦经济开发区管理委员会案[②]

诉讼结论:养子女与生父母及其他近亲属间的权利义务关系,因收养关系的成立而消除。养子女与生父母间的权利义务关系不因养父母去世而当然恢复。

基本案情:郑庆荣于1982年6月出生后,其生父母郑有壮、陈玉川将其送给儋州市中和镇五里居委会五里村郑壮求、许小尾夫妇收养。郑庆荣的户籍从出生至2004年前一直落户在养父母所在的儋州市中和镇五里村。郑庆荣的养母许小尾于1986年左右去世,其养父郑壮求于2002年去世。2004年7月,郑庆荣将其户籍迁至洋浦经济开发区。2014年因洋浦经济开发区管理委员会认为郑庆荣不符合原户安置的条件拒绝给予郑庆荣搬迁安置。法院以郑庆荣未提供任何证据证明其与养父母已解除收养关系,也没有提供证据证明其与生父母已协议恢复父母子女关系。因此,郑庆荣与其养父母已成立的事实收养关系至今仍未解除,郑庆荣与其生父母的权利和义务关系也没有自然恢复,同时还认定郑庆荣不符合原户安置的其他条件,判决驳回郑庆荣的诉讼请求。

法院认为,依据《收养法》的规定,上诉人郑庆荣与生父母郑有壮、陈玉川之间的权利义务关系因收养关系的成立而消除。现虽郑庆荣的养父母许小尾、郑壮求均相继去世,但基于后去世的郑壮求去世时,郑庆荣已满18周岁的事实,且其养

---

① 王歌雅:《关于我国收养立法的反思与重构》,载《北方论丛》2000年第6期。

② 最高人民法院(2016)最高法行申4181号行政裁定书。

父母生前均未主张解除收养关系，即使上诉人郑庆荣的户籍在其养父母去世后自行迁回生父母所在的洋浦经济开发区，但其与生父母之间的权利义务关系并不当然恢复。另根据《收养法》第29条关于“收养关系解除后，养子女与养父母及其他近亲属间的权利义务关系即行消除，与生父母及其他近亲属间的权利义务关系自行恢复，但成年养子女与生父母及其他近亲属间的权利义务关系是否恢复，可以协商确定”的规定，只有在收养关系解除后成年养子女方可与生父母协商是否恢复权利义务关系。因此，郑庆荣与生父母及其他近亲属间的权利义务关系并未恢复、其不能作为郑有壮的家庭成员而享有相关权利。

第一千一百一十二条　养子女可以随养父或者养母的姓氏，经当事人协商一致，也可以保留原姓氏。

【条文主旨】

本条是关于养子女姓氏的规定。

【条文理解】

收养关系成立后，关于养子女的姓氏应随收养一方，是多数国家的共同规定。如《德国民法典》第1757条第1款规定：“子女以收养人的家庭姓氏为其出生姓氏。”《日本民法典》第810条规定：“养子女称养父母的姓氏。”《法国民法典》第357条规定：“收养赋予子、女以收养人的姓氏；在由夫妻二人进行收养的情况下，赋予收养的子女以夫姓。”但也有少数国家规定养子女可以保留原姓，也可以随养父母姓。本条即遵循平等自愿原则，规定养子女可以随养父或者养母的姓氏，经当事人协商一致，也可以保留原姓氏。

【司法适用】

在司法适用中，应予注意的是本条关于被收养人的姓氏充分体现与尊重了当事人的平等自愿原则，也符合本法第1015条关于自然人姓氏的规定。但与原《婚姻法》第22条规定，“子女可以随父姓，可以随母姓”之规定有违。因为既然我国民法规定的收养为完全收养，即被收养人与其生父母的权利义务关系完全消除，而与收养人建立起父母子女关系。则收养关系的成立所消除的权利义务关系，不仅包括被收养人与其生父母的扶养义务和继承权等，也当然包括被收养人的姓氏的变更。如果允许当事人可以协商保留原姓氏，无疑有悖于完全收养的原理。而根据本法第1015条规定，自然人的姓氏原则上应当随父姓或随母姓，但例外情形下可以选取其他姓氏，而在收养的情形经当事人协商一致保留原姓氏自属不违背公序良俗的正当理由。

【司法案例】

张某英与吴某琼、吴某珍、吴某梅等继承权确认纠纷案[①]

诉讼结论：养子女可以随养父或者养母的姓氏，经当事人协商一致，也可以保留原姓氏。

基本案情：张某英系吴某梅之女，吴某琼、吴某梅、吴某珍、吴某梅、吴某花与死者吴某恕之间系兄弟姐妹关系。1961 年，张某英 10 岁时经双方亲属协商被过继给吴某恕并被收为养女，此后，张某英即与吴某恕一起共同居住生活，吴某恕并供给张某英上学。1968 年张某英以生父生病需要照顾为由回到景宁县××乡×××村生父处。1970 年张某英婚后与其夫潘某荣一同回到××村，并将户口迁入与吴某恕同处的××村第三生产队落户，与吴某恕分户生活。在此期间，双方互有来往，张某英对吴某恕也尽有部分义务。1993 年 8 月，××村重修吴氏宗谱，吴某恕将张某英登入自己名下。2005 年 1 月 22 日，吴某恕病故，为办理丧事，张某英与吴某琼及其他亲属产生矛盾。

法院认为，根据《收养法》第 24 条规定："养子女可以随养父或者养母的姓，经当事人协商一致，也可以保留原姓。"故张某英保留沿用生父的姓并无不可；虽然张某英基于原与吴某恕的舅甥关系而在其被收养后仍继续称吴某恕为舅舅、婚后与吴某恕分户居住生活的情况属实，但结合当地风俗习惯，该事实对双方业已形成的事实上的收养关系均不构成影响。

第一千一百一十三条　有本法第一编关于民事法律行为无效规定情形或者违反本编规定的收养行为无效。

无效的收养行为自始没有法律约束力。

【条文主旨】

本条是关于收养行为无效的规定。

【条文理解】

所谓收养行为无效，是指收养行为欠缺法定有效要件，不能发生收养法律效果的收养行为。收养行为乃身份法律行为，既为一种民事法律行为，那么违反《民

---

① 浙江省高级人民法院(2009)浙民再字第 13 号民事判决书。

收养人不履行抚养义务，有虐待、遗弃等侵害未成年养子女合法权益行为的，送养人有权要求解除养父母与养子女间的收养关系。送养人、收养人不能达成解除收养关系协议的，可以向人民法院提起诉讼。

【条文主旨】

本条是关于当事人协议解除收养关系及因违法行为而解除收养关系的规定。

【条文理解】

收养与结婚在性质上均属身份法律行为。婚姻关系可因协议离婚而解除。同理，收养关系成立后，亦得因终止收养而使收养关系解除。详言之，收养关系既可因当事人的合意而成立，当然也可以因当事人的合意而解除。现代各国关于收养关系的解除存在不同立法例，有的国家采禁止解除立法例或部分禁止解除主义。我国民法在收养关系的解除问题上，历来采许可主义，允许当事人通过协议解除收养关系。在当事人无法继续维持收养关系时允许收养关系协议解除，有利于避免收养关系各方矛盾的激化。

为了保护未成年的被收养人的合法权益，稳定收养关系，在被收养人成年以前一般不宜解除收养关系，但如果出现某些事由致使收养关系破裂而无法继续维持，收养人和送养人双方自愿达成解除收养关系的协议的，自应允许。同时，对于8周岁以上的未成年养子女，因其已具有一定的意思能力，故解除收养关系时应征得其同意。这也是最大限度保护未成年人利益、保障未成年的被收养人健康成长的体现。至于已成年的养子女已具有完全民事行为能力，能够独立地与收养人协议解除收养关系，故自然无须送养人参与其中，此亦为本章第1115条所规定。

收养关系当事人并非总是能够通过协议的方式解除收养关系，甚至在某些情况下一方当事人不愿意解除收养关系，如果继续维持收养关系将损害被收养人的利益，则此时应赋予一方当事人单方解除收养关系的权利。即如果当事人无法达成终止收养关系的合意，而一方有法定终止收养关系之事由时，亦得请求法院宣告终止收养关系，此即判决解除。本条第2款即规定，如果收养人不履行抚养义务，有虐待、遗弃等侵害未成年养子女合法权益行为的，送养人有权要求解除养父母与养子女间的收养关系。送养人、收养人不能达成解除收养关系协议的，可以向人民法院提起诉讼。

【司法适用】

本条在司法适用中，应注意收养人与送养人双方协议解除收养关系时，无论由哪一方当事人提出解除收养关系，只要双方不能达成解除收养关系的协议或8

周岁以上的被收养人不同意解除收养关系，则收养关系即不能解除，同时双方当事人也不能因此诉至法院进行诉讼解除。此外，协议解除收养关系时，送养人与收养人还须就收养期间收养人为被收养人支出的生活费、教育费等费用的补偿达成一致。

夫妻共同收养子女时，其协议解除收养关系时亦应共同为之。同样，夫妻共同收养子女后，如果一方死亡、下落不明或丧失完全民事行为能力，则另一方自可单独与对方当事人协议解除收养关系。

【司法案例】

柏某芳、李某忠解除收养关系纠纷案①

诉讼结论：收养人无不履行抚养义务，无虐待、遗弃等侵害未成年养子女合法权益行为的，送养人无权要求解除养父母与养子女间的收养关系。

基本案情：李某于2005年4月4日出生；2005年7月21日，六安市裕安区民政局根据李某忠的申请审查认为被收养人李某与收养人李某忠之间符合收养要件，为收养人李某忠办理收养登记。2017年2月，经江西博中司法鉴定中心鉴定，柏某芳系李某的生物学母亲。2017年3月，柏某芳以为了李某的学习生活方便为由，诉至法院要求解除李某与李某忠的收养关系，改由柏某芳抚养。

法院认为，李某忠与李某之间的收养关系符合法律规定，非满足法定条件不得解除。现柏某芳依据鉴定意见，确定柏某芳系李某生物学母亲的事实，主张解除其子李某与被上诉人李某忠的收养关系，但未提供李某忠不履行抚养义务，存在虐待、遗弃等侵害被收养人李某合法权益行为的证据，因此，应承担举证不能的法律责任，柏某芳的此项诉讼请求不能成立。

第一千一百一十五条　养父母与成年养子女关系恶化、无法共同生活的，可以协议解除收养关系。不能达成协议的，可以向人民法院提起诉讼。

【条文主旨】

本条是关于收养关系恶化而协议解除的规定。

【条文理解】

家庭是充满亲情与爱的温暖港湾，收养人与被收养人虽非自然血亲但亦应如

---

① 安徽省六安市中级人民法院(2017)皖15民终1117号民事判决书。

同自然血亲的亲子关系一样互相照顾、关爱、扶助。但是家庭是世界上最复杂的细胞，现实生活中父母子女之间难免产生摩擦甚至分歧，更何况收养家庭。所以，如果养父母与成年养子女关系恶化，无法共同居住，维持收养关系对各方均无不利，自应允许养父母与成年养子女协议解除收养关系。此时，养子女已成年，具有完全民事行为能力，他们可以根据自己的意愿决定自己的生活，决定是否继续维持收养关系。故收养人与成年养子女协议解除收养关系时，无须取得送养人的同意。不能达成协议的，可以向人民法院提起诉讼。

【司法适用】

养父母与成年养子女关系恶化、无法共同生活的原因复杂多样，双方不能达成解除收养关系协议的，可以向人民法院起诉。人民法院需要对双方收养关系形成的过程、共同生活期间的情况、矛盾持续的时间、矛盾能否化解等事实予以查明，尤其是要对双方关系恶化的程度进行审查，我国民法并未对此规定一个明确的标准，所以人民法院需要根据案件具体情况予以审查判断。在司法实践中，养父母与成年养子女关系恶化通常是由于养子女成年后遗弃、虐待养父母所致。所以，在审查中要注意区分要求解除收养关系的主体是养父母还是成年养子女。对于成年养子女要求解除收养关系的，应当对解除的标准进行严格审查，因为养子女已由养父母抚养至成年，此时正是需要养子女尽赡养义务之时，如果随意解除收养关系，可能损害老年人的利益，进而使解除收养关系成为成年养子女逃避赡养义务的正当理由。此时，也应当审查成年养子女对养父母是否存在虐待、遗弃等情形，以准确判断维持收养关系是否对养父母的利益更加不利。反之，如果是养父母要求解除收养关系，此时解除收养的标准应当予以放宽，应当确认解除收养关系是否为养父母的真实意思表示，养父母与养子女之间是否确实存在不可调和的矛盾，养父母解除收养关系之后的生活是否有相应的保障等因素，综合判断是否解除收养关系。①

此外，人民法院审理解除收养关系而提起的诉讼应当首先根据案件的具体情况进行调解，有针对性地做好当事人双方的思想工作，如果双方有和好的可能性应尽可能促使双方达成和好的协议，由原告撤诉即可终止解除收养关系的诉讼；如果双方当事人就解除收养关系达成协议，则应以调解方式解除收养关系，人民

---

① 如在北京市第一中级人民法院（2017）京01民终7669号民事判决书“李某芳诉李某艳解除收养关系纠纷案”中，被收养人已成年，收养人以双方关系不好为由要求解除收养关系，被收养人不同意解除。法院经审理认为：养父女之间虽不存在血缘关系，但双方结缘源于养父母的慈念，养父女情义在长达20年的养育中建立和稳固，现已到被收养人尽赡养义务之时。双方近年因家庭生活琐事产生矛盾，但远未达到恶化需解除养父女关系的程度，故对收养人要求解除养父女关系的诉讼请求不予支持。

法院依照调解协议制作解除收养关系调解书;如果调解无效,收养关系已无挽救的可能性,则应以“收养关系破裂”为标准作出判决。

【司法案例】

周某与李某某收养关系纠纷案[①]

诉讼结论:养父母与成年养子女双方关系恶化,无法共同生活的这一法定解除收养关系的条件,并不需要双方一致认可,只要收养人单方认定即可。

基本案情:周某昌与李某某于1963年登记结婚,双方未生育子女,但收养周某为养女,2012年周某昌因病去世。双方一致认可2014年之前,尽管双方未共同居住,但关系尚可,2014年双方共同外出旅游后产生矛盾。此后,李某某因其人寿保险金的领取、原由周某昌经营的渝中区昌裕建材经营部更名等问题与周某矛盾激化。2017年李某某到渝中区妇联进行信访投诉,要求周某配合将其共同所有的房屋出售。目前,李某某独自一人居住,未与周某共同居住,双方没有来往及交流,周某亦认可未在经济上资助李某某。李某某称自己年纪已大,一人独居在家,周某在经济上、生活上均未尽到赡养义务,因此想将其与周某共有的房屋出售去养老院居住,周某则认为李某某出售房屋另有目的,不同意将其共有的房屋出售。李某某诉至法院请求解除李某某与周某之间的收养关系。

法院认为,李某某、周某系养父母与子女关系,双方对此均无异议。李某某与周某在生活中产生矛盾后,没有很好地化解,后因遗产继承等问题,导致矛盾进一步激化。双方既未共同居住,又没有沟通交流和正常往来,周某亦未在经济上资助李某某,在是否出售其共有的房屋上,双方也未能达成一致意见,致使双方关系进一步恶化。现李某某起诉请求解除与周某的收养关系,理由充分,应予准许。

第一千一百一十六条　当事人协议解除收养关系的,应当到民政部门办理解除收养关系登记。

【条文主旨】

本条是关于解除收养关系登记的规定。

【条文理解】

收养关系的成立自向县级以上人民政府民政部门办理收养登记时成立,协议

---

① 重庆市高级人民法院渝民再365号民事判决书。

解除收养关系也应自民政部门办理解除收养关系的登记时解除。当事人双方虽达成解除收养关系的协议但并未到民政部门办理解除收养关系的登记的，收养关系不发生解除的效力。也就是说，办理登记手续是协议解除收养关系的法定形式要件，收养关系自办理登记之日起解除。

【司法适用】

根据《中国公民收养子女登记办法》的规定，收养关系当事人协议解除收养关系的，应当持居民户口簿、居民身份证、收养登记证和解除收养关系的书面协议，共同到被收养人常住户口所在地收养登记机关办理解除收养关系登记。收养登记机关收到解除收养关系登记申请书及有关材料后，应当自次日起30日内进行审查；对符合收养法规定的，为当事人办理解除收养关系的登记，收回收养登记证，发给解除收养关系证明。

在司法适用中，应注意的是本条所要求的办理解除收养关系登记仅适用于协议解除收养关系。通过诉讼解除收养关系的，不论是以调解方式解除收养关系，还是以判决方式解除收养关系的，当事人均无须另行到民政部门办理解除收养关系的登记。

【司法案例】

丁某甲、王某某与丁某乙赡养费纠纷案[①]

诉讼结论：当事人协议解除收养关系的，应当到民政部门办理解除收养关系的登记；未办理登记，无法产生解除收养关系的法律后果。

基本案情：二原告系夫妻，婚后育有两女，被告系原告丁某甲弟弟的亲生儿子。1988年年初，二原告收养被告，抚育被告成年，现被告已成家，一直与二原告共居生活至2017年11月中旬，后被告全家搬走。二原告现已年近七旬，无生活来源，且二人身体欠佳，日常中均需要药物维持身体健康，尤其是原告丁某甲，于2017年4月21日被确诊为肺癌、肺栓塞、肺炎、高血压、左肾结石等疾病，为治病二原告倾全家所有，两个女儿也都举家之力，但唯独被告不尽义务，让二原告更为伤心的是在原告患病前，二原告把多年积蓄都逐年给了被告，但现在二原告需被告尽赡养义务时，被告却对二原告不管不问。故二原告诉至法院请求被告支付赡养费。

法院认为，依据法律规定，当事人协议解除收养关系的，应当到民政部门办理解除收养关系的登记，二原告与被告签订的协议书仅载明二原告今后包括养老问

---

① 辽宁省锦州市中级人民法院（2018）辽07民终1579号民事判决书。

题在内的一切事情与被告及其妻子无关，但未明确载明解除收养关系，即便可据此协议书认定双方协议解除收养关系，但因未办理登记，亦无法产生解除收养关系的法律后果，二原告与被告的收养关系仍然存在，被告依法应向二原告支付赡养费。

第一千一百一十七条　收养关系解除后，养子女与养父母以及其他近亲属间的权利义务关系即行消除，与生父母以及其他近亲属间的权利义务关系自行恢复。但是，成年养子女与生父母以及其他近亲属间的权利义务关系是否恢复，可以协商确定。

【条文主旨】

本条是关于解除收养关系后的身份效力的规定。

【条文理解】

无论是协议解除收养关系还是诉讼解除收养关系，收养关系解除的直接后果即是导致相关当事人身份关系的变动，主要包括以下三个方面：

第一，养子女与养父母及其他近亲属间的权利义务关系即行消除。养父母对未成年的养子女不再负担抚养、教育、照顾的义务，成年养子女对养父母同样也不再负担赡养、扶助的义务，养父母与养子女互相之间也不再享有继承遗产的权利。同样，养子女与养父母的父母、养父母的子女之间的祖孙关系、兄弟姐妹关系亦随收养关系之解除而消灭。

第二，未成年的养子女与生父母及其近亲属间的权利义务关系自行恢复。父母子女之间的血亲关系本源于自然，相互之间的权利义务本不能解除，唯法律基于保护未成年人健康成长之目的允许在例外情况下通过收养方式将生父母的权利义务移转给养父母。因此，当收养关系解除后，自然应当自行恢复未成年的养子女与其生父母之间的权利义务关系。同时，因为养子女尚未成年，收养关系解除后若不自行恢复其与生父母及其近亲属之间的关系，自不利于未成年养子女的健康成长。

第三，成年养子女与其生父母及其他近亲属间的权利义务关系是否恢复由当事人协商确定。成年养子女自被收养后，已由养父母抚养至成年，具有完全民事行为能力，具有独立思考和判断的能力。并且成年养子女长期与养父母共同生活，与生父母之间没有共同生活的经历，双方之间并没有建立起父母子女的情感。所以，法律赋予其是否恢复亲子关系的自由选择权，其可以根据自己的感情和过去生活的经历，自主选择决定是否与生父母及其近亲属恢复权利义务关系。所以，是否恢复父母子女关系及近亲属关系应由当事人自行协商确定。如果双方协商同意恢复的，则恢复；如果双方经协商不同意恢复或协商不成的，则不恢复。

【司法适用】

无论是协议解除收养关系抑或诉讼解除收养关系，收养关系解除后，未成年的养子女与其生父母及近亲属之间的权利义务关系自行恢复，不需要办理任何手续或征得任何人或机关的同意。同时，养子女在收养期间因继承或受赠等原因取得的财产，属于养子女的个人财产，纵收养关系解除，也应允许其带走。养子女的劳动收入在家庭共有财产中所占的份额，于收养关系解除时，也应允许其对家庭共有财产进行分割析产。

【司法案例】

郑庆荣与洋浦经济开发区管理委员会案①

诉讼结论：收养关系解除后，成年养子女与生父母及其他近亲属间的权利义务关系应协商确定是否恢复。经协商恢复的，不发生溯及既往的效力。

基本案情：郑庆荣于1982年6月出生后，其生父母郑有壮、陈玉川将其送给儋州市中和镇五里居委会五里村郑壮求、许小尾夫妇收养。郑庆荣的户籍从出生至2004年前一直落户在养父母所在的儋州市中和镇五里村。郑庆荣的养母许小尾于1986年左右去世，其养父郑壮求于2002年去世。2004年7月，郑庆荣将其户籍迁至洋浦经济开发区。2014年因洋浦经济开发区管理委员会认为郑庆荣不符合原户安置的条件拒绝给予郑庆荣搬迁安置。法院以郑庆荣未提供任何证据证明其与养父母已解除收养关系，也没有提供证据证明其与生父母已协议恢复父母子女关系。因此，郑庆荣与其养父母已成立的事实收养关系至今仍未解除，郑庆荣与其生父母的权利和义务关系也没有自然恢复，同时还认定郑庆荣不符合原户安置的其他条件为由，判决驳回郑庆荣的诉讼请求。

法院认为，上诉人郑庆荣与生父母郑有壮、陈玉川之间的权利义务关系因收养关系的成立而消除。现虽郑庆荣的养父母许小尾、郑壮求均相继去世，但基于后去世的郑壮求去世时，郑庆荣已满18周岁的事实，且其养父母生前均未主张解除收养关系，即使上诉人郑庆荣的户籍在其养父母去世后自行迁回生父母所在的洋浦经济开发区，但其与生父母之间的权利义务关系并不当然恢复。另根据《收养法》第29条关于"收养关系解除后，养子女与养父母及其他近亲属间的权利义

---

① 最高人民法院(2016)最高法行申4181号行政裁定书。

务关系即行消除,与生父母及其他近亲属间的权利义务关系自行恢复,但成年养子女与生父母及其他近亲属间的权利义务关系是否恢复,可以协商确定”的规定,只有在收养关系解除后成年养子女方可与生父母协商是否恢复权利义务关系。因此,二审法院关于郑庆荣与生父母及其他近亲属间的权利义务关系并未恢复、其不能作为郑有壮家庭成员的一名享有相关权利的认定有事实根据和法律依据。退言之,即便郑庆荣与生父母郑有壮、陈玉川经重新协商恢复相互间权利义务关系,也不能发生溯及既往的法律效力,亦不能对此之前的既有法律事实产生新的影响。

第一千一百一十八条　收养关系解除后,经养父母抚养的成年养子女,对缺乏劳动能力又缺乏生活来源的养父母,应当给付生活费。因养子女成年后虐待、遗弃养父母而解除收养关系的,养父母可以要求养子女补偿收养期间支出的抚养费。

生父母要求解除收养关系的,养父母可以要求生父母适当补偿收养期间支出的抚养费;但是,因养父母虐待、遗弃养子女而解除收养关系的除外。

【条文主旨】

本条是关于解除收养关系后的财产效力的规定。

【条文理解】

收养关系存续期间,养父母为了抚养、教育养子女必然要支出一定的生活费、教育费等相关费用。如果收养关系能够继续存续,养父母所支出的上述费用将会因养子女成年后对养父母的赡养扶助而得到回报。但因收养关系解除后,养子女与养父母及其近亲属间的权利义务关系即消灭,养父母所支出的上述费用自不能再通过养子女的赡养扶助得以回报,所以法律为了平衡此种利益的失衡,即要求养子女应当补偿养父母收养期间支出的抚养费。但养父母对养子女在被收养期间所支出的抚养费的补偿请求权,因养子女是否成年而有所不同。

如果解除收养关系时养子女已成年的,则依据本条第 1 款规定,经养父母抚养的成年养子女,对缺乏劳动能力又缺乏生活来源的养父母,应当给付生活费。如果收养关系的解除是因养子女成年后虐待、遗弃养父母所致,则不论养父母是否存在缺乏劳动能力又缺乏生活来源的情况,均可要求养子女补偿收养期间支出的抚养费。反之,如果解除收养关系时养子女未成年的,自然应当由生父母适当补偿养父母收养期间所支出的抚养费。但养父母的此种抚养费补偿请求权有一个前提和一个例外：前提是收养关系的解除必须是基于生父母的要求，养父母始有抚养费补偿请求权，如果是养父母要求解除收养关系的，则养父母并无抚养费补偿请求权。例外则是即使是生父母要求解除收养关系的，但如果是因为养父母在收养期间虐待、遗弃养子女而导致生父母要求解除收养关系的，则养父母亦无抚养费补偿请求权。

【司法适用】

经养父母抚养的成年养子女，对缺乏劳动能力又缺乏生活来源的养父母，应当给付生活费。这一规定是基于权利义务对等原则，无论收养关系是否解除，都无法改变养父母抚养教育养子女的事实，既然养父母将养子女抚养至成年，那么成年养子女也应对缺乏劳动能力又缺乏生活来源的养父母尽一定的赡养扶助义务，虽然双方已不存在收养关系。在具体适用中，应注意成年养子女的此种生活费给付义务的前提条件是：第一，养父母将养子女抚养至成年；第二，养父母必须是“双缺人员”即缺乏劳动能力又缺乏生活来源；第三，养子女本身有给付能力。至于养子女应给付生活费的数额，则应根据养父母生活的实际需要、养子女自身的给付能力以及当地一般群众的实际生活水平决定。具体的数额与给付方式应由养父母与养子女协商确定，协商不成的，应由人民法院根据具体情况判决。

【司法案例】

戴某华、戴某解除收养关系纠纷案[①]

诉讼结论：因养子女成年后虐待、遗弃养父母而解除收养关系的，收养关系解除后，收养人有权要求养子女补偿在收养期间支出的生活费和教育费。

基本案情：戴某华与其妻子甘某和(现已过世)结婚后未生育子女。1986 年，他人将刚出生三天的戴某送给戴某华夫妇收养，戴某的户口登记在戴某华处。戴某华未到湘阴县民政局办理收养手续。2002 年，戴某初中毕业后即外出务工。戴某结婚后，戴某夫妇与戴某华夫妇共同生活。2009 年，戴某华夫妇与戴某因生活琐事产生纠纷后戴某及其丈夫赵某光搬出戴某华家。此后，戴某很少回去看望戴某华夫妇。2009 年 11 月 4 日，戴某华在村上发布了一份“解除养父女关系的声明”，湘阴县石塘乡××村××组村民均在该声明上签名，至此，戴某华、戴某关系开始恶化。由于戴某华、戴某家庭关系恶化，戴某华所在村组在征地款分配时没有同意戴某夫妇享有分配权。2013 年，戴某夫妇曾就征地款分配纠纷向一审法院提起诉讼。2014 年 2 月和 6 月，戴某华妻子甘某和因心脏病两次住院接受治疗，

---

① 湖南省岳阳市中级人民法院(2019)湘 06 民终 1416 号民事判决书。

在此期间，戴某未到医院进行探望、照顾，也未支付医疗费。2015 年至 2017 年期间，戴某以继承纠纷以及分家析产纠纷等案由多次起诉戴某华，戴某华、戴某的关系进一步恶化。戴某养母过世后，戴某华、戴某之间基本无往来，戴某也未向戴某华支付过赡养费，双方故酿成纠纷。

法院认为，养父母和养子女间的权利义务适用《婚姻法》对父母子女间权利义务的规定。戴某华夫妇收养戴某后，不仅将出生只有几天的戴某扶养成人，而且供其上学，让其享受了受教育的权利，后又为戴某操办婚礼。所有这一切，应当认定戴某华夫妇已完全尽到了抚养、教育戴某的义务。戴某成年后，依法也应负有赡养老人的义务。经审理查明，2009 年，戴某华夫妇与戴某因生活琐事产生纠纷后戴某及其丈夫赵某光搬出戴某华家。此后，戴某很少回去看望戴某华夫妇。2014 年 2 月和 6 月，养母甘某和因心脏病两次住院接受治疗，在此期间，戴某未到医院进行探望、照顾，也未支付医疗费。2014 年农历 12 月 8 日，养母甘建和因病去世，戴某夫妇在其养母过世之后回家奔丧，因未取得戴某华谅解只得中途离开。上述事实不仅表明戴某与戴某华关系已经疏远恶化，同时也说明戴某并未尽到对其养母的赡养义务。妻子去世后，戴某华孤身一人生活。戴某没有证据证明其此间给予了戴某华物质上、生活上的帮助和精神上的安慰。故法院认定戴某对戴某华存在遗弃情形。上述事实，势必恶化双方当事人父女感情，现戴某华已不愿意与戴某共同生活及维持收养关系，对戴某华要求解除收养关系的请求，本院应当准许。同时，收养关系解除后，戴某华有权要求戴某补偿戴某华在收养期间支出的生活费和教育费。

附录一

《婚姻法》《收养法》与《民法典》“婚姻家庭编”对照表*

相关内容	《民法典》
	第一章　一 般 规 定
	第一千零四十条　本编调整因婚姻家庭产生的民事关系。
《婚姻法》第二条　实行婚姻自由、一夫一妻、男女平等的婚姻制度。 保护妇女、儿童和老人的合法权益。 ~~实行计划生育。~~	**第一千零四十一条　婚姻家庭受国家保护。** 实行婚姻自由、一夫一妻、男女平等的婚姻制度。 保护妇女、未成年人、老年人、残疾人的合法权益。
《婚姻法》第三条　禁止包办、买卖婚姻和其他干涉婚姻自由的行为。禁止借婚姻索取财物。 禁止重婚。禁止有配偶者与他人同居。禁止家庭暴力。禁止家庭成员间的虐待和遗弃。	**第一千零四十二条**　禁止包办、买卖婚姻和其他干涉婚姻自由的行为。禁止借婚姻索取财物。 禁止重婚。禁止有配偶者与他人同居。 禁止家庭暴力。禁止家庭成员间的虐待和遗弃。
《婚姻法》第四条　夫妻应当互相忠实，互相尊重；家庭成员间应当敬老爱幼，互相帮助，维护平等、和睦、文明的婚姻家庭关系。	**第一千零四十三条　家庭应当树立优良家风，弘扬家庭美德，重视家庭文明建设。** 夫妻应当互相忠实，互相尊重，**互相关爱**；家庭成员应当敬老爱幼，互相帮助，维护平等、和睦、文明的婚姻家庭关系。
《收养法》第二条　收养应当有利于*被收养的未成年人的抚养、成长*，保障被收养人和收养人的合法权益~~，遵循平等自愿的原则，并不得违背社会公德~~。 **第二十条**　严禁~~买卖儿童或者~~借收养名义买卖*儿童*。	**第一千零四十四条**　收养应当遵循最有利于*被收养人*的原则，保障被收养人和收养人的合法权益。 禁止借收养名义买卖*未成年人*。

* 本表参考杜月秋、孙政编：《民法典条文对照与重点解读》，法律出版社 2020 年版。本表中，对《民法典》新增的主要内容，用“**黑体**”格式体现；对变动的主要内容，用“*斜体*”格式体现；对删除的主要内容，用“~~删除线~~”表示。——编者注

续表

相关内容	《民法典》
	第一千零四十五条　亲属包括配偶、血亲和姻亲。 配偶、父母、子女、兄弟姐妹、祖父母、外祖父母、孙子女、外孙子女为近亲属。 **配偶、父母、子女和其他共同生活的近亲属为家庭成员。**
	第二章　结　　婚
《婚姻法》第五条　结婚*必须*男女双方完全自愿，*不许*任何一方对*他方*加以强迫或任何*第三者*加以干涉。	**第一千零四十六条**　结婚*应当*男女双方完全自愿，*禁止*任何一方对*另一方*加以强迫，*禁止*任何*组织*或者个人加以干涉。
《婚姻法》第六条　结婚年龄，男不得早于二十二周岁，女不得早于二十周岁。~~晚婚晚育应予鼓励。~~	**第一千零四十七条**　结婚年龄，男不得早于二十二周岁，女不得早于二十周岁。
《婚姻法》第七条　有下列情形之一的，禁止结婚： （一）直系血亲和三代以内的旁系血亲； ~~（二）患有医学上认为不应当结婚的疾病。~~	**第一千零四十八条**　直系血亲或者三代以内的旁系血亲禁止结婚。
《婚姻法》第八条　要求结婚的男女双方*必须*亲自到婚姻登记机关进行结婚登记。符合本法规定的，予以登记，发给结婚证。*取得结婚证*，即确立夫妻关系。未办理结婚登记的，应当补办登记。	**第一千零四十九条**　要求结婚的男女双方*应当*亲自到婚姻登记机关申请结婚登记。符合本法规定的，予以登记，发给结婚证。*完成结婚登记*，即确立婚姻关系。未办理结婚登记的，应当补办登记。
《婚姻法》第九条　登记结婚后，根据男女双方约定，女方可以成为男方家庭的成员，男方可以成为女方家庭的成员。	**第一千零五十条**　登记结婚后，按照男女双方约定，女方可以成为男方家庭的成员，男方可以成为女方家庭的成员。
《婚姻法》第十条　有下列情形之一的，婚姻无效： （一）重婚的； （二）有禁止结婚的亲属关系的； ~~（三）婚前患有医学上认为不应当结婚的疾病，婚后尚未治愈的；~~ （四）未到法定婚龄的。	**第一千零五十一条**　有下列情形之一的，婚姻无效： （一）重婚； （二）有禁止结婚的亲属关系； （三）未到法定婚龄。

续表

相关内容	《民法典》
《婚姻法》第十一条　因胁迫结婚的，受胁迫的一方可以向~~婚姻登记机关或~~人民法院请求撤销该婚姻。~~受胁迫的一方~~撤销婚姻的请求，应当*自结婚登记之日起*一年内提出。被非法限制人身自由的当事人请求撤销婚姻的，应当自恢复人身自由之日起一年内提出。	**第一千零五十二条**　因胁迫结婚的，受胁迫的一方可以向人民法院请求撤销婚姻。 请求撤销婚姻的，应当*自胁迫行为终止之日起*一年内提出。 被非法限制人身自由的当事人请求撤销婚姻的，应当自恢复人身自由之日起一年内提出。
	第一千零五十三条　一方患有重大疾病的，应当在结婚登记前如实告知另一方；不如实告知的，另一方可以向人民法院请求撤销婚姻。 **请求撤销婚姻的，应当自知道或者应当知道撤销事由之日起一年内提出。**
《婚姻法》第十二条　无效或被撤销的婚姻，*自始无效*。当事人不具有夫妻的权利和义务。同居期间所得的财产，由当事人协议处理；协议不成时，由人民法院根据照顾无过错方的原则判决。对重婚导致的婚姻无效的财产处理，不得侵害合法婚姻当事人的财产权益。当事人所生的子女，适用本法有关父母子女的规定。	**第一千零五十四条**　无效的或者被撤销的婚姻*自始没有法律约束力*，当事人不具有夫妻的权利和义务。同居期间所得的财产，由当事人协议处理；协议不成的，由人民法院根据照顾无过错方的原则判决。对重婚导致的无效婚姻的财产处理，不得侵害合法婚姻当事人的财产权益。当事人所生的子女，适用本法关于父母子女的规定。 **婚姻无效或者被撤销的，无过错方有权请求损害赔偿。**
	第三章　家 庭 关 系
	第一节　夫 妻 关 系
《婚姻法》第十三条　夫妻在家庭中地位平等。	**第一千零五十五条**　夫妻在**婚姻**家庭中地位平等。
《婚姻法》第十四条　夫妻双方都有各用自己姓名的权利。	**第一千零五十六条**　夫妻双方都有各自使用自己姓名的权利。
《婚姻法》第十五条　夫妻双方都有参加生产、工作、学习和社会活动的自由，一方不得对*他方*加以限制或干涉。	**第一千零五十七条**　夫妻双方都有参加生产、工作、学习和社会活动的自由，一方不得对另一方加以限制或者干涉。
《婚姻法》第二十一条第一款　*父母*对子女有抚养教育的义务；~~子女对父母有赡养扶助的义务~~。	**第一千零五十八条**　*夫妻双方*平等**享有对未成年子女抚养、教育和保护的权利**，*共同承担***对未成年**子女抚养、教育和**保护**的义务。

续表

相关内容	《民法典》
《婚姻法》第二十条 夫妻有互相扶养的义务。 *一方不履行扶养义务时,需要扶养的一方*,有要求对方付给扶养费的权利。	**第一千零五十九条** 夫妻有相互扶养的义务。 *需要扶养的一方,在另一方不履行扶养义务时*,有要求其给付扶养费的权利。
	第一千零六十条 夫妻一方因家庭日常生活需要而实施的民事法律行为,对夫妻双方发生效力,但是夫妻一方与相对人另有约定的除外。 **夫妻之间对一方可以实施的民事法律行为范围的限制,不得对抗善意相对人。**
《婚姻法》第二十四条第一款 夫妻有相互继承遗产的权利。	**第一千零六十一条** 夫妻有相互继承遗产的权利。
《婚姻法》第十七条 夫妻在婚姻关系存续期间所得的下列财产,归夫妻共同所有: (一)工资、奖金; (二)生产、经营的收益; (三)知识产权的收益; (四)继承或赠与所得的财产,但本法第*十八条第三项规定的除外*; (五)其他应当归共同所有的财产。 夫妻对共同所有的财产,有平等的处理权。	**第一千零六十二条** 夫妻在婚姻关系存续期间所得的下列财产,**为夫妻的共同财产**,归夫妻共同所有: (一)工资、奖金、**劳务报酬**; (二)生产、经营、**投资**的收益; (三)知识产权的收益; (四)继承或者受赠的财产,但是本法第*一千零六十三条第三项规定的除外*; (五)其他应当归共同所有的财产。 夫妻对共同财产,有平等的处理权。
《婚姻法》第十八条 有下列情形之一的,为夫妻一方的财产: (一)一方的婚前财产; (二)一方因*身体受到伤害获得的医疗费、残疾人生活补助费等费用*; (三)遗嘱或赠与合同中确定只归夫或妻一方的财产; (四)一方专用的生活用品; (五)其他应当归一方的财产。	**第一千零六十三条** 下列财产为夫妻一方的个人财产: (一)一方的婚前财产; (二)一方因*受到人身损害获得的赔偿或者补偿*; (三)遗嘱或者赠与合同中确定只归一方的财产; (四)一方专用的生活用品; (五)其他应当归一方的财产。
	第一千零六十四条 **夫妻双方共同签名或者夫妻一方事后追认等共同意思表示所负的债务,以及夫妻一方在婚姻关系存续期间以个人名义为家庭日常生活需要所负的债务,属于夫妻共同债务。**

续表

相关内容	《民法典》
	夫妻一方在婚姻关系存续期间以个人名义超出家庭日常生活需要所负的债务，不属于夫妻共同债务；但是，债权人能够证明该债务用于夫妻共同生活、共同生产经营或者基于夫妻双方共同意思表示的除外。
《婚姻法》第十九条 夫妻可以约定婚姻关系存续期间所得的财产以及婚前财产归各自所有、共同所有或部分各自所有、部分共同所有。约定应当采用书面形式。没有约定或约定不明确的，适用本法第十七条、第十八条的规定。 夫妻对婚姻关系存续期间所得的财产以及婚前财产的约定，对双方具有约束力。 夫妻对婚姻关系存续期间所得的财产约定归各自所有的，夫或妻一方对外所负的债务，第三人知道该约定的，以夫或妻一方所有的财产清偿。	**第一千零六十五条** 男女双方可以约定婚姻关系存续期间所得的财产以及婚前财产归各自所有、共同所有或者部分各自所有、部分共同所有。约定应当采用书面形式。没有约定或者约定不明确的，适用本法第一千零六十二条、第一千零六十三条的规定。 夫妻对婚姻关系存续期间所得的财产以及婚前财产的约定，对双方具有法律约束力。 夫妻对婚姻关系存续期间所得的财产约定归各自所有，夫或者妻一方对外所负的债务，相对人知道该约定的，以夫或者妻一方的个人财产清偿。
	第一千零六十六条 婚姻关系存续期间，有下列情形之一的，夫妻一方可以向人民法院请求分割共同财产： （一）一方有隐藏、转移、变卖、毁损、挥霍夫妻共同财产或者伪造夫妻共同债务等严重损害夫妻共同财产利益的行为； （二）一方负有法定扶养义务的人患重大疾病需要医治，另一方不同意支付相关医疗费用。
	第二节 父母子女关系和其他近亲属关系
《婚姻法》第二十一条 ~~父母对子女有抚养教育的义务；子女对父母有赡养扶助的义务。~~ 父母不履行抚养义务时，未成年的或不能独立生活的子女，有要求父母付给抚养费的权利。	**第一千零六十七条** 父母不履行抚养义务的，未成年子女或者不能独立生活的**成年**子女，有要求父母给付抚养费的权利。 **成年**子女不履行赡养义务的，缺乏劳动能力或者生活困难的父母，有要求**成年**子女给付赡养费的权利。

续表

相关内容	《民法典》
子女不履行赡养义务时,无劳动能力的或生活困难的父母,有要求子女付给赡养费的权利。 ~~禁止溺婴、弃婴和其他残害婴儿的行为。~~	
《婚姻法》第二十三条 父母有保护和教育未成年子女的权利和义务。在未成年子女对国家、集体或他人造成损害时,父母有承担民事责任的义务。	**第一千零六十八条** 父母有教育、保护未成年子女的权利和义务。未成年子女造成他人损害的,父母应当依法承担民事责任。
《婚姻法》第三十条 子女应当尊重父母的婚姻权利,不得干涉父母再婚以及婚后的生活。子女对父母的赡养义务,不因父母的婚姻关系变化而终止。	**第一千零六十九条** 子女应当尊重父母的婚姻权利,不得干涉父母**离婚**、再婚以及婚后的生活。子女对父母的赡养义务,不因父母的婚姻关系变化而终止。
《婚姻法》第二十四条第二款 父母和子女有相互继承遗产的权利。	**第一千零七十条** 父母和子女有相互继承遗产的权利。
《婚姻法》第二十五条 非婚生子女享有与婚生子女同等的权利,任何人不得加以危害和歧视。 不直接抚养非婚生子女的生父或生母,应当负担子女的生活费和教育费,直至子女能独立生活为止。	**第一千零七十一条** 非婚生子女享有与婚生子女同等的权利,任何组织或者个人不得加以危害和歧视。 不直接抚养非婚生子女的生父或者生母,应当负担未成年子女或者不能独立生活的成年子女的抚养费。
《婚姻法》第二十七条 继父母与继子女间,不得虐待或歧视。 继父或继母和受其抚养教育的继子女间的权利和义务,适用本法对父母子女关系的有关规定。	**第一千零七十二条** 继父母与继子女间,不得虐待或者歧视。 继父或者继母和受其抚养教育的继子女间的权利义务关系,适用本法关于父母子女关系的规定。
	第一千零七十三条 **对亲子关系有异议且有正当理由的,父或者母可以向人民法院提起诉讼,请求确认或者否认亲子关系。** **对亲子关系有异议且有正当理由的,成年子女可以向人民法院提起诉讼,请求确认亲子关系。**
《婚姻法》第二十八条 有负担能力的祖父母、外祖父母,对于父母已经死亡或父母无力抚养的未成年的孙子女、外孙子女,有抚养的义务。有负担能力的孙子女、外孙子女,	**第一千零七十四条** 有负担能力的祖父母、外祖父母,对于父母已经死亡或者父母无力抚养的未成年孙子女、外孙子女,有抚养的义务。

续表

相关内容	《民法典》
对于子女已经死亡或子女无力赡养的祖父母、外祖父母，有赡养的义务。	有负担能力的孙子女、外孙子女，对于子女已经死亡或者子女无力赡养的祖父母、外祖父母，有赡养的义务。
《婚姻法》第二十九条 有负担能力的兄、姐，对于父母已经死亡或父母无力抚养的未成年的弟、妹，有扶养的义务。由兄、姐抚养长大的有负担能力的弟、妹，对于缺乏劳动能力又缺乏生活来源的兄、姐，有扶养的义务。	**第一千零七十五条** 有负担能力的兄、姐，对于父母已经死亡或者父母无力抚养的未成年弟、妹，有扶养的义务。 由兄、姐扶养长大的有负担能力的弟、妹，对于缺乏劳动能力又缺乏生活来源的兄、姐，有扶养的义务。
	第四章　离　　婚
《婚姻法》第三十一条 *男女*双方自愿离婚的，准予离婚。双方必须到婚姻登记机关申请离婚。婚姻登记机关查明双方确实是自愿并对子*女和财产问题*已有*适当处理*时，发给离婚证。	**第一千零七十六条** *夫妻*双方自愿离婚的，*应当签订书面离婚协议*，并亲自到婚姻登记机关申请离婚登记。 离婚协议应当载明双方自愿离婚的意思表示和对子*女抚养*、*财产以及债务处理*等事项*协商一致*的意见。
	第一千零七十七条　自婚姻登记机关收到离婚登记申请之日起三十日内，任何一方不愿意离婚的，可以向婚姻登记机关撤回离婚登记申请。 **前款规定期限届满后三十日内，双方应当亲自到婚姻登记机关申请发给离婚证；未申请的，视为撤回离婚登记申请。**
《婚姻法》第三十一条 *男女*双方自愿离婚的，准予离婚。双方必须到婚姻登记机关申请离婚。婚姻登记机关查明双方确实是自愿并对子*女和财产问题*已有*适当处理*时，发给离婚证。	**第一千零七十八条** 婚姻登记机关查明双方确实是自愿离婚，并已经对子*女抚养*、*财产以及债务处理*等事项*协商一致*的，*予以登记*，发给离婚证。
《婚姻法》第三十二条 *男女*一方要求离婚的，可由*有关部门*进行调解或直接向人民法院提出离婚诉讼。 人民法院审理离婚案件，应当进行调解；如感情确已破裂，调解无效，应准予离婚。 有下列情形之一，调解无效的，应准予离婚：	**第一千零七十九条** *夫妻*一方要求离婚的，可以由*有关组织*进行调解或者直接向人民法院提起离婚诉讼。 人民法院审理离婚案件，应当进行调解；如果感情确已破裂，调解无效的，应当准予离婚。 有下列情形之一，调解无效的，应当准予

续表

相关内容	《民法典》
（一）重婚或有配偶者与他人同居的； （二）实施家庭暴力或虐待、遗弃家庭成员的； （三）有赌博、吸毒等恶习屡教不改的； （四）因感情不和分居满二年的； （五）其他导致夫妻感情破裂的情形。 一方被宣告失踪，另一方提出离婚诉讼的，应准予离婚。	离婚： （一）重婚或者与他人同居； （二）实施家庭暴力或者虐待、遗弃家庭成员； （三）有赌博、吸毒等恶习屡教不改； （四）因感情不和分居满二年； （五）其他导致夫妻感情破裂的情形。 一方被宣告失踪，另一方提起离婚诉讼的，应当准予离婚。 **经人民法院判决不准离婚后，双方又分居满一年，一方再次提起离婚诉讼的，应当准予离婚。**
	第一千零八十条　完成离婚登记，或者离婚判决书、调解书生效，即解除婚姻关系。
《婚姻法》第三十三条　现役军人的配偶要求离婚，*须得*军人同意，但军人一方有重大过错的除外。	**第一千零八十一条**　现役军人的配偶要求离婚，*应当征得*军人同意，但是军人一方有重大过错的除外。
《婚姻法》第三十四条　女方在怀孕期间、分娩后一年内或中止妊娠后六个月内，男方不得提出离婚。女方提出离婚的，或人民法院认为确有必要受理男方离婚请求的，*不在此限*。	**第一千零八十二条**　女方在怀孕期间、分娩后一年内或者终止妊娠后六个月内，男方不得提出离婚；但是，女方提出离婚或者人民法院认为确有必要受理男方离婚请求的*除外*。
《婚姻法》第三十五条　离婚后，男女双方自愿恢复夫妻关系的，*必须*到婚姻登记机关*进行复婚登记*。	**第一千零八十三条**　离婚后，男女双方自愿恢复婚姻关系的，*应当*到婚姻登记机关*重新进行结婚登记*。
《婚姻法》第三十六条　父母与子女间的关系，不因父母离婚而消除。离婚后，子女无论由父或母直接抚养，仍是父母双方的子女。 离婚后，父母对于子女仍有抚养和教育的权利和义务。 离婚后，*哺乳期内*的子女，*以随哺乳的母亲抚养*为原则。*哺乳期后*的子女，如双方因抚养问题发生争执不能达成协议时，由人民法院根据*子女的权益和双方的具体情况*判决。	**第一千零八十四条**　父母与子女间的关系，不因父母离婚而消除。离婚后，子女无论由父或者母直接抚养，仍是父母双方的子女。 离婚后，父母对于子女仍有抚养、教育、**保护**的权利和义务。 离婚后，*不满两周岁*的子女，以由母亲直接抚养为原则。*已满两周岁*的子女，父母双方对抚养问题协议不成的，由人民法院根据*双方的具体情况，按照最有利于未成年子女的原则*判决。**子女已满八周岁的，应当尊重其真实意愿。**

续表

相关内容	《民法典》
《婚姻法》第三十七条　离婚后，一方抚养的子女，另一方应负担*必要的生活费和教育费的一部或全部*，负担费用的多少和期限的长短，由双方协议；协议不成时，由人民法院判决。 *关于子女生活费和教育费*的协议或判决，不妨碍子女在必要时向父母任何一方提出超过协议或判决原定数额的合理要求。	**第一千零八十五条**　离婚后，子女由一方直接抚养的，另一方应当负担*部分或者全部抚养费*。负担费用的多少和期限的长短，由双方协议；协议不成的，由人民法院判决。 *前款*规定的协议或者判决，不妨碍子女在必要时向父母任何一方提出超过协议或者判决原定数额的合理要求。
《婚姻法》第三十八条　离婚后，不直接抚养子女的父或母，有探望子女的权利，另一方有协助的义务。 行使探望权利的方式、时间由当事人协议；协议不成时，由人民法院判决。 父或母探望子女，不利于子女身心健康的，由人民法院依法中止探望~~的权利~~；中止的事由消失后，应当恢复探望~~的权利~~。	**第一千零八十六条**　离婚后，不直接抚养子女的父或者母，有探望子女的权利，另一方有协助的义务。 行使探望权利的方式、时间由当事人协议；协议不成的，由人民法院判决。 父或者母探望子女，不利于子女身心健康的，由人民法院依法中止探望；中止的事由消失后，应当恢复探望。
《婚姻法》第三十九条　离婚时，夫妻的共同财产由双方协议处理；协议不成时，由人民法院根据财产的具体情况，照顾子女和女方权益的原则判决。 夫或妻在家庭土地承包经营中享有的权益等，应当依法予以保护。	**第一千零八十七条**　离婚时，夫妻的共同财产由双方协议处理；协议不成的，由人民法院根据财产的具体情况，按照照顾子女、女方和**无过错方**权益的原则判决。 对夫或者妻在家庭土地承包经营中享有的权益等，应当依法予以保护。
《婚姻法》第四十条　~~夫妻书面约定婚姻关系存续期间所得的财产归各自所有，~~一方因抚育子女、照料老人、协助另一方工作等付出较多义务的，离婚时有权向另一方请求补偿，另一方应当予以补偿。	**第一千零八十八条**　夫妻一方因抚育子女、照料老年人、协助另一方工作等负担较多义务的，离婚时有权向另一方请求补偿，另一方应当给予补偿。**具体办法由双方协议；协议不成的，由人民法院判决**。
《婚姻法》第四十一条　离婚时，*原为夫妻共同生活所负的债务*，应当共同偿还。共同财产不足清偿的，或财产归各自所有的，由双方协议清偿；协议不成时，由人民法院判决。	**第一千零八十九条**　离婚时，*夫妻共同债务*应当共同偿还。共同财产不足清偿或者财产归各自所有的，由双方协议清偿；协议不成的，由人民法院判决。
《婚姻法》第四十二条　离婚时，如一方生活困难，*另一方应从其住房等个人财产中*给予适当帮助。具体办法由双方协议；协议不成时，由人民法院判决。	**第一千零九十条**　离婚时，如果一方生活困难，*有负担能力的另一方应当*给予适当帮助。具体办法由双方协议；协议不成的，由人民法院判决。

续表

相关内容	《民法典》
《婚姻法》第四十六条 有下列情形之一，导致离婚的，无过错方有权请求损害赔偿： （一）重婚的； （二）有配偶者与他人同居的； （三）实施家庭暴力的； （四）虐待、遗弃家庭成员的。	**第一千零九十一条** 有下列情形之一，导致离婚的，无过错方有权请求损害赔偿： （一）重婚； （二）与他人同居； （三）实施家庭暴力； （四）虐待、遗弃家庭成员； **（五）有其他重大过错**。
《婚姻法》第四十七条 ~~离婚时，~~一方隐藏、转移、变卖、毁损夫妻共同财产，或伪造债务企图侵占另一方财产的，分割夫妻共同财产时，对隐藏、转移、变卖、毁损夫妻共同财产或伪造债务的一方，可以少分或不分。离婚后，另一方发现有上述行为的，可以向人民法院提起诉讼，请求再次分割夫妻共同财产。 ~~人民法院对前款规定的妨害民事诉讼的行为，依照民事诉讼法的规定予以制裁~~。	**第一千零九十二条** 夫妻一方隐藏、转移、变卖、毁损、**挥霍**夫妻共同财产，或者伪造**夫妻**共同债务企图侵占另一方财产的，在离婚分割夫妻共同财产时，对该方可以少分或者不分。离婚后，另一方发现有上述行为的，可以向人民法院提起诉讼，请求再次分割夫妻共同财产。
	第五章 收　　养
	第一节 收养关系的成立
《收养法》第四条 下列~~不满十四周岁~~的未成年人可以被收养： （一）丧失父母的孤儿； （二）查找不到生父母的弃婴和儿童； （三）生父母有特殊困难无力抚养的子女。	**第一千零九十三条** 下列未成年人，可以被收养： （一）丧失父母的孤儿； （二）查找不到生父母的未成年人； （三）生父母有特殊困难无力抚养的子女。
《收养法》第五条 下列公民、组织可以作送养人： （一）孤儿的监护人； （二）社会福利机构； （三）有特殊困难无力抚养子女的生父母。	**第一千零九十四条** 下列个人、组织可以作送养人： （一）孤儿的监护人； （二）儿童福利机构； （三）有特殊困难无力抚养子女的生父母。
《收养法》第十二条 未成年人的父母均不具备完全民事行为能力的，该未成年人的监护人不得将其送养，但父母对该未成年人有严重危害可能的除外。	**第一千零九十五条** 未成年人的父母均不具备完全民事行为能力且可能严重危害该未成年人的，该未成年人的监护人可以将其送养。

续表

相关内容	《民法典》
《收养法》第十三条　监护人送养未成年孤儿的，*须*征得有抚养义务的人同意。有抚养义务的人不同意送养、监护人不愿意继续履行监护职责的，应当依照*《中华人民共和国民法通则》*的规定变更监护人。	**第一千零九十六条**　监护人送养孤儿的，应当征得有抚养义务的人同意。有抚养义务的人不同意送养、监护人不愿意继续履行监护职责的，应当依照本法第一编的规定另行确定监护人。
《收养法》第十条第一款　生父母送养子女，*须*双方共同送养。生父母一方不明或者查找不到的可以单方送养。	**第一千零九十七条**　生父母送养子女，应当双方共同送养。生父母一方不明或者查找不到的，可以单方送养。
《收养法》第六条　收养人应当同时具备下列条件： （一）无子女； （二）有抚养教育被收养人的能力； （三）未患有在医学上认为不应当收养子女的疾病； （四）年满三十周岁。	**第一千零九十八条**　收养人应当同时具备下列条件： （一）无子女**或者只有一名子女**； （二）有抚养、教育**和保护**被收养人的能力； （三）未患有在医学上认为不应当收养子女的疾病； **（四）无不利于被收养人健康成长的违法犯罪记录；** （五）年满三十周岁。
《收养法》第七条　收养三代以内*同辈旁系血亲*的子女，可以不受*本法第四条第三项、第五条第三项、第九条和被收养人不满十四周岁*的限制。 华侨收养三代以内*同辈旁系血亲*的子女，还可以不受*收养人无子女*的限制。	**第一千零九十九条**　收养三代以内*旁系同辈血亲*的子女，可以不受*本法第一千零九十三条第三项、第一千零九十四条第三项和第一千一百零二条规定*的限制。 华侨收养三代以内*旁系同辈血亲*的子女，还可以不受*本法第一千零九十八条第一项规定*的限制。
《收养法》第八条　收养人只能收养一名子女。 收养孤儿、残疾*儿童*或者*社会福利*机构抚养的查找不到生父母的*弃婴和儿童*，可以不受*收养人无子女*和*收养一名*的限制。	**第一千一百条**　**无子女的**收养人*可以收养两名子女*；**有子女的收养人只能收养一名子女。** 收养孤儿、残疾*未成年人*或者*儿童福利*机构抚养的查找不到生父母的*未成年人*，可以不受*前款*和*本法第一千零九十八条第一项规定*的限制。
《收养法》第十条第二款　有配偶者收养子女，须夫妻共同收养。	**第一千一百零一条**　有配偶者收养子女，应当夫妻共同收养。

续表

相关内容	《民法典》
《收养法》第九条 *无配偶的男性*收养*女性的*，收养人与被收养人的年龄应当相差四十周岁以上。	**第一千一百零二条** *无配偶者*收养*异性*子女的，收养人与被收养人的年龄应当相差四十周岁以上。
《收养法》第十四条 继父或者继母经继子女的生父母同意，可以收养继子女，并可以不受本法*第四条第三项、第五条第三项、第六条和被收养人不满十四周岁以及收养一*名的限制。	**第一千一百零三条** 继父或者继母经继子女的生父母同意，可以收养继子女，并可以不受本法*第一千零九十三条第三项、第一千零九十四条第三项、第一千零九十八条和第一千一百条第一款规定*的限制。
《收养法》第十一条 收养人收养与送养人送养，须双方自愿。收养年满*十周岁以上*未成年人的，应当征得被收养人的同意。	**第一千一百零四条** 收养人收养与送养人送养，应当双方自愿。收养*八周岁以上*未成年人的，应当征得被收养人的同意。
《收养法》第十五条 收养应当向县级以上人民政府民政部门登记。收养关系自登记之日起成立。 收养查找不到生父母的*弃婴和儿童*的，办理登记的民政部门应当在登记前予以公告。 收养关系当事人愿意*订立*收养协议的，可以*订立*收养协议。 收养关系当事人各方或者一方要求办理收养公证的，应当办理收养公证。 **《公证法》第二十六条** 自然人、法人或者其他组织可以委托他人办理公证，但遗嘱、生存、收养关系等应当由本人办理公证的除外。	**第一千一百零五条** 收养应当向县级以上人民政府民政部门登记。收养关系自登记之日起成立。 收养查找不到生父母的*未成年人*的，办理登记的民政部门应当在登记前予以公告。 收养关系当事人愿意*签订*收养协议的，可以*签订*收养协议。 收养关系当事人各方或者一方要求办理收养公证的，应当办理收养公证。 **县级以上人民政府民政部门应当依法进行收养评估。**
《收养法》第十六条 收养关系成立后，公安*部门*应当*依照*国家有关规定为被收养人办理户口登记。	**第一千一百零六条** 收养关系成立后，公安*机关*应当*按照*国家有关规定为被收养人办理户口登记。
《收养法》第十七条 孤儿或者生父母无力抚养的子女，可以由生父母的亲属、朋友抚养。 抚养人与被抚养人的关系*不适用收养关系*。	**第一千一百零七条** 孤儿或者生父母无力抚养的子女，可以由生父母的亲属、朋友抚养；抚养人与被抚养人的关系*不适用本章规定*。
《收养法》第十八条 配偶一方死亡，另一方送养未成年子女的，死亡一方的父母有优先抚养的权利。	**第一千一百零八条** 配偶一方死亡，另一方送养未成年子女的，死亡一方的父母有优先抚养的权利。

续表

相关内容	《民法典》
《收养法》第二十一条 外国人依照本法可以在中华人民共和国收养子女。 外国人在中华人民共和国收养子女，应当经其所在国主管机关依照该国法律审查同意。收养人应当提供由其所在国有权机构出具的有关收养人的年龄、婚姻、职业、财产、健康、有无受过刑事处罚等状况的证明材料，该证明材料应当经其所在国外交机关或者外交机关授权的机构认证，并经中华人民共和国驻该国使领馆认证。该收养人应当与送养人订立书面协议，亲自向*省级人民政府民政部门*登记。 ~~收养关系当事人各方或者一方要求办理收养公证的，应当到国务院司法行政部门认定的具有办理涉外公证资格的公证机构办理收养公证~~。	**第一千一百零九条** 外国人依法可以在中华人民共和国收养子女。 外国人在中华人民共和国收养子女，应当经其所在国主管机关依照该国法律审查同意。收养人应当提供由其所在国有权机构出具的有关其年龄、婚姻、职业、财产、健康、有无受过刑事处罚等状况的证明材料，并与送养人签订书面协议，亲自向*省、自治区、直辖市人民政府民政部门*登记。 前款规定的证明材料应当经收养人所在国外交机关或者外交机关授权的机构认证，并经中华人民共和国驻该国使领馆认证，**但是国家另有规定的除外**。
《收养法》第二十二条 收养人、送养人要求保守收养秘密的，其他人应当尊重其意愿，不得泄露。	**第一千一百一十条** 收养人、送养人要求保守收养秘密的，其他人应当尊重其意愿，不得泄露。
	第二节 收养的效力
《收养法》第二十三条 自收养关系成立之日起，养父母与养子女间的权利义务关系，适用*法律*关于父母子女关系的规定；养子女与养父母的近亲属间的权利义务关系，适用*法律*关于子女与父母的近亲属关系的规定。 养子女与生父母及其他近亲属间的权利义务关系，因收养关系的成立而消除。 **《婚姻法》第二十六条** 国家保护合法的收养关系。养父母和养子女间的权利和义务，适用本法对父母子女关系的有关规定。 养子女和生父母间的权利和义务，因收养关系的成立而消除。	**第一千一百一十一条** 自收养关系成立之日起，养父母与养子女间的权利义务关系，适用*本法*关于父母子女关系的规定；养子女与养父母的近亲属间的权利义务关系，适用*本法*关于子女与父母的近亲属关系的规定。 养子女与生父母以及其他近亲属间的权利义务关系，因收养关系的成立而消除。

续表

相关内容	《民法典》
《收养法》第二十四条 养子女可以随养父或者养母的姓，经当事人协商一致，也可以保留原姓。	**第一千一百一十二条** 养子女可以随养父或者养母的姓氏，经当事人协商一致，也可以保留原姓氏。
《收养法》第二十五条 违反《中华人民共和国民法通则》第五十五条和本法规定的收养行为无法律效力。 *收养行为被人民法院确认无效的，从行为开始时起就没有法律效力。*	**第一千一百一十三条** 有本法第一编关于民事法律行为无效规定情形或者违反本编规定的收养行为无效。 *无效的收养行为自始没有法律约束力。*
	第三节 收养关系的解除
《收养法》第二十六条 收养人在被收养人成年以前，不得解除收养关系，但收养人、送养人双方协议解除的除外，养子女年满十周岁以上的，应当征得本人同意。 收养人不履行抚养义务，有虐待、遗弃等侵害未成年养子女合法权益行为的，送养人有权要求解除养父母与养子女间的收养关系。送养人、收养人不能达成解除收养关系协议的，可以向人民法院起诉。	**第一千一百一十四条** 收养人在被收养人成年以前，不得解除收养关系，但是收养人、送养人双方协议解除的除外。养子女八周岁以上的，应当征得本人同意。 收养人不履行抚养义务，有虐待、遗弃等侵害未成年养子女合法权益行为的，送养人有权要求解除养父母与养子女间的收养关系。送养人、收养人不能达成解除收养关系协议的，可以向人民法院提起诉讼。
《收养法》第二十七条 养父母与成年养子女关系恶化、无法共同生活的，可以协议解除收养关系。不能达成协议的，可以向人民法院起诉。	**第一千一百一十五条** 养父母与成年养子女关系恶化、无法共同生活的，可以协议解除收养关系。不能达成协议的，可以向人民法院提起诉讼。
《收养法》第二十八条 当事人协议解除收养关系的，应当到民政部门办理解除收养关系的登记。	**第一千一百一十六条** 当事人协议解除收养关系的，应当到民政部门办理解除收养关系登记。
《收养法》第二十九条 收养关系解除后，养子女与养父母及其他近亲属间的权利义务关系即行消除，与生父母及其他近亲属间的权利义务关系自行恢复，但成年养子女与生父母及其他近亲属间的权利义务关系是否恢复，可以协商确定。	**第一千一百一十七条** 收养关系解除后，养子女与养父母以及其他近亲属间的权利义务关系即行消除，与生父母以及其他近亲属间的权利义务关系自行恢复。但是，成年养子女与生父母以及其他近亲属间的权利义务关系是否恢复，可以协商确定。

续表

相关内容	《民法典》
《收养法》第三十条 收养关系解除后，经养父母抚养的成年养子女，对缺乏劳动能力又缺乏生活来源的养父母，应当给付生活费。因养子女成年后虐待、遗弃养父母而解除收养关系的，养父母可以要求养子女补偿收养期间支出的*生活费和教育费*。 生父母要求解除收养关系的，养父母可以要求生父母适当补偿收养期间支出的*生活费和教育费*，但因养父母虐待、遗弃养子女而解除收养关系的除外。	**第一千一百一十八条** 收养关系解除后，经养父母抚养的成年养子女，对缺乏劳动能力又缺乏生活来源的养父母，应当给付生活费。因养子女成年后虐待、遗弃养父母而解除收养关系的，养父母可以要求养子女补偿收养期间支出的*抚养费*。 生父母要求解除收养关系的，养父母可以要求生父母适当补偿收养期间支出的抚养费；但是，因养父母虐待、遗弃养子女而解除收养关系的除外。

附录二

2001年以来全国法院婚姻家庭纠纷大数据报告

目　　录

一、大数据报告数据来源

时间：2001年1月1日至2019年12月31日

案例来源：Alpha案例库

案由：婚姻家庭纠纷

案件数量：6,678,942件

数据采集时间：2020年4月7日

二、检索结果可视化

本次检索获取了婚姻家庭纠纷自2001年1月1日至2019年12月31日共6,678,942篇裁判文书。

（一）整体情况分析

从年份分布可以看到当前条件下，2013 年以来婚姻家庭纠纷案例数量的变化趋势。2013 年以前全国法院上网裁判文书数量很少，案例库数量有限，因此不具有实际可比性（见图 1）。

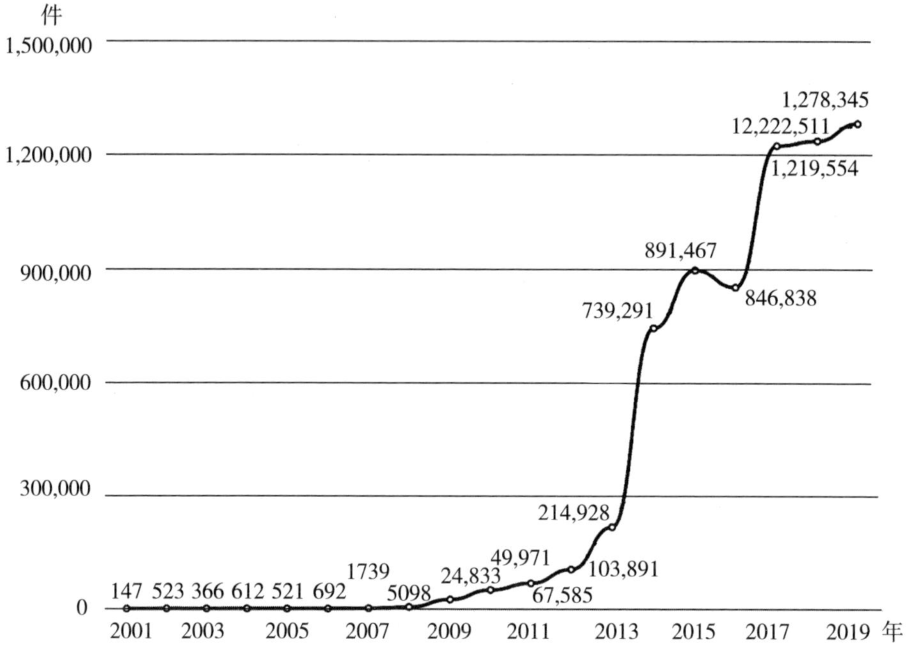

图 1　6, 678, 942 篇裁判文书的整体情况分析

（二）地域分布

从地域分布来看，当前婚姻家庭纠纷案例主要集中在四川省、山东省、湖南省，分别占比 7. 13%、6. 76%、6. 62%。其中四川省的案件量最多，达到 475，960 件（见图 2）。（注：此处显示该条件下案例数量排名前五的省份。）

图 2　6, 678, 942 篇裁判文书的地域分布

(三)案由分布

从案由分类情况来看,婚姻家庭纠纷当前最主要的案由是离婚纠纷,有 5,311,020件,占一半以上,其次是抚养纠纷类,其他案由是离婚后财产纠纷,同居关系纠纷类(见图 3)。

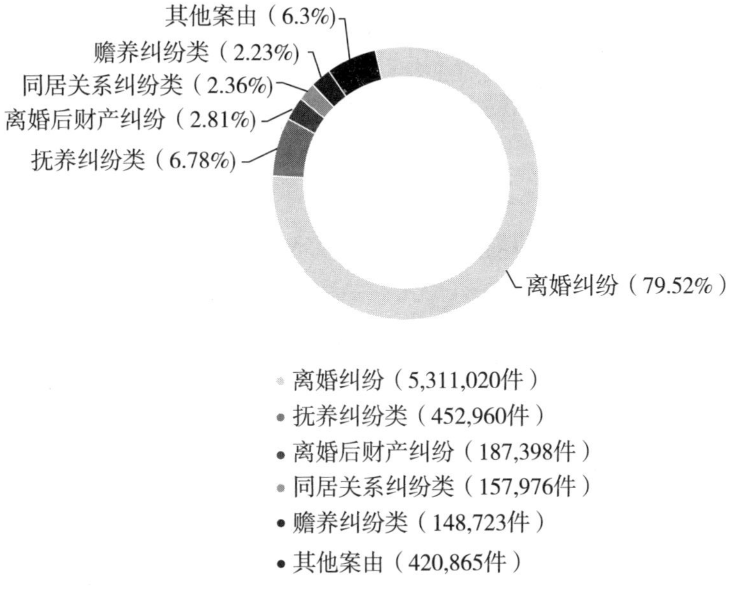

图 3　6, 678, 942 篇裁判文书的案由分布

(四)行业分布

从行业分类情况可以看出,婚姻家庭纠纷当前的行业分布主要集中在金融业,房地产业,批发和零售业,制造业,租赁和商务服务业(见图 4)。

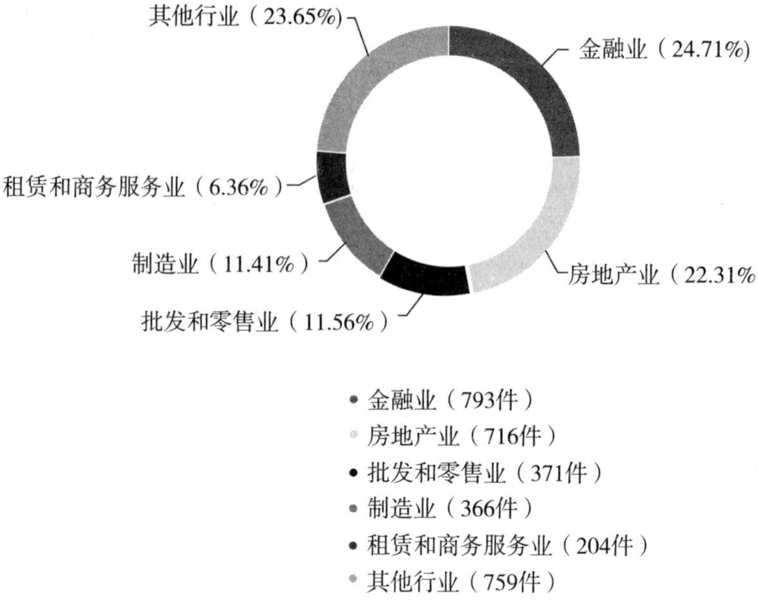

图 4　6, 678, 942 篇裁判文书中的纠纷的行业分布

（五）程序分类

从程序分类统计可以得出婚姻家庭纠纷下当前的审理程序分布状况，其中一审案件有 5,940,553 件，二审案件有 198,143 件，再审案件有 21,441 件，执行案件有 503,910 件。并能够推算出一审上诉率约为 3. 34%（见图 5）。

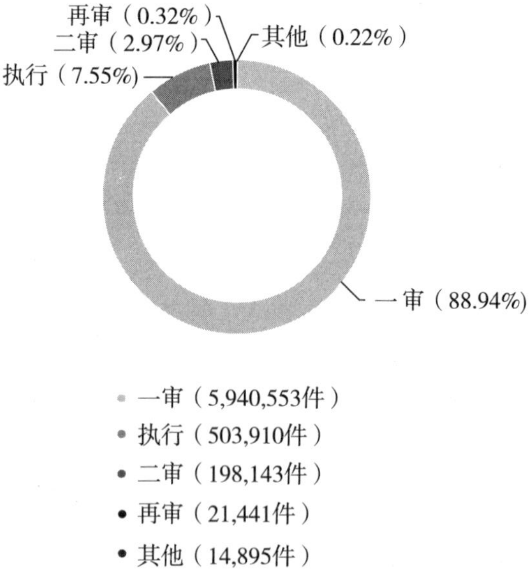

图 5　6, 678, 942 篇裁判文书的程序分布

（六）裁判结果

♦一审裁判结果

通过对一审裁判结果的可视化分析可以看到，当前条件下其他的有 3,475,052件，占比为 58.5%；全部驳回的有 1,104,664 件，占比为 18.6%；撤回起诉的有 883,095 件，占比为 14.87%（见图 6）。

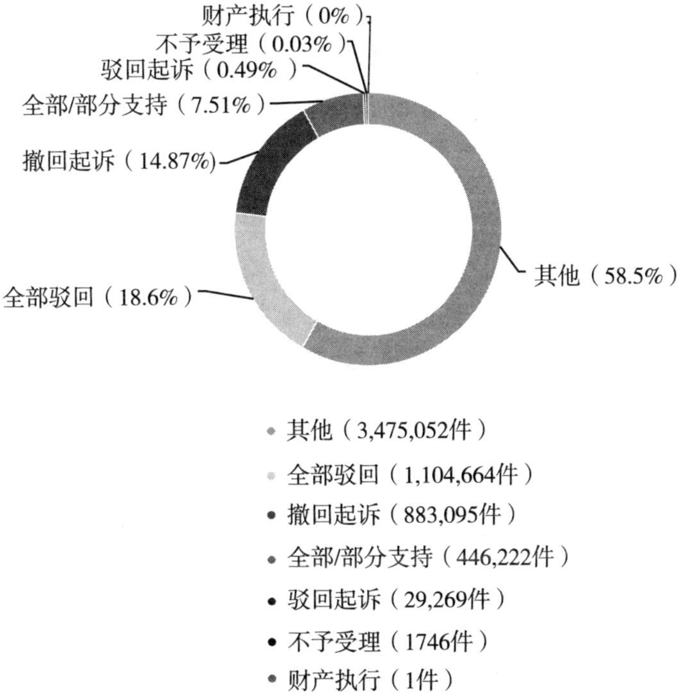

图 6　一审裁判结果分布

♦二审裁判结果

通过对二审裁判结果的可视化分析可以看到，当前条件下其他的有 84,172 件，占比为 42.48%；维持原判的有 71,514 件，占比为 36.10%；撤回上诉的有 19,724件，占比为 9.96%（见图 7）。

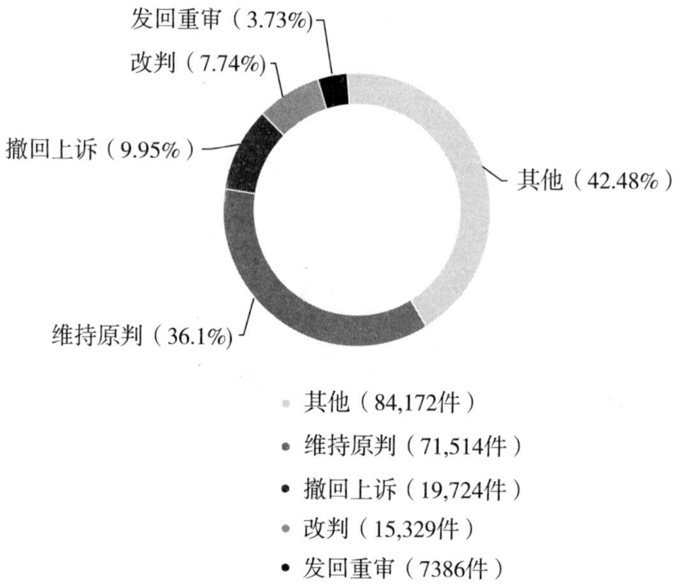

图 7　二审裁判结果分布

◆再审裁判结果

通过对再审裁判结果的可视化分析可以看到，当前条件下维持原判的有12,010件，占比为56.03%；其他的有5200件，占比为24.26%；提审/指令审理的有1604件，占比为7.48%（见图8）。

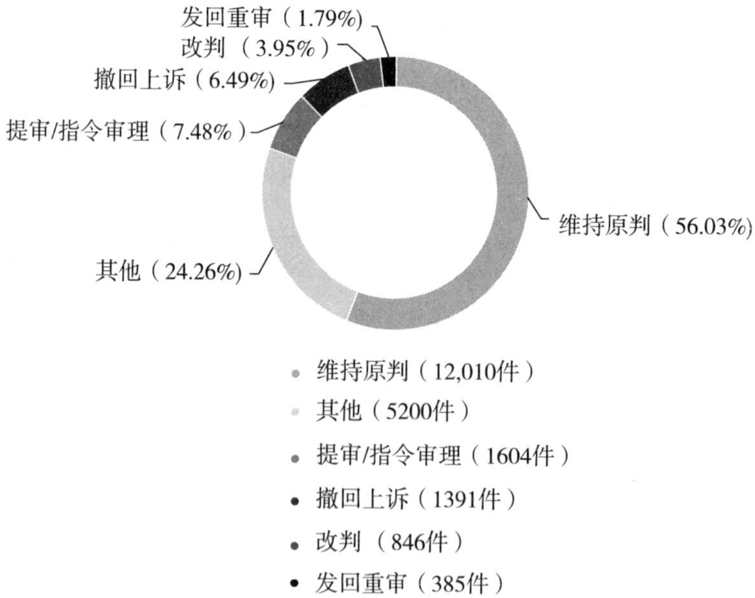

图 8　再审裁判结果分布

◆执行裁判结果

通过对执行裁判结果的可视化分析可以看到，当前条件下其他的有 182,751 件，占比为 36.28%；终结本次执行程序的有 121,465 件，占比为 24.11%；终结执行的有 103,327 件，占比为 20.51%（见图 9）。

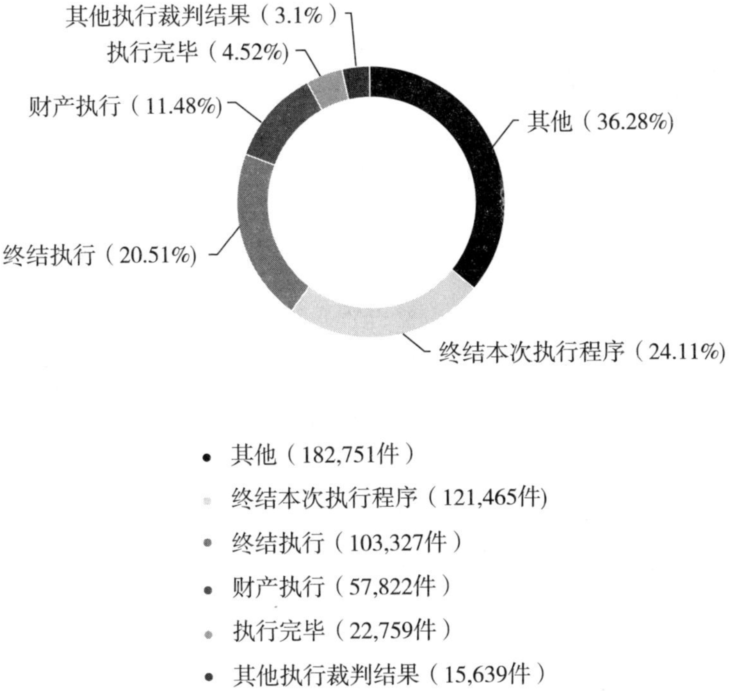

图 9　执行裁判结果分布

（七）标的额可视化

通过对标的额的可视化分析可以看到，标的额为 50 万元以下的案件数量最多，有 6 件，100 万元至 500 万元的案件有 4 件，50 万元至 100 万元的案件有 2 件，1 千万元至 2 千万元的案件有 1 件（见图 10）。

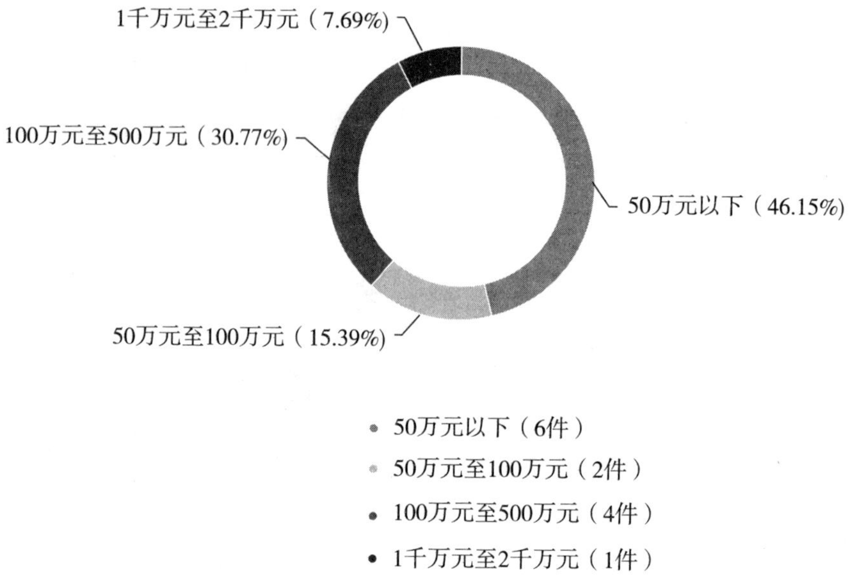

图 10　标的额情况分布

（八）审理期限可视化

通过对审理期限的可视化分析可以看到，当前条件下的审理时间更多处在 30 天以内的区间内，平均时间为 57 天（见图 11）。

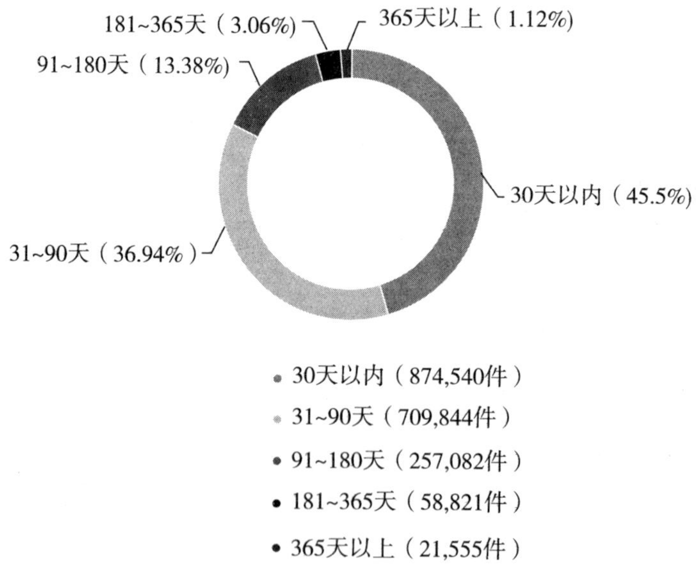

图 11　审理期限情况分布

（九）法院

通过对法院的可视化分析可以看到，审理婚姻家庭纠纷案件由多至少的法院分别为上海市浦东新区人民法院、上海市闵行区人民法院、临泉县人民法院、北京市朝阳区人民法院、宁乡县人民法院（见图 12）。

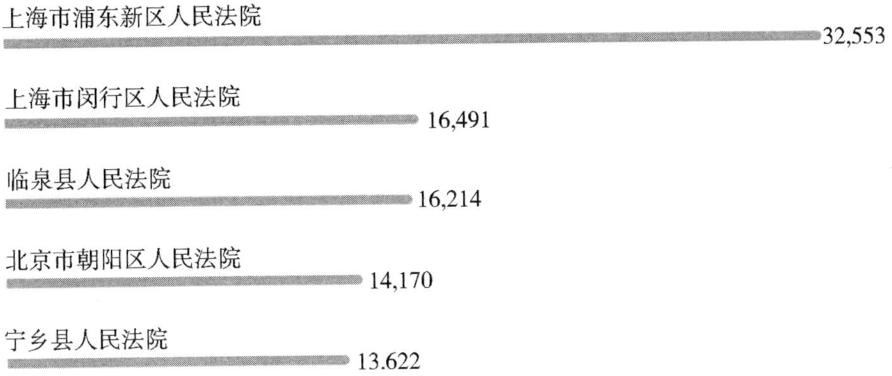

图 12　审理婚姻纠纷案件数量由多至少的法院情况

（十）法官

通过对法官的可视化分析可以看到，审理婚姻家庭纠纷案件最多的法官分别为杨军（荣县人民法院）、宋小勤（荣县人民法院）、叶明晶（吉林省延边朝鲜族自治州中级人民法院）、陈立晖（吉林省延边朝鲜族自治州中级人民法院）、金成焕（吉林省延边朝鲜族自治州中级人民法院）（见图 13）。

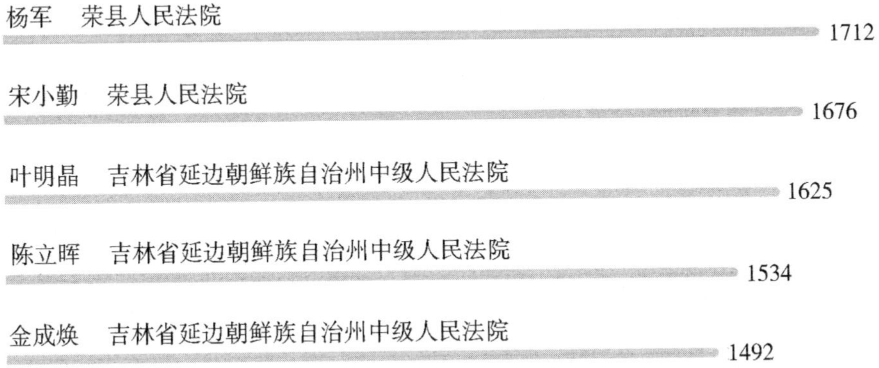

图 13　审理婚姻家庭纠纷案件最多的法官情况

（十一）当事人

◆当事人

通过对当事人的可视化分析可以看到，婚姻家庭纠纷当前案件中涉案最多次的当事人分别是：王甲、张甲、陈甲（见图 14）。

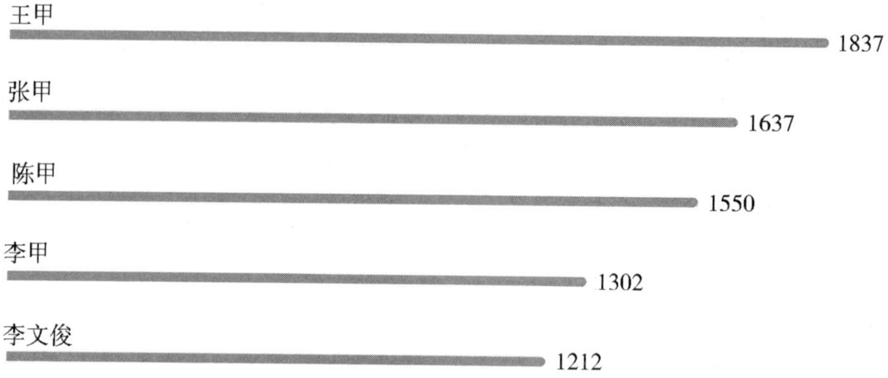

图 14　婚姻家庭纠纷案件中涉案最多的当事人情况

◆攻方当事人

通过对攻方当事人的可视化分析可以看到，婚姻家庭纠纷当前案件中担任原告、上诉人等角色最多次的当事人分别是：荣县人口和计划生育局、福建省长汀县人口和计划生育局、王甲（见图 15）。

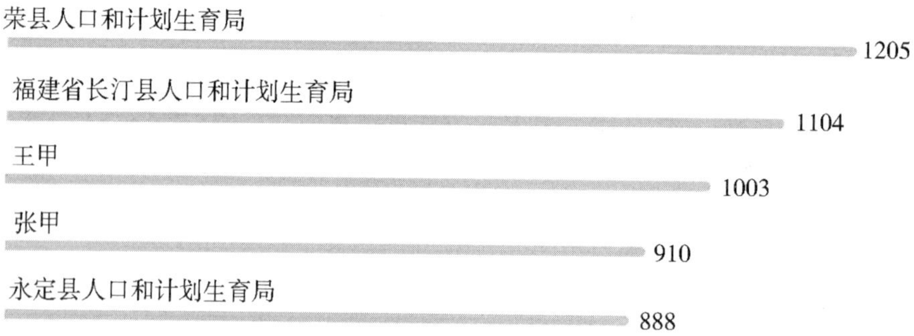

图 15　婚姻家庭纠纷案件中担任攻方当事人最多的情况

◆守方当事人

通过对守方当事人的可视化分析可以看到，婚姻家庭纠纷当前案件中担任被告、被上诉人等角色最多次的当事人分别是：王甲、张甲、陈甲（见图 16）。

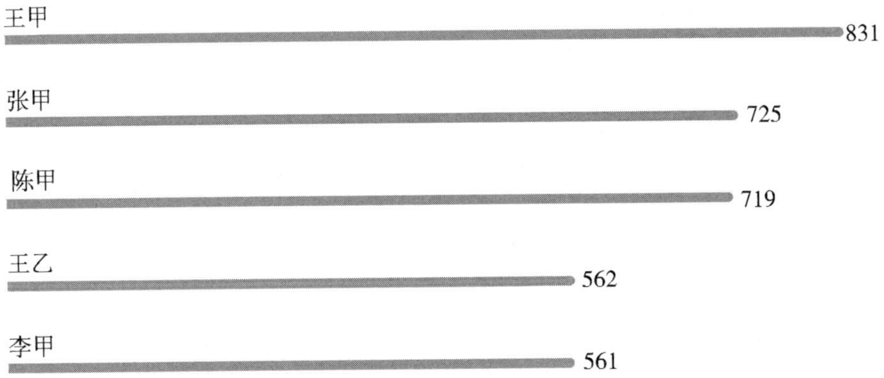

图 16　婚姻家庭纠纷案件中担任守方当事人最多的情况

（十二）律师律所

◆律师

通过对律师的可视化分析可以看到，婚姻家庭纠纷当前案件中代理次数最多的律师分别是：吴碧霞（福建秀屿律师事务所）、周正（河南恪信律师事务所）、黄国贤（福建秀屿律师事务所）（见图 17）。

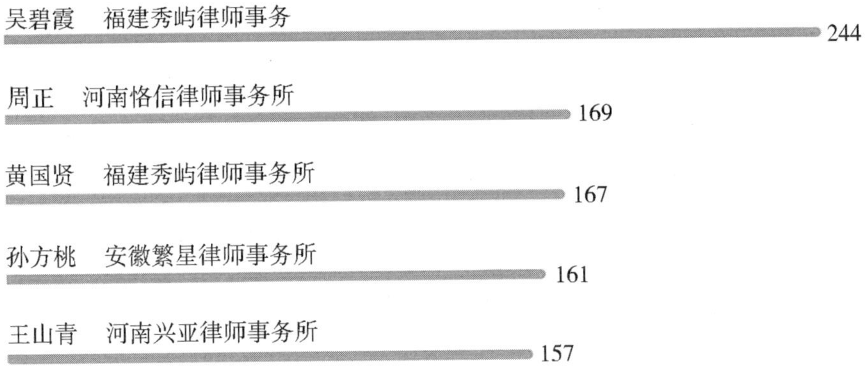

图 17　代理婚姻家庭纠纷案件最多的律师情况

◆攻方律师

通过对攻方律师的可视化分析可以看到，婚姻家庭纠纷当前案件中为原告、上诉人等进攻方当事人提供代理次数最多的律师分别是：吴碧霞（福建秀屿律师事务所）、丁建平（湖南春风律师事务所）、严永斌（浙江诚意律师事务所）（见图 18）。

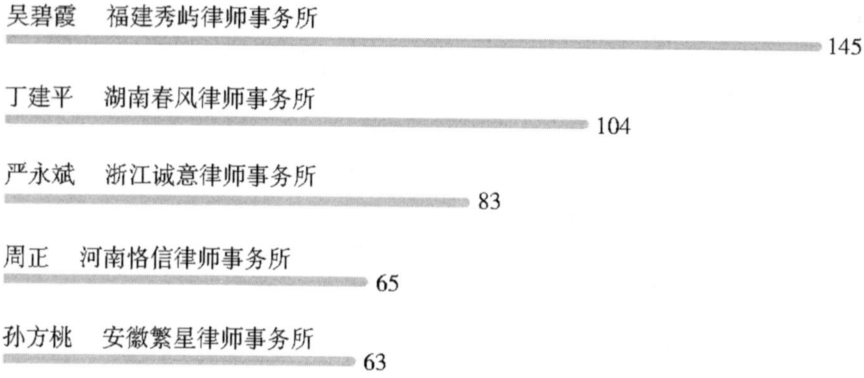

图 18　婚姻家庭纠纷为攻方当事人代理最多的律师情况

♦守方律师

通过对守方律师的可视化分析可以看到，婚姻家庭纠纷当前案件中为被告、被上诉人等防守方当事人提供代理次数最多的律师分别是：王山青（河南兴亚律师事务所）、黄国贤（福建秀屿律师事务所）、史爱辉（河北民盾律师事务所）（见图19）。

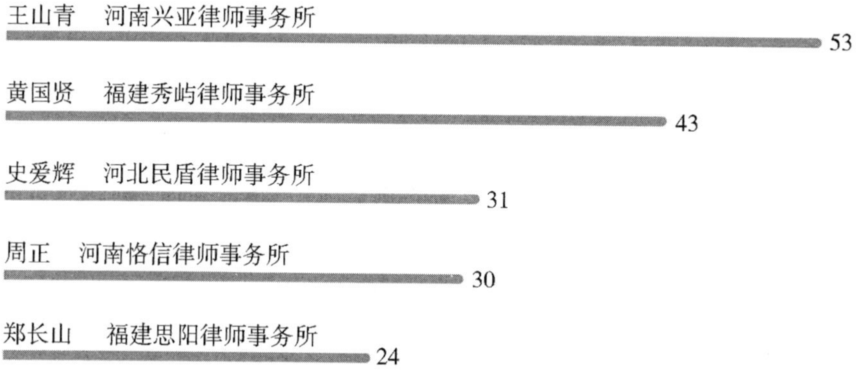

图 19　婚姻家庭纠纷中为守方当事人代理最多的律师情况

♦律所

通过对律所的可视化分析可以看到，婚姻家庭纠纷当前案件中代理次数最多的律所分别是：北京市盈科律师事务所、河南陈州律师事务所、河南恪信律师事务所（见图 20）。

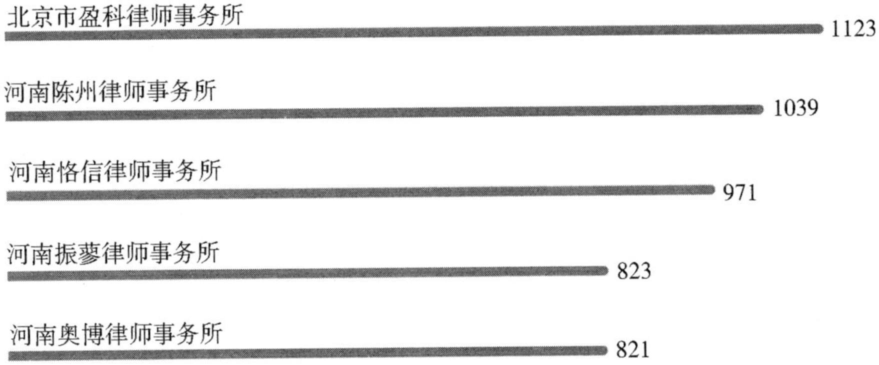

图 20　代理婚姻家庭纠纷案件最多的律所情况

♦攻方律所

通过对攻方律所的可视化分析可以看到,婚姻家庭纠纷当前案件中为原告、上诉人等进攻方当事人提供代理次数最多的律所分别是:北京市盈科律师事务所、河南陈州律师事务所、河南恪信律师事务所(见图 21)。

图 21　婚姻家庭纠纷中为攻方当事人代理最多的律所情况

♦守方律所

通过对守方律所的可视化分析可以看到,婚姻家庭纠纷当前案件中为被告、被上诉人等防守方当事人提供代理次数最多的律所分别是:北京市盈科律师事务所、河南陈州律师事务所、河南恪信律师事务所(见图 22)。

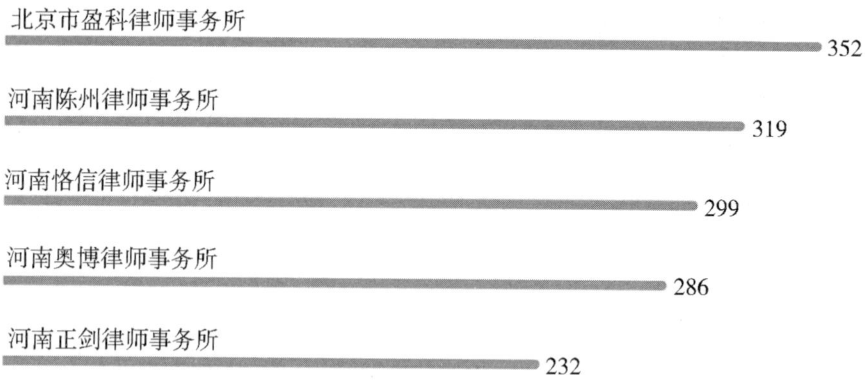

图 22　婚姻家庭纠纷中为守方当事人代理最多的律所情况

（十三）高频法条

此处统计了婚姻家庭纠纷案件中所有被援引的高频法条，其中，高频实体法条见表 1：（内容见附录）

表 1　婚姻家庭纠纷案件中的高频实体法条

序号	法规名称	条目数	引用频次
1	中华人民共和国婚姻法（2001 修正）	第三十二条	924, 689
2	中华人民共和国婚姻法（2001 修正）	第三十二条第二款	271, 848
3	中华人民共和国婚姻法（2001 修正）	第三十七条	208, 299
4	中华人民共和国婚姻法（2001 修正）	第三十六条	185, 735
5	中华人民共和国婚姻法（2001 修正）	第三十九条	96, 462
6	中华人民共和国婚姻法（2001 修正）	第二十一条	54, 895
7	中华人民共和国婚姻法（2001 修正）	第三十八条	54, 558
8	中华人民共和国婚姻法（2001 修正）	第三十二条第三款第五项	48, 863
9	中华人民共和国婚姻法（2001 修正）	第三十二条第三款第四项	45, 412
10	中华人民共和国婚姻法（2001 修正）	第三十七条第一款	34, 783
11	中华人民共和国婚姻法（2001 修正）	第四十一条	33, 690
12	最高人民法院关于人民法院审理离婚案件处理子女抚养问题的若干具体意见	第七条	30, 874
13	中华人民共和国婚姻法（2001 修正）	第二十一条第一款	29, 022
14	中华人民共和国婚姻法（2001 修正）	第三十九条第一款	28, 202
15	中华人民共和国婚姻法（2001 修正）	第三十二条第三款	25, 670

续表

序号	法规名称	条目数	引用频次
16	中华人民共和国婚姻法(2001 修正)	第二十五条	25,435
17	最高人民法院关于适用《中华人民共和国婚姻法》若干问题的解释(二)	第十条	24,585
18	中华人民共和国婚姻法(2001 修正)	第十八条	24,123
19	中华人民共和国婚姻法(2001 修正)	第十七条	23,512
20	中华人民共和国婚姻法(2001 修正)	第三十二条第一款	21,567

高频程序法条如表 2 所示：

表 2 婚姻家庭纠纷案件中的高频程序法条

序号	法规名称	条目数	引用频次
1	中华人民共和国民事诉讼法(2012 修正)	第一百四十五条第一款	419,599
2	中华人民共和国民事诉讼法(2012 修正)	第一百四十四条	373,922
3	中华人民共和国民事诉讼法(2012 修正)	第一百四十五条	200,373
4	中华人民共和国民事诉讼法(2012 修正)	第二百五十三条	185,952
5	中华人民共和国民事诉讼法(2012 修正)	第一百五十四条第一款第五项	155,224
6	最高人民法院关于民事诉讼证据的若干规定(2002 年)	第二条	136,593
7	中华人民共和国民事诉讼法(2012 修正)	第六十四条	125,298
8	中华人民共和国民事诉讼法(2012 修正)	第六十四条第一款	115,523
9	中华人民共和国民事诉讼法(2017 修正)	第一百四十五条第一款	78,211
10	中华人民共和国民事诉讼法(2012 修正)	第一百四十二条	65,663
11	中华人民共和国民事诉讼法(2012 修正)	第一百四十三条	63,486
12	最高人民法院关于适用《中华人民共和国民事诉讼法》的解释	第五百一十九条	63,064
13	中华人民共和国民事诉讼法(2012 修正)	第二百五十七条第六项	61,867
14	中华人民共和国民事诉讼法(2017 修正)	第二百五十三条	57,152
15	中华人民共和国民事诉讼法(2012 修正)	第一百七十条第一款第一项	52,724
16	中华人民共和国民事诉讼法(2007 修正)	第一百三十条	42,245

续表

序号	法规名称	条目数	引用频次
17	中华人民共和国民事诉讼法（2017 修正）	第一百四十四条	41,101
18	最高人民法院关于适用《中华人民共和国民事诉讼法》的解释	第九十条	37,635
19	中华人民共和国民事诉讼法（2012 修正）	第一百五十四条第一款第十一项	36,744
20	中华人民共和国民事诉讼法（2012 修正）	第十三条第二款	34,920

附录三

2011 年以来最高人民法院审理的婚姻家庭纠纷案件大数据报告(一)

检索结果可视化

本次检索获取了最高人民法院审理的婚姻家庭纠纷案件自 2011 年 1 月 1 日至 2019 年 12 月 31 日总共 44 篇裁判文书。

(一)整体情况分析

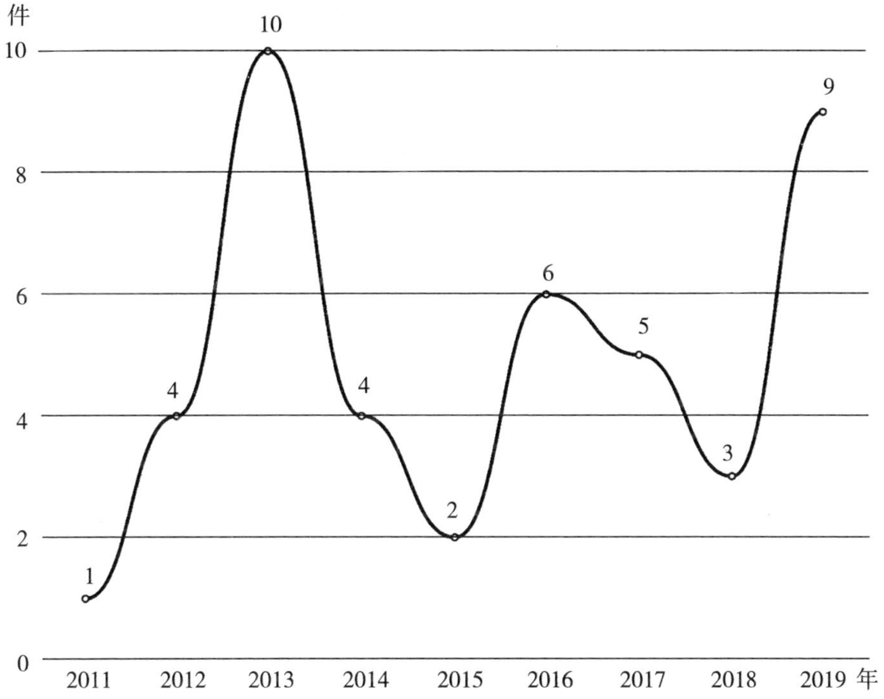

图 1　婚姻家庭纠纷案件趋势

从上方的年份分布可以看到当前条件下婚姻家庭纠纷案例数量的变化趋势。最高人民法院中国裁判文书网 2013 年设立,其裁判文书自 2013 年起开始登录互联网,因此 2013 年以前的案件数量不具有可比性。

本视图专题剖析最高人民法院审理的 44 件婚姻家庭纠纷案。检索的最高人民法院的婚姻家庭纠纷的 44 个案例中，有 2 个重复的案件，分别是序号 13 和 29，序号 31 和 35（序号 29 和 35 都是对管辖权提出异议的，且裁判日期在前），所以删除了；序号 41 ~44 属于管辖权争议，实体裁判文书尚未登录，剩余 38 份裁判文书。44 份裁判文书中，离婚纠纷、离婚后财产纠纷、夫妻财产约定纠纷、婚姻家庭纠纷管辖权争议的 10 起，其余 34 起为婚姻家庭实体纠纷案件。

从上面的案由分类情况可以看到，44 起婚姻家庭纠纷当前的案由分布由多至少分别是离婚后财产纠纷、离婚纠纷、抚养纠纷、同居关系纠纷、其他案由（见图 2）。

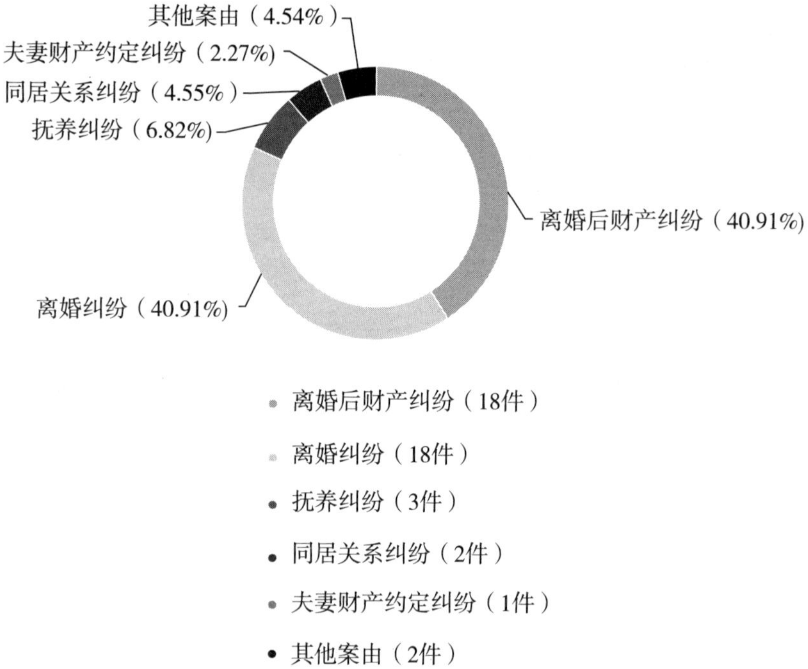

图 2　案由分布

（二）行业分布

从行业分类情况可以看到，44 起婚姻家庭纠纷当前的行业分布主要集中在建筑业、批发和零售业、教育业、租赁和商务服务业、金融业（见图 3）。

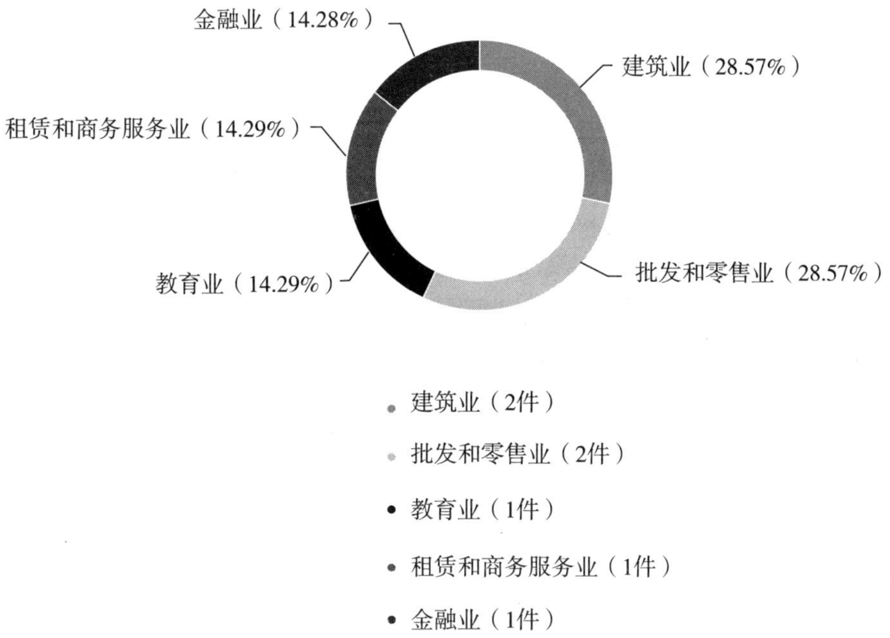

图 3　行业分布

(三)程序分类

从程序分类统计上,可以看到 44 起婚姻家庭纠纷当前的审理程序分布状况。一审案件有 7 件,二审案件有 6 件,再审案件有 31 件。

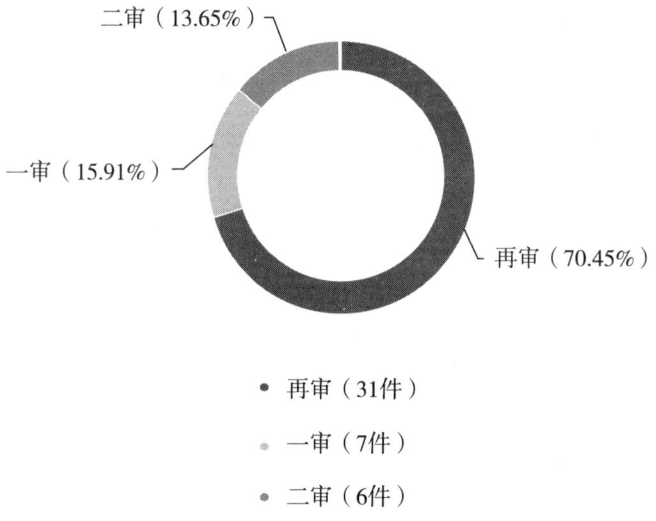

图 4　程序分布

（四）裁判结果

◆二审裁判结果

通过对二审裁判结果的可视化分析可以看到，当前条件下维持原判的有3件，占比为50%；其他的有2件，占比为33.33%；改判的有1件，占比为16.67%（见图5）。

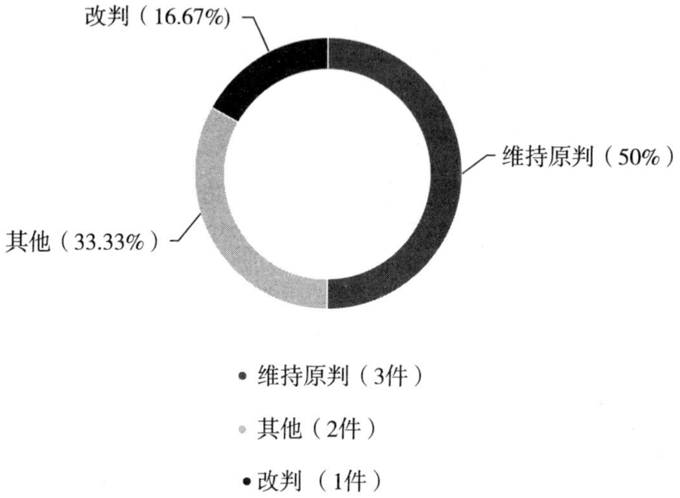

图5　二审裁判结果分类

◆再审裁判结果

通过对再审裁判结果的可视化分析可以看到，当前条件下维持原判的有25件，占比为80.65%；提审/指令审理的有4件，占比为12.90%；其他的有1件，占比为3.23%（见图6）。

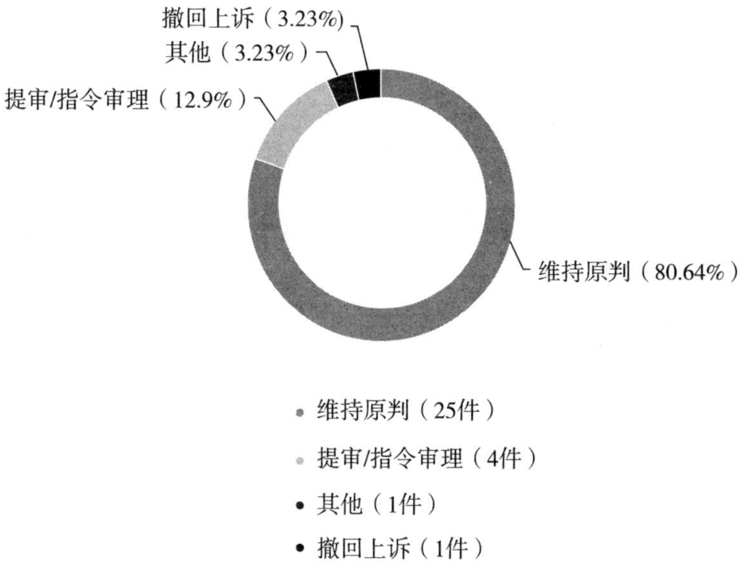

图 6　再审裁判结果

(五)审理期限可视化

通过对审理期限的可视化分析可以看到,当前条件下的审理时间更多处在 365 天以上的区间内,平均时间为 613 天(见图 7)。

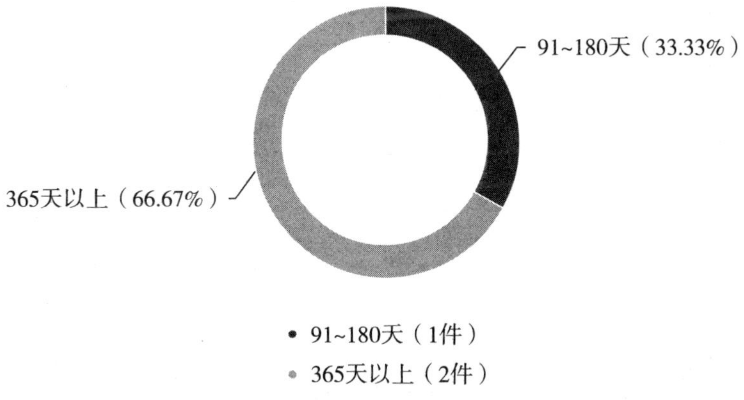

图 7　审理期限

附录四

2011 年以来最高人民法院审理的婚姻家庭纠纷案件大数据报告(二)

时间:2020 年 1 月 1 日之前

案例来源:Alpha 案例库

案由:婚姻家庭纠纷

法院层级:最高人民法院

案件数量:34 件

数据采集时间:2020 年 4 月 21 日

检索结果可视化

本次检索获取了婚姻家庭纠纷 2020 年 1 月 1 日前共 34 篇裁判文书。

(一)整体情况分析

从年份分布可以看到当前条件下,最高人民法院审理的婚姻家庭实体纠纷案例数量的变化趋势。这里排除了程序性的管辖权争议和管辖权异议 10 起案件(见图 1)。

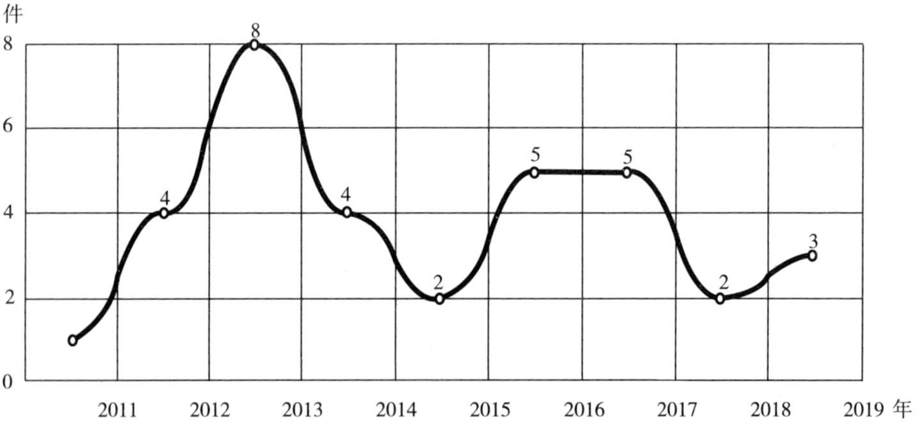

图 1　婚姻家庭纠纷案件趋势

(二)案由分布

从案由分类情况可以看到,最高人民法院审理的婚姻家庭纠纷当前的案由分布由多至少分别是离婚后财产纠纷、离婚纠纷、抚养纠纷、同居关系纠纷、其他案由(见图 2)。

图 2　案由分布

(三)行业分布

从行业分类情况可以看到,最高人民法院审理的婚姻家庭纠纷当前的行业分布主要集中在建筑业、批发和零售业、教育业、租赁和商务服务业、金融业(见图 3)。

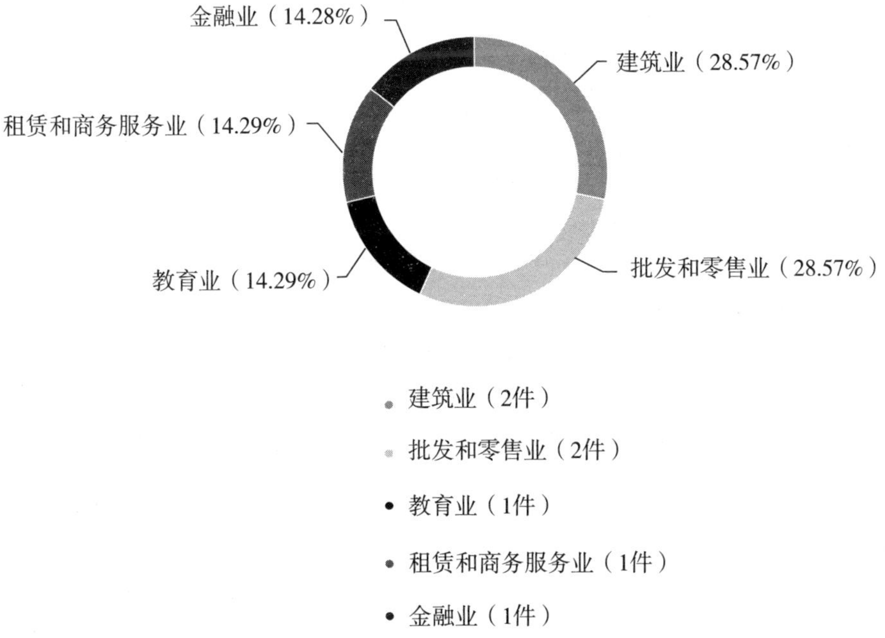

图 3　案件分布行业

(四)程序分类

从程序分类统计可以看到,婚姻家庭纠纷下当前的审理程序分布状况。二审案件有 4 件,再审案件有 30 件(见图 4)。

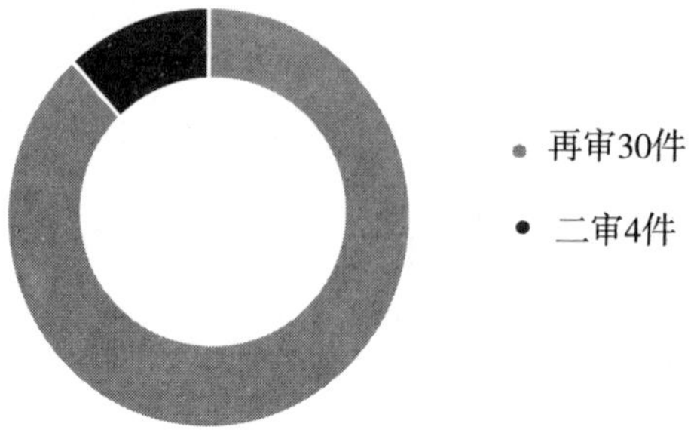

图 4　程序分类

(五)裁判结果

♦二审裁判结果

通过对二审裁判结果的可视化分析可以看到,当前条件下维持原判的有 3 件,占比为 75.00%;其他的有 1 件,占比为 25.00%(见图 5)。

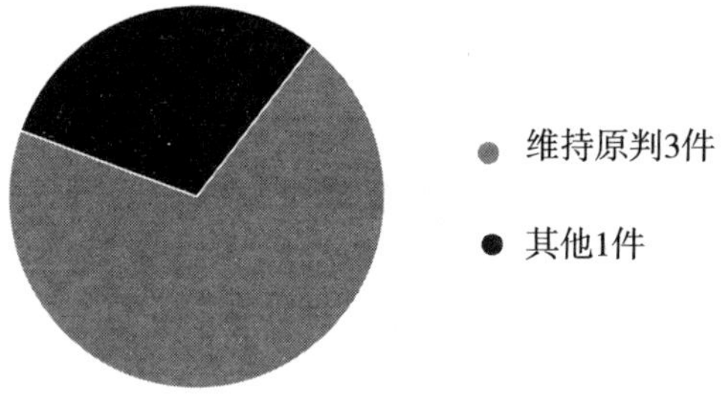

图 5　二审裁判结果

♦再审裁判结果

通过对最高人民法院再审裁判结果的可视化分析可以看到,当前条件下维持原判的有 25 件,占比为 83.33%;提审/指令审理的有 3 件,占比为 10.00%;其他的有 1 件,占比为 3.33%;撤回上诉的有 1 件,占比为 3.33%(见图 6)。

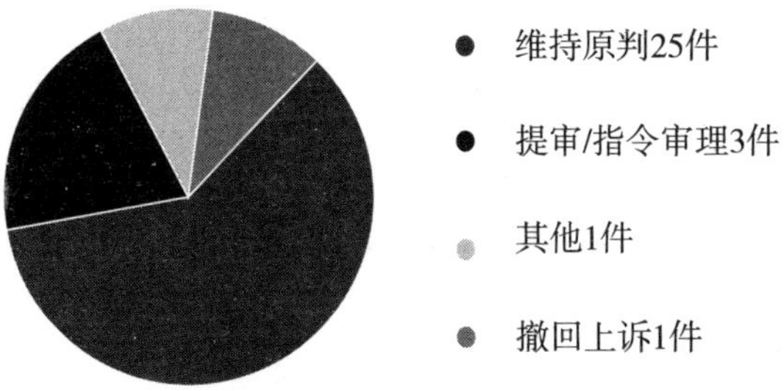

图6 再审裁判结果

(六)审理期限可视化

通过对审理期限的可视化分析可以看到,当前条件下的审理时间更多处在365天以上的区间内,平均时间为613天(见图7)。

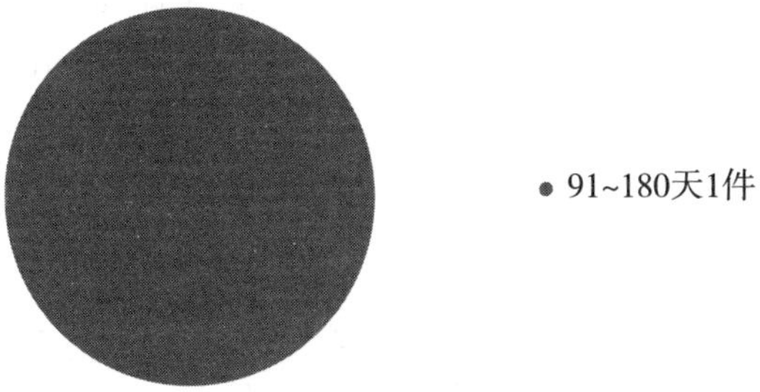

图7 审理期限

出版后记

新中国成立以来七十余载的法治历程,恰巧也是我国婚姻家庭立法的同步发展史。从1950年《婚姻法》的废旧立新阶段,到1980年《婚姻法》的巩固发展阶段,再到2001年《婚姻法》的不断完善阶段,直至今天"婚姻家庭编"作为民法重要组成部分回归到《民法典》这一大家庭之中,婚姻家庭立法先后影响和改造了几代中国人的情感世界和婚姻家庭生活。特别是,伴随着"依法治国"方略的确立,民众法治观念大幅提升,从科学立法到公正司法,中国婚姻法治取得了长足的进步。特别是《婚姻法》和《收养法》两部法律实施以来,对于建立和维护和谐的婚姻家庭关系发挥了重要作用。但随着婚姻观念、家庭关系的变化,我国婚姻家庭领域出现了一些新情况。原来的立法对婚姻家庭领域层出不穷的新趋势未加规定,对诸多问题不足以适应,对司法实践中出现的新问题也力有不逮。乘《民法典》编纂之东风,为进一步弘扬夫妻互敬、孝老爱亲、家庭和睦的中华民族传统家庭美德,体现社会主义核心价值观,促进家庭关系和谐稳定,《民法典》"婚姻家庭编"以《婚姻法》和《收养法》为基础,在坚持婚姻自由、一夫一妻、男女平等等基本原则的前提下,结合社会发展需要,修改部分规定,并增加了一些新规定。如今,新中国成立后的首部《民法典》已由第十三届全国人民代表大会第三次会议于2020年5月28日审议通过,该法自2021年1月1日起实施。

《民法典》的诞生是中国民商事法律的成人礼,她不是简单地将零散的法律进行汇编,而是对我国以往民商事领域所有立法、执法、司法、守法实践的重新整理,是中国特色社会主义法治对婚姻家庭时代命题的全面回应。"婚姻家庭编"所确立的婚姻家庭制度是规范夫妻关系和家庭关系的基本准则,关系家家户户的利益。正因如此,"婚姻家庭编"在几经审议的过程中,格外受到社会大众关注。家和万事兴,家齐国安宁。维护平等、和睦、文明的婚姻家庭关系,需要法律的强力支撑。融入社会主义核心价值观,解决婚姻家庭领域出现的新情况新问题,进一步保障每一位成员的合法权益——《民法典》"婚姻家庭编"中的每一项规定,都与你我息息相关。包含"婚姻家庭编"在内的《民法典》是一部强化人文关怀的法典,是一部注重保障人们美好幸福生活体现了时代精神的民法典,必将引领中国社会迈入一个“个人自治、有尊严的生活”获得全面实现的美好社会。

如何准确把握立法意图,科学解读立法条文,把握司法适用中的难点与重点,乃妥善处理婚姻家庭纠纷的重要前提。为此,我们约请最高人民法院民法典编纂研究中心负责人,中国审判理论研究会常务理事、民事审判理论专业委员会副主任,中国政法大学、西南政法大学兼职教授,武汉大学特聘教授曹守晔担任主编,民事审判专业委员会委员、北京市第一中级人民法院副院长单国钧高级法官协助审稿,六位理论功底扎实、实践经验丰富的婚姻家庭法学专家和杰出青年学者参编,精心部署,科学谋划,逐条释义,紧扣司法实践与法律适用,精选司法案例,为民法典的准确理解与妥善适用,贡献智慧和力量。

本书各章的编写分工如下:

绪　论　曹守晔(最高人民法院前资深高级法官、中国应用法学研究所前副所长,博士、博士后导师)

第一章　丁慧(辽宁师范大学法学院前院长,教授、法学博士)

第二章　李春斌(辽宁师范大学副教授、法学博士)

第三章　刘安宁(辽宁师范大学副教授、法学博士)

第四章　丁慧(辽宁师范大学法学院前院长,教授、法学博士)
顾利军(上海交通大学民法博士)

第五章　刘耀东(辽宁师范大学副教授、法学博士)

婚姻家庭编与《婚姻法》《收养法》对照表　曹夏梦

2001 年以来全国法院婚姻家庭纠纷大数据报告　杨俊芳

2011 年以来最高人民法院审理的婚姻家庭纠纷大数据报告(一)(二)　杨俊芳

曹守晔教授负责全书统稿审定,丁慧教授任执行主编。

阳春布德泽,万物生光辉。时代孕育了民法典,在民法典那慈母般的眼里,每一个个人就是整个国家。我们坚信民法典必将在中国特色社会主义法治建设中翻开新的一页,也必将在实现中华民族伟大复兴的征程中奏响华美的乐章!

法律出版社

2020 年 6 月

图书在版编目(CIP)数据

民法典婚姻家庭编条文理解与司法适用 / 中国审判理论研究会民事审判理论专业委员会编著. -- 北京 : 法律出版社, 2020(2021.1 重印)
ISBN 978-7-5197-4501-1

Ⅰ. ①民… Ⅱ. ①中… Ⅲ. ①婚姻法-法律解释-中国②婚姻法-法律适用-中国 Ⅳ. ①D923.905

中国版本图书馆 CIP 数据核字(2020)第 076422 号

民法典婚姻家庭编条文理解与司法适用
MINFADIAN HUNYIN JIATINGBIAN TIAOWEN LIJIE YU SIFA SHIYONG

中国审判理论研究会民事审判理论专业委员会 编著

责任编辑 李 群 陈昱希
装帧设计 李 瞻

出版 法律出版社
总发行 中国法律图书有限公司
经销 新华书店
印刷 天津嘉恒印务有限公司
责任校对 晁明慧
责任印制 张建伟

编辑统筹 法规出版分社
开本 710 毫米×1000 毫米 1/16
印张 19.75
字数 359 千
版本 2020 年 7 月第 1 版
印次 2021 年 1 月第 4 次印刷

法律出版社/北京市丰台区莲花池西里 7 号(100073)
网址/www.lawpress.com.cn
投稿邮箱/info@lawpress.com.cn
举报维权邮箱/jbwq@lawpress.com.cn
销售热线/400-660-8393
咨询电话/010-63939796

中国法律图书有限公司/北京市丰台区莲花池西里 7 号(100073)
全国各地中法图分、子公司销售电话:
统一销售客服/400-660-8393/6393
第一法律书店/010-83938432/8433 西安分公司/029-85330678 重庆分公司/023-67453036
上海分公司/021-62071639/1636 深圳分公司/0755-83072995

书号:ISBN 978-7-5197-4501-1 **定价:**68.00 元